创新驱动
产业结构优化升级研究

张建华／著

A Study on Industrial Structure
Optimization and Upgrading Based on
Innovation-Driven Strategies

科学出版社

北京

内 容 简 介

创新驱动产业结构优化升级，是当前引领经济转型的重大战略，是走中国特色新型工业化道路的内在要求，是我国转变发展方式、实现可持续高质量发展的必然选择。本书紧紧围绕"创新驱动产业结构优化升级"这一主题进行论证，主要运用调查研究、比较分析、数理建模与统计计量分析、政策分析和制度分析等研究方法，以技术创新和制度创新为主线，以增强自主创新能力为中心环节，分别从企业层面、区域层面和开放条件下国际国内价值链重构等维度，探索创新驱动产业结构优化升级的实现路径，系统提出创新导向的现代化产业体系建设的政策建议。本书所探讨的创新驱动的体制机制、新型政策组合体系和政策评价体系，为国家和地方政策制定提供了重要的决策参考。

图书在版编目（CIP）数据

创新驱动产业结构优化升级研究 / 张建华著. —北京：科学出版社，2024.1

ISBN 978-7-03-077530-6

Ⅰ. ①创…　Ⅱ. ①张…　Ⅲ. ①产业结构优化—研究　Ⅳ. ①F264

中国国家版本馆 CIP 数据核字（2023）第 253595 号

责任编辑：徐　倩 / 责任校对：贾娜娜
责任印制：赵　博 / 封面设计：有道设计

科学出版社 出版
北京东黄城根北街 16 号
邮政编码：100717
http://www.sciencep.com
北京厚诚则铭印刷科技有限公司印刷
科学出版社发行　各地新华书店经销
＊
2024 年 1 月第　一　版　开本：720 × 1000　1/16
2024 年 9 月第二次印刷　印张：22 1/4
字数：450 000
定价：256.00 元
（如有印装质量问题，我社负责调换）

推　荐　语

　　经济发展是产业结构不断升级、生产力水平不断提高的过程，创新则是第一动力。该书作者张建华教授早在 2012 年就提出了"创新驱动产业结构优化升级"的政策思路，《中华人民共和国国民经济和社会发展第十四个五年规划和 2035 年远景目标纲要》中关于产业发展的定位、方向与政策与该思路不谋而合。该书以技术创新和制度创新为主线，从企业层面、区域层面和开放条件下国际国内价值链重构等维度，探索出操作性强的创新驱动产业结构优化升级的实现路径，既有理论创新的高度，又为企业和各级政府落实党的二十大报告提出的"高质量发展是全面建设社会主义现代化国家的首要任务"[①]提供了操作层面的参考。特向学界、业界、决策界推荐这一本学术著作，它为我们认识世界、改造世界提供了深刻的启发。

林毅夫

世界银行前高级副行长兼首席经济学家

北京大学新结构经济学研究院院长

北京大学国家发展研究院名誉院长

　　张建华教授这本书是我见到的最为系统和全面的关于创新驱动产业结构优化升级的严谨学术著作。该书从企业、区域层面和国际国内价值链重构等维度，就技术创新和制度创新对产业结构优化升级的作用进行了系统的理论探索和实证分析；为中国的政策制定提供了严谨的学术支撑，对其他发展中国家创新驱动的经济发展也具有宝贵的参考价值。

傅晓岚

英国社会科学院院士

牛津大学技术与管理发展研究中心主任

牛津大学国际发展系教授

---

① 参见习近平（2022）。

创新在我国现代化建设全局中具有核心地位。创新驱动产业结构优化升级，是推动高质量发展的根本抓手，更是引领经济转型发展的重大战略。张建华教授的新著把产业结构优化升级置于"创新驱动"框架下进行研究，视角新颖、内容系统全面，拓展和深化了农业国工业化理论研究，探讨了创新驱动产业结构优化升级的有效实现途径，提出了创新导向的现代化产业体系建设的政策建议，具有重要的学术价值和实践应用价值。

张军扩

国务院发展研究中心原副主任、研究员

张建华教授这本书是用"十年磨一剑"的功夫完成的，值得精读。我从书中获得的教益和启发，浓缩成下面一段话。未来十年，一步一个脚印地打造一流人才和研究型大学、一流现代金融和多层次资本市场、一流科技制度和创新生态、一流关键共性技术平台、一流数实融合的新实体经济，并形成协同机制，它们是创新驱动产业结构优化升级的五大关键因素和软环境，缺一不可。其过程，需要内生创新动力与外部竞争压力交互作用。这是一个百年大计，要有足够的历史耐心、战略定力和代际传承。

张燕生

中国国际经济交流中心首席研究员

一个现代化国家，必须有现代化经济体系支撑。中国开启全面建设社会主义现代化国家新征程，必须建设现代化经济体系，而形成创新驱动、协调发展的现代化产业体系又是建设现代化经济体系的重中之重。张建华教授的新著紧紧围绕"创新驱动产业结构优化升级"这一主题进行深入的理论和实证研究，系统提出了创新导向的现代化产业体系建设的政策建议，为新征程下现代化产业体系建构提供了重要的理论支撑和政策指引。

黄群慧

中国社会科学院经济研究所所长、研究员

"十四五"规划专家委员会委员

国家制造强国建设战略咨询委员会委员

前　言

党的二十大报告提出，"高质量发展是全面建设社会主义现代化国家的首要任务"，"必须坚持科技是第一生产力、人才是第一资源、创新是第一动力，深入实施科教兴国战略、人才强国战略、创新驱动发展战略"（习近平，2022）。我国经济已转向高质量发展阶段。实现创新驱动，是转换经济增长动能、优化经济结构以及建立现代化经济体系的根本抓手，是推动高质量发展的基石。因此，创新驱动产业结构优化升级，更是当前引领经济转型发展的重大战略。这一战略能否顺利推进，直接关系到中国能否跨越中等收入陷阱，成功迈入现代化强国的行列。

本书研究源于 2012 年作者作为首席专家承担的第二个国家社会科学基金重大招标项目"基于创新驱动的产业结构优化升级研究"（12&ZD045）。结项后，研究团队又相继获得国家社会科学基金国家治理重大专项"贯彻新发展理念与国家治理现代化研究"（17VZL002）、国家社会科学基金重点项目"推动现代服务业同先进制造业深度融合研究"（21AZD018）的支持。本书研究目的在于：①剖析我国产业结构优化升级滞后的根本原因，探索创新驱动产业结构优化升级的作用机理；②寻找创新驱动产业结构优化升级的实现路径，试图从企业层面、区域层面和开放条件下国际国内价值链重构等维度，探索出操作性强的创新驱动产业结构优化升级的实现路径；③提出一套切实有效的创新驱动产业结构优化升级的政策体系，建立以市场机制为基础、政府调节为辅助的政策支持体系，切实实施创新驱动发展战略，为产业结构优化升级提供有保障的体制机制。

本系列课题研究历经十年，面向国家重大战略需求和地方社会经济发展实际，紧密跟踪转型发展的国际学术前沿，主要采用调查研究、比较分析、数理建模与统计计量分析、政策分析和制度分析等方法。

首先是持续进行调查研究。应该说本书的成果是在大量调研基础上取得的，我们的调查分布在全国各主要区域，重点包括长三角地区（上海、浙江、江苏）、中部地区（湖北、湖南、江西、安徽、河南）、粤港澳大湾区、华北地区（北京、天津、河北、山东）、成渝地区、西北西南地区（甘肃、云南）和东北地区（辽宁），长期跟踪创新型企业建设、高新技术产业开发区（以下简称高新区）发展、制造业和服务业转型发展、科技成果转化、工业技术研究院（以下简称工研院）建设和现代产业体系建构等问题，从区域特色案例入手，收集大量可供分析的数据资料，总结地方经验，运用大量数据事实研究企业和区域问题，并试图总结一般规律、提出适用的政策建议。

其次是大量运用国际比较分析和历史比较分析方法。学习和借鉴发达国家工业化与产业发展转型的经验，将有助于我国加快建成现代化产业体系。这些经验教训包括：发达国家去工业化与再工业化、发展中国家过早去工业化、服务业结构变迁差异性的国际比较、创新助推中小企业转型升级、科技成果转化与产业化、产业政策的实施成效比较、创新驱动产业结构优化升级的国际经验等。

再次是运用数理建模与统计计量分析法。经济学研究需要对现实问题进行理论抽象和假设，建立数学模型，探讨动态均衡解，并运用仿真模拟方法，结合实际数据计算、求解、评估，寻找优化方案。与此同时，运用统计分析和最新计量工具，通过对推断的数据做出符合实际的解释，准确地把握客观事物的本质，从而形成对问题的科学判断和预见，使分析决策具有更科学的依据。

最后是政策分析与制度分析。本书特别关注产业政策和创新政策，并对相关政策实施效果进行评价，其中核心问题是对我国创新驱动产业结构优化政策的效果、本质及其产生原因进行分析。通过对改革的政策文本、产业规划的运作和执行状况以及相关影响因素的分析，研究产业结构现代化发展的影响。本书注重结合实际，广泛开展对策研究和政策咨询，为国家现代化产业体系建构和高质量发展提供重要的决策参考意见。

本书创造性地提出如何通过创新驱动加快推进我国产业结构优化升级的理论框架。这一框架适应中国转型发展特点和基本国情，不同于已有的西方理论分析范式，以技术创新和制度创新为主线，以增强自主创新能力为中心环节，从企业层面、区域层面和开放条件下国际国内价值链重构等维度，探索操作性强的创新驱动产业结构优化升级的实现路径。本书注重理论密切联系实际，主要贡献体现在如下几点。

第一，结合中国转型发展特点和基本国情，对中国产业结构优化升级的驱动机制和实现路径提出新的看法。我们通过研究发现，从长期经济增长来看，技术创新、制度创新影响着结构转型升级，技术进步具有结构效应和增长效应，如何通过资源配置来提升效率，正是中国未来跨越中等收入陷阱，晋级高收入国家的关键所在。

第二，以增强自主创新能力为中心环节建构创新驱动机制。准确把握产业结构优化升级的基本规律，以新型工业化战略为指导，以增强自主创新能力为中心环节，才能驱动产业有序发展和经济结构转型升级。为此，我们需要以技术创新和制度创新为指导，探索以增强自主创新能力为中心环节的产业结构优化升级新路径，协调各种矛盾和冲突，提出一套可靠可行的创新政策措施和保障机制。在实践中，需要将产业结构优化升级放在企业创新能力建设、区域创新系统建设、开放条件下国际国内价值链重构的新框架下稳步推进。

第三，企业创新能力建设是创新驱动产业结构优化升级的微观基础和基本路径。支持企业真正成为技术创新的主体，对创新型区域发展、切实推进整体经济创新驱动至关重要。在现阶段，我国应根据不同企业、不同地区收入状况和区域发展差异，制定有针对性的举措，切实强化企业创新能力建设。中小企业是中国制造业的主体，专精特新是中小企业发展的方向。高新技术企业是发展高新技术产业的重要基础。

第四，区域创新体系培育是促进区域产业结构优化升级的关键。地区之间经济发展的不平衡，产业基础和要素禀赋的差异，导致各个地区在产业结构优化升级上会呈现多元化的特征。这就意味着不能采取"一刀切"的创新政策。区域创新系统是国家创新体系中的子系统。不同地区的区域创新系统，对该区域企业创新能力、产业结构升级的影响是不同的。因此，在中国进入产业结构调整的关键时期，在区域层面，区域创新系统的培育是增强区域创新驱动力的重要着力点。

第五，重构国际国内价值链是产业结构优化升级的重要手段。产业价值链全面攀升，转变粗放的经济发展方式，是我国产业结构调整的当务之急。我国当前的可行举措是：构建国内价值链，提升国际分工水平和国际价值链地位，处理好内需和外需、构建国内价值链和融入国际价值链之间的关系，提升产业国际竞争力，促进产业结构优化升级。从国内产业链价值链建构看，模块化和集群化是企业组织创新和产业发展的新趋势，是制造业向中高端迈进的必由之路，也是提升区域经济竞争力的内在要求。

本书的部分研究成果内容已在《中国社会科学》《经济研究》《世界经济》《中国工业经济》《金融研究》等重要期刊上发表。部分理论研究成果以英文在海外发表或在国际学术会议上被宣读，许多观点得到国际学术同行高度认可。相关应用研究成果有效融合创新驱动发展战略与结构转型战略，为服务业主导条件下产业结构实现现代化寻找新方向，也为新时代现代化产业体系建构提供重要的理论支撑和政策指引，在拓展和深化农业国工业化理论框架、引领发展经济学与中国实践相结合、构建中国特色发展经济学体系方面，具有重要的理论价值。

早在 2012 年，本书作者就明确提出"创新驱动产业结构优化升级"的政策思路，该思路与《中华人民共和国国民经济和社会发展第十四个五年规划和 2035 年远景目标纲要》中关于产业发展的定位、方向和政策所出现的重大调整不谋而合。本书提出一些重要的政策建议，主要包括以下几个方面。第一，构建创新导向的产业政策体系和体制机制是当前有序推进产业结构优化升级的根本保障，关键是创造良好的制度环境。第二，未来 10～15 年是我国改造提升传统产业和培育发展新兴产业、创新推动产业结构调整优化的关键时期。第三，要保障创新导向政策体系的形成，必须使市场在资源配置中起决定性作用，同时破除体制障碍，更好发挥政府作用。第四，政府在基础研究、前瞻技术和关键共性技术的开发及扩散方面必须发挥更大作用。第五，政府在制定政策、强化政策协调方面具有十分重要的作用。在政策调整过程中，也需要考虑政策过快调整可能带来的市场预期的不确定性，避免干扰市场主体的创新行为。第六，创新导向的政策体系，必须紧紧围绕着创新链、产业链、价值链、供应链进行规划和构建。第七，形成创新导向的政策体系，需要健全的创新法律制度体系作为保障。

本书体现的许多成果内容已转化到国家部委和地方现代产业政策制定之中。我们已经分别向全国哲学社会科学工作办公室、国家发展和改革委员会、教育部社会科学司、有关省委省政府等部门提交研究报告 50 余份。2017～2019 年，参与国家有关部委组织的《中国经济从高速增长转向高质量发展研究》部分研究任务，其中关于现代经济体系和高质量发展的研究报告，提交给国家发展和改革委员会与中央财经委员会办公室，为《中共中央 国务院关于推动高质量发展的意见》（2018 年 11 月 11 日通过）提供了基础支撑；关于现代产业体系建构、产业政策建言的报告得到了中央政策研究室、国务院研究室相关司局的采纳。关于工研院体制机制改革、高新区转型升级、地方发展新经济规划等建言或报告，获得湖北省委省政府主要领导重要批示，部分成果直接转化为地方发展战略。

基于创新驱动的产业结构优化升级研究是一项复杂的系统工程，涉及的研究问题很多。由于时间精力和能力所限，本书对很多问题仅仅初步有所涉及。例如：①如何进一步加快体制机制改革，探索创新驱动的有效途径和政策保障？特别是不同地区发展差异巨大、发展阶段不同，需要我们有针对性地细化探讨；②我国已经进入服务业主导发展的新阶段，如何优化服务业结构，加快发展社会服务业、加强生产性服务业以促进整体经济结构转型升级，避免"鲍莫尔成本病"问题的出现？③如何进一步促进现代服务业与先进制造业、现代农业的深度融合？④如何在全球价值链中通过创新提升中国产业竞争力？我们正在持续开展深入探讨。

本书得到了课题组诸多同仁的大力支持。许多成员承担了部分章节的初期研究工作，如第 3 章盛长文，第 4 章程文和邹凤明，第 5 章张豪，第 6～7 章程文、谭静，第 9 章王丰阁，第 11 章赵英，第 12 章戴静，第 13 章叶翠红。事实上早在2018 年，课题组就完成了重大项目结项报告。随后，我开始修改完善书稿，并根据国家战略需求和社会经济发展变化，不断调整和细化研究框架与内容。特别是最近三年（2020～2022 年），由于新冠疫情防控需要，我也有更多时间静下来重新思考、修改整理并完善书稿。此外，本书的出版，也得到了科学出版社徐倩编辑的大力支持和持续鞭策，研究生周玉雯、张博奕、胡锦澄等同学协助做了大量辅助工作。在此一并表示衷心感谢！

张建华

华中科技大学经济学院和张培刚发展研究院院长

湖北省人文社科重点研究基地创新发展研究中心主任

2023 年 1 月 20 日

目　　录

第1章　导　　论

中国社会经济发展已从高速增长转向高质量发展的新阶段。实现创新驱动是推动高质量发展的根本抓手，也是建立现代化经济体系、实现结构转型以及转换增长动能的基石。在现阶段，我国产业结构演进出现了新特点，服务业成为新的主导部门，急迫需要加快结构调整、提升产业发展质量。因此，创新驱动产业结构优化升级，已经成为当前引领经济转型的重大发展战略。这一战略能否顺利推进，直接关系到中国能否跨越中等收入陷阱，能否成功迈入现代化强国的行列。本章着重介绍研究的问题、背景与意义，研究对象，研究思路与方法，总体框架与主要内容。

1.1　研究的问题、背景与意义

产业结构变迁是经济发展过程中伴生的重要现象。产业结构，是指生产要素在不同部门、不同区域配置的比例关系，它既是以往经济增长的结果，又是未来经济增长的基础和起点。产业结构发生变动或调整，主要有两个目的：一是平衡市场供求、消除结构性失衡（短缺或过剩），保证各部门各产业协调发展，实现长期的经济稳定增长；二是推进产业升级，促使生产要素向效率更高的部门流动，进而提高资源配置效率和产业国际竞争力。因此，调整一国产业结构，既要解决资源配置的结构平衡问题，又要解决资源配置的效率问题。换言之，不仅要实现结构合理化、协调化，而且也要不断实现高度化、高效化，以及产业体系现代化（张建华，2012）。

从近现代世界发展历史看，工业化是许多国家或地区现代化进程中重要的经济转型现象，主要表现为由以农业经济为主向以工业经济为主、再向服务经济为主转型。在这一进程中，产业结构必须不断适应社会经济状态的变化，以实现结构合理化并向分工深化、高附加值化方向转化，由此推动经济持续性发展。根据发达国家产业演进的规律，当工业化进入中后期时，产业结构将由"一、二、三"再到"二、三、一"进而转化为"三、二、一"的结构，即服务业在全部经济活动中的比重，无论是从产出增加值还是就业份额来看，都排在工业和农业之前，应达到一半以上。2015 年，从世界总体看，服务业增加值占世界 GDP 比重平均已达 68.9%，有些发达经济体甚至高达 80%。

同样的现象也发生在中国。改革开放以来，我国经济快速发展、工业化加速推进，综合经济实力稳步提升，到 2010 年 GDP 超过日本，跃居世界第二。到 2020 年 GDP 已达美国 GDP 的 70% 以上，人均 GDP 超一万美元，进入中等偏上收入国家行列。产业结构已从"二、三、一"转变为"三、二、一"的形式。第三产业（服务业）增加值已于 2013 年超过第二产业，2020 年其比重已达 54.5%。产业发展呈现服务业占主导的结构特征。但就业结构仍存在着滞后现象，且就业结构与产出结构的错位问题也不可忽视（图 1-1、图 1-2）。

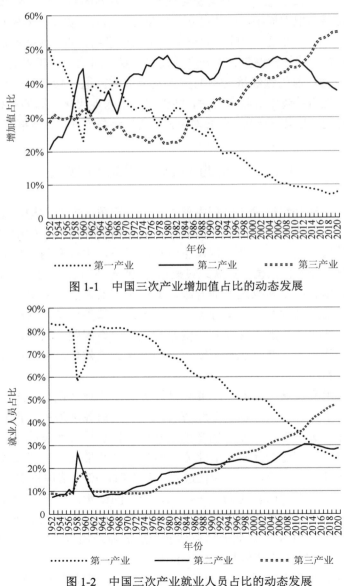

图 1-1 中国三次产业增加值占比的动态发展

图 1-2 中国三次产业就业人员占比的动态发展

目前，我国产业结构问题凸显，主要表现在以下三方面。第一，农业基础仍然比较薄弱、现代化水平不高。耕地、水资源等约束明显，小规模农户家庭经营模式不适应农业现代化、产业化的发展需要，农产品安全有效供给遭遇挑战。就业结构扭曲现象仍然较为严重，劳动力在制造业和服务业中还没有得到有效配置。农业农村现代化任重而道远，当下尤其重要的是如何巩固脱贫攻坚成果同乡村全面振兴有效衔接。第二，工业"大"而不"强"，缺乏创新的持久驱动。长期以来过度依赖简单加工环节的扩张，以部门结构变化为标志的名义高度化水平较高，而以附加值、技术含量为主要特征的实际高度化水平较低，产业分工处于国际价值链的中低端。第三，服务业发展结构性问题严重。研发与科技服务、设计、营销、金融、供应链管理、物流等生产性服务业发展滞后，不能满足现代工业和现代农业发展的需要，也难以满足经济高质量发展转型的需要（张建华，2019）。以上这三方面的问题交织在一起，相互影响，共同制约了产业结构的优化调整。

我国产业结构的矛盾，已经由过去部门之间的不协调，转向研发、设计、营销、品牌等生产服务关键环节的滞后。这就直接制约了生产方式转型和增长质量提升。从全球产业链价值链来看，我国产业分工总体上处在价值链的中低端，很多产业主要集中在非核心环节。参与国际竞争的企业面临夹层竞争，一方面过去拥有成本优势的劳动密集型产业在价值链中低端，面对更具成本优势经济体的国际竞争，贸易条件进一步恶化；另一方面，努力实现赶超的新兴产业领域，面临发达经济体的技术封锁和"卡脖子"核心技术的压制，国际贸易摩擦和争端也随之升级。21世纪以来，我国政府虽实施了"提高自主创新能力，走新型工业化道路"的产业结构调整战略，但在实际执行中，很多地方政府依然热衷于依靠投资拉动经济增长（张建华，2012）。特别是2008年全球金融危机爆发以来，为了实现"保增长"的政策目标，"调结构"又被放在次要的位置，产业结构失衡问题再次加重（张建华，2019）。

当前，国际国内形势复杂多变，不稳定不确定因素此消彼长，长期积累的体制性矛盾和结构性问题交织交汇，影响产业持续发展的问题不断出现，新的挑战和困难依然突出。2021年12月中央经济工作会议首次提出，当前我国面临"需求收缩、供给冲击、预期转弱"三重经济压力，外部市场不确定性加剧，结构性矛盾不断凸显，宏观经济增长放缓。加快经济结构调整的紧迫性越来越强。

因此，基于创新驱动，探索产业结构优化升级的新路径，是国际国内形势新发展的必然要求。目前，我国发展面临的外部环境和内部条件均已发生了重大变化。从外部看，全球资源领域竞争加剧，国际贸易保护主义抬头，我国外向型产业发展受阻，通过引进技术带来产业升级的空间日益缩小。从内部看，人口增长放缓、老龄化加快，人口资源红利、低成本劳动力优势逐渐消失；资源环境约束加大了生产成本和管理成本。从国际产业发展的新趋势来看，新一轮技术革命和产业变革浪潮迎面而来。正如里夫金（2012）所言："第三次工业革命将标志着以勤劳、创业和大量使用劳动力为特征的 200 年商业传奇故事的结束；同时，它标志着以合作、社会网络和行业专家、技术劳动力为特征的新时代的开始。"这将给中国产业发展提出新的挑战，传统的粗放式增长模式难以为继，唯有以创新为驱动力，加快产业结构优化升级的步伐。

中国经济发展已进入增长减速、结构优化、动能转换的新阶段，对于产业结构优化升级的方向和重点，必须重新思考。在发展战略上，我们需要摆脱对传统优势的路径依赖，由成本竞争转向质量创新、品牌创新和服务创新的竞争，实施创新驱动提升比较优势、提升国际分工地位的战略；在发展模式上，我们需要从物质要素投入驱动向创新驱动转变，更多地依靠自主创新、管理创新和劳动素质提高；在产业结构上，我们需要从注重比例关系转向注重关键技术创新，注重创新驱动的政策环境优化，加速推进产业结构优化升级（张建华，2019）。

基于创新驱动的产业结构优化升级研究，具有极其重要的现实意义。

第一，这是我国走中国特色新型工业化道路的基本要求。新型工业化道路，就是坚持以信息化带动工业化，以工业化促进信息化，走出一条科技含量高、经济效益好、资源消耗低、环境污染少、人力资源优势得到充分发挥的新型工业化路子。根据这一新战略部署，关键是要充分发挥科技的引领和支撑作用，深入实施科教兴国战略和人才强国战略，加快建设创新型国家，大力增强科技创新能力，唯有如此，方能促进工业由大变强（张建华，2012）。

第二，这也是我国发展方式转变的内在需要。总体上看，中国经济仍处于"资源依赖型"和"投资驱动型"的发展阶段，粗放型增长还没有转变为集约型增长，由于增长方式转型滞后，资源没有被有效配置和使用，存在着严重浪费，导致投资效率低下。转变经济发展方式，本质上就是从"要素驱动"转到"创新驱动"。加快转变经济发展方式已刻不容缓，已成为推动产业结构优化升级的当务之急。

第三，这是提升中国产业国际竞争力的必由之路。从历史的角度来看，科技革命通过科技产业化、市场化，催生出新行业新模式、塑造新的产业格局，推动产业更大范围变革。新一轮技术革命和产业变革有三个特征。一是多重技术的交叉融合，如新一代信息技术、互联网技术与可再生能源的融合，生命技术、材料技术与信息技术的融合等。二是技术模式呈现迭代范式，"创造性毁灭"成为常态。新产业革命将有可能从根本上改变技术路径、产品形态、产业模式，推动产业生态和经济格局深刻调整。三是技术跟进需求。不断创新的技术和制度将满足未来个性化、定制化的各种需求。新一轮科技革命和产业变革，本质上是新要素替代旧要素、新生产方式替代旧生产方式、新动能替代旧动能的"创造性毁灭"过程。因此，应对这些变革，将为我国转变经济发展方式、转换增长动力、优化经济结构提供机遇。我国企业必须通过实施创新驱动和人才强企的战略，着力增加创新要素积累、提高人力资本存量，才能在第三次工业革命中抢占先机，提高生产要素配置效率，促进全要素生产率（total factor productivity，TFP）提升，提升我国产业的国际竞争力。

从理论上讲，研究如何通过创新驱动加快推进我国产业结构优化升级，尚需一些新的探索。已有的西方经济理论无法提供现成的答案，需要探寻一个结合中国转型发展特点和基本国情的产业结构优化升级理论框架，需要建立一个以技术创新和制度创新为指导思想，以增强自主创新能力为中心环节的产业结构优化升级的新路径。它需要在实践上回答：如何在产业结构优化升级过程中协调各种矛盾和冲突？如何从微观层面、区域层面和国际国内价值链重构维度寻找加快推进创新驱动的新方式与新路径？更加重要的是，如何有效提供一套可靠可行的创新政策措施和保障机制，以促进产业由大变强、结构不断优化升级？可以说，这是一个在理论和实践上都亟须突破的重大课题。

1.2   研 究 对 象

要研究产业结构优化升级，必须先弄清楚何为产业与产业结构、何为产业结构优化升级。本节需要对我们的研究对象做一些界定，并引出一些相关概念，如产业基础高级化与产业链现代化等。

1.2.1   产业与产业结构

产业经济学中，产业可以分为三个层次。第一层次的产业，是以同一商品市场为单位划分的产业，即产业组织，是直接从事同类或具有密切替代关系的产品或服务的生产经营活动的企业集合。现实中的企业关系结构在不同产业中是不相同的。从属于同一产业的企业生产的产品或提供的服务具有高度可替代性。这种意义上的产业也可称为"行业"。

第二层次的产业，是以技术和工艺的相似性为根据划分的产业，即产业联系，是从市场关系的角度来界定的，即围绕某种产品或服务的生产和经营活动所发生的各种市场关系的集合。一个产业的发展是该产业内各种市场关系发展的结果。各个产业部门通过一定的经济技术关系发生着投入和产出，即中间产品的运动，它真实地反映了社会再生产过程中的比例关系及变化规律。

第三层次的产业，是大致以经济活动的阶段为根据，将国民经济划分为若干部分所形成的产业，即产业结构，是从产业经济系统的角度来界定的某种同类属性的企业集合。这一层次的产业，适用于考察产业之间的结构和关联关系及其对产业经济系统运行的影响（戴孝悌，2015）。

本书将采用第三层次的产业概念。在英文中，工业与产业是同一个词（industry）。整个国民经济产业系统由农业、工业与服务业等几个大的产业部门构成。产业结构就是指国民经济各产业之间的技术经济联系和数量比例关系，包括产业之间的投入产出关系，产业之间的比例关系。随着工业化的发展，产业结构的变化将体现为产业结构协调、产业结构演化升级，与此同时，农业结构、工业结构、服务业结构也会不断调整与升级变化。

产业结构也可以包括产业部门结构和产业区域结构。产业部门结构是指国民经济各行业间的关联关系和比例关系，关联关系主要反映行业间相互依赖、相互制约的程度和方式；比例关系则包括各类经济资源在行业间的配置比例。产业区域结构则是指区域间的产业分布结构和产业分工联系，既包括国际区域产业结构，也包括国内各个地区间的产业分布。

1.2.2 产业结构优化升级

产业结构优化升级包括三方面：产业结构高度化、产业结构高效化和产业结构协调化。

1. 产业结构高度化

产业结构高度化，是指随着需求结构升级和要素禀赋升级，需求收入弹性较高的行业以及密集使用高级生产要素的行业在整个产业部门中的结构比例提升的过程。

产业结构高度化伴随需求结构的升级。当人均收入水平不断提高，需求结构随之升级，需求收入弹性较高的产品需求也会相对更快上涨；在需求拉动下，需求收入弹性较高的产品的相对价格上涨，使得相应行业的增加值率上升；生产要素为追求更高的回报率，会主动向这些行业流动，从而导致需求收入弹性较高的行业在整个产业部门中的结构比例提升。

产业结构高度化伴随要素禀赋结构升级。这里要素禀赋结构升级是指要素禀赋构成中高级要素的比例逐步上升的过程。在经济发展过程中，高级要素不断积累，要素禀赋结构随之升级，高级要素相对价格的逐步下降导致高级要素密集型行业的成本利润率相对上升。为追求利润最大化，密集使用高级生产要素的行业在整个产业部门中的结构比例提升（郑美芳，2013）。

产业结构高度化也是一种"长期"动态趋势，与经济发展阶段具有很强的对应性。在短期内产业结构会出现波动，但它并不代表结构高度化水平的真实变化；真正的结构高度化要从较长时期来观察。应该说结构高度化是一种量变到质变的过程，升上去就不易再降下来。从这个意义上讲，根据一两年内结构指标的变化，我们是无法来评价和判断产业结构升级与否的。

2. 产业结构高效化

产业结构高效化是指生产资源在各行业间的配置效率提升的过程。同样，高效化也是一个动态过程，随着要素禀赋结构的变化和技术进步，资源在行业间配置的最优均衡是动态变化的。在不同时期，产业结构高效化水平往往不具备可比性。短期内，技术水平和要素禀赋相对比较稳定，在市场作用下，生产资源在行业间流动并不断优化配置；当技术革新或要素禀赋结构发生较大变化时，产业结构高效化水平则会发生变化。

产业结构高效化是产业部门生产率不断提升的过程，生产要素在行业间配置程度提高。具体来说，生产率较高的部门吸收更多的生产要素，生产率较低的部门则会流失生产要素，产业部门整体要素生产率会提升。产业结构高效化过程，还包括行业间和行业内生产资源关联程度的优化，因而整个产业部门及其下属子行业的 TFP 得以提升。

从某种意义上讲，产业结构的高效化比高度化更加重要。产业结构高效化水平决定着产业部门生产率水平的高低，即投入产出效率的高低，而高度化水平仅仅是依据产业结构演变阶段的判断。

3. 产业结构协调化

产业结构协调化是指工业结构与需求结构协调程度提升的动态过程。需求是不断变化的，一方面随着收入水平提升，需求结构会逐步升级，另一方面经济波动会对需求结构产生较大幅度的冲击。因此，在短时期内需求结构相对稳定，生产与需求之间的协调程度不断提升。然而，由于技术革新或经济波动的冲击，需求结构也会发生较大变化，产业结构协调化水平也有可能会突然降低。

在市场力量的作用下，产业结构协调化程度会自动提升。当供过于求，产品价格下降，企业减少生产；而供不应求时，产品价格上升，企业增加生产。产业结构协调化程度较低会导致制造品价格非均衡变动，从而引发结构性通货膨胀。相比产业结构高度化，产业结构协调问题可能更加重要（张建华，2012；郑美芳，2013）。政府对产业发展干预过度时，反而更易导致产业同构化和重复建设，从而使得协调化程度降低。

1.2.3　产业基础高级化与产业链现代化

从当今世界发展看，国际产业竞争越来越体现在产业链之间的竞争上。产业链水平现代化是促进现代产业体系建设的重要抓手。产业链水平现代化涉及产业基础高级化与产业链现代化。

产业基础，就是产业形成和发展的基本支撑，体现基础研发能力和生产水平，既包括产业部门提供基本生产资料，也包括产业要素提供产业底层结构。产业底层结构要素主要包括基础材料、基础工艺、基础零部件、基础技术和基础动力，随着信息化加速发展，现在的产业基础还需增加"基础软件"部分（罗仲伟，2020）。上述基本支撑对产业形成和发展具有保障作用，其能力的大小将影响产业发展质量、发展潜力，还将决定产业链、价值链的发展方向。

产业基础高级化，是指产业基础的能力得到提升、结构进一步合理化和质量进一步巩固。产业基础能力提升，意味着需要建立和实现全流程、高技术、高效益、高保障的产业体系；结构合理，意味着产业内、产业间以及结构要素间组织顺畅、关系协调和动态适配；质量巩固，意味着在生产活动中，要素和组织效率以及所提供的产品与服务附加值得到稳步提高。

产业链是指各个产业部门之间基于一定的技术经济联系和时空布局关系而客观形成的链条式关联形态，包括企业链、供需链、价值链和空间链等维度。产业链涵盖生产或服务的全过程，包含上下游关系和相互价值的交换，上游环节向下游环节输送产品或服务，下游环节向上游环节反馈信息。因此，产业链现代化，就可以界定为一个包括产业基础能力和治理能力提升、运行模式优化、产业链控制力增强的现代化过程（刘志彪，2020）。

产业链现代化体现在三个方面：产业链韧性、产业链协同和产业链网络化。产业链韧性，是指通过各类企业的转型升级，不断提高整个产业链的技术经济水平，或通过重构产业链，使其能够应对复杂的市场不确定性，适应更广泛范围的市场。产业链协同，是指通过企业链、供需链、价值链和空间链的优化配置，产业链中纵向各环节之间、横向多种功能之间实现互补协调，从而提升产业链整体效率。产业链网络化是指产业网内同类和不同产业组织之间形成复杂的网络结构，产业链从线性的链条式向立体的网络式转变的高级化过程。一方面，通过协同效应和融合效应，提升产业组织的效率，将外部交易成本内部化和最小化；另一方面，提高产业网柔性和适应性。

产业链现代化体现在多链条交织的共同作用方面，如企业链上下游分工有序协同，供需链连接安全均衡，价值链各环节实现价值增值，空间链区域布局协调。推进产业链现代化，就是要实现产业基础能力不断提升，上下游企业之间技术经济关联性逐渐加强，区域间产业协同性持续增强，换言之，就是实现产业链与创新链、资金链和人才链有机衔接，深度嵌入，由此构建现代化产业体系。

1.3 研究思路与方法

1.3.1 已有研究思路简评

现有研究分别关注了创新与产业结构优化升级问题，对二者之间的关系也进行了较广泛的探讨（陈栋，2011；张建华，2012，2018）。现有研究主要包括：①创新与产业关联研究；②创新与产业融合研究（周叔莲和王伟光，2001；王岳森，2004）；③创新与产业组织结构研究（余东华和芮明杰，2005，2008；杨惠馨和吴炜峰，2010；张建华和程文，2011）。这些研究成果为我国加快产业结构优化升级、创新驱动提供了大量理论上的支撑和政策参考。现有研究多是探讨创新对于产业结构升级的促进作用，但仍存在视角较为单一、研究分散、缺乏深度等不足，相对缺乏对其路径和传导机制的研究。

鉴于此，我们将着重探讨以下几个方面的问题。①产业结构优化升级的机理是什么？创新驱动产业结构优化升级的作用机理如何？如何测评产业结构优化升级？②如何通过企业创新能力建设加快产业结构优化升级？创新型企业成长与产业发展之间的关系如何？③如何通过区域创新系统建设加快产业结构优化升级？区域创新系统促进产业结构优化升级的机理是什么？促进产业专业化发展、产业集群发展的最优路径是什么？④开放条件下，如何通过国际国内价值链重构加快产业结构优化升级？⑤产业政策如何优化？

1.3.2 研究思路与预期目标

本书基于我国面临增长方式由"要素驱动"向"创新驱动"转变的大背景，系统分析创新驱动促进产业结构升级的路径及传导机制，深入剖析二者关系，以期提出具有前瞻性的系统性政策建议。

本书将根据产业结构优化升级的基础理论建立一套科学的测定体系，对我国产业发展的驱动力现状进行综合测评，找到长期以来制约我国产业结构优化升级的关键原因，结合最新的全球和国内形势分析我国产业结构从"要素驱动"向"创新驱动"转型的必要性与紧迫性，进而提出基于创新驱动产业结构优化升级的战略。重点分别从企业创新能力建设、区域创新系统培育以及开放条件下国际国内价值链重构等多维度研究创新驱动产业结构优化升级的作用机理与具体路径。此外，本书将基于历史经验教训，借鉴国际经验，试图设计一套体现以市场调节为主、政府调节为辅的新型政策组合体系和政策评价体系，建立长效的体制机制，为相关部门制定产业优化政策提供决策参考。

本书研究的预期目标包括以下几点。①探索创新驱动产业结构优化升级的作用机理，剖析我国产业结构优化升级滞后的根本原因。②寻找创新驱动产业结构优化升级的实现路径。分别从企业层面、区域层面和开放条件下国际国内价值链重构等维度，探索创新驱动产业结构优化升级操作性强的实现方案。③提出一套切实有效的政策体系，实施创新驱动发展战略，为产业结构优化升级提供有保障的体制机制。

1.3.3　研究方法

本书根据转变发展方式的总体要求，应用发展经济学的理论和方法，开展系统研究。主要运用调查研究法、比较分析法、数理建模与统计计量分析法、政策分析法和制度分析法等五种主要研究方法。简要介绍如下。

1. 调查研究法

本书紧扣重大现实问题，深入开展实地调查研究。采用开放式的研究框架，以创新驱动产业结构优化升级为主线，同时综合考虑当前亟待解决的重大现实问题，试图以产业结构优化升级为契机，带动其他问题的解决。本书是在大量调研基础上进行的，特别注意选取代表性区域、代表性行业和代表性企业作为考察对象进行具体解析。调查分布在各主要区域，重点深入长三角地区（上海、浙江、江苏）、中部地区（湖北、湖南、江西、安徽、河南）、粤港澳大湾区、华北地区（北京、天津、河北、山东）、成渝地区、西北西南和东北地区，长期跟踪高新区和创新型企业建设、科技成果转化、工研院建设、制造业和服务业转型发展及现代产业体系建构等问题，从区域特色案例着手，注重总结地方经验，积累了大量企业和区域数据事实。

2. 比较分析法

大量运用历史比较分析和国际比较分析方法。以发展理论为基础，注重比较发达经济体与发展中经济体工业化经验，对比分析中国实施创新驱动产业结构优化升级的规律和途径。学习和借鉴其他经济体工业化与产业发展战略转型的经验，有利于中国的战略研究，特别有利于促进我国现代化产业体系建设工作。涉及比较分析的内容包括：产业结构优化升级的经验规律、服务业结构变迁差异性的国际比较、科技成果转化与产业化、创新助推中小企业转型升级、产业政策实施成效的国际比较等。通过比较各国工业化战略经验教训，为我国产业政策优化、产业转型发展提供重要参考。

3. 数理建模与统计计量分析法

对现实问题进行理论抽象和假设，这是科学研究的基本做法。为此，我们将建立合适的数学模型，求解动态均衡，并运用模拟仿真方法，结合实际数据计算、评估，以期寻找优化方案。与此同时，运用最新计量工具，结合统计分析，通过对推断的数据做出符合实际的解释，把握客观事物本质，形成对问题的科学判断和预见，从而使分析决策具有更科学的依据。本书在主要章节均采用数理建模与统计计量分析方法。例如，在机制探讨部分，一是提出技术创新、制度创新影响长期经济增长和产业结构演进的数理模型，构建多部门内生增长模型，通过求解竞争均衡条件，求解技术进步带来的结构效应和增长效应，分析结构变量的决定因素、结构转变的条件、结构转变的机理和结构转变趋势等，并对模型进行参数校准、仿真实验。二是运用数理模型和校准方法，针对结构转型中应对中等收入陷阱风险问题进行政策模拟，探讨优化方案。三是探寻长期以来推动产业结构变动的动力因素及机制，测算创新驱动产业结构优化升级的贡献度，寻找阻碍创新驱动的原因。其他部分也广泛采用这些方法。本书所采用的计量模型为多元线性回归模型、面板数据模型等，计量模型分析所用的主要估计方法为普通最小二乘法（ordinary least square method，OLS）、混合 OLS、固定效应模型、随机效应模型等。运用的相关原始数据来自历年的《中国统计年鉴》《中国工业统计年鉴》《中国海关年鉴》和地方统计年鉴以及大量的实地调研数据。

4. 政策分析法

主要是对创新政策和产业政策进行分析，并对相关政策实施效果进行评估，其中核心问题是对我国创新驱动产业结构优化政策的效果、本质及其原因进行剖析。由于研究的需要，我们还将对改革政策文本、产业规划及其实施进行分析。本书注重结合实际，广泛开展政策分析和对策研究，为国家现代化产业体系建构和高质量发展提供重要的决策参考意见。

本书涉及的政策评估包括：探讨中国制造业部门结构错配效应、国家高新区促进地区产业转型升级效应、高新区政策对地区产业结构影响、区域创新系统对企业创新能力和产业结构升级的影响、中国制造业参与国际生产分工以及对价值链地位提升的影响、产品内国际分工的影响、中国工业部门创新产出差异分析、创新资源再配置对产业创新绩效的效果评估等。政策评估综合运用工具变量法、双重差分法等方法。

5. 制度分析法

本书采取结构分析法、历史分析法和社会文化分析法来研究经济问题，揭示制度对社会经济发展的影响。制度分析法主要用于分析产业结构演变进程中的制度规定、政策规定及其社会影响、制度执行力及影响、单项制度效力和制度整体效力等，即把国家创新体系、产业体系和政策等作为制度因素，探讨其产生、发展和变化的规律，探寻结构差异的成因。通过对国内外工业化演进、产业发展转型的制度进行梳理，我们对现代化产业体系进行理论构建，提出一些有价值的观点。

1.4　总体框架与主要内容

为了有效研究产业结构优化升级的创新路径，本书设定的主要问题如下。产业结构优化升级为什么要以创新为驱动？长期以来产业结构为什么难以优化升级？如何进行创新驱动？在总结发达国家与地区产业结构优化升级经验的基础上，本书将深入分析当前我国产业结构优化升级的现状与问题，找出我国产业结构优化升级滞后的根本原因，并提出在新的国内国际环境下，我国产业结构优化升级必须转变到依靠"创新驱动"的轨道上来。

1.4.1　总体框架

本书将我国产业结构优化升级置于"创新驱动"框架下进行研究，并以创新驱动为导向，从企业层面、区域层面和开放条件下国际国内价值链重构视角探讨创新驱动产业结构优化升级的内在机制和有效实现途径，提出创新导向下产业结构优化升级的体制机制和政策体系。

全书总体研究共分为五大模块。第一大模块，研究创新驱动产业结构优化升级的理论阐述与现状测评，从理论上厘清产业结构优化升级的科学内涵，把握产业结构变化的规律，探索背后的动因、作用机制和途径，并试图建立一个创新驱动产业结构优化升级的分析框架，深入剖析长期以来推动我国产业结构优化升级的驱动力及其贡献度，在此基础上解析我国实现"创新驱动"转型的障碍因素；第二、三、四大模块主要探寻创新驱动产业结构优化升级的实现路径，并分别以企业创新能力建设、区域创新系统培育、开放条件下国际国内价值链重构为三条主线进行深入分析；第五大模块探讨创新驱动产业结构优化升级的体制机制和政策体系。

1.4.2　主要内容

全书共分为 15 章。除本章导论和最后一章（第 15 章）总结与展望外，其余13 章对应划分为五个模块。以下简要介绍一下。

第一模块（第 2～5 章）：创新驱动产业结构优化升级的理论阐释与现状测评。本部分的基本任务是：总结新发展阶段下产业结构优化升级的基本规律，从理论上探寻创新驱动产业结构优化升级的传导路径和作用机制；分别从技术创新、制度创新视角，探讨创新驱动结构优化升级和经济长期增长的发生条件、历史路径和未来发展动态；深入剖析我国过去产业结构优化升级的动力机制及其贡献度，深入探讨现阶段难以顺利实现"创新驱动产业结构优化升级"模式的根本原因。以下分别介绍一下第 2～5 章内容。

第 2 章是产业结构优化升级的原理与机制。本章结合已有理论成果，总结产业结构演变经验规律的一般性与差异性，试图探索规律背后的动因、作用机制和变动途径，结合新时代的全球形势和我国发展的新特征，尝试建立一个创新驱动产业结构优化升级的分析框架，探寻产业结构优化升级可行路径和机理。

第 3 章是技术创新与结构转型升级。本章旨在构造多部门内生增长模型，综合考察技术机会、报酬独占性（以下简称独占性）等因素对结构转变与长期经济增长的影响机制和效果。具体内容包括：探讨技术创新与结构转型升级、长期经济增长的关系，构建一个内生增长模型求解技术进步的结构效应和增长效应，求解竞争均衡条件，探析结构变量的决定因素、结构转变的条件、结构转变的机理和结构转变的趋势等，并对模型进行参数校准和仿真实验。研究表明，技术进步率差异、部门间研发投入强度差异均取决于不同的技术机会参数和独占性参数，这样可以解释就业结构与产值结构的错位的原因，同时，总量增长率受到技术进步率和生产性就业比重变化率的共同作用。数值仿真结果表明，模型能够融合"卡尔多事实"与"库兹涅茨事实"，总量增长率呈单调下降趋势。

第 4 章则是制度创新与结构转型升级。本章旨在探讨市场机制和相关制度对产业结构变动和经济长期增长的影响。资源有效配置机制对结构转型和长期经济增长具有十分重要的作用。长期以来，学术界对产业间结构错配的研究相对不足（邹凤明，2015）。为此，本章一方面运用中国制造业企业数据，分析产业间结构错配对制造业生产率的影响，探讨分地区分行业间结构错配效应及来源，在此基础上提出合理改善地区间产业资源配置的新思路和方案。另一方面，本章也对在结构转型发展中服务业的结构变迁进行分析。在中国经济处于服务业成为主导的情形下，通过服务业供给侧结构性改革，优化服务业资源配置、提升效率，对于中国成功跨越中等收入陷阱意义十分重大。

第 5 章为中国产业结构优化升级的驱动机制研究。本章运用历史数据，运用数理模型和计量模型等方法，探寻长期以来推动我国产业结构优化升级的主要动力因素及机制，计算各种动力对我国分行业和分地区产业变动的贡献度。通过对创新驱动力贡献度的测评，进一步探析我国现阶段产业结构从"要素驱动"转向"创新驱动"的制约因素。

第二模块（第 6、7 章）：企业创新能力建设与产业结构优化升级，即从企业层面探讨创新驱动产业结构优化升级的实现路径。本部分重点寻找企业创新能力建设促进产业结构优化升级的作用机制及传导路径，探讨创新型企业成长、高新区发展及其对地区产业结构优化升级的作用。

第 6 章分析企业创新与中小企业转型升级。产业转型升级的基础在于微观主体具有创新能力。企业创新能力就是企业能够系统地完成与创新有关的各项活动的能力。为此，企业必须建立和完善内生增长、创新驱动的发展机制，增强创新能力，满足或创造市场需求，增强市场竞争能力。本章首先探讨开放条件下内资企业的创新机理，结合实际数据分析内资企业创新随着收入增长而出现的门槛效应，并研究这一效应的影响因素和应对策略。其次，从技术密集程度出发，探讨不同技术水平下高技术产业背后创新的影响因素。最后，进一步结合国家专精特新行动专项，探讨中小企业创新发展与转型升级途径。

第 7 章研究高新技术企业、高新区与地区产业结构优化升级。高新技术企业是发展高新技术产业的重要基础，是调整产业结构的生力军。国家高新区的高新技术企业，作为创新驱动和产业升级的先行者与示范者，为我国实现创新驱动和产业升级发挥了极其重要的作用。但国家高新区的设立到底是否有效地促进了地区产业转型升级？本章采用双重差分法，采用中国高新区的数据对这一问题进行检验，客观评价国家高新区对地区产业转型升级的影响。此外，我们还结合国家高新区政策实践经验，分析高新区政策对产业结构升级的影响效应，在此基础上，进一步探讨如何更好发挥国家高新区作用，并为制定和完善产业转型升级政策与区域创新政策提供重要参考。

第三模块（第 8、9 章）：区域创新系统培育与产业结构优化升级，即从区域层面探讨创新驱动产业结构优化升级的实现路径。本部分从原理上重点剖析区域创新体系促进产业结构优化升级的作用机制及传导路径，并结合中国区域创新实践，对有关作用机制、影响机理进行实证分析，探索加快区域创新系统培育以实现产业结构优化升级的对策。

第 8 章是关于区域创新系统的形成与培育的理论探讨。本章首先分析区域创新系统的特征和功能，其次通过数理建模，将研发的单一部门作为基准模型，拓展至研发多部门模型，然后将资本引入研发部门，讨论研发套利和劳动市场出清条件下，区域创新系统驱动产业结构优化升级的作用机制。

第 9 章是关于区域创新系统对产业结构优化升级的影响分析。本章分析中国各地区产业专业化演化的现状，测算区域创新系统对地区间产业专业化演化差异的贡献度，并结合实践，探讨区域创新系统如何影响企业创新能力、产业结构升级。与此同时，本章还结合区域发展实例，具体探讨共性技术、工研院与区域创新系统的形成与运行。

　　第四模块（第 10、11 章）：开放条件下国际国内价值链重构与产业结构优化升级，即从国际国内价值链重构角度探讨创新驱动产业结构优化升级的实现路径。在开放条件下，为了提升产业国际竞争力，重要的任务就是通过充分利用两种资源两个市场，建构国内国际双循环，通过价值链重构，促进整体经济的产业结构优化升级。本部分将借鉴新兴市场经济体发展经验，结合我国典型行业分析和企业调研，探讨融入国际价值链的促进产业发展的思路和政策建议。

　　第 10 章是模块化、企业网络与产业结构优化升级。当今世界，企业正经历着一场深刻的组织变革，模块化组织、企业网络组织作为新型组织模式，正在深刻影响产业发展。本章试图从模块化组织创新、企业网络组织创新两方面，分别探讨企业组织结构重组引发产业价值链创新。一方面，分析模块化组织创新促进产业结构优化升级的机制与途径，结合模块化组织创新在中国产业优化升级中的应用，探讨以模块化促进产业结构优化升级的路径对策。另一方面，结合企业网络组织创新探讨中小企业创新发展。此外，产业集群是企业网络组织创新的地理呈现。本章还将结合中国发展实践，讨论如何通过产业组织创新助推中国产业结构优化升级。

　　第 11 章是全球价值链视角下的产业结构优化升级。本章运用世界投入产出数据，测度产品内国际分工的程度和要素收入份额，研究国际生产分工对制造业价值链地位提升的影响及其传导机制。本章将探讨产品内国际分工对中国产业结构优化的影响，包括产品内国际分工对产业结构优化的作用机制、参与产品内国际分工程度与产业结构优化程度的度量，以及结合实际数据进行实证分析，并就现阶段我国提升产品内国际分工地位提出政策建议。此外，本章还将从全球化新变局视角探讨全球价值链竞争问题以及如何构建中国主导的全球价值链。

　　第五模块（第 12~14 章）：创新驱动产业结构优化升级的体制机制和政策体系。产业结构优化升级的关键就是实现产业升级的驱动转换，即由"要素驱动"尽快向"创新驱动"转换。本部分从影响企业创新能力的因素入手，分析创新资源再配置如何影响产业结构变动，在此基础上探讨政府在创新驱动产业结构升级进程中的作用，通过总结国际发展经验，探讨创新导向的政策体系及其制度保障和运行机制。

　　第 12 章探讨金融与财政制度安排对企业创新能力的影响。我国不同所有制结构、行业及地区的工业企业创新行为存在明显差异。本章首先从融资制度影响企业创新能力入手，结合我国广泛存在的金融所有制歧视现象，剖析金融所有制歧视政策对我国工业企业创新带来的影响。其次，结合财政与金融政策调整，探讨其对企业技术升级的作用影响，并提出对策建议。本章的研究能够为创新导向的体制机制和政策提供微观证据。

　　第 13 章研究创新资源再配置与产业创新绩效。本章将探寻创新资源再配置影响产业生产率增长的微观机理，评估我国创新资源再配置现状，实证分析产业创新绩效与创新资源再配置、补贴力度、行政进入壁垒之间的关系。

第 14 章探讨创新驱动产业结构优化升级的体制机制与政策。产业结构优化升级的关键，就是实现驱动转换，其中政府扮演着重要角色。本章分析政府的有为作用，然后结合政府在推进工业化、再工业化、创新成果转化等方面的经验教训，提出中国创新驱动产业结构优化升级的政策体系框架，探讨面向未来中国产业政策优化思路与重点，最后分析创新驱动的制度保障和运行机制。

第 15 章为全书总结与展望，概括本书的主要结论和创新点，并对未来研究简要展望。

第 2 章　产业结构优化升级的原理与机制

　　长期以来，人们总是试图把握工业化演进规律，并根据它们来制定适合本国或地区特点的战略。例如，农业与工业化的关系如何？制造业与服务业如何发挥作用？工业内部变动有何规律？三次产业有何变化规律？产业结构演进的动力机制是什么？有哪些因素起主导作用？随着新技术革命和全球化新发展，产业结构是否呈现新的变化？对于这些问题，人们一直在努力探寻。本章结合已有理论和经验分析成果，试图探索产业结构变化的基本规律，并探寻一个产业结构优化升级的分析框架。

2.1　产业结构优化升级的经验规律

　　世界经济近现代发展表明成功实现工业化的经济体一般呈现的基本趋势是：以农业为主的经济向以工业为主的经济过渡，继而向以服务业为主的经济转型。早在 17 世纪，英国古典政治经济学家威廉·配第（William Petty）就指出收入水平与产业结构存在关系。20 世纪 40 年代美国经济学家科林·克拉克（Colin Clark）也提出类似的看法，被后人总结为产业结构变动的"配第-克拉克定律"。在此领域，当代代表性人物包括：霍夫曼（W. G. Hoffmann）、罗森斯坦-罗丹（Paul N. Rosenstein-Rodan）、赫尔希曼（A. O. Hirschman）、张培刚、库兹涅茨（S. Kuznets）、罗斯托（W. Rostow）、钱纳里（H. Chenery）、赛尔昆（M. Syrquin）以及世界银行的一些经济学家。值得一提的是，张培刚早在 20 世纪 40 年代，就结合世界工业化经验，发现工业化是生产函数不断从低级向高级连续发生变化的过程，并提出了农业化国家工业化理论（张培刚，1984）。本节我们试图总结历史上产业结构演变的一般性经验规律，然后分析和探讨可能出现偏离的原因、机理以及最新动态。

2.1.1　"配第-克拉克定律""库兹涅茨事实"与钱纳里经验规律

　　19 世纪 20 年代，配第根据当时英国的实际情况明确指出：工业比农业、商业比工业的利润多得多，所以劳动力必然由农业转移到工业，而后再由工业转到商业。20 世纪 40 年代，克拉克在配第发现的基础上，对产业结构演进趋势进行了考察和总结。研究发现：随着经济的发展，人均国民收入水平提高，第一产业国民收入和劳动力的相对比重逐渐下降；第二产业国民收入和劳动力的相对比重上升，经济进一步发展，第三产业国民收入和劳动力的相对比重也开始上升。产业结构演变的这一规律被称为"配第-克拉克定律"。

美国经济学家库兹涅茨使用国民经济核算方法，对多国工业化截面数据进行了统计回归分析，进一步证实了"配第-克拉克定律"。库兹涅茨根据人均 GDP 从横向、纵向考察 GDP 结构变动和劳动力分布的结构变动，发现产业结构变动的总方向与国民收入比重变动有关。随着工业化发展，第一产业比重持续下降，第二和第三产业比重有所提高，且第二产业比重上升幅度大于第三产业。当第一产业比重低于 20%时，第二产业比重高于第三产业，工业化进入中期阶段；当第一产业比重再降低到 10%左右时，第二产业比重上升到最高水平，工业化进入后期阶段；此后第二产业的比重转为下降。在整个工业化进程中第二产业的占比将经历一个由上升到下降的倒"U"形变化。以上这一经验归纳，也称"库兹涅茨事实"。

美国哈佛大学教授钱纳里曾担任世界银行首席经济学家，把经济结构转变的全部过程分为三个阶段。第一阶段为初级产品阶段。农业占统治地位，生产初级产品。第二阶段为工业化阶段。经济重心由初级产品生产转向制造业生产。第三阶段为发达经济阶段。传统的农业部门完成了现代化改造，整个国民经济呈现为一元结构。在世界银行工作期间，钱纳里和赛尔昆（1988）根据世界 1950～1970 年大多数国家经济结构变化的统计材料，选择了 27 个变量定义的 10 个基本过程，通过运用统一的回归方程，得出经济结构转变的多国模型，揭示出经济结构转变的一般规律和基本趋势（以下称为钱纳里经验规律）。

根据钱纳里经验规律总结研究，我们按人均 GDP 水平将工业化分为五个不同的阶段（表 2-1）。在工业化起始阶段，第一产业比重较高，第二产业比重较低；随着工业化的推进，第一产业比重持续下降，第二产业比重迅速上升，而第三产业比重只是缓慢提高。根据钱纳里经验规律（不同年份由于宏观经济因素的影响，不同阶段的人均 GDP 取值区间有变动，见表 2-2），我们发现这一经验观察与库兹涅茨提炼总结的特征事实非常吻合。当第一产业比重低到 20%以下、第二产业的比重上升到高于第三产业且在 GDP 中占比最大时，工业化进入了中期阶段；当第一产业占比降低到 10%左右、第二产业占比上升到最高水平时，工业化则到了后期阶段，此后第二产业占比转为下降。

表 2-1　人均 GDP 水平变动所反映的工业化阶段（单位：美元）

年份	工业化起始阶段人均 GDP	工业化实现阶段人均 GDP			后工业化阶段人均 GDP
		初期阶段	中期阶段	后期阶段	
1964	200～<400	400～<800	800～<1 500	1 500～<2 400	≥2 400
1970	140～<280	280～<560	560～<1 120	1 120～<2 100	≥2 100
1982	728～<1 456	1 456～<2 912	2 912～<5 460	5 460～<8 736	≥8 736
1996	620～<1 240	1 240～<2 480	2 480～<4 960	4 960～<9 300	≥9 300
2007	748～<1 495	1 495～<2 990	2 990～<5 981	5 981～<11 214	≥11 214

注：根据《美国统计概要（2009）》公布的物价指数变动情况，2007 年美元与 1970 年美元的换算因子为 5.34，由此，对应工业化不同阶段的标志值发生变化

表 2-2　钱纳里经验规律

1980 年人均 GDP/美元	产业结构			就业结构		
	第一产业	第二产业	第三产业	第一产业	第二产业	第三产业
100	48.0%	21.0%	31.0%	81.0%	7.0%	12.0%
300	39.4%	28.2%	32.4%	74.9%	9.2%	15.9%
500	31.7%	33.7%	34.6%	65.1%	13.2%	21.7%
1000	22.8%	39.4%	37.8%	51.7%	19.2%	29.1%
2000	15.4%	43.4%	41.2%	38.1%	25.6%	36.3%
4000	9.7%	45.6%	44.7%	24.2%	32.6%	43.2%

资料来源：Syrquin 和 Chenery（1989）

　　总之，随着工业化推进，人均收入水平提高，第一产业在 GDP 和劳动力就业中的份额会显著下降，第二产业和第三产业的产值份额和就业份额都会增加。这进一步揭示了产业结构变动过程中存在大量相互关联情形，不同类型国家产业结构变动具有一般规律性，同时也有差异性（张建华，2018）。

2.1.2　产业结构变迁的"卡尔多事实"与"新卡尔多事实"

　　1961 年，尼古拉斯·卡尔多（Nicholas Kaldor）提出了六个"典型化事实"（stylized facts）。这些事实基于二战后美国经济增长历程的描述性统计分析，对 20 世纪现代经济增长特征提供了一个分析框架（Kaldor，1961）。卡尔多发现：人均实际产出和人均实际资本的增长率均表现出稳定性，资本回报率、资

本产出比和资本收入份额均不存在趋势性变化规律。这一增长规律被命名为"卡尔多事实"①。

　　进入 21 世纪以来，传统的"卡尔多事实"并不能完全概括现代经济增长的特征。Jones 和 Romer（2010）认为，"卡尔多事实"的前五个已无争议，人们不再有兴趣讨论，他们对于第六个经验事实重新总结，提出了六个"新卡尔多事实"。"新卡尔多事实"可以归纳为：市场化不断扩展、经济加速增长、经济增长率波动性上升、国家间收入水平和 TFP 存在差距、人力资本不断上升和工资相对稳定。

　　改革开放以来，中国经济取得了巨大成就，但中国的要素禀赋、制度背景和经济发展阶段均与发达经济体存在显著差异。中国经济增长事实也表现出自身的特色，并明显区别于发达经济体过去呈现的"卡尔多事实"。中国改革开放以来，人均实际产出增长率、资本产出比、资本回报率和资本收入份额的变化趋势（图 2-1）均说明了这一结论。首先，人均实际产出增长率波动性较大、不稳定，整体呈倒"U"形规律。尤其是自 2008 年全球金融危机以来，中国人均实际产出增长率呈现出不断下降的趋势。其次，中国资本产出比呈现出先下降后上升的"U"形规律。最后，中国资本回报率和资本收入份额（资本收入在总产出中的比重）均呈现先上升后下降的倒"U"形规律。人均实际产出增长率和资本产出比的变化规律还意味着，中国总量消费率和投资率将经历显著变化，并不会呈现出不变的平衡增长路径。此外，表 2-3 反映了中国改革开放以来的总消费率和部门消费率的变化趋势。

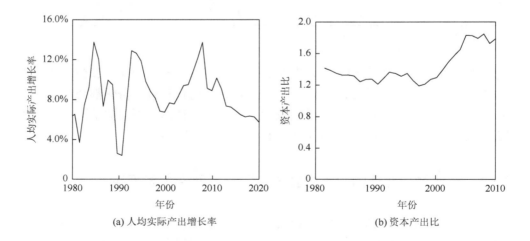

(a) 人均实际产出增长率　　　　　　　　(b) 资本产出比

---

　　① 六个"卡尔多事实"：劳动生产率稳定提高；人均资本稳定增长；实际利率或资本回报率保持稳定；资本产出比保持稳定；资本和劳动在国民收入中的份额保持稳定；人均产出增长率在不同国家间具有很大差别，收入和利润份额较高的国家倾向于有较高的资本-产出比例。

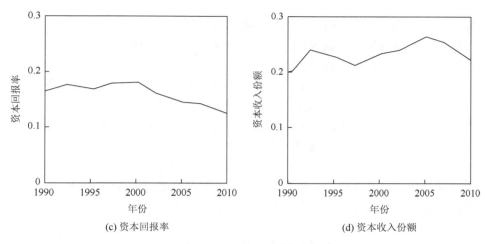

(c) 资本回报率　　　　　　　　　　　(d) 资本收入份额

图 2-1　改革开放以来中国经济增长事实

资料来源：国家统计局网站（http://www.stats.gov.cn/）

表 2-3　中国改革开放以来的总消费率和部门消费率的变化趋势

最终支出（支出法）			增加值（生产法）		
项目	1981 年	2017 年	项目	1981 年	2017 年
总消费率	0.67	0.55	总消费率	0.67	0.55
第一产业消费率	0.89	0.92	第一产业消费率	0.75	0.54
第二产业消费率	0.40	0.29	第二产业消费率	0.52	0.38
第三产业消费率	0.96	0.84	第三产业消费率	0.84	0.68

资料来源：国家统计局网站（http://www.stats.gov.cn/）

　　从动态规律来看，总消费率呈现出下降趋势（由 1981 年的 0.67 下降到 2017 年的 0.55）。不论从最终支出还是增加值看，部门层面的消费率存在明显差异。以 1981 年为例，按支出法，第三产业的消费率最高（0.96），第一产业的消费率次之（0.89），而第二产业的消费率最低（0.40）。这就意味着投资品主要来自第二产业，而第一产业和第三产业的产出主要用于消费。按生产法，三次产业的消费率均表现出不断下降的趋势，这与总量消费率的变化趋势保持一致，且明显不同于发达经济体消费率或投资率保持不变的特征事实。结构变迁与总量平衡增长并存的多部门增长模型并不适用于中国的发展经验。因此，我们有必要基于中国发展经验进一步拓展增长理论和结构变迁理论。

2.1.3　产业结构演变的新趋势

　　从 20 世纪 80 年代开始，以美国和日本为代表的发达国家出现了新一轮产业结构调整，这次调整伴随信息技术和全球化大发展，呈现出一些新趋势。

第一，产业结构更加服务化。一方面表现为服务业不断扩大，对企业、事业部门提供的服务、对个人提供的服务以及对社会提供的服务均在不断扩大。另一方面，还表现为第一、第二产业内部服务也在不断扩大。例如，在企业生产活动中，综合计划、研究开发、信息管理、市场调查、广告营销等与服务有关的业务比重急剧扩大。制造业内部的软化和服务化促进了第三产业的发展，而第三产业的扩张又使第二产业进一步趋向软化和服务化。

第二，产业结构高技术化。科技进步极大地促进了工业劳动生产率提高，传统工业向高新技术产业转化，整个工业日益呈现高技术化。同时，随着加工深化、技术集约化，社会对信息、服务、技术和知识等（软要素）的依赖程度加深，新技术加快产业化。

第三，产业融合化。大量新技术不断涌现，特别是数字技术日新月异，促成知识产业集群产生，产业技术加速融合，传统的三次产业分立边界越来越模糊，三大产业融合发展，信息化与工业化的产业融合已经成为新潮流。

第四，产业绿色化。生态经济及其带动的相关产业，表现为"经济的生态化"或"生态的经济化"，即生态环境因素向国民经济各个领域渗透与融合，甚至催生了崭新的产业形态和经济模式。

第五，产业国际化。一国或地区产业结构变动通过核心要素的国际流动实现。全球范围内现代产业的发展，引起了世界新的产业革命和全球性产业结构调整浪潮，全球价值链和分工格局呈现加速变化的新趋势（唐海燕，2021）。

2.1.4　去工业化、过早去工业化与再工业化

去工业化，就是逆工业化，表现为制造业就业比重持续下降。有两个主要特点：第一，制造业发展停滞，工业生产值与其增长率迅速下滑；第二，制造业大规模裁员，就业转向服务行业。去工业化现象最先发生在一些发达经济体，制造业劳动力占比迅速下降，如美国从1965年的最高值28%下降至1994年的16%；日本的这一指标在1973年为最高值27%，而到1994年则下降到23%。与此同时，发达经济体服务业就业比重均在上升。

从全球视角看，还有一种去工业化。伴随全球分工新发展，发达经济体发生国际产业转移，即将产品生产转移到低成本的发展中经济体，这个过程被称为"生产过程的地理转移"。全球大多数发达经济体很早就已进入后工业化发展阶段。这些经济体几十年来一直在去工业化，随之而来的是不平等的加剧和创新潜力的下降（杨成林和乔晓楠，2012）。部分发达国家长期重消费、轻生产，虚拟经济过度膨胀，脱离了以工业制造业为核心的实体经济。制造业严重萎缩，

导致实体经济"空心化"。这是 2008 年爆发世界金融危机和随后的欧债危机的一个主要原因。

相对于发达经济体出现的去工业化，一些后进的经济体却出现了过早去工业化。例如，一些中等收入的拉美国家和南非在推行激进的经济改革之后也开始去工业化。当国家的人均收入达到一定水平时，制造业就业人数下降，成熟经济体将就业转移到专业化的服务业部门。发达经济体去工业化包括内部因素、外部因素及其他因素。其中，内部因素包括以恩格尔定律为依据的消费需求结构的变化、制造业劳动生产率的提高等；外部因素包括国际贸易、对外直接投资等；其他因素包括政策冲击和"荷兰病"等外生因素（杨成林和乔晓楠，2012）。

西方发达国家的再工业化是相对于去工业化而言的。事实上，在去工业化的过程中，发达国家一直推行着再工业化的战略。部分发达国家进入后工业化时期，人们开始反思传统工业，这个阶段再工业化主要是呼吁提高效率。20 世纪 80 年代，以美国为代表的发达国家在工业化后出现投资不足和过度消费现象，部分学者认为债务损害国家生产力，建议进行再工业化，加大基础设施投资，重建经济基础（周春山和刘毅，2013）。2008 年金融危机后，发达国家再次出现再工业化倾向，寻求新一轮科技与产业革命，寻找新增长点，强化实体经济的基础地位，期望在未来的发展中占据产业制高点。

但是，在开放条件下，全球劳动分工的发展对工业化提出了新的要求和挑战。因而，美国此次的再工业化强调以创新来推动制造业重振。一方面期望完善国内生产经营环境，解决实体经济与虚拟经济的失衡、消费和投资的失衡，增加出口和就业；另一方面特别突出制造业在国民经济中的核心地位，以高技术为依托，大力发展制造业尤其是先进制造业，改变经济过分依赖服务业的现状，积极推动产业结构优化升级（杨书群，2014）。

中国仍处于工业化和城镇化的加速发展期，要吸取欧美金融危机的教训，防止过早去工业化或实业"空心化"，加快转型升级，摆脱传统工业化和传统制造业发展模式的问题，大力培育发展战略性新兴产业，走出一条新型工业化道路。

2.1.5　中国式产业结构优化升级：四化同步、产业基础高级化、产业链现代化

面对世界格局的重大转变，国内发展结构的深刻变革，推进工业化、信息化、城镇化和农业现代化（四化）同步发展成为中国现代化发展的新要求，同时也是推动经济持续健康发展的新动力。根据张培刚（1984）的定义，工业化是国民经济中一系列生产函数（或生产要素组织方式）连续发生由低级到高级的突破性（或变革）的过程，这一过程包括农业现代化和工业现代化。工业化应该是一次全面

的社会经济发展转型，包含信息化、城镇化、农业现代化在内的协同发展。因此，推进工业化、信息化、城镇化和农业现代化同步发展，是中国经济发展的重要战略选择。

在推进四化同步的进程中，一方面要认清工业化、信息化、城镇化和农业现代化各自的规律和运作机理，充分发挥各自在经济社会发展中的作用，培育新增长点；另一方面要做到"同步"，即找准四化的融合点，促进相互支撑和融合，共同推进改革和发展。

当今世界，科技革命和产业变革呈现新变局，我国产业体系也已迈上新台阶，产业持续升级和发展跨入新阶段。中央明确提出"打好产业基础高级化、产业链现代化的攻坚战"，应该说，一国能否实现经济高质量发展转型，产业基础能力和产业链水平至关重要。因此，当前和未来时期，我国产业发展和升级方向就是产业基础高级化、产业链现代化。持续提升产业基础能力和产业链现代化水平，是持续增强内生发展动力、做大做强实体经济、建立坚实而稳定的发展基础的客观要求，也是长期坚持实施创新驱动发展战略、应对全球产业竞争新格局、全面实现从制造大国向制造强国根本性转变的必然选择。

2.2 产业结构演变的影响因素与优化升级机制

世界发展经验表明，在不同国家产业结构演变既存在一般性规律，也存在巨大差异性。导致差异性的原因应该是复杂的，既有内部因素，也有外部因素。内部因素包括需求方面、供给方面及其在市场机制下的相互作用；外部因素主要来自开放经济条件下的国际经贸影响。当然，政府也扮演着很重要的角色。

2.2.1 产业结构演变的影响因素

一般而言，在经济发展初期，不同产业部门的劳动生产率是不一样的，差距很大：由于存在着大量的过剩劳动力且专业化程度低，农业部门的劳动生产率最低；由于专业化程度高、人均资本高，工业部门尤其是制造业部门的劳动生产率最高，而在制造业中，重工业的劳动生产率又比轻工业要高；服务业的劳动生产率，则处于农业部门和工业部门之间。

随着经济增长和工业化加速发展，三大部门的劳动生产率开始逐步扩大差距。由此引发劳动力在产业间流动（库兹涅茨，1985）。这是因为，对劳动者而言，相对高的劳动生产率部门，其收益就要高于相对低的劳动生产率部门，部门间存在收益差。劳动力为了追求较高收益，就从低收益部门向高收益部门流动，于是产业间就业结构和产业结构也会相应发生变动（左大鹏，2006）。

　　产业结构变动的影响因素较多。主要因素包括需求方面的因素及其拉动作用、供给方面的因素（如要素禀赋条件）及其推动作用、技术进步、国际因素等。[①]

　　1. 需求因素变化及其拉动作用

　　人的需要是多层次的和多样化的，如根据马斯洛需要层次论，人的需要分为生理需要、安全需要、社交需要、尊重需要和自我实现需要等五类，依次由较低层次到较高层次。社会的需求结构就是按照人们需要形成的有机构成。在工业化初期阶段，人均收入水平低，人们主要是解决生存的需要，农副产品和轻纺工业产品成为需求最大的产品，农业和轻工业成为主导产业。随着经济发展，人均收入水平不断提高，人们便向更高层次需要过渡，耐用消费品的需求迅速增长，服务需求也加快增长，从而拉动基础工业、重加工业和服务业发展，推进产业结构重心转换。

　　在工业化初级阶段，产业结构发生重大转换，如果没有农业生产率的大幅度提高和轻工业的充分发展是不可能的（符太增，2006）。在工业化进入更高阶段后，物质累积相当丰富，人们对精神生活的需求提升，对高品质生活有新的需求，现代服务业开始成为人们需求的重心，高科技产业将逐步取代重加工业（徐本双，2006）。在需求导引下，产业结构就会实现又一次重大转换。

　　2. 供给方面变化及其推动作用

　　供给方面的因素，一般指作为生产要素的劳动力、资本和自然资源等状况，也称为要素禀赋结构。要素禀赋是指一国所拥有的并能用于生产的各种生产要素（包括土地、劳动力、资本和企业家才能）的数量，也包括与之配套的软件和硬件基础设施[②]。当一国的产业结构、技术结构与其要素禀赋结构相匹配时，该国的资本积累速度将提升，快于自然资源和劳动力增加的速度，从而本国的要素禀赋结构进一步提升，产业结构和技术结构将自然而然地升级。因此，产业的发展取决于要素禀赋状况，供给因素的变动或相对成本的变动会推动产业结构的变动（林毅夫等，1999）。

　　如果需求水平给定，供给方面的变化主要是由技术进步和市场竞争引起的。由于技术进步，新的生产工具、新的生产工艺和新的材料不断涌现，这样会大幅提高现有劳动生产率，降低资本、劳动力、原料等消耗水平，从而导致生产成本

---

　　① 关于产业结构演变的动因或影响因素的分析，可以参考张建华（2018，2019）。
　　② 硬件基础设施包括电力、运输和电信系统等。软件基础设施包括金融体系及其管制、教育体系、法制体系、社会网络、价值观和其他无形结构。

相对下降。在市场经济中，产业相对成本越低，竞争能力会越强，资源越会向该产业部门流动，从而推动产业结构变动（梅茜，2008）。此外，伴随技术进步，新的产品不断被开发，新兴产业开始形成。这时，新兴产业部门如果能得到政府扶持，终将会在市场上赢得一席之地。这也必然引起产业结构变动。

3. 技术进步

技术进步对产业结构的影响主要体现在需求和供给方面。从影响需求的角度看，技术进步促进需求结构变化，从而导致产业结构的变化。一方面，技术进步可以降低产品成本，扩大市场销售，需求随之变化，或促进消费品升级换代，改变消费需求结构。另一方面技术进步也可以通过降低资源消耗弹性，改变生产需求结构。

技术进步还可影响供给结构，从而直接导致产业结构的变化。其直接效应是提高社会劳动生产率，深化产业分工，改变竞争格局，从而影响一国产业结构的变化。其机理表现为：对于一些产品需求价格弹性较小的产业而言，技术进步有利于增加其产出，但其收益会下降，该产业的某些生产要素就会流向其他产业；对于另一些产业而言，如果它们的产品需求价格弹性较大，技术进步将有助于提高该部门的收益和产出，更多的生产要素就会流向该产业，于是，由于新要素流入又促进了该产业发展，需求价格弹性小的产业将加快衰退或更替（符太增，2006）。

4. 国际因素

在开放条件下，国际因素对于一国产业结构的影响巨大。伴随着经济全球化的加速发展，国际贸易、国际投资（国际产业转移）对一国产业结构变迁的影响力不断加强（Barry and Walsh，2008；龚元凤，2013）。国际贸易对产业结构的影响，主要是通过国际比较利益机制实现的。一般来说，各国间产品生产的相对优势发生变动，引起进出口结构变动，进而带动国内贸易结构、消费结构和产业结构的变动。

随着全球化进一步加深和国际贸易的发展，全球范围内的产业的国际转移、产业结构调整加快，各国经济都在积极地进行产业结构的调整，力争在国际分工中占据有利地位。国际产业转移是开放经济的产物，也是国际竞争日趋激烈的必然结果。

2.2.2　市场和政府在产业结构演变中的作用

经济发展本质上是一个技术和产业不断创新、结构不断变化的过程。从工业化历史来看，各国产业结构演变主要是市场机制和政府干预共同作用的结果。其中由市场调节、引导的机制，起基础性作用，是一种内生机制；另一种是主动的干预机制，由政府推动进行，提供制度保障，改善供求。

从影响机理看，可以将工业结构变迁分为市场主导型、政府主导型和共同作用型三类（张培刚，2019）。产业结构的变迁由政府主导和由市场主导，只是配置资源的方式不同。市场机制倾向于按照真实的要素禀赋结构和需求结构的动态变化，推动工业结构变动，能够使工业结构、要素禀赋结构和需求结构协调发展。市场是有效配置资源的基本机制。政府则倾向于通过改变实际的要素禀赋结构和需求结构，促使产业结构以非连续的方式变动、实现"跳跃式"结构升级。这是因为，经济发展需要产业多元化、产业升级和配套的软硬件基础设施的改善。在大多数情形下，改善基础设施并不能被纳入企业的内部化决策中。除有效的市场机制外，政府可以积极推动产业调整、改善基础设施投资。当然，如果政府干预不当，反而会导致价格机制失灵，加剧产业结构与要素禀赋结构、需求结构之间的扭曲，最终不利于产业持续升级。

不管采取市场调节还是政府干预，长期来看，最终都需通过影响需求结构或要素禀赋结构来影响产业结构。对于发达国家而言，市场比较健全，适宜采取以私人部门为主导的诱致性变迁，市场竞争更有利于众多经济主体自发相互作用。反之，对于发展中国家，一方面，其经济体系不完整、市场不完善，对政府作用依赖性较强；另一方面，发达国家的产业结构变迁已经提供了一个示范，经济主体很容易对下一个有前景的产业形成共识，不确定性大大降低，发挥政府作用采取强制性变迁推动经济结构调整，往往会优于诱致性变迁的战略选择（潘士远和金戈，2008）。

2.2.3　产业结构优化升级的微观机制

产业结构的优化升级，主要包括产业结构的高度化、高效化和协调化。无论是高度化、高效化还是协调化，产业结构变动的基础在于创新。技术创新和制度创新必然带来技术进步，进而一部分产业高速扩张，成为新的主导产业，伴随主导产业有序更替，产业结构迈向更高的阶段。产业结构高度化的过程，就是技术进步不断提高产业结构作为资源转换器的效能和效益的过程。从这个意义上讲，创新也就成为产业结构高度化的直接推动力。

产业结构变动的基础还在于专业化分工及其发展。专业化常常表现为人口的非农化和劳动力城市化，即从农业或农村向非农产业或城市的转移。换言之，专业化就是"劳动分工与人的专业化"。专业化还表现为"物的专业化"，包括产品专业化、工序专业化、产业专业化、区域专业化等层次的专业化。产业专业化最直接的表现就是农业、工业和服务业的分化，工业内部专业化分工的结果就是形成重工业和轻工业部门。如此看来，工业化就是专业化分工不断深化的过程。

企业作为追求利益最大化的微观主体，降低成本、提升质量是其力求在竞争中生存下来的基本举措。企业行为本身决定着该行业的演进。竞争力相对较强者存活下来，而竞争力较弱的企业则退出市场，行业因而依次经历兴起、成熟和衰退等变迁。于是，优胜劣汰的市场选择机制形成产业兴衰的微观机制。以单个行业变动为基础，进而会引起整个产业结构发生变动。与此同时，政府适当干预，保障市场机制正常发挥作用，通过调整要素禀赋结构、需求结构，进而推动产业结构变迁。

2.2.4　产业结构优化升级的机理

推动产业结构演变的动因究竟是什么？主要存在两种观点。一种观点来自演化学派。在演化论者看来，结构变迁是由创新和模仿所导致的企业不断进入或退出的过程（Nelson and Winter，1982；Andersen et al.，2001；Montobbio，2002；Peneder，2003；Hölzl and Reinstaller，2007）。这些研究明确了"选择"（selection）和"排序"（sorting）是行业间与行业内结构变化相连接的两种机制。"选择"反映了部门内部和部门之间的价格竞争；反过来，"排序"反映了产业需求结构随收入增长而变化、消费者偏好将影响部门经济的相对增长模式（徐本双，2006）。另一种观点来自结构主义学派，他们认为：推动结构变迁的引擎是部门需求收入弹性的变化和劳动生产率的增长率差异（Pasinetti，1981；Syrquin，1988；Harberger，1998）。

结合前面的分析，我们可以使用需求和供给两方面的分析范畴来解释结构变迁的动力和机理（Chenery et al.，1986）。这里供给方面，是指作为生产要素的劳动、资本和自然资源等资源禀赋状况，它们的供给水平和结构，以及能否提高劳动生产率，都关系到产业的发展（张建华，2019）。我们将这方面的因素统称为要素禀赋结构。而需求方面，则是指人们对不同产品或服务的需求比例，即需求结构。产业结构变迁的基础是创新、专业化分工及其发展，调节机制是市场有效运作和政府有为作用，传导机制是创新推动要素禀赋结构和需求结构两方面的有序变动（张建华，2012，2018）。

1. 产业结构高度化的机制

推动产业结构高度化的动力源泉是创新，基本渠道是要素禀赋结构升级和需求结构升级。国际贸易和国际投资则是产业结构高度化进程中可以借助的外部力量。

1）行业需求收入弹性与需求结构升级

现实的需求结构是随着收入水平的提高而不断变化的，在满足基本生活需要的基础上人们的需求会逐步向更高层次转移，从而导致产业结构的变动。这是因为，随着人均收入提升，人们的需求总量不断增加、需求质量不断提升，对不同类型产品或劳务的需求出现差异化。不同行业之间的需求收入弹性存在差异，因而各行业在总需求中所占份额也逐步发生变化。需求收入弹性越大，需求结构变动越大，需求结构变动必然带动产业结构变动（张培刚，1984）。

2）行业要素密集度与要素禀赋结构升级

要素密集度在不同行业存在差异性。比如，汽车工业是相对资本密集型工业，而纺织工业是相对劳动密集型行业。要素禀赋结构影响国内要素的相对价格，要素越稀缺，价格越昂贵，要素越丰裕，价格则越便宜。如果一国要素禀赋结构发生变化，要素相对丰裕程度发生变化，其相对价格也不断调整。比如，随着资本和技术积累增加，原来密集使用劳动的行业，将让位于资本和技术密集型行业，后者将成为主导性行业。产业结构高度化的过程就是从以劳动密集型行业为主依次转变为以资本密集型和技术密集型行业为主的动态过程。

要素禀赋结构变动对产业结构的影响，不仅体现在产值结构变化上，也会体现在就业结构变化上。即使需求结构不变，不同产业劳动生产率也有较大差异。在现实中，具有较高劳动生产率的行业，将成为兴盛行业，而另一些生产率较低的行业，可能会演化为衰退行业。越来越多的劳动离开先前的主导产业，进入劳动吸纳能力更高的行业。[①]

3）创新在产业结构高度化中的作用

创新以不同形式出现，如产品创新、工艺创新、企业组织创新或制度创新。图 2-2 比较清晰地阐述了创新推动产业结构高度化的实现机制。

创新是经济增长的源泉。由于需求收入弹性和要素密集程度都会存在差异，收入提高会导致需求结构升级，从而带动产业结构高度化。随着资本积累，要素禀赋结构升级，产业结构向高度化演进。

一种情形是，创新带来新产品新产业不断出现，吸引了消费者，开拓了新的需求；另一种情形是，旧产品无法满足更新的高端需求，引发产品创新，否则企业可能被淘汰。新旧产业更替推进产业结构高度化。此外，创新还能够通过其他机制（技术知识积累、提高生产要素有机联系或创造新的生产要素），影响要素禀赋结构进而推动产业结构高度化。

---

① Baumol（1967）、Baumol 等（1985）对非平衡增长所导致的"成本病"问题进行了分析，他们指出：在生产率上升率较高的主导行业工资不断提高的压力下，其他行业的工资水平不得不随之提高。但由于通过技术进步和资本深化来提高劳动生产率的潜力总是有限的，因此，大多数私人部门、文化部门以及公共服务部门劳动生产率上升的幅度不足以补偿工资水平的上升，其结果就是生产成本无可避免地提高，同时还伴随着行业劳动投入份额和名义产出份额的提升。

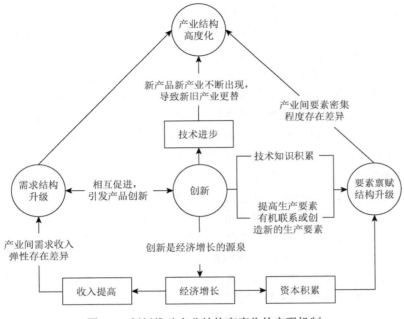

图 2-2　创新推动产业结构高度化的实现机制

4）国际贸易、国际投资推动产业结构高度化的作用机制

全球化加速推进，国际贸易和国际投资更加频繁，这些活动通过影响该国的要素禀赋结构和需求结构，间接推动了产业结构的高度化进程。对于发展中国家而言，如何借助外部力量，利用外部资源和外部市场，推动本国产业结构高度化进程，就显得更加重要。

国际贸易和国际投资通过影响创新过程，进而加速推进产业结构高度化进程。对于发展中国家而言，一方面，无论是进口技术型产品，还是吸引外商投资，如果能够善于学习和吸收先进技术，就有可能产生技术溢出效应，从而有利于提高自主创新水平。另一方面，企业为了应对激烈的国际竞争，在对外出口或向境外投资时都必须加大创新投入，提升创新能力。其实，即使对于发达国家而言，通过将产业转移到境外并从境外进口初级产品，将有利于其集中资源进行研发，从而有利于本国创新水平提升和技术进步。

2. 产业结构高效化、协调化的机制

正如第 1 章所分析的，产业结构高效化意味着生产资源在各行业间配置效率逐步得到提升。例如，要素市场通过价格调节机制配置资源以及污染排放量。配置效率则取决于要素价格的形成机制是否健全，或要素在产业间流动是否顺畅。类似地，产业结构协调化取决于各行业产品的需求和供给是否趋于平衡，也取决于价格形成机制是否健全。因此，如果经济系统自身完善，就具备促进产业结构高效化和协调化的发展机制。

劳动力资源在产业间是否能够优化配置？企业愿意为劳动者支付的报酬取决于劳动投入的边际生产率大小。行业的劳动边际生产率如果越高，该行业劳动者的报酬也就越高，从而更多劳动流向该行业。行业劳动边际生产率越高，就业份额就越大；相反，劳动边际生产率较低的行业，就业会相对萎缩。在不改变要素投入数量的情况下，劳动力资源在产业间可以实现优化配置，同时提升产出水平。

类似地，其他生产要素（如资本、能源等）可以在产业间实现优化配置。但污染排放量相对于劳动等生产要素要特殊一些。为了遏制环境污染，公众和政府会利用各种手段限制生产企业的污染排放。但问题是，不同企业污染排放的边际收益存在差异，边际收益较高的行业，一般会愿意为污染排放支付较高的费用，相反，边际收益较低的企业，并不愿意支付高昂的污染排放费用。如果允许实行市场机制，对于后者，可以通过减少生产等方式减少排污，而将多余的污染排放权卖给前者，这样就可以用销售收入弥补减产损失。通过优化排污结构，产业间的污染排放边际收益趋同，产业结构实现高效化。

2.3　促进产业结构优化升级的目标任务与基本路径

本节我们将进一步探讨产业结构优化升级的路径，即遵循什么样的路径以及如何促进产业结构优化升级，特别是政府能够采取哪些方式来促进产业结构优化升级。

2.3.1　现代化产业体系与产业结构现代化

党的十九大提出，要加快"建设现代化经济体系""全面建成社会主义现代化强国"（习近平，2017）。为此，必须着力加快建设实体经济、科技创新、现代金融、人力资源协同发展的现代化产业体系。建构现代化产业体系就是实现产业结构现代化，这也是促进产业结构优化升级的目标所在。

毫无疑问，现代化产业体系是现代化经济体系的主要内涵和战略重点之一。能否顺利建成现代化经济体系，直接取决于能否顺利建成实体经济、科技创新、现代金融、人力资源协同发展的现代化产业体系。

现代化产业体系的核心在于建设实体经济，不断推进工业现代化、提高制造业水平。从现实看，制约经济持续健康发展的因素既有需求问题也有供给问题，既有总量问题也有结构问题。因此，要推动产业优化升级、促进产业结构现代化进程，在实体经济发展方面面临的任务十分艰巨，主要包括以下几个方面。①推进新型工业化，加快建设制造强国、质量强国、航天强国、交通强国、网络强国、数字中国。深入推进信息化与工业化深度融合，加快改造提升传统产业。②实施产业基础再造工程和重大技术装备攻关工程，支持专精特新企业发展，推动制造业高端化、智能化、绿色化发展。③着力培育战略性新兴产业融合集群发展，构建新一代信息技术、人工智能、生物技术、新能源、新材料、高端装备、绿色环保等一批新的增长引擎。④构建优质高效的服务业新体系，推动现代服务业同先进制造业、现代农业深度融合。⑤鼓励更多社会主体投身创新创业，加快形成经济发展新动能。加快发展数字经济，促进数字经济和实体经济深度融合，打造具有国际竞争力的数字产业集群。⑥优化基础设施布局、结构、功能和系统集成，构建现代化基础设施体系。坚持优化存量资源配置，扩大优质增量供给，实现供需动态平衡。⑦促进产业迈向全球价值链中高端，在全球产业链价值链起主导作用。

历史经验表明，科技创新是现代化产业体系的根本动力源，也是全面创新的主要引领。2021 年我国研发经费与 GDP 之比再创新高，达到 2.44%，已接近经济合作与发展组织国家疫情前 2.47% 的平均水平。[①]但总体上看，我国科技创新能力还明显不足，存在诸多问题，包括科技创新激励机制不足、科技资源分配不合理、科技与实体经济存在"两张皮"、科技成果转化率低下等。因此，大力推进科技创新、加强创新体系建设十分关键。这就需要建立以企业为主体、市场为导向，产学研深度融合的技术创新体系，进一步发挥科技创新对构建现代化产业体系的独特作用，并使其成为产业升级的持续驱动力。

现代化产业体系需要多方相互促进，形成一个全面协同发展的整体。无论实体经济、科技创新，还是现代金融、人力资源，任何一方面如果出现短板，都会拖累其他领域发展，进而影响整个产业体系现代化水平。只有把资金、人才、科技等要素组合起来，集中向实体经济发力，才能形成现代化产业体系的整体发展效应，才能协同促进企业技术进步、行业供求衔接和产业优化发展，才能协同促进实体经济和产业体系优质高效发展，实现经济创新发展和转型升级。现代化产业体系也是一个开放的体系，只有更好融入全球产业分工体系，更好运用国际国内两个市场和两种资源，才能更多地为建设现代化产业体系注入新动力、拓展新空间。

---

① 2012～2021 年，我国研发经费从 1.03 万亿元提升至 2.79 万亿元，研发投入强度从 1.91% 提高至 2.44%，基础研发投入占全社会研发投入比例从 4.84% 提高至 6.09%。

2.3.2 产业结构转型升级的关键在于加快推进产业链现代化

推进产业链现代化，关键在于优化主导产业链条。按照"强链补链延链"思路，打造深度融合的现代化产业链条，形成具有战略性和全局性的产业链。例如，在一些传统优势产业领域，向产业链条"微笑曲线"两端延伸、向精深加工领域拓展、向价值链高端跃升；在一些新兴产业领域，向上下游产业延展、向终端产品和服务领域迈进并集聚。

推进产业链现代化，重在构建产创衔接、区域协同的创新体系。从区域和国家布局层面看，做好创新协同的核心在于补齐创新链短板，这就要求强化基础研究和应用研究，重视关键共性技术研发，促进创新机制和创新政策协同，引导产业链上下游企业、产学研用之间形成联动，推进产学研用一体化创新，共同开展关键技术攻关，优化科技服务体系，健全科技资源与产业对接共享机制。

产业链现代化的主攻方向在于产业融合发展。根据现代科技发展趋势，推动产业信息化改造、服务化升级和融合化发展，实现全产业链协同，已经成为产业结构演变的新特征。第一，信息化与工业化深度融合。制造业朝着数字化、网络化、智能化方向改造，新型制造方式不断呈现，如基于互联网的个性化定制、在线增值服务、分享制造和众包设计等，企业全流程、产业全链条信息化水平快速提升。第二，制造业与服务业深度融合，制造业研发设计、生产制造和售后服务的全链条供应链体系开始出现，大型装备制造企业转型开展总承包总集成服务。

产业链现代化的微观基础在于培育领军企业。其中包括：一是围绕主导产业，打造行业龙头企业；二是扶持专精特新企业，培育一批主业突出、竞争力强、成长性高、专注于细分市场的产业链配套主体；三是培育掌握关键环节核心技术的隐形冠军企业，着眼产业链条发展壮大，引领未来产业方向。

产业链现代化，离不开载体平台的支撑和引领。产业链支撑平台包括：各类高标准、高质量的高新产业园区、示范（试验）区和新区。打造这些平台的目的在于集聚先进要素，承载新兴产业，促进产业开放发展和创新发展。

2.3.3 主导产业发展与价值链下的产业升级

从短期看，产业发展表现为某一特定产业总量增长和质量提升的过程；从长期看，产业发展过程就是产业兴衰过程。产业发展或产业升级就成为产业结构优化升级的基础。产业升级路径选择需解决三大问题，即产业升级的方向、产业升级的幅度和产业升级中断风险的规避等（张红伟和袁晓辉，2011）。产业结构优化升级则是针对整个产业体系而言的。

　　新旧产业更替主要有三种情形：第一，生产要素的密集度发生变化，产业由劳动密集型向资本密集型演变，再向知识技术密集型演变；第二，采纳新技术的能力发生变化，产业由传统产业向新兴与传统相结合的产业转换，再向新兴产业转换；第三，从产业的价值变动看，产业由低附加值向高附加值演变，再向更高附加值演变。一般来说，产业结构演变的过程，也就是新旧产业优势地位不断更替的过程。

1. 主导产业的选择与更替

　　产业发展一般都会经历一个"兴起—扩张—减速—收缩"的过程。不同产业的生命周期起点并不相同，各产业增长速度就存在差异性。如果我们以产业部门增长率为标准，就可以判断出各产业在其生命周期中所处的地位。某产业如果增长率在两个时期都超过平均增长率，称为"成长产业"；如果在前一时期其增长率高于平均增长率，而在后一时期大体与平均增长率相等，该产业称为"成熟产业"；在两个时期都低于平均增长率，该产业称为"衰退产业"。如果从时间序列上看，这几类产业部门是一个连续发展的过程：原有的老的产业增长缓慢，被新的高增长的产业取代；在历次的发展进程中，潜在的高增长产业又将跑到前面，代替原来高增长的产业。正是以上这种产业间优势地位的更迭，形成了产业结构的有序转换和高级化（符太增，2006）。从产业的生命周期看，处于成长期的是主导产业，处于成熟期的是支柱产业，处于初创期的是先导产业。

　　在产业结构中，具有较强的增长潜力的成长型产业将成为主导产业，与其他产业关联度高，对整体经济的带动作用较大，处于主要的支配地位，具有很高的创新率，对一定阶段的技术进步和产业结构升级转换具有关键性的导向作用。主导产业如何选择很重要，主要考虑如下一些基准。

　　（1）产业关联基准。包括三种形式的关联效应。一是前向关联效应。前向关联效应也分为直接的和间接的。其中，直接前向关联效应指上游产业的发展变化（技术上的改进，价格的上涨或下降等）对下游产业的直接影响。二是后向关联效应。主导产业具有广阔的市场前景，必然会扩大对相关设备、技术和原材料等要素的需求，从而带动为其提供这些要素的产业迅速发展。主导产业的持续发展能力强。三是互补关联效应。主导产业的发展，还会引起经济、社会、文化等多方面的变化，从而对地区市场繁荣、就业扩大、基础设施建设以及其他产业的发展产生积极的影响（张亚静，2010）。

　　（2）需求收入弹性基准。这一基准是指在国际和国内市场上，某种产品的需求增长率与国民收入增长率之比。如果产品和行业的需求收入弹性小于1，需求增长速度低于国民收入增长速度；反之，如果需求收入弹性大于1，需求增长速度将高于国民收入的增长速度。随着人均国民收入增长，需求收入弹性高的产品所在的行业比重逐渐提高。这些产业如果作为主导产业，将有利于整个产业持续高增长。

（3）TFP 上升率基准。这一基准是指某一产业的要素生产率与其他产业的要素生产率之比。TFP 的上升主要取决于技术进步，按此基准选择主导产业，就是选择技术进步快、技术要素密集的产业。主导产业迅速有效地吸收技术进步成果、加速技术进步，有利于提高创汇能力、改善贸易条件和贸易结构，提高整个经济资源的使用效率。

（4）就业基准。包括产业的相对就业密度（每亿元工业增加值或产品销售收入所对应的就业人数）、产业的资本与劳动力比率。显然，各个产业的实际就业功能及其差别，反映了产业发展水平、趋势和特点。

（5）可持续性发展基准。主要表现为资源消耗（包括物耗和能耗）低和环境污染小，环境污染的大小一般可以通过治理污染的成本反映出来。

此外，还有比较优势基准、动态能力基准和国情基准等。总之，主导产业就是选择关联性强、技术领先、发展快速、能够为后续产业的发展提供更多的产品和技术、能够创造更好的就业机会、具有可持续性发展能力的产业。

主导产业发生更迭并不是任意的。主导产业的有序演变，实际上反映了产业结构高级化的趋势。产业结构变动是由部门间的技术联系来决定的，是由创新在某一产业内迅速、有效地积聚而形成的。主导产业变更的基本逻辑是：创新最终推动新兴产业兴起、成熟之后的产业衰落，通过新老产业更替，来主导产业有序变动。产业变动具体表现为传统产业的改造升级、新兴产业的培育和兴起。

2. 价值链下的产业升级

从国际分工看，任何一个国家或区域的产业，都是全球产业链与价值链的一部分（Gereffi，1999）。全球价值链角度的产业升级，指的是价值链之中或尚未嵌入的企业通过嵌入价值链获取技术进步和市场联系，从而提高竞争力，进入增加值更高的活动中。

当前，处于全球价值链上的企业进行着各种增值活动，包括设计、产品开发、生产制造、营销、交货、消费、售后服务、循环利用等环节。产业升级可以被看成产业整体在价值链上或者不同价值链间的攀越过程。在全球价值链下，产业升级的目的是获取技术进步，或加强市场联系，从而提高竞争力。其主要有四种形式（Humphrey and Schmitz，2000），即工艺流程升级（process upgrading）、产品升级（product upgrading）、功能升级（functional upgrading）和链条升级（chain upgrading）。从全球价值链攀升来看，企业从产业链条的价值低端环节可以攀升进入全球价值链高端环节，产业升级一般都遵循从工艺流程升级到产品升级，再到功能升级，最后到链条升级的顺序（Gereffi，1999）。但当出现技术创新性突破或政策扶持时，就可能出现非常规的升级轨迹。具体来说，工艺流程升级，是指通过引入技术含量较高的加工工艺或者整合生产工艺流程系统，把投入更为高效地转化为产出，以保持和强化竞争优势。产品升级，是指引进新产品或改进已有产品的生产效率，体现为从低附加值的低层次简单产品转向同一产业中高附加值的更为复杂、精细的产品。功能升级，是指通过功能重造的一种升级方式，即重新组合价值链中的环节以获取竞争优势。例如，功能升级的基本路径是：企业从低附加值环节转向高附加值环节的生产，更多地把握战略性价值环节，实现从委托加工到贴牌生产，再到自有品牌创造的转换。链条升级，就是从一个产业链条转换到另外一条产业链条的升级方式。企业通过链条转换获取竞争优势，嵌入新的、更加有利可图的全球价值链（陈柳钦，2009）。

　　四种产业升级方式，即工艺流程升级、产品升级、功能升级和链条升级，往往存在一定规律可循。产业升级一般都遵循从工艺流程升级到产品升级再到功能升级最后到链条升级这一规律。随着产业升级的不断深化，附加价值不断提升，实体经济活动的环节变得越来越稀少，产业"空心化"程度也将不断提升。

　　研究我国在全球化背景下的产业发展问题，需要从全球价值链的角度来分析。经济全球化日益加速的大背景下，当一国经济深度参与国际分工合作，其产业结构已经融入国际产业结构体系之中，如果需要调整产业结构时，这已不是传统意义上的产业结构调整问题，而需要构建开放型的经济体系，形成与之相适应的资源配置方式。整个产业结构重组应当以提高国际竞争力为中心，以参与国际经济循环为立足点，使生产结构适应国内、国际的市场需求结构及其变化，实现良性循环。

　　依据全球价值链思维方法，我们必须从更开放、更全面的视角来研究产业发展政策的调整问题。由于各方面综合因素的作用，全球价值链本身是连续动态变化的，因此，产业应不断挖掘自身内生因素，以主动的方式不断改变自身在全球价值链中的组织形式，利用集群的自增强效应、积累效应，保持和强化集群在"战略性环节"的竞争优势，通过不断地调整嵌入价值链的方式，促进集群实现持续升级（孙文远，2006）。

　　一国参与国际产业分工、推进其产业发展，关键在于根据自身已有条件和价值链的治理模式，通过识别价值链战略环节，突破价值链升级的瓶颈，寻找最合适的切入点或价值环节，优化价值链增值路径来安排未来产业发展战略，制定实施反映产业升级规律、符合国情的产业促进政策。

　　根据新的理念，要提升一国产业在全球价值链体系中的位置，进一步增强产业国际竞争力，就必须重新审视和调整企业战略以及相应的产业发展政策，以推进产业升级，为国家谋取更大的战略利益。实现产业升级需要从不同层次努力，包括企业层次的个体努力、产业层次的集体行动以及政府产业政策的支持。企业、产业与政府的互动对于一国产业升级也有重要的作用。从整个社会来看，制度、文化建设是产业实现升级的依托和内生要素。

全球价值链分工受到多方面因素的冲击和影响。近些年来，数字经济逐渐兴起，全球价值链分工更具弹性，呈现多元化配置与重构，本土化、区域化、邻近化成为全球产业链价值链演进的新趋势。在此背景下，不同产业的全球价值链开始在不同环节发生调整与变化。参与国际分工的国家，为了发展经济和产业优化升级，需要不断推进价值链分工环节向全球价值链中高端跃升。

2.3.4　产业结构优化升级的实现机制与路径

从工业化国家成功经验来看，创新驱动产业结构优化升级的路径为推动需求结构升级、要素禀赋结构升级和技术进步，并以创新最终推动新老产业更替、主导产业有序变动和产业价值链不断攀升（张建华，2019）。

1. 实施创新驱动是根本途径

自主创新是提升科技水平和经济竞争力的关键，也是调整产业结构、转变发展方式的中心环节。深入实施创新驱动发展战略，就是要加快培育创新主体，打造创新平台，优化创新环境，集聚创新资源，切实把科技创新作为引领产业发展和优化升级的第一动力。因此，应形成自主创新的基本体制架构，建立以企业为主体、以市场为导向、产学研相结合的技术创新体系，通过推动创新来促进产业结构优化升级。

主导产业不同，产业发展的阶段不同，所需的技术支持也不同。因此，应该根据自身发展阶段的变化，制定动态的创新规划，制定相应的激励机制，引导创新者根据实际需要进行有的放矢的创新活动。

第一，政府应加大对通用技术创新的投入。通用技术创新往往能够对一系列相关产业发展起到积极的推动作用，类似于公共物品，具有较强的产业技术外溢效应。政府应加大公共投入力度，通过补贴等方式，鼓励企业和产业的技术共享，提升产业之间的技术关联度，促进产业结构优化升级。

第二，为企业的创新活动提供足够的制度保障。通过完善专利保护制度等方式，给予企业创新行为足够的制度保障，激励企业自主创新，持久促进产业结构优化升级。

第三，加大引进适宜技术力度。通过政策引导，能够更好地引进适应本国工业化道路和发展阶段的适宜技术，加强产学研结合，提升对引进技术的消化吸收能力，有效地推进本国产业结构优化升级。

2. 优化调整需求结构

总需求包括内需和外需，内需包括投资需求和消费需求，而消费需求又包括居民消费和政府消费。外需是指国家外部产生的需求，主要指出口。需求结构与经济增长直接相关，体现了一个国家经济增长的动力来源。无论是消费结构还是投资结构的变动均能有效带动产业结构优化升级。产业结构与需求结构的耦合程度决定了产业结构协调程度，需求结构升级必将带动产业结构高度化。需求结构的合理与优化对于经济长期可持续增长具有非常重要的作用。需求结构的优化调整主要包括如下一些举措。

一是提升居民收入水平，有利于消费结构升级。国内消费是总需求中最为稳定的有效需求。其中重要举措就是：提高劳动报酬在收入分配中的比重，促进消费结构升级。

二是激励企业投入高端资本品。通常情况下，企业往往会选择便宜的成熟设备，而对于价格高性能优良的新型设备，理性的选择是放弃。但如果采取一些激励措施，企业就会购买新型设备，从而带动新兴制造业的发展。

三是拓展国际市场。当国内需求结构或产业结构受到冲击，如果能够有效开拓国际市场，提升产业结构的协调性，有利于产业结构优化。

四是完善市场调节机制。加快推进市场化进程，建构全国统一大市场，有利于消除市场分割，提升市场的开放度，这样就能有效地提升产业结构与需求结构的协调性。

3. 优化调整要素禀赋结构

一般而言，一国根据自身要素禀赋结构确立分工格局，这样才能充分发挥比较优势，加速经济发展。全球经济化会改变一个国家的要素禀赋结构。生产要素如果能在全球流通，某些要素是相对充足还是稀缺，会变得不那么明确。例如，中国的资本本来稀缺，但如果外资流入无障碍，可动用的资本增加，资本相对会变便宜，生产结构也会改变。在各种生产要素中，资本的国际流动性最大，所以将来它的禀赋最不重要。但由于各国主权及移民政策的限制，全球化最难改变劳动力禀赋。不过，人力资本是经济发展中比普通劳动力更为重要的资源，其流动性或许比不上资本的流动性，但比普通劳动力的流动性要大得多。因此，在新的国际国内发展格局下，优化调整要素禀赋结构十分必要，也很重要。可供选择的有许多途径。①增加人力资本投资。人力资本的积累需要通过教育和培训，并不像资本积累那样简单。需要加大在教育和健康等方面的公共投入力度，提高教育质量，优化生态环境，改善健康状况，从而提高人力资本水平。②引进外资并优化结构。引进外资能够快速改变国内要素禀赋结构，推动资本密集型行业发展。同时，优化引资结构，提升外商投资质量，提升资本要素的丰裕度和技术含量。③完善要素市场，提升要素流动性。通过市场化改革，推进要素市场建设，同时提升生产要素的流动性，有效促进产业结构高效化。

4. 培育创新环境

市场机制是产业结构优化升级的微观基础。政府的作用在于创造"促进公平竞争、鼓励创新"的市场环境。要保障创新导向政策体系的形成，就必须使市场在资源配置中起决定性作用，同时更好发挥政府作用，破除体制障碍。为此，要着力培育创新环境。具体来讲，一是深化政府管理体制改革，优化产业发展和结构调整的制度环境。二是充分发挥市场作用，完善市场机制，为企业营造更具竞争性的市场环境和融资环境。在竞争环境下，市场的作用越充分，产业发展机会越多，越能为企业融资创造有利条件，市场选择系数就越大，产业结构优化升级进度就越快（张建华，2019）。

2.4　本　章　小　结

本章结合已有理论和经验分析成果，试图总结产业结构演变的经验规律，探索规律背后的动因、作用机制和路径，尝试建立了一个创新驱动产业结构优化升级的分析框架，探寻产业结构优化升级的思路与实现途径。

发达经济体工业化历史印证了"配第-克拉克定律"：随着经济发展，人均国民收入水平不断提高，劳动力先由第一产业向第二产业转移；当人均国民收入水平进一步提高时，劳动力便向第三产业转移。这已经成为关于产业结构演变规律的共识。库兹涅茨运用国民核算体系和统计方法、钱纳里团队建构结构转变的多国模型，进一步从经验上进行归纳总结，揭示出经济结构转变的一般规律和基本趋势。

现实中，不同的发展中经济体产业结构变动也呈现出一定共性，但也存在差异。卡尔多归纳的现代经济增长六个特征事实，为 20 世纪新古典经济增长模型提供了注解，大大深化了对产业结构变动及其一般趋势的认识。新增长理论在后来拓展了已有经验观察，得到产业结构变迁的"新卡尔多事实"。我们也发现，结构变迁与总量平衡增长并存的多部门增长模型并不适用于中国的发展经验。我们有必要基于中国发展经验进一步拓展增长理论和结构变迁理论。

世界产业结构转换呈现出一些新趋势、新动态，全球价值链和分工格局呈现加速发展。结合新变化，我们需要分析和探讨可能出现偏离的原因、机理，并针对去工业化与再工业化现象，重新思考。中国实践经验表明：中国式现代化新道路探索中，四化同步是重要的战略选择，而产业基础高级化、产业链现代化是当前和未来一段时期产业发展和产业升级的方向。

驱动产业结构转型升级的因素既有内部因素，也有外部因素。内部因素主要包括在市场机制作用下的需求结构和供给结构及其相互作用；外部因素主要来自开放经济条件下的国际经贸影响。从微观机理看，产业结构变动的基础在于专业化分工及其发展、生产组织方式的变化。市场化是推进工业化和产业结构变化的基本保障。政府在产业多元化、产业升级以及基础设施的改善过程中应起到积极的推动作用。在各种因素共同作用下，产业结构才能转向高度化、高效化和协调化。

中国关于现代化探索的经验表明，促进产业结构优化升级的实质就是实现产业结构现代化，即建成实体经济、科技创新、现代金融、人力资源协同发展的现代化产业体系。这是我们促进产业结构优化升级的主要任务。促进产业结构优化升级的关键在于加快推进产业链现代化；重点在于优化主导产业链条，构建产创衔接、区域协同的创新体系；微观基础在于培育领军企业，发展壮大产业链条，引领未来产业领域方向。此外，产业链现代化，还离不开建构载体平台，这就需要发挥政府的有为作用。

产业结构优化升级是针对整个产业体系而言的。产业体系发展伴随着不同产业的兴与衰交织作用，产业发展或产业升级就成为产业结构优化升级的基础。产业结构演变，表现为新旧产业优势地位不断更替。

创新驱动产业结构优化升级的基本机理如下：推动需求结构升级、要素禀赋结构升级和技术进步，并以创新最终推动新老产业更替、主导产业有序变动和产业价值链不断攀升。这里，创新驱动机制是核心机制，其基本原理是：创新加速经济增长，引发需求（包括内需和外需）结构和要素禀赋结构发生变动，促进产业结构优化升级。从微观机制看，创新驱动作用于企业和产业链，可通过需求和供给这一间接驱动机制来影响。

在本书第三章，我们还将深入探讨创新驱动转换的实现条件，从动态发展视角系统地研究如何实现创新驱动并加快推进产业结构优化升级。

第3章　技术创新与结构转型升级

经济发展本质上是一个技术、产业不断创新，结构不断变化的过程（林毅夫，2010）。正如第 2 章所表明的，技术进步是推动产业结构转变与经济持续增长的关键因素。本章通过构造一个多部门内生增长模型，考察究竟是什么因素会对结构转变产生重要影响。本章的结构安排如下：3.1 节简要探讨技术进步是否具有结构效应和增长效应；3.2 节建构一个多部门内生增长模型，试图求解技术进步引致的结构效应和增长效应；3.3 节通过求解竞争均衡条件，进一步讨论产业结构转变的决定因素、机理、条件和方向等；3.4 节结合现实经济结构转变，进行参数校准和仿真实验；3.5 节总结结论与政策含义。①

3.1　技术进步是否具有结构效应和增长效应？

新古典增长理论假定技术进步具有外生性，没有深入分析技术进步的影响因素及其政策含义。这是因为：①标准的内生增长模型，不允许或未考虑结构转变现象，不能处理技术进步的影响因素和结构效应问题；②新古典增长模型不能处理技术内生问题，内生状态变量的数量超出了解析解的处理范围，因而也不能进一步考虑技术进步的结构效应与增长效应。

为了克服现有研究的形式化困难，本章通过构造多部门内生增长模型来考察技术进步的影响因素如何内生决定部门层面的技术进步率，如何进而对结构转变和经济增长产生影响。本章在参考 Ngai 和 Samaniego（2011）建模方法的基础上，将 Acemoglu 和 Guerrieri（2008）的两部门增长模型拓展为多部门模型。为了处理技术内生问题，本章设置了与 Klenow（1996）相似的研发生产函数［不同于 Acemoglu 和 Guerrieri（2008）、Ngai 和 Samaniego（2011）的研究假定］，并借鉴了 Klenow（1996）对研发活动的处理方式。

我们将重点考察部门层面的技术机会、产品市场需求和独占性等因素对研发投入强度与技术进步率的影响，以及可能引起的结构效应和增长效应，再通过数值仿真实验，进一步考察其影响效果。为了简化分析，我们不考虑要素密集度差异和资本深化的影响。

---

① 本章内容参见张建华和盛长文（2020），盛长文（2020）。

　　为了解释结构转变与经济增长，现有一些研究尝试将技术进步内生化（陈晓光和龚六堂，2005；Acemoglu and Guerrieri，2008；Zuleta and Young，2013；Cruz，2015；易信和刘凤良，2015）。例如，陈晓光和龚六堂（2005）构建了包括农业、工业和服务业的三部门一般均衡模型，考察结构变化与经济增长之间的关系。农业部门的生产投入为劳动和土地（土地数量标准化为1），不存在技术进步；工业和服务业的投入只有劳动力，工业技术进步分别设置为外生给定和由研发活动驱动，服务业的技术进步则来源于工业外部效应。显然，该模型很好地阐述了经济增长如何引起经济结构变化，即由工业部门的外生技术进步引起"收入效应"，从而带来结构变化。我们可以据此进一步解释"库兹涅茨事实"［农业就业比重不断下降、工业就业比重先上升后下降（工业化和去工业化）和服务业就业比重不断上升］：在转移的动态过程中，人均 GDP 增长率曲线呈"驼峰"形，经济体的技术进步率曲线也呈"驼峰"形，但两者之间存在差异。

　　Acemoglu 和 Guerrieri（2008）通过构建双层嵌套的两部门内生模型，考虑中间品种类增加型的技术进步。Zuleta 和 Young（2013）从诱致性创新的角度扩展了 Baumol（1967）的分析，即在一个两部门诱致性创新模型中考察了结构变迁与总量经济平衡增长。Cruz（2015）考察了非恒定的偏向性技术进步对结构转变的影响。易信和刘凤良（2015）对经典的熊彼特内生增长模型进行拓展，考察金融中介的作用，通过数值模拟定量考察金融发展如何影响产业结构转变和总量经济增长。

　　多部门增长框架（Klenow，1996；Krusell，1998；Vourvachaki，2009；Ngai and Samaniego，2011）并未考察部门间的结构转变问题，而只是侧重于考察产业研发投入强度与 TFP 增长的影响因素，以及这些因素对总量增长的影响。产业组织相关研究假定，不同产业的研发投入强度和 TFP 增长存在差异，如技术机会[①]、产品市场需求和独占性等。Klenow（1996）扩展 Romer（1990）的单部门内生增长模型为两部门模型，综合考察技术机会、市场规模和独占性因素对产业间的差异性研发投入强度、研发生产率和 TFP 增长率的作用机理与影响效果。其研究表明，技术机会参数越大，则研发投入强度和 TFP 增长率越大；独占性参数和市场规模参数越大，则研发投入强度和 TFP 增长率越大，但研发生产率越小。经验研究则表明，研发投入强度与 TFP 增长率显著正相关，由于技术机会和市场规模原因，研发投入强度与研发生产率之间并不显著正相关。

　　不同于这些研究，我们则试图在多部门一般均衡框架下，考察内生化部门

---

　　① 技术机会包括影响研发生产率的所有因素。例如，Nelson（1988）和 Klevorick 等（1995）指出了技术机会的三个来源：科学理解的进步、其他产业技术进步的溢出和知识的跨期溢出（旧知识对新知识生产的影响）。此外，技术机会模型化具有不同的处理方式。

技术进步及其结构效应和增长效应。我们的结论与陈晓光和龚六堂（2005）的结论比较相似，即"库兹涅茨事实"可以得到解释——在转移动态中人均 GDP 增长率与技术进步率相关。但不同的是，我们将重点探讨技术进步内生化如何通过"价格效应"来解释结构转变的"库兹涅茨事实"和人均 GDP 增长率单调下降的事实；此外，我们还将深入分析技术进步对经济结构变化和经济增长的影响效果。

与现有研究相比，第 3 章的创新主要包括如下几点。①综合多部门内生增长（未考虑结构问题）和结构转变（技术进步外生给定），重点考察技术进步的影响因素——技术机会、市场需求和独占性如何内生决定技术进步率，以及这些因素如何对结构转变和经济增长产生影响。②探讨产业间的研发投入强度和技术进步率的差异。③通过对部门技术进步的内生化处理，探讨有关结构转变与总量经济增长的关系。④通过数值仿真实验，重点分析有关参数（技术机会和独占性）变化如何影响结构转变和经济增长。

3.2　多部门内生增长模型

本节我们将构建一个多部门内生增长模型，具体考察部门层面的技术机会、产品市场需求和独占性因素如何影响研发投入强度与技术进步率，进而判断引起的结构效应和增长效应是否存在。

3.2.1　模型的基本设定、家庭与最终品部门

基本思想简述如下。假设在一个封闭经济中，一个代表性家庭具有标准的关于人均消费量的不变相对风险厌恶的效用函数，特征是在禀赋收入预算约束下追求终生效用最大化。最终品部门是完全竞争的，该部门的代表性厂商采用固定替代弹性的生产函数，生产 n 种最终品；n 种部门品行业的市场也是完全竞争的，第 i 个部门中间品种类为 $M_i(t)$；中间品市场是垄断竞争的，厂商则采用柯布-道格拉斯生产函数，并以劳动和资本为投入生产中间品；中间品种类 $M_i(t)$ 增加，意味部门品行业技术进步，并进一步推动整个经济的技术进步，第 i 个部门品行业内的中间品种类 $M_i(t)$ 依赖于中间品研发活动，而研发产出取决于研发投入（研发人员）；而研发投入又依赖于部门品行业的技术机会、市场需求和独占性等因素。部门间技术机会、市场需求和独占性等参数存在异质性，因而部门间研发投入强度和技术进步率也存在差异。技术进步率差异通过"价格效应"引起资源跨部门转移，从而进一步影响总量经济增长率。

　　假设经济体总人口为 $L(t) = L(0)\mathrm{e}^{\mathrm{gL} \times t}$，人口以外生增长率（gL）呈指数增长。每个家庭无弹性提供劳动力，所有家庭均具有不变相对风险厌恶偏好[①]。代表性家庭的不变相对风险厌恶偏好为

$$U = \int_0^\infty \mathrm{e}^{-(\rho - \mathrm{gL})t} \frac{\tilde{c}(t) - 1}{1 - \theta} \mathrm{d}t, \quad \theta > 0, \quad \rho > \mathrm{gL} \tag{3-1}$$

其中，ρ 为主观贴现率；$\tilde{c}(t) = C(t)/L(t)$ 为 t 时期的人均消费量；$\theta > 0$ 为跨期替代率的倒数（或相对风险厌恶系数）。当 $\theta = 1$ 时，不变相对风险厌恶偏好简化为 $U = \int_0^\infty \mathrm{e}^{-(\rho - \mathrm{gL})t} \log \tilde{c}(t) \mathrm{d}t$。此外，代表性家庭预算约束为

$$\dot{K}(t) = r(t)K(t) + w(t)L(t) + \Pi(t) - \tilde{c}(t)L(t) \tag{3-2}$$

其中，$\dot{K}(t)$ 为投资量；$r(t)$ 为实际利率；$K(t)$ 为经济体的资本存量；$w(t)$ 为实际工资；$\Pi(t)$ 为中间品部门的总利润。家庭还面临非庞氏骗局条件：

$$\lim_{t \to \infty} \left[K(t) \exp\left(-\int_0^t r(\tau) \mathrm{d}\tau \right) \right] \geqslant 0 \tag{3-3}$$

　　家庭最优化行为为

$$\hat{\mathcal{H}}(K, \tilde{c}, \mu, t) = \frac{\tilde{c}(t)^{1-\theta} - 1}{1 - \theta} + \mu(t) \left[r(t)K(t) + w(t)L(t) + \Pi(t) - \tilde{c}(t)L(t) \right]$$

其中，$\mu(t)$ 为汉密尔顿乘子，是资本的影子价格；$K(t)$ 为状态变量；$\tilde{c}(t)$ 为控制变量。消费者最优化问题的唯一解析解为

$$\frac{\dot{\tilde{c}}(t)}{\tilde{c}(t)} = \frac{r(t) - \rho}{\theta} \tag{3-4}$$

$$r(t)K(t) + w(t)L(t) + \Pi(t) - \tilde{c}(t)L(t) = \dot{K}(t) \tag{3-5}$$

$$\lim_{t \to \infty} \left[K(t) \exp\left(-\int_0^t r(\tau) \mathrm{d}\tau \right) \right] = 0, \quad K(0) \geqslant 0 \tag{3-6}$$

　　最终品 $Y(t)$ 由竞争性厂商利用 n 种部门品 $Y_i(t)$ 和固定替代弹性生产函数提供，即

$$Y(t) = \left(\sum_{i=1}^n \omega_i Y_i(t)^{\frac{\varepsilon-1}{\varepsilon}} \right)^{\frac{\varepsilon}{\varepsilon-1}} \tag{3-7}$$

其中，$\omega_i \geqslant 0$ 为部门品 $Y_i(t)$ 在生产最终品 $Y(t)$ 时的重要程度，代表部门规模参数，且 $\sum_{i=1}^n \omega_i = 1$；$\varepsilon > 0$ 为部门品的替代弹性。若 $0 < \varepsilon < 1$，则表示任意两部门品具有互补性；若 $\varepsilon > 1$，则表示任意两部门品具有替代性；若 $\varepsilon = 1$，则最终品生产函数简化为 $\ln Y(t) = \sum_{i=1}^n \omega_i \ln Y_i(t)$。

---

① 若人口数量采用家庭内部集约边际的方式增长，则代表性家庭的不变相对风险厌恶偏好如下：$U(C(t)) = \int_0^\infty \mathrm{e}^{-\rho t} \frac{C(t)^{1-\theta} - 1}{1 - \theta} \mathrm{d}t$，其中，$C(t) = \tilde{c}(t)L(t)$。

竞争性最终品厂商选择最优的部门品 $\{Y_i(t)\}_{i=1}^n$ 实现利润最大化，其最优化目标函数为

$$\max_{\{Y_1(t),\cdots,Y_n(t)\}} p(t)\left(\sum_{i=1}^n \omega_i Y_i(t)^{\frac{\varepsilon-1}{\varepsilon}}\right)^{\frac{\varepsilon}{\varepsilon-1}} - \sum_{i=1}^n p_i(t)Y_i(t)$$

求解无约束最大化问题可得一阶必要条件为

$$p_i(t) = p(t)\omega_i\left(\frac{Y_i(t)}{Y(t)}\right)^{-\frac{1}{\varepsilon}} \tag{3-8}$$

最终品和部门品之间的价格关系式可表达为

$$\left(\sum_{i=1}^n \omega_i^\varepsilon p_i(t)^{1-\varepsilon}\right)^{\frac{1}{1-\varepsilon}} = 1 \tag{3-9}$$

3.2.2　中间品生产部门

部门 i 生产函数为

$$Y_i(t) = \left[\int_0^{M_i(t)} x_i(j,t)^{\frac{\sigma-1}{\sigma}}\,\mathrm{d}j\right]^{\frac{\sigma}{\sigma-1}}$$

其中，$\sigma > 0$ 为中间品替代弹性；$Y_i(t)$ 为部门 i 的产量；$M_i(t)$ 为部门 i 内可获得的中间品的种类数量；$x_i(j,t)$ 为购买的第 j 种中间品的投入量。

部门 i 内代表性厂商选择最优的中间投入最大化其利润函数，即

$$\max_{\{x_i(j,t)\}_{j\in(0,M_i(t))}} p_i(t)\left[\int_0^{M_i(t)} x_i(j,t)^{\frac{\sigma-1}{\sigma}}\,\mathrm{d}j\right]^{\frac{\sigma}{\sigma-1}} - \int_0^{M_i(t)} p_i^x(j,t)x_i(j,t)\mathrm{d}j$$

设中间品生产为垄断竞争市场，求解无约束利润最大化问题，可得部门 i 的中间品 j 的反需求函数为

$$p_i^x(j,t) = p_i(t)Y_i(t)^{\frac{1}{\sigma}} x_i(j,t)^{-\frac{1}{\sigma}}$$

中间品生产者进行垄断竞争，即

$$x_i(j,t) = k_i(j,t)^\alpha l_{Y_i}(j,t)^{1-\alpha}$$

其中，$0 < \alpha < 1$ 为资本产出弹性或资本收入份额；$x_i(j,t)$ 为中间品的产出量；$k_i(j,t)$ 为资本投入量；$l_{Y_i}(j,t)$ 为中间品生产活动的劳动投入量。

中间品生产厂商选择最优的资本投入和劳动投入最大化其利润函数，即

$$\max_{\{k_i(j,t),l_{Y_i}(j,t)\}_{j\in(0,M_i(t))}} p_i(t)Y_i(t)^{\frac{1}{\sigma}} k_i(j,t)^{\alpha\left(\frac{\sigma-1}{\sigma}\right)} l_{Y_i}(j,t)^{(1-\alpha)\left(\frac{\sigma-1}{\sigma}\right)} - r(t)k_i(j,t) - w(t)l_{Y_i}(j,t)$$

在劳动力市场和资本市场为完全竞争的情况下，根据利润最大化问题可得必要条件为

$$r(t) = \left(\frac{\sigma-1}{\sigma}\right)\alpha p_i(t)Y_i(t)^{\frac{1}{\sigma}}k_i(j,t)^{\alpha\left(\frac{\sigma-1}{\sigma}\right)-1}l_{Y_i}(j,t)^{(1-\alpha)\left(\frac{\sigma-1}{\sigma}\right)} \qquad (3\text{-}10)$$

$$w(t) = \left(\frac{\sigma-1}{\sigma}\right)(1-\alpha)p_i(t)Y_i(t)^{\frac{1}{\sigma}}k_i(j,t)^{\alpha\left(\frac{\sigma-1}{\sigma}\right)}l_{Y_i}(j,t)^{(1-\alpha)\left(\frac{\sigma-1}{\sigma}\right)-1} \qquad (3\text{-}11)$$

部门 i 内的中间品 j 的价格为

$$p_i^x(j,t) = p_i^x(t) = \left(\frac{\sigma}{\sigma-1}\right)\left(\frac{r(t)}{\alpha}\right)^{\alpha}\left(\frac{w(t)}{1-\alpha}\right)^{1-\alpha} \qquad (3\text{-}12)$$

显然，在对称性均衡中，部门 i 内的中间品厂商索取相同的中间品垄断价格，以及面对相同的中间品需求数量，且价格独立于中间品种类。

部门 i 内的中间品企业 j 的利润函数为

$$\pi_i(j,t) = \pi_i(t) = \frac{1}{\sigma}p_i(t)M_i(t)^{\frac{2-\sigma}{\sigma-1}}K_i(t)^{\alpha}L_{Y_i}(t)^{1-\alpha} \qquad (3\text{-}13)$$

3.2.3　中间品研发部门

假设各部门内的中间品厂商可以自由进入研发领域，中间品厂商进行水平的种类增加型创新。借鉴 Romer（1990）、Grossman 和 Helpman（1991）、Aghion 和 Howitt（1992）等对知识生产函数的处理，假设部门 i 内的知识生产函数[①]为

$$\dot{M}_i(t) = \eta_i M_i(t)\left(\frac{L_{M_i}(t)}{L_i(t)}\right), \quad i \in \{1,2,\cdots,n\} \qquad (3\text{-}14)$$

其中，$M_i(t)$ 为中间品种类；$\eta_i>0$ 为技术机会参数；$L_{M_i}(t)$ 为部门 i 内的研发人员（科学家）数量，分母中的 $L_i(t)$ 规避了可能存在的规模效应。

为了简化分析，借鉴 Klenow（1996）的处理方式[②]，假设中间品的研发成功者只能获得部分的原始垄断利润或专利许可费作为预期报酬，即中间品的预期收

---

① Klenow（1996）假设部门内单个企业的研发函数为 $\dot{M}_i(j,t) = \eta_i M_i(t)\left[L_{M_i}(j,t)/L_{M_i}(t)^{1-\varphi}\right]$，加总的部门研发函数为 $\dot{M}_i(t) = \eta_i M_i(t)L_{M_i}(t)^{\varphi}$，其中，$\varphi<1$ 度量了部门层面的稀缺要素投入的报酬递减规律，或者因重复研发导致的拥挤效应，该规定比较符合现实，也规避了其模型中可能存在的角点解，但该参数并不影响最终结果。我们采用 Romer（1990）、Grossman 和 Helpman（1991）、Aghion 和 Howitt（1992）的处理方式，令 $\varphi=1$，并规避了可能存在的规模效应。

② 若采用复杂创新函数，并考虑永久产权的情形，则多部门内生增长模型存在过多状态变量问题，这也是在多部门内生增长框架下处理结构转变与经济增长融合问题的最大难点。

益为 $P_{M_i}(t) = \phi_i \pi_i(t)$ ，其中 $\phi_i < 1$ 为垄断利润的独占性参数[1]，且各部门间的独占性参数互不相等（ $\phi_i \neq \phi_i'$ ）。假设中间品的研发成功者不能攫取全部的垄断利润。例如，经济体的专利制度不完善或知识产权只能获得有限保护，或者垄断利润被防止侵权行为的法律成本所消散；也可能是创新者的市场垄断力被侵蚀。研发企业的目标函数为

$$\max_{\{u_i(t)\}} \dot{M}_i(t)\phi_i \pi_i(t) - w(t)L_{M_i}(t)$$

继续将部门 i 的中间品种类 $M_i(t)$ 的运动方程式、垄断利润 $\pi_i(j,t)$ 代入目标函数，则可转化为

$$\max_{\{L_{Y_i}(t)\}} \eta_i M_i(t)\left(\frac{L_{M_i}(t)}{L_i(t)}\right)\phi_i \frac{1}{\sigma} p_i(t)M_i(t)^{\frac{2-\sigma}{\sigma-1}} K_i(t)^\alpha L_{Y_i}(t)^{1-\alpha} - w(t)L_{M_i}(t)$$

求解无约束利润最大化问题可得自由进入的一阶必要条件为

$$w(t) = \eta_i L_i(t)^{-1}\phi_i \frac{1}{\sigma} p_i(t)M_i(t)^{\frac{1}{\sigma-1}} K_i(t)^\alpha L_{Y_i}(t)^{1-\alpha}$$

可得

$$u_i(t) = \frac{L_{Y_i}(t)}{L_i(t)} = \frac{(\sigma-1)(1-\alpha)}{\eta_i \phi_i} > 0$$

其中，$u_i(t)$ 为部门 i 内的生产活动的劳动投入比例或劳动投入强度。

设研发投入强度为 $s_i(t) = 1 - u_i(t)$ ，部门 i 内的中间品研发部门的激励机制为

$$s_i(t) = \frac{L_{M_i}(t)}{L_i(t)} = \frac{\eta_i \phi_i - (\sigma-1)(1-\alpha)}{\eta_i \phi_i} \tag{3-15}$$

显然，研发投入强度 $s_i(t)$ 取决于资本产出弹性 α 、中间品替代弹性 σ 、独占性参数 ϕ_i 和技术机会参数 η_i ，且研发投入强度 $s_i(t)$ 与资本产出弹性 α 、独占性参数 ϕ_i 和技术机会参数 η_i 均成正比，而与中间品替代弹性 σ 成反比。

当部门 i 的资本产出弹性 α 越大时，资本深化越显著，越有利于激励研发投入；如果独占性参数 ϕ_i 和技术机会参数 η_i 越大，即研发收益的可占有程度越高以及研发效率越高，则研发投入强度越大。

由于中间品垄断利润与替代弹性 σ 成反比，从而研发投入强度也与替代弹性 σ 成反比。为保证中间品研发的投入强度为非负，就必须要求各部门内的技术机会参数 η_i 与独占性参数 ϕ_i 的乘积大于或等于劳动产出弹性 $(1-\alpha)$ 与中间品替代弹性减去 1 的乘积，即

$$\eta_i \phi_i \geqslant (\sigma-1)(1-\alpha) > 0, \quad i = 1,2,\cdots,n \tag{A1}$$

---

[1] 这里以垄断利润可占有程度参数的方式来形式化独占性假说，而 Ngai 和 Samaniego（2011）则是通过在部门内的单个企业的知识生产函数中纳入行业知识存量的外溢程度参数的方式来度量的。

在资本产出弹性满足 $\alpha \in (0,1)$ 的情况下，条件 A1 也意味着 $\sigma > 1$，即中间品之间具有替代关系。部门 i 内的中间品种类 $M_i(t)$ 的运动方程式意味着

$$m_i(t) = \frac{\dot{M}_i(t)}{M_i(t)} = \frac{\eta_i \phi_i - (\sigma - 1)(1 - \alpha)}{\phi_i}, \quad i \in \{1, 2, \cdots, n\} \qquad (3\text{-}16)$$

式 3-16 表明，部门 i 的均衡技术进步率 $m_i(t)$ 与部门 i 内的技术机会参数 η_i、独占性参数 ϕ_i 和资本产出弹性 α 均成正比，而与中间品替代弹性 σ 成反比。在条件 A1 成立的情况下，研发投入强度与生产率增长的决定因素一致，但市场需求参数不产生影响。

3.2.4　市场出清条件

产品市场出清条件满足

$$\tilde{c}(t)L(t) + \dot{K}(t) = Y(t)$$

其中，经济体总产出 $Y(t) = \sum_{i=1}^{n} p_i(t)Y_i(t)$。

劳动市场出清，意味着各部门对劳动的总需求等于劳动的总供给，即

$$\sum_{i=1}^{n} L_i(t) = \sum_{i=1}^{n} \left(L_{Y_i}(t) + L_{M_i}(t) \right) = \sum_{i=1}^{n} \left(\int_0^{M_i(t)} l_{Y_i}(j,t)\mathrm{d}j + L_{M_i}(t) \right) = L(t)$$

其中，$L_i(t)$ 为部门 i 的均衡劳动雇佣量。

资本市场出清，意味着各部门内的资本雇佣量等于经济体的资本存量，即

$$\sum_{i=1}^{n} K_i(t) = \sum_{i=1}^{n} \left(\int_0^{M_i(t)} k_i(j,t)\mathrm{d}j \right) = K(t)$$

3.3　竞争均衡：产业结构转变与长期经济增长

产业结构转变是指经济活动在部门间的重配过程（Kuznets，1966），通常用部门或行业的消费比重、资本比重、就业比重或产值比重的变化来度量（庄佳强和徐长生，2009；俞剑和方福前，2015；Herrendorf et al.，2014）。如果从供给角度考察技术创新对产业结构转变的影响，对产业结构转变的度量就只包括各部门的资本比重、就业比重和产值比重。假设各部门就业比重为 $\lambda_i(t) = L_i(t)/L(t)$，资本比重为 $\kappa_i(t) = K_i(t)/K(t)$，产值比重为 $\mu_i(t) = p_i(t)Y_i(t) \big/ \sum_{i=1}^{n} p_i(t)Y_i(t)$，则市场出清时有 $\sum_{i}^{n} \lambda_i(t) = 1$，$\sum_{i}^{n} \kappa_i(t) = 1$ 和 $\sum_{i}^{n} \mu_i(t) = 1$。

3.3.1　影响结构转变的因素

竞争的劳动市场和资本市场意味着各部门的边际技术替代率相等。根据均衡工资和均衡利率可得

$$\frac{w(t)}{r(t)} = \left(\frac{1-\alpha}{\alpha}\right)\frac{K_i(t)}{L_{Y_i}(t)} = \left(\frac{1-\alpha}{\alpha}\right)\frac{K_{i'}(t)}{L_{Y_{i'}}(t)} \tag{3-17}$$

在假设各部门的资本产出弹性相等的情况下，各部门内的生产活动的劳均资本均相等。

劳动市场出清时，各部门的劳动边际产出价值将相等，即

$$\frac{p_i(t)}{p_{i'}(t)} = \left(\frac{M_i(t)}{M_{i'}(t)}\right)^{\frac{1}{1-\sigma}} \tag{3-18}$$

部门 i 和部门 i' 的价格之比 $p_i(t)/p_{i'}(t)$ 与两部门的技术水平（表现为部门内的中间品种类数）之比 $M_i(t)/M_{i'}(t)$ 的关系取决于中间品替代弹性 σ。中间品替代弹性满足 $\sigma>1$，即中间品为替代品，则价格之比 $p_i(t)/p_{i'}(t)$ 与技术水平之比 $M_i(t)/M_{i'}(t)$ 成反比关系。

当最终品部门实现利润最大化，部门 i 与部门 i' 的产出关系满足

$$\frac{Y_i(t)}{Y_{i'}(t)} = \frac{\left(\dfrac{\omega_i}{p_i(t)}\right)^{\varepsilon} Y(t)}{\left(\dfrac{\omega_{i'}}{p_{i'}(t)}\right)^{\varepsilon} Y(t)} = \left(\frac{\omega_i}{\omega_{i'}}\right)^{\varepsilon}\left(\frac{p_i(t)}{p_{i'}(t)}\right)^{-\varepsilon} \tag{3-19}$$

进一步将部门品的均衡产出代入后可得

$$\frac{Y_i(t)}{Y_{i'}(t)} = \frac{M_i(t)^{\frac{1}{\sigma-1}} K_i(t)^{\alpha} L_{Y_i}(t)^{1-\alpha}}{M_{i'}(t)^{\frac{1}{\sigma-1}} K_{i'}(t)^{\alpha} L_{Y_{i'}}(t)^{1-\alpha}} = \left(\frac{\omega_i}{\omega_{i'}}\right)^{\varepsilon}\left(\frac{p_i(t)}{p_{i'}(t)}\right)^{-\varepsilon} \tag{3-20}$$

部门间的劳动雇佣量比值为

$$\frac{L_{Y_i}(t)}{L_{Y_{i'}}(t)} = \frac{(u_i(t)L_i(t))}{(u_{i'}(t)L_{i'}(t))} = \left(\frac{\omega_i}{\omega_{i'}}\right)^{\varepsilon}\left(\frac{M_i(t)}{M_{i'}(t)}\right)^{\left(\frac{\varepsilon-1}{\sigma-1}\right)} \tag{3-21}$$

部门间的就业之比为

$$\frac{L_i(t)}{L_{i'}(t)} = \left(\frac{\omega_i}{\omega_{i'}}\right)^{\varepsilon}\left(\frac{u_i(t)}{u_{i'}(t)}\right)^{-1}\left(\frac{M_i(t)}{M_{i'}(t)}\right)^{\left(\frac{\varepsilon-1}{\sigma-1}\right)} \tag{3-22}$$

通过以上分析，可以得出两点结论。①部门 i 和部门 i' 的劳动雇佣量之比 $L_{Y_i}(t)/L_{Y_{i'}}(t)$ 与部门品在经济中的重要程度之比 $\omega_i/\omega_{i'}$ 正相关。当 $(\varepsilon-1)/(\sigma-1)>0$

时，劳动雇佣量之比与两部门技术水平之比 $M_i(t)/M_{i'}(t)$ 成正比；当 $(\varepsilon-1)/(\sigma-1)<0$ 时，劳动雇佣量之比与两部门技术水平之比 $M_i(t)/M_{i'}(t)$ 成反比。②部门 i 和部门 i' 的就业之比 $L_i(t)/L_{i'}(t)$ 与部门品在经济中的重要程度之比 $\omega_i/\omega_{i'}$ 正相关，与两部门内的生产性劳动投入比例之比 $u_i(t)/u_{i'}(t)$ 成反比，而与两部门的技术水平之比 $M_i(t)/M_{i'}(t)$ 的关系取决于部门品间、中间品间的替代弹性与单位值的大小。

当部门 i 与部门 i' 的资本雇佣量之比满足

$$\frac{K_i(t)}{K_{i'}(t)} = \frac{L_{Y_i}(t)}{L_{Y_{i'}}(t)} = \left(\frac{\omega_i}{\omega_{i'}}\right)^{\varepsilon} \left(\frac{M_i(t)}{M_{i'}(t)}\right)^{\left(\frac{\varepsilon-1}{\sigma-1}\right)} \quad （3-23）$$

时，表明部门 i 和部门 i' 的资本雇佣量之比 $K_i(t)/K_{i'}(t)$ 与劳动雇佣量之比 $L_{Y_i}(t)/L_{Y_{i'}}(t)$ 相同，且与部门品在经济中的重要程度之比 $\omega_i/\omega_{i'}$ 正相关。当 $(\varepsilon-1)/(\sigma-1)>0$ 时，资本雇佣量之比与两部门的技术水平之比 $M_i(t)/M_{i'}(t)$ 成正比；当 $(\varepsilon-1)/(\sigma-1)<0$ 时，资本雇佣量之比与两部门的技术水平之比 $M_i(t)/M_{i'}(t)$ 成反比。

当部门 i 与部门 i' 的产值之比满足

$$\frac{p_i(t)Y_i(t)}{p_{i'}(t)Y_{i'}(t)} = \frac{p_i(t)M_i(t)^{\frac{1}{\sigma-1}}K_i(t)^{\alpha}L_{Y_i}(t)^{1-\alpha}}{p_{i'}(t)M_{i'}(t)^{\frac{1}{\sigma-1}}K_{i'}(t)^{\alpha}L_{Y_{i'}}(t)^{1-\alpha}} \quad （3-24）$$

时，部门间的产值之比为

$$\frac{p_i(t)Y_i(t)}{p_{i'}(t)Y_{i'}(t)} = \frac{L_{Y_i}(t)}{L_{Y_{i'}}(t)} = \frac{K_i(t)}{K_{i'}(t)} = \left(\frac{\omega_i}{\omega_{i'}}\right)^{\varepsilon} \left(\frac{M_i(t)}{M_{i'}(t)}\right)^{\left(\frac{\varepsilon-1}{\sigma-1}\right)} \quad （3-25）$$

产值之比 $p_i(t)Y_i(t)/p_{i'}(t)Y_{i'}(t)$、劳动雇佣量之比 $L_{Y_i}(t)/L_{Y_{i'}}(t)$ 和资本雇佣量之比 $K_i(t)/K_{i'}(t)$ 三者均相等。在相应市场出清条件下，部门 i 的产值比重 $\mu_i(t)$、资本比重 $\kappa_i(t)$ 和生产性就业比重均相等，部门 i 的就业比重 $\lambda_i(t)$ 与产值比重 $\mu_i(t)$ 或资本比重 $\kappa_i(t)$ 均不相等。

分析至此，我们重点考察就业比重 $\lambda_i(t)$ 和产值比重 $\mu_i(t)$ 变化的影响因素，可以得到两组命题。

命题 3-1 部门的就业比重依赖于部门品在经济中的重要程度 ω_i、部门品替代弹性 ε、中间品替代弹性 σ、生产性劳动投入比例 $u_i(t)$ 以及部门内的中间品种类 $M_i(t)$。就业比重与部门品在经济中的重要程度 ω_i 成正比，与生产性劳动投入比例 $u_i(t)$ 成反比。当 $(\varepsilon-1)/(\sigma-1)>0$ 时，就业比重与中间品种类 $M_i(t)$ 成正比；当 $(\varepsilon-1)/(\sigma-1)<0$ 时，就业比重与中间品种类 $M_i(t)$ 成反比。

$$L(t) = L_i(t)\omega_i^{-\varepsilon}u_i(t)M_i(t)^{-\left(\frac{\varepsilon-1}{\sigma-1}\right)}\left(\sum_{i'=1}^{n}\omega_{i'}^{\varepsilon}u_{i'}(t)^{-1}M_{i'}(t)^{\left(\frac{\varepsilon-1}{\sigma-1}\right)}\right) \quad （3-26）$$

$$\lambda_i(t) = \frac{L_i(t)}{L(t)} = \frac{\omega_i^\varepsilon u_i(t)^{-1} M_i(t)^{\left(\frac{\varepsilon-1}{\sigma-1}\right)}}{\sum\limits_{i=1}^{n} \omega_i^\varepsilon u_i(t)^{-1} M_i(t)^{\left(\frac{\varepsilon-1}{\sigma-1}\right)}} \tag{3-27}$$

命题 3-2　部门的产值比重依赖于部门品在经济中的重要程度 ω_i、部门品替代弹性 ε、中间品替代弹性 σ，以及部门内的中间品种类 $M_i(t)$。产值比重与部门品在经济中的重要程度 ω_i 成正比。当 $(\varepsilon-1)/(\sigma-1) > 0$ 时，产值比重与中间品种类 $M_i(t)$ 成正比；当 $(\varepsilon-1)/(\sigma-1) < 0$ 时，产值比重与中间品种类 $M_i(t)$ 成反比。

$$Y(t) = p_i(t) Y_i(t) \omega_i^{-\varepsilon} M_i(t)^{-\left(\frac{\varepsilon-1}{\sigma-1}\right)} \left(\sum_{i'=1}^{n} \omega_{i'}^\varepsilon M_{i'}(t)^{\left(\frac{\varepsilon-1}{\sigma-1}\right)} \right) \tag{3-28}$$

$$\mu_i(t) = \frac{p_i(t) Y_i(t)}{Y(t)} = \frac{\omega_i^\varepsilon M_i(t)^{\left(\frac{\varepsilon-1}{\sigma-1}\right)}}{\sum\limits_{i=1}^{n} \omega_i^\varepsilon M_i(t)^{\left(\frac{\varepsilon-1}{\sigma-1}\right)}} \tag{3-29}$$

3.3.2　部门间发生结构转变的机理

为了深入理解命题 3-1 和命题 3-2 的经济学含义，本节将进一步探讨部门间发生结构转变的机理。将式（3-18）两边取自然对数且对时间求导可得

$$\frac{\dot{p}_i(t)}{p_i(t)} - \frac{\dot{p}_{i'}(t)}{p_{i'}(t)} = \frac{1}{1-\sigma}\left(\frac{\dot{M}_i(t)}{M_i(t)} - \frac{\dot{M}_{i'}(t)}{M_{i'}(t)} \right) = \frac{1}{1-\sigma}\left(m_i(t) - m_{i'}(t) \right) \tag{3-30}$$

其中，$m_i(t)$ 和 $m_{i'}(t)$ 分别为部门 i 和部门 i' 内的中间品种类的增长率。显然，各部门的技术进步率等于各部门内的中间品种类的增长率。部门 i 和部门 i' 的相对价格变化率依赖于中间品替代弹性 σ，且与两部门的技术进步率的关系取决于系数或比例因子 1 减去中间品替代弹性 σ 的大小。

根据就业比重 $\lambda_i(t) = L_i(t)/L(t)$ 可得

$$\frac{\dot{\lambda}_i(t)}{\lambda_i(t)} - \frac{\dot{\lambda}_{i'}(t)}{\lambda_{i'}(t)} = \left(\frac{\varepsilon-1}{\sigma-1} \right)\left(m_i(t) - m_{i'}(t) \right) - \left(\frac{\dot{u}_i(t)}{u_i(t)} - \frac{\dot{u}_{i'}(t)}{u_{i'}(t)} \right) \tag{3-31}$$

部门 i 和部门 i' 间的相对就业比重增长率与部门间的相对劳动投入比例的变化率成反比，而与部门间的技术进步率差异的关系取决于中间品和部门品的替代弹性与单位值的大小。当 $(\varepsilon-1)/(\sigma-1) > 0$ 时，部门 i 和部门 i' 的相对就业比重增长率与部门间的技术进步率差异成正比；当 $(\varepsilon-1)/(\sigma-1) < 0$ 时，部门 i 和部门 i' 间的相对就业比重增长率与部门间的技术进步率差异成反比。

根据产值比重的定义式 $\mu_i(t) = p_i(t)Y_i(t)\Big/\sum_{i=1}^{n} p_i(t)Y_i(t) = p_i(t)Y_i(t)/Y(t)$ 可得

$$\frac{\dot{\mu}_i(t)}{\mu_i(t)} - \frac{\dot{\mu}_{i'}(t)}{\mu_{i'}(t)} = \left(\frac{\varepsilon-1}{\sigma-1}\right)\left(\frac{\dot{M}_i(t)}{M_i(t)} - \frac{\dot{M}_{i'}(t)}{M_{i'}(t)}\right) = \left(\frac{\varepsilon-1}{\sigma-1}\right)(m_i(t) - m_{i'}(t)) \quad (3\text{-}32)$$

部门 i 和部门 i' 的相对产值比重（或资本比重）的变化率取决于部门品替代弹性 ε、中间品替代弹性 σ 和部门间的技术进步率的差异。当 $(\varepsilon-1)/(\sigma-1)>0$ 时，部门 i 和部门 i' 间的相对产值比重（或资本比重）增长率与部门间的技术进步率差异成正比；当 $(\varepsilon-1)/(\sigma-1)<0$ 时，部门 i 和部门 i' 间的相对产值比重（或资本比重）增长率与部门间的技术进步率差异成反比。

在条件 A1 成立的情况下，均衡劳动投入比例为常量，则均衡劳动投入比例的变化率为零。

$$\frac{\dot{p}_i(t)}{p_i(t)} - \frac{\dot{p}_{i'}(t)}{p_{i'}(t)} = \frac{1}{1-\sigma}(m_i(t) - m_{i'}(t)) \quad (3\text{-}33)$$

$$\frac{\dot{\lambda}_i(t)}{\lambda_i(t)} - \frac{\dot{\lambda}_{i'}(t)}{\lambda_{i'}(t)} = \frac{\dot{\mu}_i(t)}{\mu_i(t)} - \frac{\dot{\mu}_{i'}(t)}{\mu_{i'}(t)} = (1-\varepsilon)\left(\frac{\dot{p}_i(t)}{p_i(t)} - \frac{\dot{p}_{i'}(t)}{p_{i'}(t)}\right) \quad (3\text{-}34)$$

其中，$m_i(t) = [\eta_i\phi_i - (\sigma-1)(1-\alpha)]/\phi_i$，$i \in \{1,2,\cdots,n\}$。

命题 3-3 在条件 A1 成立情况下，中间品替代弹性 $\sigma>1$，则部门间的相对价格变化率与部门间的 TFP 增长率差异成反比关系；任意部门 TFP 增长率取决于技术机会参数 η_i、中间品替代弹性 σ、资本产出弹性 α 和独占性参数 ϕ_i；部门间的相对就业比重增长率、相对产值比重增长率依赖于部门间的相对价格变化率以及比例因子 1 减去部门品替代弹性 ε 的大小。

命题 3-3 揭示的"价格效应"引起了部门间生产结构变化。具体而言，若部门 i 的技术机会参数 η_i 越大，资本产出弹性 α 越大，中间品替代弹性 σ 越小以及独占性参数 ϕ_i 越大，则技术进步越快；相应地，部门 i 产出就越多，在部门品需求不变且中间品替代弹性大于 1（$\sigma>1$）的情况下，相对价格下降。当部门品为互补关系时（$0<\varepsilon<1$），消费者需要更多购买技术进步慢的互补品，从而劳动力向技术进步滞后部门转移；当部门品为替代关系时（$\varepsilon>1$），消费者需要更多地购买价格相对低的替代品，从而劳动力向技术进步较快的部门转移。这些机理与"鲍莫尔成本病"相一致。

3.3.3 结构转变的条件与方向

我们接着进一步考察部门的就业比重和产值比重发生变化的条件。部门 i 就业比重变化率满足

$$
\begin{aligned}
\frac{\dot{\lambda}_i(t)}{\lambda_i(t)} &= \left(\frac{\varepsilon-1}{\sigma-1}\right)\frac{\dot{M}_i(t)}{M_i(t)} - \frac{\dot{u}_i(t)}{u_i(t)} - \left(\frac{\varepsilon-1}{\sigma-1}\right)\sum_{i=1}^{n}\lambda_i(t)m_i(t) + \sum_{i=1}^{n}\lambda_i(t)\frac{\dot{u}_i(t)}{u_i(t)} \\
&= \left(\frac{\varepsilon-1}{\sigma-1}\right)\left(m_i(t)-\sum_{i=1}^{n}\lambda_i(t)m_i(t)\right) - \left(\frac{\dot{u}_i(t)}{u_i(t)}-\sum_{i=1}^{n}\lambda_i(t)\frac{\dot{u}_i(t)}{u_i(t)}\right)
\end{aligned}
\tag{3-35}
$$

在条件 A1 成立的情况下，均衡劳动投入比例为常量，则均衡劳动投入比例变化率为零。

$$
\frac{\dot{\lambda}_i(t)}{\lambda_i(t)} = \left(\frac{\varepsilon-1}{\sigma-1}\right)\left(m_i(t)-\sum_{i=1}^{n}\lambda_i(t)m_i(t)\right)
\tag{3-36}
$$

其中，$m_i(t)=\left[\eta_i\phi_i-(\sigma-1)(1-\alpha)\right]/\phi_i$，$i\in\{1,2,\cdots,n\}$。

产值比重变化率满足

$$
\begin{aligned}
\frac{\dot{\mu}_i(t)}{\mu_i(t)} &= \left(\frac{\varepsilon-1}{\sigma-1}\right)\frac{\dot{M}_i(t)}{M_i(t)} - \left(\frac{\varepsilon-1}{\sigma-1}\right)\sum_{i=1}^{n}\left(\frac{\omega_i^{\varepsilon}M_i(t)^{\left(\frac{\varepsilon-1}{\sigma-1}\right)}}{\sum_{i=1}^{n}\omega_i^{\varepsilon}M_i(t)^{\left(\frac{\varepsilon-1}{\sigma-1}\right)}}\right)\frac{\dot{M}_i(t)}{M_i(t)} \\
&= \left(\frac{\varepsilon-1}{\sigma-1}\right)\left(m_i(t)-\sum_{i=1}^{n}\mu_i(t)m_i(t)\right)
\end{aligned}
\tag{3-37}
$$

其中，$m_i(t)=\left[\eta_i\phi_i-(\sigma-1)(1-\alpha)\right]/\phi_i$，$i\in\{1,2,\cdots,n\}$。

命题 3-4 在条件 A1 成立时，中间品替代弹性 $\sigma>1$，则任意部门就业比重发生转变的充要条件为 $\varepsilon\neq1$ 且 $m_i(t)\neq\sum_{i=1}^{n}\lambda_i(t)m_i(t)$；任意部门产值比重发生转变的充要条件为 $\varepsilon\neq1$ 且 $m_i(t)\neq\sum_{i=1}^{n}\mu_i(t)m_i(t)$。换言之，充要条件需要同时满足 $\varepsilon\neq1$、$\eta_i(t)\neq\eta_{i'}(t)$ 或 $\phi_i(t)\neq\phi_{i'}(t)$。若 $\varepsilon=1$ 或 $\eta_i(t)=\eta_{i'}(t)$、$\phi_i(t)=\phi_{i'}(t)$，则部门品行业间不存在结构转变现象。

命题 3-4 表明，部门品行业间发生结构转变，除了需满足条件 A1 外，还需要同时满足两个条件，即部门品替代弹性不等于 1 以及单部门的技术进步率不等于所有部门的加权平均技术进步率。若部门品替代弹性等于 1，即使存在由部门间技术进步率差异引起的相对价格变化，部门间也不会发生结构转变现象。若部门间的技术进步率相等且等于所有部门的加权平均技术进步率，则产品间的相对价格将保持不变，即使部门品替代弹性不等于 1，部门间的生产结构也将保持不变。所以，部门品行业间发生结构转变需同时满足命题 3-4 给出的条件。

$$
\dot{\lambda}_i(t) = \left(\frac{\varepsilon-1}{\sigma-1}\right)\left(m_i(t)-\sum_{i=1}^{n}\lambda_i(t)m_i(t)\right)\left(\frac{\omega_i^{\varepsilon}u_i(t)^{-1}M_i(t)^{\left(\frac{\varepsilon-1}{\sigma-1}\right)}}{\sum_{i=1}^{n}\omega_i^{\varepsilon}u_i(t)^{-1}M_i(t)^{\left(\frac{\varepsilon-1}{\sigma-1}\right)}}\right)
\tag{3-38}
$$

$$\dot{\mu}_i(t) = \left(\frac{\varepsilon-1}{\sigma-1}\right)\left(m_i(t) - \sum_{i=1}^{n}\mu_i(t)m_i(t)\right)\left(\frac{\omega_i^{\varepsilon}M_i(t)^{\left(\frac{\varepsilon-1}{\sigma-1}\right)}}{\sum_{i=1}^{n}\omega_i^{\varepsilon}M_i(t)^{\left(\frac{\varepsilon-1}{\sigma-1}\right)}}\right) \quad （3-39）$$

其中，$m_i(t) = \eta_i(1-u_i(t)) = [\eta_i\phi_i - (\sigma-1)(1-\alpha)]/\phi_i$，$u_i(t) = (\sigma-1)(1-\alpha)/\eta_i\phi_i$，$i \in \{1,2,\cdots,n\}$。

命题 3-5　在条件 A1 成立情况下，中间品替代弹性 $\sigma>1$；若部门品替代弹性 $0<\varepsilon<1$、初始技术水平 $M_1(0)<M_2(0)<\cdots<M_n(0)$ 且部门技术增长率 $m_1(t)>m_2(t)>\cdots>m_n(t)$，或者部门品替代弹性 $\varepsilon>1$、初始技术水平 $M_1(0)>M_2(0)>\cdots>M_n(0)$ 且部门技术增长率 $m_1(t)<m_2(t)<\cdots<m_n(t)$，则第 1 部门的就业比重和产值比重一直下降，第 n 部门的就业比重和产值比重一直上升，而其他部门品行业的就业比重和产值比重将经历倒"U"形或"驼峰"形变化过程（张辉等，2019）。

命题 3-5 表明，满足条件 A1（中间品替代弹性 $\sigma>1$）的前提下，存在两种对称性的技术参数［部门品替代弹性 ε、部门内的初始技术水平 $M_i(0)$ 和技术增长率 $m_i(t)$］组合使得部门间的结构转变过程满足"库兹涅茨事实"所描述的经验规律，即第 1 部门的就业比重和产值比重一直下降，第 n 部门的就业比重和产值比重一直上升，而其他部门品行业的就业比重和产值比重将经历倒"U"形或"驼峰"形变化过程。这两种技术参数组合需要满足的条件为随后的仿真实验提供了参照系。

3.4　结构转变的数值仿真实验

本部分我们将通过数值仿真实验形象地考察模型的基本结论和稳健性，讨论异质性技术机会、独占性参数对部门间结构转变和总量经济增长的影响效果。

3.4.1　三部门模型

为了更直观地考察部门内的研发决定因素对结构转变以及总量经济增长的影响，将 n 部门模型简化为三部门模型。令 $i = \{a, m, s\}$，即重点考察农业、工业与服务业的结构转变现象及其对总量经济增长的影响。

三次产业的就业比重分别为

$$\lambda_a(t) = \frac{\omega_a^{\varepsilon}u_a(t)^{-1}M_a(t)^{\left(\frac{\varepsilon-1}{\sigma-1}\right)}}{\omega_a^{\varepsilon}u_a(t)^{-1}M_a(t)^{\left(\frac{\varepsilon-1}{\sigma-1}\right)} + \omega_m^{\varepsilon}u_m(t)^{-1}M_m(t)^{\left(\frac{\varepsilon-1}{\sigma-1}\right)} + \omega_s^{\varepsilon}u_s(t)^{-1}M_s(t)^{\left(\frac{\varepsilon-1}{\sigma-1}\right)}} \quad （3-40）$$

$$\lambda_m(t) = \frac{\omega_m^\varepsilon u_m(t)^{-1} M_m(t)^{\left(\frac{\varepsilon-1}{\sigma-1}\right)}}{\omega_a^\varepsilon u_a(t)^{-1} M_a(t)^{\left(\frac{\varepsilon-1}{\sigma-1}\right)} + \omega_m^\varepsilon u_m(t)^{-1} M_m(t)^{\left(\frac{\varepsilon-1}{\sigma-1}\right)} + \omega_s^\varepsilon u_s(t)^{-1} M_s(t)^{\left(\frac{\varepsilon-1}{\sigma-1}\right)}} \tag{3-41}$$

$$\lambda_s(t) = \frac{\omega_s^\varepsilon u_s(t)^{-1} M_s(t)^{\left(\frac{\varepsilon-1}{\sigma-1}\right)}}{\omega_a^\varepsilon u_a(t)^{-1} M_a(t)^{\left(\frac{\varepsilon-1}{\sigma-1}\right)} + \omega_m^\varepsilon u_m(t)^{-1} M_m(t)^{\left(\frac{\varepsilon-1}{\sigma-1}\right)} + \omega_s^\varepsilon u_s(t)^{-1} M_s(t)^{\left(\frac{\varepsilon-1}{\sigma-1}\right)}} \tag{3-42}$$

其中，$u_i = (\sigma-1)(1-\alpha)/(\eta_i\phi_i)$，$M_i(t) = M_i(0)\mathrm{e}^{m_i t}$，$m_i = \left[\eta_i\phi_i - (\sigma-1)(1-\alpha)\right]\big/\phi_i$，$i \in \{a,m,s\}$；$M_i(0)$，$i \in \{a,m,s\}$ 分别为农业、工业和服务业的初始技术水平。

三次产业的产值比重分别为

$$\mu_a(t) = \frac{\omega_a^\varepsilon M_a(t)^{\left(\frac{\varepsilon-1}{\sigma-1}\right)}}{\omega_a^\varepsilon M_a(t)^{\left(\frac{\varepsilon-1}{\sigma-1}\right)} + \omega_m^\varepsilon M_m(t)^{\left(\frac{\varepsilon-1}{\sigma-1}\right)} + \omega_s^\varepsilon M_s(t)^{\left(\frac{\varepsilon-1}{\sigma-1}\right)}} \tag{3-43}$$

$$\mu_m(t) = \frac{\omega_m^\varepsilon M_m(t)^{\left(\frac{\varepsilon-1}{\sigma-1}\right)}}{\omega_a^\varepsilon M_a(t)^{\left(\frac{\varepsilon-1}{\sigma-1}\right)} + \omega_m^\varepsilon M_m(t)^{\left(\frac{\varepsilon-1}{\sigma-1}\right)} + \omega_s^\varepsilon M_s(t)^{\left(\frac{\varepsilon-1}{\sigma-1}\right)}} \tag{3-44}$$

$$\mu_s(t) = \frac{\omega_s^\varepsilon M_s(t)^{\left(\frac{\varepsilon-1}{\sigma-1}\right)}}{\omega_a^\varepsilon M_a(t)^{\left(\frac{\varepsilon-1}{\sigma-1}\right)} + \omega_m^\varepsilon M_m(t)^{\left(\frac{\varepsilon-1}{\sigma-1}\right)} + \omega_s^\varepsilon M_s(t)^{\left(\frac{\varepsilon-1}{\sigma-1}\right)}} \tag{3-45}$$

其中，$M_i(t) = M_i(0)\mathrm{e}^{m_i t}$，$m_i = \left[\eta_i\phi_i - (\sigma-1)(1-\alpha)\right]\big/\phi_i$，$i \in \{a,m,s\}$；$M_i(0)$，$i \in \{a,m,s\}$ 分别为农业、工业和服务业的初始技术水平。

经济体的技术进步率为

$$m(t) = \mu_a(t)m_a + \mu_m(t)m_m + \mu_s(t)m_s \tag{3-46}$$

其中，$m_i = \left[\eta_i\phi_i - (\sigma-1)(1-\alpha)\right]\big/\phi_i$。

经济体的人均产出增长率为

$$g_{\bar{y}}(t) = -u(t)\left[u_a^{-1}\mu_a(t)\left(\frac{\dot{\mu}_a(t)}{\mu_a(t)}\right) + u_m^{-1}\mu_m(t)\left(\frac{\dot{\mu}_m(t)}{\mu_m(t)}\right) + u_s^{-1}\mu_s(t)\left(\frac{\dot{\mu}_s(t)}{\mu_s(t)}\right)\right]$$
$$+ \frac{1}{(\sigma-1)(1-\alpha)}m(t) \tag{3-47}$$

其中，$u_i = (\sigma-1)(1-\alpha)/(\eta_i\phi_i)$。

各产业的产值比重的变化率为

$$\frac{\dot{\mu}_i(t)}{\mu_i(t)} = \left(\frac{\varepsilon-1}{\sigma-1}\right)(m_i(t) - m(t)) \tag{3-48}$$

其中，$m_i = \left[\eta_i\phi_i - (\sigma-1)(1-\alpha)\right]\big/\phi_i$。

3.4.2　参数校准与结构转变的仿真实验

我们的经济模型涉及 12 个参数 $\{\varepsilon, \sigma, \alpha, \omega_a, \omega_m, \omega_s, \eta_a, \eta_m, \eta_s, \phi_a, \phi_m, \phi_s\}$ 和 3 个初始值 $\{M_a(0), M_m(0), M_s(0)\}$。我们以美国数据为参考，对模型的参数进行校准，并进行相应的仿真实验。

（1）部门品替代弹性 ε、中间品替代弹性 σ 和资本产出弹性 α。参照 Acemoglu 和 Guerrieri（2008）与陈体标（2007，2008），农业品、工业品和服务业产品之间的替代弹性 $\varepsilon = 0.3$，中间品替代弹性 $\sigma = 2$，资本产出弹性 $\alpha = 0.65$。

（2）部门品行业的份额 $(\omega_a, \omega_m, \omega_s)$ 和初始技术水平 $(M_a(0), M_m(0), M_s(0))$。参照陈体标（2007）的设定，农业的份额参数 $\omega_a = 0.1$，工业的份额参数 $\omega_m = 0.6$，服务业的份额参数 $\omega_s = 0.3$；农业的初始技术水平 $M_a(0) = 0.01$，工业的初始技术水平 $M_m(0) = 1$，服务业的初始技术水平 $M_s(0) = 200$。

（3）技术机会参数 (η_a, η_m, η_s) 和独占性参数 (ϕ_a, ϕ_m, ϕ_s)。Ngai 和 Pissarides（2007）根据美国数据测得农业、工业和服务业的技术增长率分别为 0.023、0.013 和 0.003。以这些数据为基准，并根据参数自身的范围 $\phi_i \in (0,1)$、$\eta_i > 0$ 以及条件 A1，技术机会参数和独占性参数的基准值设定为：$\phi_a = 0.177$，$\phi_m = 0.176$，$\phi_s = 0.175$，$\eta_a = 2.023$，$\eta_m = 2.013$，$\eta_s = 2.003$。

结构转变依赖于部门品替代弹性、中间品替代弹性以及均衡技术进步率差异的大小。部门均衡技术进步率差异取决于独占性参数与技术机会参数的异质性。独占性参数与技术机会参数的异质性决定了均衡技术进步率差异，进一步引起部门品相对价格变化，最后通过"价格效应"（或"替代效应"）引起跨部门结构转变。

各部门的独占性参数与技术机会参数的平衡变化和非平衡变化对产业结构转变的影响效果如何？部门品替代弹性和中间品替代弹性的不同组合是否影响理论模型的稳健性？下面将通过考察替代弹性组合和研发参数变化时的仿真实验来回答这些问题。

图 3-1 为基本参数组合对应的三次产业就业比重与产值比重变化仿真实验图（因是仿真实验，横轴的时间无单位，图 3-2～图 3-4 同）。图 3-1（d）和图 3-1（e）表明，三次产业的就业比重与产值比重的变化符合典型的经验规律，即农业的就业比重与产值比重不断下降，工业的就业比重与产值比重经历了先上升后下降的倒"U"形过程，而服务业的就业比重与产值比重不断上升。

在给定现有参数值的情况下，图 3-1（a）～图 3-1（c）显示就业比重与产值比重之间的差异很微小，它们的数值拟合线几乎是重合的。因此，不能在仿真实验基础上有效地区分各部门的就业比重与产值比重的差异。

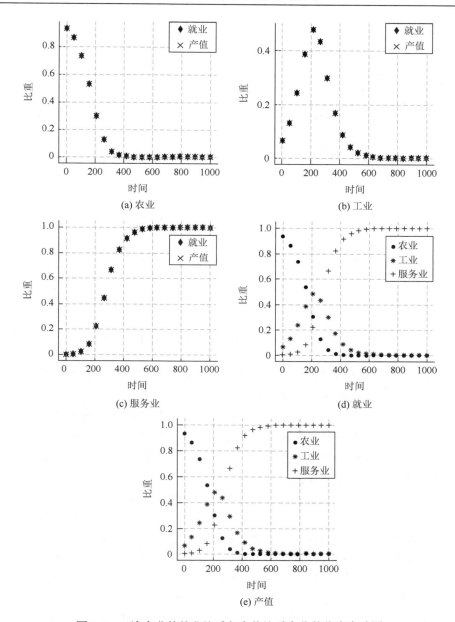

图 3-1　三次产业的就业比重与产值比重变化的仿真实验图

图 3-2 表示不同替代弹性组合下三次产业产值比重变化趋势图。替代弹性组合的改变并不改变三次产业产值比重转变的总体趋势，即农业的产值比重不断下降，工业的产值比重经历了先上升后下降的倒"U"形过程，服务业的产值比重不断上升。

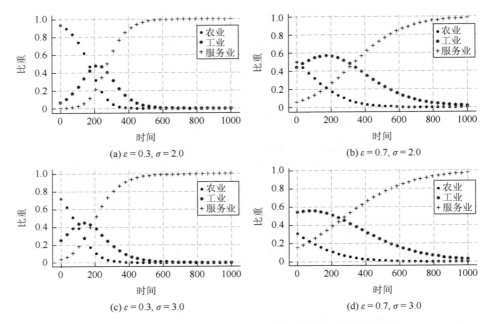

图 3-2　不同替代弹性组合下三次产业产值比重的变化趋势

　　但随着替代弹性的增加，产值比重的各期水平值和转变速度均有所变化。农业部门的产值比重在整个结构转变路径中均变小，服务业部门的产值比重在整个结构转变路径中均变大，而工业部门的产值比重在整个结构转变路径中先变大后变小。显然，中间品替代弹性 σ 单调增加，一方面降低了农业初始产值比重、提高了工业和服务业初始产值比重，另一方面缩小了部门间技术进步率差异，从而降低了各部门结构转变速度。

　　图 3-3 展示了独占性参数发生平衡与非平衡增加时对三次产业产值比重的影响效果。图 3-3（a）、图 3-3（d）和图 3-3（g）表明，独占性参数的平衡增加并不改变三次产业的产值比重转变的总体趋势。这是因为，若知识产权保护程度加强或维权成本降低，研发收益可占有程度变大，研发投入积极性提高，技术进步加快。随着经济体研发环境改善，各部门技术水平及技术进步率差异逐渐变小，从而延缓了结构转变速度，但并不改变三次产业结构转变总趋势。

　　图 3-3（a）、图 3-3（b）和图 3-3（c）表明，只增加农业部门的独占性参数，不改变三次产业的产值比重转变的总趋势，但农业部门向工业部门结构转变速度有所提高，而工业向服务业部门的结构转变速度提高不明显。随着农业部门的独占性参数单调增加，农业部门相对工业部门的技术进步率提高，而工业部门相对服务业部门的技术进步率则不变。在部门品为互补关系（ $\varepsilon < 1$ ）的情况下，农业部门的资源更快速地向工业部门转移。

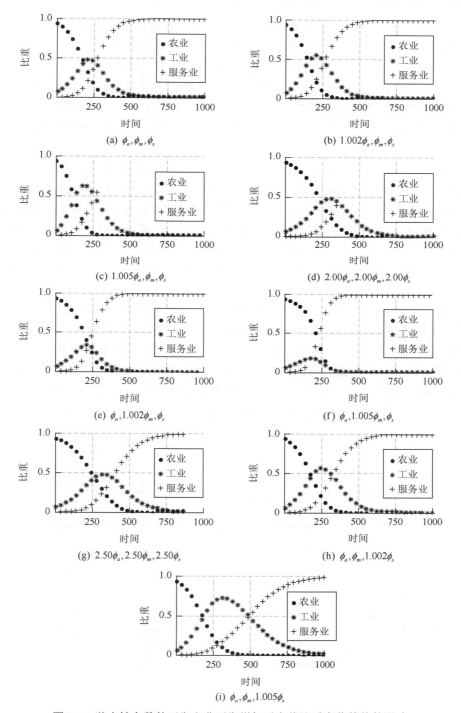

图 3-3　独占性参数的平衡和非平衡增加对产值比重变化趋势的影响

　　图 3-3（a）、图 3-3（e）和图 3-3（f）表明，只增加工业部门的独占性参数，不改变三次产业的产值比重转变的总趋势，但农业部门向工业部门的结构转变速度有所降低，而工业向服务业部门的结构转变速度显著提高。随着工业部门的独占性参数的单调增加，工业部门相对农业部门的技术进步率降低，而工业部门相对服务业部门的技术进步率提高，在部门品为互补关系（$\varepsilon<1$）的情况下，农业部门的资源向外部转移的速度有所收敛，而工业部门的资源则更快速地向服务业部门转移。

　　图 3-3（a）、图 3-3（h）和图 3-3（i）表明，只增加服务业部门的独占性参数，同样也不改变三次产业的产值比重转变的总趋势，且农业部门向工业部门的结构转变速度变化不明显，而工业向服务业部门的结构转变速度显著降低。随着服务业部门的独占性参数的单调增加，农业部门相对工业部门的技术进步率不变化，而工业部门相对服务业部门的技术进步率降低，在部门品为互补关系（$\varepsilon<1$）的情况下，农业部门的资源向外部转移的速度变化不明显，而工业部门的资源向服务业部门转移的速度显著下降。

　　图 3-4 则展示了技术机会参数发生平衡与非平衡增加时对三次产业产值比重的影响效果。总体而言，技术机会参数发生非平衡增加时的影响效果与独占性参数发生非平衡增加时的影响效果基本相同，而技术机会参数发生平衡增加时的影响效果与独占性参数发生平衡增加时的影响效果却有所不同。各部门内的相同研发投入可以获得更多的研发产出，从而激发了研发投入的积极性，各部门技术进步率加快，但并不改变三次产业结构转变的总趋势。

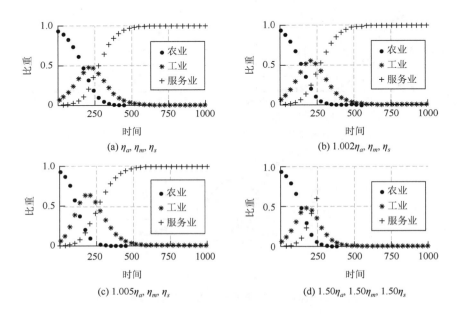

(a) η_a, η_m, η_s

(b) $1.002\eta_a$, η_m, η_s

(c) $1.005\eta_a$, η_m, η_s

(d) $1.50\eta_a$, $1.50\eta_m$, $1.50\eta_s$

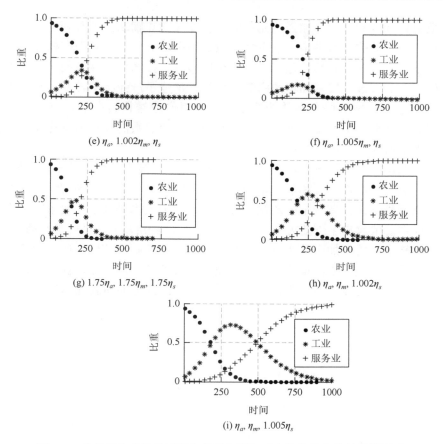

图 3-4　技术机会参数的平衡和非平衡增加对产值比重变化趋势的影响

3.5　结论与政策含义

本章通过构造多部门内生增长模型来重点考察部门层面的技术机会、产品市场需求和独占性因素对各部门的研发投入强度与技术进步率的影响，以及这些因素如何通过部门技术进步率引起部门间的结构转变和总量经济增长，并通过数值仿真实验考察了这些因素对部门间结构转变的影响效果。研究结果表明，部门间的研发投入强度差异和技术进步率差异均取决于技术机会参数和独占性参数的不同，模型印证了现有结构转变分析的机理、条件和规律，并解释了就业结构与产值结构的差异，同时还发现总量经济增长率同时取决于技术进步率和生产性就业比重的变化率。具体而言，研发投入强度和均衡技术进步率与资本产出弹性、独占性参数和技术机会参数均成正比，而与中间品替代弹性成反比。但部门间的研发投入强度差异以及均衡技术进步率的差异均由异质性的独占性参数和技术机会参数决定。

　　数值仿真实验表明，加强并完善创新制度环境和辅助措施有利于维持合理的产业结构、长期的技术进步。独占性参数的平衡增加（诸如知识产权保护程度的加强、维权成本的下降等）延缓了产业结构转变。技术机会参数的平衡增加（诸如基础研发的突破、技术知识的广泛扩散等）加速了产业结构转变。独占性参数的非平衡增加与技术机会参数的非平衡增加对产业结构转变的影响效果基本一致。相对于基准模型来说，独占性参数和技术机会参数的非平衡变化使得结构转变各期水平值和变化速度存在差异。

　　本章的研究结果还表明，更深层次的产业因素（技术机会和独占性的异质性）是技术进步驱动结构转变和经济增长单调下降的原因。这在倡导创新驱动结构转型的现实背景下，具有一定的政策含义。为了实现技术进步由主要依靠引进、模仿方式向主要依赖自主创新方式转变，也为了实现经济增长由"要素驱动"向"创新驱动"转变，需要加强并完善整个经济社会的创新制度环境，诸如强化知识产权保护、降低维权成本，重视基础研究投入，协调产学研合作以促进知识的广泛扩散等；还需要注重部门间协调发展，通过辅助措施弥补薄弱部门的不足。

第4章 制度创新与结构转型升级

本章目的在于探讨制度创新如何影响产业结构变动和经济长期增长。在市场制度健全条件下，市场机制有效配置资源对于结构转型和长期经济增长具有十分重要的作用。现实中资源错配时常发生，因此，学术界大多关注资源错配何以发生，以及资源错配与 TFP 的关系，但对产业间结构错配的研究却显不足。本章一方面分析产业间结构错配对制造业生产率的影响。运用中国制造业企业数据，探讨地区各行业间结构错配效应，由此探讨合理改善地区间产业资源配置的新思路。另一方面，探讨在结构转型中服务业结构本身的变动。如何通过服务业供给侧结构性改革，优化服务业的资源配置、提升效率，正是中国未来跨越中等收入陷阱、晋级高收入国家的关键所在。

4.1 中国制造业结构错配效应

当前中国出现的许多结构问题，实质是由地区、部门或行业间的资源错配而引致的。从目前资源错配研究进展看，一种思路是研究资源错配对 TFP 的影响（Restuccia and Rogerson，2013；Hsieh and Klenow，2009；Bartelsman et al.，2013）。另一种思路是研究结构错配。最具代表性的研究包括两项：其一是 Aoki（2012）的跨部门均衡模型，探讨产业部门间资源错配及其影响；其二是 Jones（2011）基于中间产品投入产出分析的结构错配模型。中间投入的产业部门间结构错配对经济增长会产生重要影响。[①]本节我们利用中国制造业企业数据，分析分地区分行业资源错配情况及其对经济增长和结构变动的影响。

4.1.1 中国制造业数据

（1）微观企业数据。中国工业企业数据库，样本容量大、指标多、时序较长，是进行微观企业研究的重要数据资源。该数据库具有三个特点。一是工业门类齐全。从行业类别来看，工业统计口径包括国民经济行业分类中的"采掘业"、

---

① 中间投入作为一种特殊形式的生产要素，会显著放大资本、劳动等要素扭曲对经济增长产生的影响，参见邹凤明（2015）。

"制造业"和"电力、燃气及水的生产和供应业"三大门类，对应《国民经济行业分类》（GB/T 4754—2002）①中 06～46（不含 38）之间所有的两位数行业，其中制造业企业的比重占到 90%以上。二是样本容量巨大。统计年份最早可以追溯至1998 年，观测样本值达 200 多万个，占中国工业企业绝大部分。三是信息较为全面。包括了企业的基本情况和财务数据两大类重要信息，如法人代码、法人代表、名称、注册类型、固定资产年平均余额、工业总产值、主营业务收入和成本、利润、中间投入等约 130 个指标。

（2）投入产出数据。从统计口径看，投入产出表的中间需求部分包含了 42 个全部国民经济行业类别，其中制造部门 17 类，分别对应于国民经济行业分类的二位数行业（需要进行适当的分类及汇总）。2007 年工业企业数据库所包括的样本量就达 33 万多，足够大的样本容量已经能够保证实证结果的稳健性和可靠性。因此，用投入产出数据进行的对产业部门之间的关联的分析能与上述工业企业数据库中的制造业部门研究实现有效互补。

（3）数据的筛选和处理。根据研究需要，我们对 2007 年的截面数据做如下筛选和整理。首先，按照行业分类与二位数行业代码筛选所有企业样本。其次，剔除关键指标（如法人代码、总资产、主营业务收入、工业总产值、职工人数、固定资产年平均余额、中间投入等）缺失、为"0"及为负数的无效企业样本；然后，根据"规模以上"标准，剔除职工人数小于 10 人的样本。再次，剔除总资产小于流动资产或固定资产年平均余额等指标异常的无效样本，整体剔除企业样本较少的海南、西藏，再将剩余省区市的样本分别整理成东、中、西三大地区的样本。最后，筛选地区子样本并划分行业，对应投入产出表中的 17 类制造业分类，将东、中、西三大地区样本按《国民经济行业分类》中的二位数代码分组或合计，得到共 51 个分地区分行业制造业企业样本。分地区样本来看，东部地区的制造业企业数量远远高于中西部，三者企业总量占比分别为 72.82%、15.88%和 11.30%。

4.1.2　制造业分地区分行业 TFP 估计

分地区分行业估计采用的生产函数为

$$Y_{i,j} = A_{i,j} + \alpha_{i,j} K_{i,j} + \beta_{i,j} L_{i,j} + \lambda_{i,j} M_{i,j} + \varepsilon_{i,j} \qquad (4\text{-}1)$$

其中，$i = 1, 2, \cdots, 17$，为 17 个行业；$j = 1, 2, 3$，为东、中、西部三个地区；$Y_{i,j}$、$K_{i,j}$、$L_{i,j}$、$M_{i,j}$ 分别为 i 行业 j 地区的总产出（工业总产值）、资本投入（固定资产年平均余额）、劳动投入（职工人数）、中间投入（工业中间投入）的对数值；$\alpha_{i,j}$、

---

① 由于样本期间（1998～2011 年）国民经济行业分类存在变动，为保持统计口径一致性，本节采用《国民经济行业分类》（GB/T 4754—2002）国家标准。

$\beta_{i,j}$、$\lambda_{i,j}$ 为每种生产要素的产出弹性（对产出的贡献率）；$A_{i,j}$ 为 i 行业 j 地区 TFP 的对数 $\ln \text{TFP}_{i,j}$。

采用 OLS，进行分地区分行业估算生产函数和要素产出弹性系数，得到回归结果，如表 4-1 所示。结果显示，各地区各行业都表现出了较强的规模报酬不变的生产特征。

表 4-1　分地区分行业的要素产出弹性系数回归结果

行业编号	地区	资本系数	劳动系数	中间投入系数
1	东部	0.033 46	0.060 15	0.896 15
	中部	0.026 91	0.054 71	0.887 43
	西部	0.016 25	0.089 78	0.876 28
2	东部	0.015 74	0.068 06	0.909 75
	中部	0.014 93	0.090 90	0.875 38
	西部	0.021 62	0.076 11	0.864 40
7	东部	0.042 85	0.069 66	0.869 09
	中部	0.045 04	0.088 02	0.815 69
	西部	0.032 62	0.069 81	0.870 07
11	东部	0.038 37	0.084 40	0.856 91
	中部	0.043 68	0.113 57	0.790 93
	西部	0.032 82	0.084 91	0.853 10
12	东部	0.041 90	0.102 42	0.852 77
	中部	0.055 17	0.136 69	0.762 77
	西部	0.026 21	0.064 17	0.898 28
14	东部	0.039 75	0.106 16	0.854 41
	中部	0.175 72	0.192 75	0.474 99
	西部	0.062 45	0.134 47	0.768 17

注：除中部和西部的"废品废料"（17）行业资本系数结果为负且不显著外，其余所有系数的回归结果均在 5%的显著性水平下显著，由于篇幅原因，只列出部分系数结果

从整体来看，东部和中部地区制造业的技术水平要高于西部地区。分要素来看，东部和中部的资本系数大部分要高于西部地区，东部地区大部分行业的劳动系数要低于中部地区和西部地区。这说明东、中部地区对资本的依赖程度高于西部地区，中、西部地区对劳动的依赖程度要高于东部。分地区分行业的 TFP（自然对数）见表 4-2。

表 4-2　分地区分行业 TFP（自然对数）情况

行业编号及名称	东部	中部	西部
1 食品制造及烟草加工业	0.136 319	0.086 704	0.036 611
2 纺织业	0.062 204	0.010 277	0.013 725
3 纺织服装鞋帽皮革羽绒及其制品业	−0.070 232	0.017 344	0.002 856
4 木材加工及家具制造业	0.090 106	0.042 220	0.037 026
5 造纸印刷及文教体育用品制造业	0.032 949	0.039 192	−0.010 688
6 石油加工、炼焦及核燃料加工业	0.183 783	0.137 374	0.100 214
7 化学工业	0.152 780	0.049 582	0.035 941
8 非金属矿物制品业	0.129 001	0.070 269	0.027 432
9 金属冶炼及压延加工业	0.105 178	0.053 790	0.066 449
10 金属制品业	0.109 332	0.026 421	0.034 841
11 通用、专用设备制造业	0.131 770	0.031 393	0.020 143
12 交通运输设备制造业	0.039 716	0.025 210	0.031 251
13 电气机械及器材制造业	0.132 655	0.025 336	0.017 065
14 通信设备、计算机及其他电子设备制造业	0.026 359	0.026 376	0.014 006
15 仪器仪表及文化办公用机械制造业	0.084 014	0.052 252	0.017 570
16 工艺品及其他制造业	0.056 035	0.028 921	0.011 369
17 废品废料	0.179 641	−0.001 670	−0.034 249

注：除东部的行业 3、中部的行业 17、西部的行业 5 及行业 17 共四个值估算结果为负且不显著外，其余结果均显著

东部沿海地区占据了先天的区位地理优势，再加之改革开放以来的政策优势，东部沿海地区"先富"起来，吸引了大量的人才和外商投资，承接了大批从发达国家转移过来的产业。因此，东部地区大部分行业的 TFP 水平要显著高于中部和西部地区，而中部与西部之间的 TFP 差距相对较小。

中西部地区地理受限，外向型经济发展不足，吸引不到高端产业和企业集群，制造业企业数量相对东部也明显偏少，只能依靠自身的资源禀赋发展劳动密集型产业。因此，先天的自然资源、区位优势和后天的政策导向等多重因素导致了东、中、西三大区域的经济发展差距逐渐扩大。

国家已经认识到地区发展不平衡的负面影响，先后实施的西部大开发和中部崛起政策，以及近些年来启动的"一带一路"建设和跨区域超大城市群"长江中游城市群"建设等，表明国家正在努力缩小地区差距，推进中西部地区经济发展、促进产业由东部向中西部转移。

4.1.3　分地区分行业资源配置相对扭曲情况

　　根据上一节估算得到的资本、劳动、中间投入系数，计算要素相对扭曲系数，得到分地区分行业资本、劳动、中间投入的相对扭曲系数[①]，表 4-3 列出了东、中、西三大区域部分行业三种生产要素的相对扭曲系数值。

表 4-3　部分行业资本、劳动和中间投入相对扭曲系数

行业编号	地区	资本相对扭曲系数	劳动相对扭曲系数	中间投入相对扭曲系数
1	东部	0.7825	1.0957	1.0354
	中部	1.1532	1.3635	1.0052
	西部	1.7729	0.6596	0.9146
2	东部	1.0233	1.0259	1.0034
	中部	1.0490	0.9379	0.9974
	西部	0.8754	0.9525	0.9838
3	东部	0.9568	0.9581	1.0069
	中部	1.3839	1.4388	0.9080
	西部	1.1540	1.1607	1.0267
4	东部	0.8275	0.8747	1.0289
	中部	1.6734	1.2207	0.9229
	西部	1.1686	1.7549	0.9575
5	东部	0.8691	1.0663	1.0059
	中部	0.8147	1.3256	0.9617
	西部	1.9295	0.6981	1.0048
6	东部	0.9796	0.7365	0.9810
	中部	1.5260	4.2414	0.9921
	西部	0.7289	0.6894	1.0683

　　[①] 要素的相对扭曲系数指产业部门 i 的要素在该部门或地区配置的扭曲程度与在其他部门或地区配置的扭曲程度之比。例如，i 产业部门资本的相对扭曲系数 $\tilde{\gamma}_{Ki} \equiv \left(\dfrac{\widetilde{\sigma_i \alpha_i}}{\tilde{\alpha}}\right)^{-1} \dfrac{K_i}{K}$，其中 $\tilde{\alpha} = \sum_i \tilde{\sigma}_i \alpha_i$ 为资本产出弹性的加权平均值，资本的相对扭曲系数指产业部门 i 的资本要素在该部门或地区配置的扭曲程度与在其他部门或地区配置的扭曲程度之比。同理，劳动和中间投入的相对扭曲系数分别为 $\tilde{\gamma}_{Li} = \left(\dfrac{\widetilde{\sigma_i \beta_i}}{\tilde{\beta}}\right)^{-1} \dfrac{L_i}{L}$ 和 $\tilde{\gamma}_{Mi} = \left(\dfrac{\widetilde{\sigma_i \lambda_i}}{\tilde{\lambda}}\right)^{-1} \dfrac{M_i}{M}$。当 $\tilde{\gamma}_{Ki} > 1$ 时，i 产业部门使用资本的成本相对产业部门的平均水平偏低，该产业部门的企业资本配置过度；当 $0 < \tilde{\gamma}_{Ki} < 1$ 时，i 产业部门使用资本的成本相对产业部门的平均水平偏高，该产业部门的企业资本配置不足；当 $\tilde{\gamma}_{Ki} = 1$ 时，i 产业部门使用资本的成本等于产业部门的平均水平，资本配置均衡。

行业编号	地区	资本相对扭曲系数	劳动相对扭曲系数	中间投入相对扭曲系数
7	东部	0.9319	0.9559	1.0068
	中部	1.0213	1.0051	1.0160
	西部	1.3838	1.1969	0.9531
8	东部	1.2150	0.9904	1.0044
	中部	0.8057	1.0583	0.9702
	西部	0.8186	0.9567	1.0304
9	东部	0.7538	0.8173	1.0342
	中部	2.7559	0.9736	0.9633
	西部	1.0670	1.9724	0.9471
10	东部	0.9917	0.9300	1.0035
	中部	1.0889	0.9875	0.9912
	西部	0.9902	2.1030	0.9789
11	东部	0.9874	1.0158	0.9975
	中部	0.9118	0.8630	1.0381
	西部	1.2257	1.1279	0.9723
12	东部	1.0528	1.0064	0.9902
	中部	0.7442	0.6745	1.0703
	西部	1.7038	2.3374	0.9215
13	东部	1.0605	1.1020	0.9926
	中部	0.7048	0.6324	1.0596
	西部	1.0688	0.9313	0.9980
14	东部	1.3747	1.0305	0.9577
	中部	0.1924	0.5702	1.6884
	西部	1.1878	1.5466	0.9936
15	东部	0.9077	0.8930	1.0160
	中部	1.1561	1.8740	0.9176
	西部	1.9211	1.6390	0.9150
16	东部	1.1253	1.0210	1.0021
	中部	0.6602	0.9175	0.8923
	西部	0.8205	0.9185	1.1488
17	东部	0.6426	1.3189	1.0421
	中部	−4.0545	0.7299	0.8635
	西部	−1.1281	0.4570	1.1061

资料来源：作者计算整理所得

东部地区无论是分行业还是分要素，其相对扭曲系数总体上都要小于中部和西部地区，说明该区域要素配置效率要高于中西部。中西部之间差异却并不明显。

分要素类别来看，东部地区资本的相对扭曲系数小于 1 的较中西部偏多，而中间投入相对扭曲系数大于 1 的偏多。可见，资本在经济发达地区相对配置过少，中间产品投入配置过多；同理，西部地区资本配置相对过多，中部地区相对前者则没有明显的优势。

进一步看分地区分行业要素扭曲情况，东部地区行业分布：行业 2、行业 12 和行业 14 资本配置偏多（资本相对扭曲系数明显大于 1）；行业 6 和行业 9 劳动配置过少（劳动相对扭曲系数显著小于 1）。中部地区的情况则是：行业 4 和行业 9 资本配置明显过多（资本相对扭曲系数显著大于 1）；行业 6 和行业 15 劳动配置同样过度（劳动相对扭曲系数也大于 1）。西部地区的要素扭曲情况是：行业 5、行业 12 和行业 15 资本配置过多（资本相对扭曲系数大于 1）；行业 1 劳动配置不足而行业 10 和行业 12 劳动配置过量。此外，从中间投入的配置情况来看，三大区域相对资本和劳动较平衡，但仍呈现东部的情况要优于中西部的特征。

三大区域要素资源扭曲程度为什么出现明显差异？原因在于：对于发展中国家而言，随着产业结构变迁，如果劳动、资本、土地等实物性生产要素与对它们有补充、决定和限制作用的知识、技术与制度等抽象性资源难以协调，就会产生资源错配的问题。中间投入作为对企业生产率贡献程度最大的生产要素，为什么扭曲程度相对资本和劳动来说要小得多？这是因为，中间投入有放大效应，其相对资本、劳动更小的扭曲便会带来对产出的更大影响。因此，一个国家或地区所拥有的资本、劳动、中间投入等"硬资源"若不能与当地的技术创新、制度创新、政策创新等"软资源"实现完美匹配和融合，资源错配就容易发生。

纵观西方发达国家的工业化历程，不同发展阶段产业结构特征差异较大。主导产业分别经历了以农业为主向资本密集型重工业、生产性服务业和先进制造业、信息通信产业转变的四个阶段。主导产业发生更替，可能存在相应的临界点，即只有当一国或地区的经济发展达到一定的临界水平值，各种技术、制度与资本、劳动等相协调，才会避免出现严重的要素扭曲、资源错配问题，产业结构自然会逐渐向合理化、高级化演进。

中国颁布了一系列产业发展优惠政策，也向中西部地区输入了大量资本和人力资源，持续推行西部大开发、东北振兴、中部崛起等战略，然而区域间要素扭曲并未减少。如何解释呢？究其原因，可能在于：相比东部地区，中西部地区的技术、制度等"软资源"落后于资本、劳动等"硬资源"的发展。由于使用成本、交易成本等差异性，中西部地区难以吸引东部地区的企业，进而阻碍中西部地区承接东部地区的产业转移。因而有学者提出可以发展"产业集群"来解决或纠正资源错配。发展"产业集群",涉及基于规模效应带来的各类相关服务机构和产业基础设施完善,这就需要改善"软资源"约束。

4.1.4 中国分地区分行业制造业部门资源错配效应

根据要素扭曲程度对 TFP 的影响分析,容易得到分地区分行业各要素扭曲对 TFP 的影响程度。图 4-1~图 4-3 分别为分地区分行业的资本、劳动、中间投入扭曲对 TFP 的影响情况,图 4-4 则为加总的分地区分行业整体扭曲情况。

从图 4-1 中可以看出,资本扭曲主要来源于行业 1、行业 4、行业 9 和行业 14。劳动扭曲产生的影响,差异则比资本要复杂得多,主要来源于行业 1、行业 6、行业 9 和行业 12。从中间投入扭曲产生的影响看,其整体的趋势与资本较为相似,即主要来源于行业 1、行业 4 和行业 14,这也从侧面证明了中间投入可被看作资本的另一种形式。

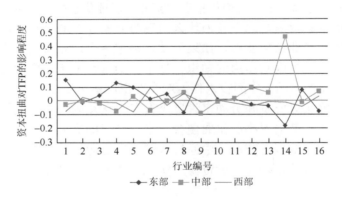

图 4-1 分地区分行业资本扭曲对 TFP 的影响

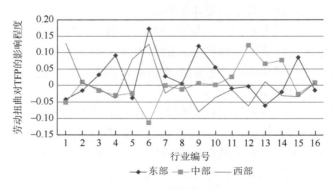

图 4-2 分地区分行业劳动扭曲对 TFP 的影响

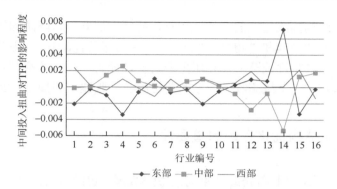

图 4-3　分地区分行业中间投入扭曲对 TFP 的影响

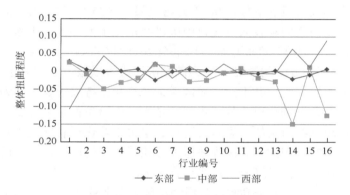

图 4-4　分地区分行业整体扭曲情况

　　从分地区分行业各要素加总的整体扭曲情况（图 4-4）看，东部的扭曲程度要显著低于中部和西部，中部的情况却并没有比西部好很多。中部地区扭曲比较严重的行业主要有行业 3、行业 14 和行业 16，西部地区扭曲比较严重的行业除行业 1 外其余基本与中部类似，但是二者影响的正负效应正好相反。总之，无论扭曲产生的影响是正还是负，偏离横轴越远其扭曲的程度和对地区经济增长的影响越大。

　　从前面分析看，行业 1、行业 6 和行业 14 等三大制造业部门的要素配置扭曲对经济的影响是巨大的。协调好这几类产业的资源配置，对今后促进经济发展和缩小地区差距具有重要作用。

4.2　服务业结构变动与长期增长的关系

　　一国经济发展进入中等收入阶段后，产业结构进入服务业主导形态。从服务业发展的结构特征看，成功跨越中等收入陷阱的国家呈现出了趋向于知识技术密集的服务业（结构高级化）的特征；而难以持续发展并陷入陷阱的经济体大多数出现了低效服务业蔓延和"鲍莫尔成本病"（袁富华等，2016）。因此，如何通过服务业的供给侧结构性改革，优化服务业的资源配置、提升效率，正是中国未来跨越中等收入陷阱，晋级高收入国家的关键所在（张建华和程文，2019）。

4.2.1　服务业结构优化升级的重要性

改革开放以来，中国经济经过 40 余年快速发展，已经站在新的历史起点上。按照世界银行新分类标准（按汇率法计算），2018 年中国人均国民收入为 9732 美元，恰好处于中上等收入组的下限 4096 美元与上限 12 695 美元的中间偏上的位置①。从上中等收入阶段迈向高收入阶段，中国已经走完了前半程，正踏上后半程。就经济结构来说，中国第三产业增加值比重在 2015 年首次超过了第一、二产业比重之和，2020 年达到 GDP 的 54.5%②。中国经济已进入以服务业为主导的发展阶段。然而，服务业占比扩大，并不意味着能保证经济稳定持续增长。因为服务业占比提升可能是产业分工细化引起的，也可能是服务供给条件和环境变化带动的，还可能是消费需求升级引发的，更有可能是过早去工业化后制造业相对萎缩形成的（黄群慧等，2017）。因此，必须弄清服务业相对变化的成因，才能促进服务业结构优化升级，这对整体经济未来走势十分关键。

从历史经验来看，处于高收入阶段经济体的服务业比重一般在 65%至 80%之间。然而，许多中等收入阶段的发展中经济体，在过去几十年中只有少数能够顺利跨越这一阶段并进入高收入经济体行列，而其他大多数经济体整体发展停滞徘徊，陷入中等收入陷阱之中。那么，是不是只要超过高收入门槛，就算成功地跨越了中等收入陷阱？显然也不一定是这样！近些年来，一些经济体，如阿根廷、委内瑞拉、俄罗斯等都曾短暂地进入人均收入较高阶段，但好景不长，由于它们长期增长动力不足，经济结构失衡，社会和民生问题突出，很快又退回到中等收入阶段。可见，发展中经济体要想成功跨越中等收入陷阱实属不易。

当前，我国经济正转向高质量发展阶段，优化经济结构、建设现代化经济体系是跨越关口的迫切要求。党的十九大为此要求，"必须坚持质量第一、效益优先，以供给侧结构性改革为主线，推动经济发展质量变革、效率变革、动力变革"（习近平，2017）。为了应对国际格局大变动的严峻挑战，解决人民日益增长的美好生活需要和不平衡不充分的发展之间的矛盾，必须推进先进制造业与现代服务业深

---

① 资料来源：世界银行官网。
② 资料来源：国家统计局官网。

度融合[①]，全面提升国民经济整体性水平。谋求高质量发展、推进经济结构转型，基本实现现代化，是我国成功跨越中等收入陷阱的关键所在。

中等收入陷阱首次在世界银行报告《东亚复兴：关于经济增长的观点》中出现（Gill and Kharas，2007）。中等收入陷阱是否存在，学术界是有争议的（Glawe and Wagner，2016；Cai，2012）。因为这种陷阱有的国家有，有的国家没有；而且不仅是中等收入阶段有，低收入阶段和高收入阶段同样存在着陷阱（徐康宁和陈丰龙，2013）。关于中等收入陷阱成因的研究，代表性观点包括产业升级断档（伍业君和王磊，2012）、技术创新不足（Asian Development Bank，2011）、贫富差距扩大（蔡昉和王美艳，2014）以及民粹主义下的福利赶超（樊纲和张晓晶，2008）等。

其实，任何经济发展阶段都有可能存在陷阱，重要的是在不同经济发展阶段，驱动经济增长背后主导力量的变迁。从产业层面上看，中等收入陷阱形成的基本逻辑如下。当经济发展接近高收入阶段，消费者通过中低端制造业和消费性服务业完全满足其衣食住行上的基本需求后，消费开始升级，追求更高品质的产品与服务。但受制于文化、教育、卫生行业未能积累起足够的高层次人力资本，国内高端制造业和高端服务业发展相对滞后，无法及时提供高质量的有效供给满足新的消费需求。如此，会导致经济增长乏力，没有新增长点；与此同时，能为国民带来更高收入的高端产业如果缺失，又会反过来不利于人均国民收入提高，从而造成恶性循环。

从结构变迁看，满足中低收入群体需求的传统产业面临产能过剩，而面向高收入群体需求的新兴产业面临生产不足，结果结构性失业问题凸显，贫富差距不断扩大。一些拉美国家在民粹主义盛行的催化下，又实行了不切实际的福利赶超，进而导致了财政赤字、债务危机、金融危机，最终落入中等收入陷阱。高收入国家之所以能成功跨越中等收入陷阱，原因在于成功发展了高端产业，从而能为国民提供更高的收入，实现了高水平均衡跨越。因此，如何合理助推产业优化升级，正是跨越中等收入陷阱的关键所在。

那么，如何选择产业升级的方向来突破中等收入陷阱呢？对于人口大国——中国而言，更多地应当依赖内需，发展高端服务业。这是因为，制造业高端化面临较高的技术壁垒，要想实现制造业的升级，必须以高层次创新人才和生产性服务业为支持基础。服务业高端化更多地依赖市场需求规模和层次提升，进一步加强服务创新更多地体现为过程创新、形式创新与组织创新等（周振华，2013）。具体如下。

第一，需要人力资本支撑。从实证结果来看，加强高层次人力资本积累，有

---

① 《分析研究 2019 年经济工作　研究部署党风廉政建设和反腐败工作》，http://politics.people.com.cn/n1/2018/1214/c1024-30465913.html[2022-10-11]。

利于技术提供和服务能力提升，从而有利于促进产业升级，降低陷入中等收入陷阱的概率；此外，低层次人力资本在低收入阶段是有作用的，但对于中等发展阶段，积累太多是不利的（Eichengreen et al.，2013）。当然，高层次人才必须有赖于文化、教育、卫生这些人力资本生产部门的发展，而人力资本作为要素投入又进一步促进了人力资本生产部门的发展，因此，两者之间会形成正向反馈（中国经济增长前沿课题组等，2015）。

第二，知识消费的效率补偿机制构成了服务业结构升级的关键。随着收入增长，居民消费支出会偏向于教育、文化、卫生等部门，这有利于人力资本提升和知识创新，由此推动服务业结构升级（袁富华等，2016）。简言之，知识消费更加有利于效率提高。

第三，生产性服务业和高端制造业之间存在着相互融合或良性互动的关系（顾乃华等，2006）。生产性服务业包括研发设计、管理咨询、软件信息、物流仓储等行业部门，推动这些细分行业发展，有利于制造业产业链升级，从而解决制造业大而不强问题（夏杰长和张晓兵，2013）。此外，如果金融行业发展得当，还可以解除制造业升级的融资约束。反之，如果资金脱实入虚，反而会对制造业形成"挤出效应"，制约产业升级（丁一兵等，2014）。

第四，当经济结构服务化后，推动生产性服务业发展有利于提升整体服务业劳动生产率增长，这是维持经济增长的动力所在（Maroto-Sánchez and Cuadrado-Roura，2009）。从国际经验看，部分生产性服务业自身的劳动生产率增长速度甚至要高于制造业，这说明服务业整体的劳动生产率增长有可能使整体经济摆脱停滞不前。

深入研究服务业内部的结构性关系，有利于推动经济发展的质量效率提升和动力变革。服务产出的特点是具有无形性和高度差异性，其中，生产性服务业，已构成中国经济发展的重要短板，也是中国制造业能耗高附加值低的关键原因。当然，生产性服务业，又与民生问题、文化教育和医疗卫生等公共服务业关系紧密。随着人民基本物质需求得到满足，人们逐步转向发展型和享受型需求，开始对公共服务业提出更高要求，而公共服务行业恰恰又是培育积累人力资本的部门，与之相匹配的高质量人力资本正是制造业所需，也是服务业升级的重要内容。这也是"提升国民经济整体性水平""促进形成强大国内市场"极其重要的方面。总之，经济发展到更高阶段后，需要大力发展生产性服务业和公共服务业。

4.2.2　服务业结构变迁差异性的国际比较

既然生产性服务业和公共服务业的发展是一国跨越中等收入陷阱的关键，那么对于不同经济体，服务业内部结构随人均收入的演化有何显著的差异呢？

我们选取 2015 年人口在 300 万以上的非石油出口型经济体的数据（1950～2010 年），刻画服务业结构升级与中等收入陷阱跨越的情况。跨越和陷入中等收入陷阱的国家和地区如表 4-4 所示。

表 4-4　跨越和陷入中等收入陷阱的国家和地区

分类	所属大洲	国家和地区
跨越中等收入陷阱的国家和地区	亚洲	日本、韩国、新加坡、中国香港、中国台湾、以色列
	拉丁美洲	乌拉圭、智利
	欧洲	丹麦、瑞典、瑞士、荷兰、法国、比利时、联邦德国、英国、挪威、奥地利、意大利、芬兰、爱尔兰、西班牙、葡萄牙、希腊、捷克、斯洛伐克、匈牙利、波兰
	北美洲	美国、加拿大
	大洋洲	澳大利亚、新西兰
陷入中等收入陷阱的国家	亚洲	菲律宾、泰国、马来西亚、印度尼西亚
	拉丁美洲	巴西、哥伦比亚、玻利维亚、秘鲁、委内瑞拉、墨西哥、阿根廷、哥斯达黎加

资料来源：Felipe 等（2012），作者根据世界银行 2017 年公布的最新经济体收入分组数据进行了补充

人均收入数据来自麦迪森数据库。服务业各部门的不变价格增加值数据来源于格罗宁根增长与发展中心的 10 部门数据库以及联合国数据库。其中，消费性服务业包括批发和零售贸易、餐馆和旅馆；生产性服务业主要包括研发设计与其他技术服务，货物运输、仓储和邮政快递服务，信息服务，金融服务，节能与环保服务，生产性租赁服务，商务服务，人力资源管理与培训服务，批发经纪代理服务，生产性支持服务这几类服务行业。对于公共服务业而言，联合国在 2008 年 8 月发布其在部门层面上区分开来的国际产业分类标准 4.0 版，但样本数较少。[①]因此，我们采用联合国数据库中文化娱乐、教育、健康消费占全部消费支出的比重进行替代研究，便于验证知识消费的效率补偿机制。鉴于该数据库并没有中国的数据，我们利用《中国统计年鉴》（1993～2012 年）中城镇和农村居民收支数据进行了补充。考虑到分类方法差异，不能直接与其他经济体比较其数值大小，但发展趋势可以相比。[②]

---

① 例如，在国际产业分类标准 3.0 版中，"N. 卫生和社会工作"包括与人体健康活动无关的兽医活动，"O. 其他社区、社会和个人服务活动"包含与文化娱乐无关的污水与垃圾的处理活动、未另分类的成员组织的活动、其他服务活动。即使在 4.0 版推出后，大部分国家报告文教卫行业数据时仍未按最新版分开报告。

② 《中国统计年鉴》（1993～2012 年）中的城镇和农村居民收支数据，来源于独立开展的城镇和农村住户抽样调查，并将消费支出分为食品、衣着、居住、家庭设备及用品、医疗保健、交通和通信、文教娱乐和其他消费支出共八类。其他经济体将消费分为十大类。中国总体的知识消费占比，是将城镇和农村居民的医疗保健和文教娱乐占比按照城镇与乡村人口各自的比重加权计算得到。

　　由于中国文教卫消费数据与其他经济体缺乏横向的可比性，按照 Eichengreen 等（2013）的研究，我们补充了 15 岁以上人口平均接受高等教育的年限数据，作为衡量高层次人力资本积累的指标。Barro 和 Lee（2013）提供了 1950～2010 年每隔五年受教育程度的数据集。采用非参数的局部加权散点图平滑技术（Cleveland，1979），我们对全部数据中的主要变量与人均收入之间的关系进行拟合，结果如图 4-5～图 4-8 所示。

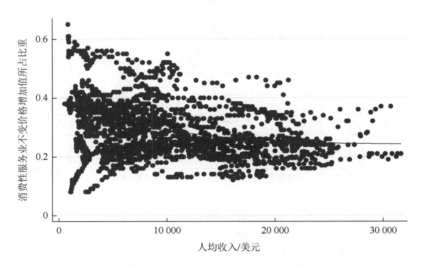

图 4-5　消费性服务业增加值占全部服务业增加值的比重与人均收入的关系

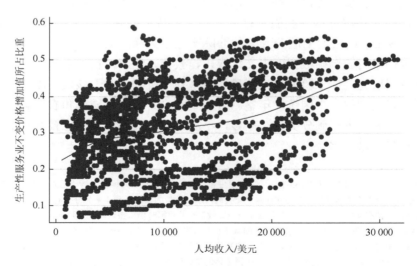

图 4-6　生产性服务业增加值占全部服务业增加值的比重与人均收入的关系

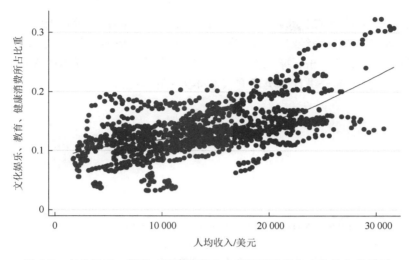

图 4-7　文化娱乐、教育、健康消费占全部消费比重与人均收入的关系

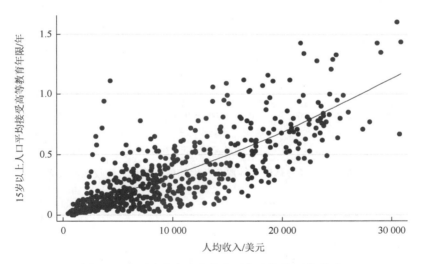

图 4-8　高层次人力资本的积累与人均收入的关系

　　从总体样本看，随着人均收入增加，全部服务业增加值中，消费性服务业占比从 0.4 降低到 0.2；生产性服务业占比从 0.2 提高到 0.5；文化娱乐、教育、健康消费占全部消费比重从 0.1 提高到 0.25；15 岁以上人口平均接受高等教育的年限从 0 增加到 1.2 年左右。总体趋势显示：消费性服务业的重要性不断下降，生产性服务业和人力资本生产部门的重要性不断提升。

　　但就分类而言，成功跨越中等收入陷阱的经济体和陷入其中的经济体又会有何差异呢？为了更为准确地分类对比，我们将它们分为六组：①跨越陷阱的亚洲经济体；②陷入陷阱的亚洲经济体；③中国内地（大陆）；④跨越陷阱的拉美经济体；⑤陷入陷阱的拉美经济体；⑥跨越陷阱的欧美经济体（包括大洋洲的澳大利亚和新西兰）。按照 Felipe 等（2012）的计算，我们选取全部样本中人均收入位于中等收入区间①的部分进行分类研究（图 4-9～图 4-12）。

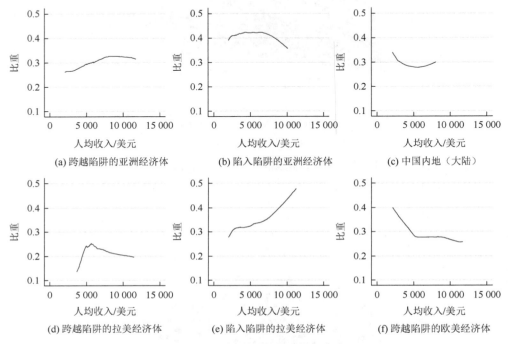

图 4-9　不同经济体消费性服务业增加值比重与人均收入的关系

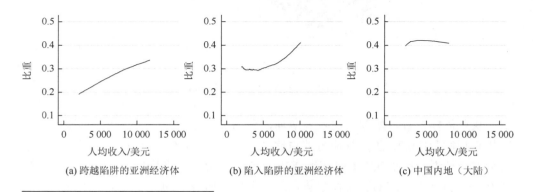

---

① 世界银行的中等收入阶段标准可以等价于麦迪森数据库中以 1990 年购买力平价衡量的人均 2000～11 750 美元。在研究文化娱乐、教育、健康消费占全部消费比重时，跨越陷阱的拉美国家样本中只有智利在 2003～2004 年两年的数据在该区间内，无法使用局部加权散点图平滑技术来拟合这组的趋势图。因此，我们将该区间放宽至 2000～12 649 美元，这样可以包含智利在 2003～2006 年共四年的数据，便于拟合趋势图。

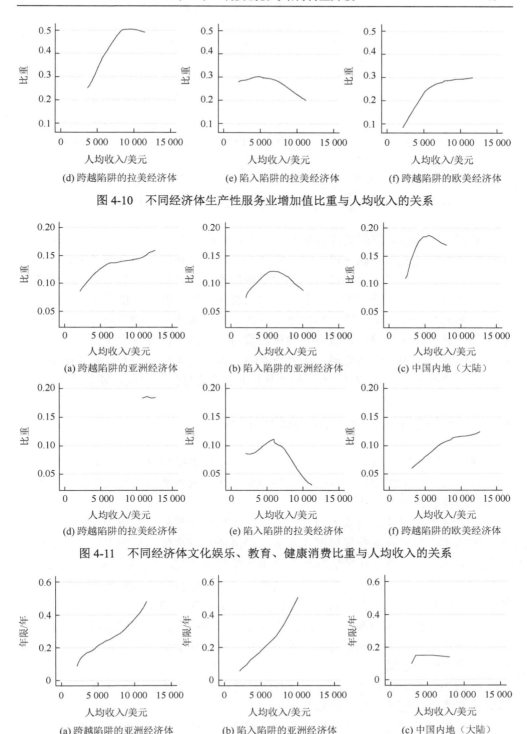

(d) 跨越陷阱的拉美经济体　　(e) 陷入陷阱的拉美经济体　　(f) 跨越陷阱的欧美经济体

图 4-10　不同经济体生产性服务业增加值比重与人均收入的关系

(a) 跨越陷阱的亚洲经济体　　(b) 陷入陷阱的亚洲经济体　　(c) 中国内地（大陆）

(d) 跨越陷阱的拉美经济体　　(e) 陷入陷阱的拉美经济体　　(f) 跨越陷阱的欧美经济体

图 4-11　不同经济体文化娱乐、教育、健康消费比重与人均收入的关系

(a) 跨越陷阱的亚洲经济体　　(b) 陷入陷阱的亚洲经济体　　(c) 中国内地（大陆）

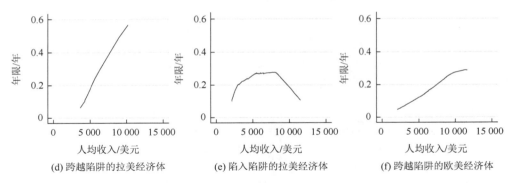

图 4-12　不同经济体 15 岁以上人口平均接受高等教育年限与人均收入的关系

就陷入中等收入陷阱的经济体而言,拉美国家的消费性服务业比重急剧上升,而生产性服务业比重不断下降;陷入陷阱的亚洲经济体的消费性服务业比重虽然比跨越陷阱的亚洲经济体要高,但仍然呈现出不断下降的总体趋势。陷入陷阱的亚洲经济体和拉美经济体的公共服务部门(文化娱乐、教育、健康消费)占全部消费比重均从上升转为下降。对比之下,无论是拉美还是亚洲经济体,成功跨越陷阱的经济体的文化娱乐、教育、健康消费占全部消费的比重水平均要明显高于陷入其中的经济体。而从高层次人力资本的积累(图 4-12)来看,陷入陷阱的拉美国家同样在 6000～8000 美元收入水平上出现了明显的平台期,随后转而下降。

4.2.3　结构差异的成因分析与风险点识别

通过国际比较,我们可以归纳出中等收入陷阱的结构成因有以下两种情形。

情形 1:拉美型中等收入陷阱的典型特征在于低效率的消费性服务业对高效率的生产性服务业的替代。

由于缺乏足够的高层次人力资本和良好的制造业基础,拉美国家的人力资本生产部门和生产性服务业发展严重滞后,经济增长依靠低端消费支撑。随着经济结构服务化,经济发展高度依赖消费性服务业规模扩张,"鲍莫尔成本病"加剧,导致无效率的服务业替代有效率的制造业,最终导致拉美国家对低效率生产模式的锁定,从而陷入中等收入陷阱无法自拔(袁富华等,2016)。

拉美经济体陷入中等收入陷阱的根本原因在于:人力资本积累不足导致生产性服务业和文教卫部门规模萎缩,经济增长严重依赖于消费性服务业过度扩张,从而导致"鲍莫尔成本病"。

情形 2:东南亚型中等收入陷阱的典型特征在于文化娱乐、教育、健康消费等知识消费比重呈现长期下降趋势。

东南亚国家制造业基础良好,生产性服务业发达,但文化娱乐、教育、健康消费占全部消费比重较低，反映消费结构升级滞后。消费结构低端化直接制约了人力资本生产部门的发展。人力资本积累无法促进本土企业创新和支撑制造业的转型升级，一旦出现金融危机，外资大量撤离，东南亚国家就会陷入中等收入陷阱之中，难以恢复增长。

亚洲经济体陷入中等收入陷阱的根本原因在于：文教卫部门的效率提升不足，知识消费的效率补偿机制存在问题。

通过国际对比分析（表 4-5 和表 4-6），我们还可以得出两点结论。

表 4-5 跨越和陷入中等收入陷阱的亚洲经济体产业关联指标对比

经济体分组	年份	生产性服务业占比	制造业的生产性服务投入比重	感应力系数和影响力系数的比值
跨越中等收入陷阱的亚洲经济体	1990	14.59%	12.15%	0.706
	1995	16.38%	12.63%	0.646
	2000	17.95%	13.43%	0.557
陷入中等收入陷阱的亚洲经济体	1990	10.58%	8.55%	1.181
	1995	11.76%	9.68%	1.088
	2000	12.73%	10.08%	0.947

资料来源：根据赵放和成丹（2012）中的数据整理

表 4-6 中等收入陷阱的结构成因对比分析与风险点识别

经济体	人力资本积累的循环反馈机制			生产性服务业与制造业互动融合机制	知识消费的效率补偿机制		是否存在消费性服务业过度扩张及导致的"鲍莫尔成本病"
	文教卫部门的规模扩张效应	文教卫部门的效率提升效应	人力资本增长率的长期趋势		机制运行的有效性	知识消费长期趋势	
跨越陷阱的所有经济体	优异	良好	优异	优异	良好	基本合格	不存在
陷入陷阱的亚洲经济体	基本合格	疑似风险	基本合格	优异	疑似风险	中度风险	不存在
陷入陷阱的拉美经济体	疑似风险	轻度风险	疑似风险	轻度风险	基本合格	基本合格	存在
中国内地（大陆）	基本合格	轻度风险	疑似风险	良好	疑似风险	疑似风险	不存在

注：优异、优秀、良好分别代表经济体的该效应估计系数在 1%、5%、10%的显著性水平下显著为正。基本合格是指估计系数为正，但不显著。高度风险、中度风险、轻度风险分别代表该效应估计系数在 1%、5%、10%的显著性水平下显著为负。疑似风险是指估计系数为负，但不显著

结论 1：成功跨越中等收入陷阱经济体的独有优势在于文教卫部门良好的效率提升效应，高层次人力资本优异的长期增长潜力，以及知识消费良好的效率补偿机制。

结论 2：中国跨越中等收入陷阱所面临的主要风险点在于：文教卫部门的效率提升不足可能导致人力资本积累的循环反馈机制失效。此外，知识消费的效率补偿机制也有较大的改善空间。

　　总体上看，陷入中等收入陷阱的经济体，生产性服务业占比较低，制造业的发展更依赖于物质资本直接投入，生产性服务业的发展更依赖于制造业本身的发展水平，所以对制造业的推动作用较差。而成功跨越中等收入陷阱的经济体，生产性服务业占比较高，制造业的发展更依赖于生产性服务业的中间投入，生产性服务业对制造业发展的推动作用更强。从服务业结构来看，没有跨越陷阱的经济体，往往由于低效服务业的蔓延，催生了"鲍莫尔成本病"，导致过早去工业化、经济增长停滞不前。而那些成功跨越陷阱的经济体，越来越趋向于知识技术密集型服务业（袁富华等，2016）。

4.3　制度创新与中国服务业结构优化升级

　　通过国际对比分析，我们识别出中国跨越中等收入陷阱所面临的主要风险点在于文教卫部门的效率提升不足，可能导致人力资本积累的循环反馈机制存在失效风险。我们运用数值模拟方法，探讨一下中国如何规避上述风险以及成功跨越中等收入陷阱的可能路径。

4.3.1　政策仿真模拟分析

　　根据已有数据，我们计算出 1978～2010 年公共服务业（文教卫部门）、生产性服务业、消费性服务业各自的平均劳动生产率增长率分别为：$r_a = 0.0522$、$r_b = 0.0795$、$r_c = 0.0494$。选择 2010 年为基期计算，各个部门投入的劳动力占比与消费者对其所提供商品和服务的偏好完全一致。《中国统计年鉴 2010》提供了 2010 年分行业的就业数据，据此可以分别计算出 2010 年公共服务业（文教卫部门）、生产性服务业、消费性服务业、制造业的就业占四者之和的份额[①]，并计算出数值模拟所需要的全部参数，将它们分别代入稳态均衡值，即可模拟长期经济增长率 $g(t)$（图 4-13～图 4-16）。

　　由图 4-13（a）可以看出，伴随着制造业比重不断下降，消费性服务业的比重增加了 0.07，而公共服务业（文教卫部门）和生产性服务业的比重分别增加了 0.15 和 0.14。图 4-13（b）显示，由于消费性服务业不存在过度扩张，消费性服务业相对制成品的价格每期平均仅上涨了 0.013，服务业快速发展并没有导致"鲍莫尔成本病"。图 4-14（a）显示，经济长期增长呈现出"L"形的发展趋势，经济增速从第 1 期到第 8 期不断下滑，其后基本保持不变。

---

　　① 公共服务业（文教卫部门）包括教育，卫生和社会工作，文化、体育和娱乐业三个大类。生产性服务业包括交通运输、仓储和邮政业，信息传输、软件和信息技术服务业，金融业，租赁和商务服务业，科学研究和技术服务业，水利、环境和公共设施管理业六个大类。消费性服务业包括批发零售业，住宿和餐饮业，居民服务、修理和其他服务业三个大类。

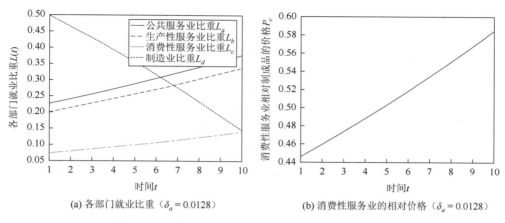

(a) 各部门就业比重（$\delta_a = 0.0128$）　　　　(b) 消费性服务业的相对价格（$\delta_a = 0.0128$）

图 4-13　各部门就业比重及消费性服务业的相对价格

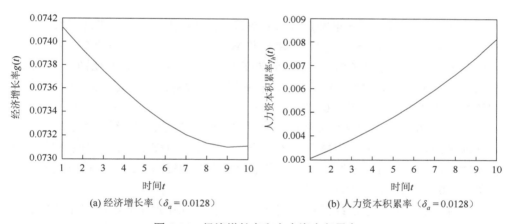

(a) 经济增长率（$\delta_a = 0.0128$）　　　　(b) 人力资本积累率（$\delta_a = 0.0128$）

图 4-14　经济增长率和人力资本积累率

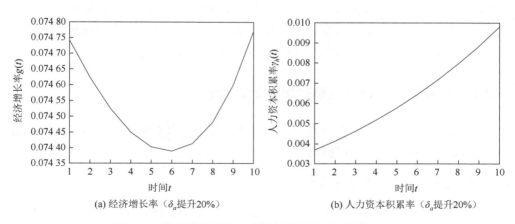

(a) 经济增长率（δ_a 提升 20%）　　　　(b) 人力资本积累率（δ_a 提升 20%）

图 4-15　经济增长率和人力资本积累率（δ_a 提升 20%）

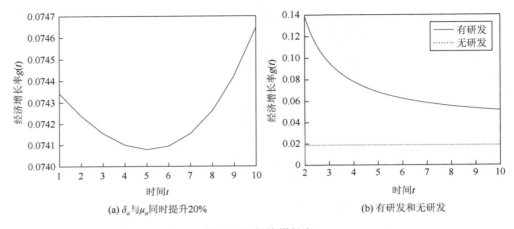

(a) δ_a与μ_a同时提升20%　　　　　　(b) 有研发和无研发

图 4-16　经济增长率

图 4-15（a）显示，如果制定合适的政策，推动人力资本积累循环反馈机制的有效性（δ_a）提升 20 个百分点，经济增长率在政策实施后的第 6 期完成探底后，转而向上，经济长期增长将从"L"形转变为"U"形。而通过对比图 4-15（b）和图 4-14（b）可以发现，人力资本积累率相比政策实施前，提升了 21 个百分点的幅度，在期末也增加到了 0.0098 的水平。

从图 4-16（b）的政策模拟看，在无研发的低增长均衡中，经济增长仅靠员工较低水平的人力资本积累支撑，经济增长率仅增加了 0.0189。而在有研发的高增长均衡中，企业投资于研发，员工较多地投资于人力资本，经济增长率从 0.1387 回落到 0.0516 后，保持平稳中速增长。

结合现实来看，中国经济从高速增长阶段已转向中速增长阶段，中速增长平台的经济增长率调整到 5%～6% 或 5% 左右（刘世锦，2018）。在增速下调的同时，要保证质量上台阶，实现高质量发展，成功跨越中等收入陷阱，就需要大力发展生产性服务业，并注重公共服务业发展，推动人力资本供给高质量提升，更好地实现高层次人力资本与知识密集型服务业的匹配效应。

4.3.2　中国应对中等收入陷阱风险的政策模拟

根据上述分析逻辑，我们再分别探讨提升人力资本积累率、提高创新的成功概率和效率、提升利率如何影响跨越中等收入阶段。

1. 提升人力资本积累率的影响

在教育改革与政策推动下，如果人力资本积累率 γ 提升 20%（从 $\gamma = 0.9169$ 上升至 $\gamma = 1.1003$）和 40%（从 $\gamma = 0.9169$ 上升至 $\gamma = 1.2837$），期初的经济增长率

分别为 0.1441 和 0.1494，期末的经济增长率则为 0.0570 和 0.0623（图 4-17）。这充分说明：提升人力资本的供给效率，对于促进知识密集型服务业发展有着重要意义。提升人力资本积累率的关键突破口，在于推进教育供给侧结构性改革。改革重心则在于：协调推进教育制度创新与资源结构优化，处理好供给侧的教育主体之间的相互关系，扩大有效供给，淘汰无效供给，拓宽供给渠道，提高供给品质。具体措施包括以下几点。第一，处理好基本公共教育的普及化与多样化、高品质教育供给的关系，满足各类教育消费人群需求。第二，进一步缩小城乡教育差距，提升整体教育供给质量。增加中央财政对义务教育转移支付规模，强化省、市统筹作用。强化名校对口帮扶薄弱学校的机制，充分发挥名校优质教育资源和管理模式的辐射带动作用，提升薄弱学校在教学、管理、师资等方面的整体质量，推进教育在不同区域之间的均衡发展。第三，完善职业教育体系，为服务业结构优化升级服务。根据企业发展需要，加强高职高专院校专业设计的前瞻性、课程设置的灵活性与技能培训的精准性，发挥"互联网+职业教育"优势，大力推进数字化资源应用服务平台建设，提升职业教育的效率和质量，培养高端技术技能人才（辜胜阻等，2018）。

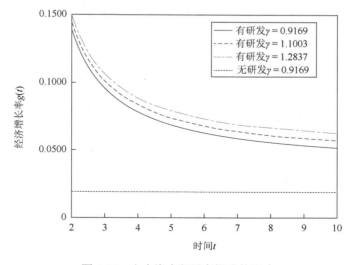

图 4-17　人力资本积累率提升的影响

2. 提高创新的成功概率和效率的影响

在创新成功概率 ψ 提升 20%（从 $\psi = 0.1116$ 上升至 $\psi = 0.1339$）和 40%（从 $\psi = 0.1116$ 上升至 $\psi = 0.1562$）的情况下，期初的经济增长率几乎没有变化，期末的经济增长率小幅提升至 0.0528 和 0.0542（图 4-18）。如果创新对 TFP 的影响提升 20%(从 $\delta = 1.5576$ 上升至 $\delta = 1.8691$)和 40%(从 $\delta = 1.5576$ 上升至 $\delta = 2.1806$),期末的经济增长率将分别升至 0.0552 和 0.0593(图 4-19)。可见,提升创新成功概率与效率,同样能有效推进对中等收入阶段的跨越。

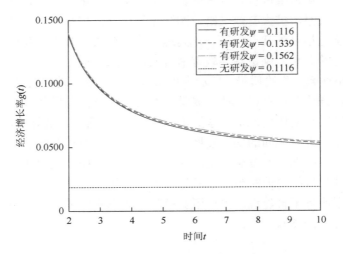

图 4-18　创新成功概率提升的影响

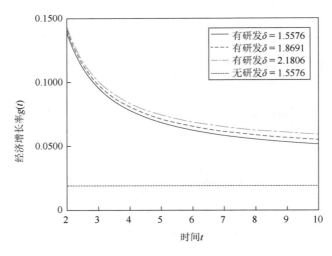

图 4-19　创新效率提升的影响

与发达经济体相比,中国科技创新能力特别是原创能力还有很大差距。为此,可采用的结构性改革措施包括以下几点。第一,加快信息技术发展,不断加快创新频率,促进创新的共生化。企业创新越来越受到企业资源禀赋的制约,这就要求鼓励大型企业和中小企业共享研发成果，结成产业联盟，打造创新型产业集群，从而提升创新成功的概率（赵志耘，2016）。第二，设立政企合作平台和基金，吸引社会资本进入，推动创新的政企合作。除了加大政府财政资金投入，还应通过发挥社会资本专业运营能力和精细化管理能力的优势，提高研发资金使用效率，提升创新的成功概率，加速新技术的产业化进程。第三，设立专项基金和专项计划，加强区域创新系统建设。各区域应依据自身的资源禀赋和产业基础，选择适合自己创新优势的高新技术产业，有针对性地资助，避免不同区域之间的产业重复建设和恶性竞争，提高整体的创新效率。

3. 提升利率的影响

提升基准利率将影响居民人力资本投资决策和长期经济增长。如果利率 ρ 提升 20%（从 $\rho = 0.0262$ 上升至 $\rho = 0.0314$）和 40%（从 $\rho = 0.0262$ 上升至 $\rho = 0.0367$），期初的经济增长率几乎没有变化，期末的经济增长率小幅下降至 0.0504 和 0.0492（图 4-20）。结合现实来看，美国在 2015 年 12 月至 2018 年 12 月进行了九次加息，货币政策逐步回归常态，利率水平创下 2008 年金融危机爆发以来的新高。这在一定程度上导致大量海外资金回流美国，也给中国的货币政策和汇率政策造成一定压力。同样的调整也发生在 2022 年初，美国启动新一轮加息周期。客观来讲，中国与美国的经济周期并不一致，中国面对的经济问题更多是长期的结构性失衡问题，需要着眼于经济长期增长的制约因素，实施供给侧结构性改革。因此，中国不应盲目跟随美国加息，以免在跨越陷阱的关键时期对经济造成负面冲击。

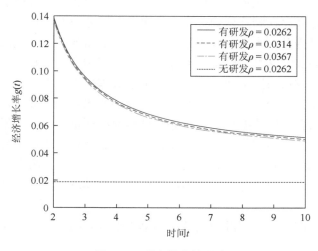

图 4-20　利率提升的影响

4.4 总结与政策建议

资源错配对中国分地区分行业制造业部门的影响，主要有三点。第一，中间投入对生产率的贡献程度要远高于资本和劳动。绝大多数行业的中间投入系数较大，中间产品对经济的影响具有乘数效应。当发生资源错配时，中间投入对产出的影响度达到 70% 以上，说明我国各地区制造业生产对中间产品投入的依赖度较高。第二，生产要素配置效率在地区间差异较大。东部地区无论是分行业还是分要素类别，其相对扭曲程度在整体上都要小于中西部地区，中部的资源配置情况相对西部并没有占太多的优势。第三，食品制造及烟草加工业，石油加工、炼焦及核燃料加工业，交通运输设备制造业，通信设备、计算机及其他电子设备制造业对国民经济影响较大，要素错配主要来源于以上产业。其中，后两大行业的生产率显著低于其他行业，如果资源配置不当将严重影响行业生产率水平。

从国际发展经验看，当人均收入达到一定水平后，许多国家都出现了制造业占比下降、服务业占比上升的情形。应该说，服务业占比的持续增加，在一定程度上反映了经济结构优化和转型升级，但服务业占比并非越高越好。服务业内部结构对于整体经济未来的顺利转型和可持续健康发展起着重要作用。陷入中等收入陷阱的经济体，生产性服务业占全部服务业增加值的比重较低，对制造业的推动作用较差。而成功跨越中等收入陷阱的经济体，生产性服务业占比较高，制造业发展更依赖于生产性服务业的中间投入，生产性服务业对制造业发展的推动作用更强。

现有研究表明：在服务业结构变迁中，消费性服务业、生产性服务业和提高人力资本供给之间存在相互依赖关系。如果公共服务业发展不充分，文教卫等部门的效率就难以提升，人力资本积累不足，有效创新就不足，无法支撑生产性服务业和制造业向高端转型。结果，部分经济体出现制造业低端化和过早去工业化现象，进一步引发低效服务业蔓延和"鲍莫尔成本病"加重，以致陷入中等收入陷阱。相比一些发达经济体，拉美经济体的服务业比重并不算低，之所以深陷中等收入陷阱，其背后的重要原因是服务业结构存在严重缺陷。如果生产性服务业能够与高层次人力资本积累相匹配，那么生产性服务业扩张，将有利于研发投入增加和 TFP 提升，并间接提升消费性服务业的 TFP。这样服务业的整体生产率就能保持在较高水平，以服务业为主的经济体就能持续增长，从而成功跨越中等收入阶段。

为了提升我国制造业资源配置效率和缩小地区差距，我们提出如下几点政策建议。

第一，完善资本和劳动市场，进一步改善生产过程中"中间投入"的配置效率。我国劳动和资本支撑经济高速发展的优势逐渐减弱，如何提高资源利用效率，尤其是中间投入效率成为经济持续增长的关键。例如，可以通过制度设计和交易模式电子化，打破地区之间信息不对称，推动要素合理配置；或通过创新，升级生产运营和管理模式，提高生产环节管理效率，进而提高生产率。

第二，实行地区差异化产业配置政策，合理引导产业由东部地区向中西部地区转移。为了进一步缩小地区差距，促进产业由发达地区向落后地区转移，就要根据当地的资源禀赋条件和供给结构，合理引导产业转移，改善当地优势资源的配置，进而促进地区经济更好更快发展。

第三，进一步加大中西部地区交通运输和电子信息化等重点产业建设，并充分发挥对其他产业的协同影响力。发达便利的交通运输和高效完备的信息化建设是节省企业生产成本、打通地区市场信息不对称的关键，能极大促进资源、信息的跨区域流动和交流。以交通运输和电子信息产业为代表的部门是地区经济发展的先决条件，是"基础设施建设产业"。身处内陆、缺乏先天地理区位优势的中西部地区，更应提高认识，进一步加大对外高层次开放，加强两大产业发展，以结构转型推动经济高质量发展。

党的二十大报告提出，"我们要坚持以推动高质量发展为主题，把实施扩大内需战略同深化供给侧结构性改革有机结合起来，增强国内大循环内生动力和可靠性，提升国际循环质量和水平，加快建设现代化经济体系，着力提高全要素生产率，着力提升产业链供应链韧性和安全水平，着力推进城乡融合和区域协调发展，推动经济实现质的有效提升和量的合理增长"（习近平，2022）。正如本章所分析的，高质量发展的重要方面是服务业内部结构的优化与升级。无论是发达的东部地区，还是经济较为落后的中西部地区，都不同程度地存在着"鲍莫尔成本病"现象（宋建和郑江淮，2017）。"推进供给侧结构性改革，要从生产端入手，重点是促进产能过剩有效化解，促进产业优化重组，降低企业成本，发展战略性新兴产业和现代服务业，增加公共产品和服务供给，提高供给结构对需求变化的适应性和灵活性。"（中共中央文献研究室，2017）因此，要大力发展生产性服务业，推进服务业供给侧结构性改革，并在文教卫等公共服务业方面提升人力资本供给的数量与质量，提高创新的成功概率和效率，推进经济增长的动力机制向创新驱动转换，更好地实现高层次人力资本与知识密集型服务业的匹配效应，推动高端制造业和知识密集型服务业的深度融合，从而带动产业结构转型升级。针对中国跨越中等收入陷阱所面临的体制风险，我们特别提出服务业供给侧结构性改革的政策建议。

首先，扩大中等收入群体，改善人力资本供给质量。正如习近平指出的，"转方式调结构和扩大中等收入群体是同一个过程的两个侧面"，"转方式调结构……

是从主要依靠制造业转向更多依靠现代服务业的过程……是教师、医生、律师、金融从业人员、信息服务人员、社会组织管理者等队伍扩大的过程"（中共中央文献研究室，2017）。为此，应当着力完善税收调节机制，调整收入分配结构，扩大中等收入群体，充分发挥人力资本作用，提升人力资本的匹配效应，有效支撑知识密集型服务业发展。

其次，增加文教卫等公共服务行业有效供给。"发展服务业特别是教育医疗、健康养老、文化娱乐、体育健身、电子商务等方面还有很大空间。""特别是要提高教育、医疗等基本公共服务数量和质量，推进教育公平。"（中共中央文献研究室，2017）此外，党的二十大报告指出，"实施科教兴国战略，强化现代化建设人才支撑"，"坚持以人民为中心发展教育，加快建设高质量教育体系，发展素质教育，促进教育公平"（习近平，2022）。因此，政策上应当深化财政和教育改革，提升人力资本的供给效率。加快缩小城乡、地区之间公共服务业发展差距，逐步实现基本公共服务均等化。

最后，促进生产性服务业及消费性服务业与先进制造业融合发展。党的二十大报告强调，"建设现代化产业体系坚持把发展经济的着力点放在实体经济上"（习近平，2022）。此外，"在实体经济结构性失衡、盈利能力下降的情况下，增加的货币资金很多没有进入实体经济领域，而是在金融系统自我循环……在这样的背景下，金融业在经济中的比重快速上升，而工业特别是制造业比重下降"（中共中央文献研究室，2017）。由此可能引发的过早去工业化尤其值得警惕，这正是拉美经济体落入中等收入陷阱的一个重要诱因。因此，需要区别对待不同的生产性服务行业，如对于软件和信息技术服务业，以及科学研究和技术服务业，应予以重点支持。而对于金融业和房地产业，应严防其引发系统性金融风险。

第5章 中国产业结构优化升级的驱动机制研究

产业结构转型升级是经济增长的重要推动力，研究其驱动因素十分重要。从历史经验看，一般一国产业结构演进，要经历从"要素驱动"发展模式到"创新驱动"发展模式的转变。本章将从四个方面论述中国产业结构优化升级的驱动机制，分别是产业结构演进的驱动模式分析、国家层面的产业结构优化升级的动力来源及其贡献度测评、地区层面的产业结构优化升级的动力来源及其贡献度测评、中国"创新驱动产业结构优化升级"模式转换及其制约。

5.1 产业结构演进的驱动模式分析

"要素驱动"模式是基于本国资源禀赋丰裕程度和比较优势，通过数量扩张、规模推动等谋求结构演进和经济发展的方式。该模式能够有效促进资本积累，利用后发优势，优化要素配置结构，实现产业结构优化升级。"创新驱动"模式，则通过技术和制度创新、培育创新型生产要素，聚焦研发、营销等重点领域，实现产业链提升；同时，通过产业融合加强各产业之间的有机协调，提升产业结构合理化水平。当经济发展进入较高水平阶段，"创新驱动"模式成为有效促进产业结构优化升级的必然选择。

5.1.1 "要素驱动"模式促进产业结构演进的机制

在经济发展的初期阶段，"要素驱动"增长模式能够充分利用富余劳动力，有效积累资本，有效发挥本国的禀赋比较优势；与此同时，大规模投入要素，使社会化大生产成为可能，加速了产业分立，推动了第二产业的发展，使传统农业国家转变为工业化国家，有效提高产业结构高度化水平，形成基本健全的产业体系，奠定了产业结构进一步升级的基础。

产业结构不断优化升级的过程就是要素配置结构不断革新与演化的过程。"要素驱动"模式促进产业结构演进具有两种效应：资本积累效应和产业分立效应。

1. 资本积累效应

"要素驱动"模式存在两个阶段，劳动力、自然资源等要素规模投入阶段和资本要素规模投入阶段。在产业发展的初期阶段，要素配置结构一般以简单劳动力、自然资源等初级生产要素为主，引入一定高级生产要素后能够提高初级生产要素的生产率，促使初级生产要素的边际收益曲线右移，经济发展主要依靠劳动力和资源规模投入。这个阶段资本得到有效积累，经济发展逐渐演变为依靠资本的规模投入。资本积累是"要素驱动"模式的典型特征。

"要素驱动"发展模式推动了资本的有效积累，实现了要素配置结构以简单劳动力、自然资源等生产要素为主转变到以资本等生产要素为主，优化了要素配置结构，提升了产业结构合理化水平。

我国是传统农业大国和人口大国，产业基础薄弱。改革发展初期，简单劳动力、自然资源等初级生产要素相对丰裕，而资本、技术知识等要素稀缺，生产配置结构以初级生产要素为主，要素配置结构水平较为低下。随着工业化的推进，初级生产要素的投入规模不断增大，大量农村剩余劳动力向城市转移，工业部门也得到快速发展。由于劳动丰裕、资本短缺，劳动密集型产业得到发展，同时劳动生产率提高快于工资增长，资本得到有效积累。这个阶段"要素驱动"模式充分利用了丰裕劳动力的比较优势。

随着工业不断发展，资本、技术等要素不断积累，初级要素边际收益曲线尽可能向右移动，资本积累和产业发展加速。随后向以高级生产要素为主的要素配置结构演化，推动产业结构继续优化升级。换句话说，就是"要素驱动"模式必然要向"创新驱动"模式转换。

2. 产业分立效应

随着要素的大规模投入，社会化大生产成为可能，产业分立加速，推动了现代产业体系的建立，有效推动了产业结构升级。现代产业体系的形成和协调化，不仅能促进产业彼此拉动，还能转换成其他国家难以模仿的竞争优势。

基于"要素驱动"模式，资本得到大量积累，大规模投资成为可能，这直接影响了各个产业发展的速度和不同产业的发展方向。大规模有效投资推进了社会化大生产，投资增加产生规模效应，规模效应又进一步促进产业发展。此外，资本不断积累催生新的产业。总之，"要素驱动"模式通过规模要素投入产生规模经济，加快了分工，加速了产业分立，产业结构从单一走向多元，相对完备的国民经济体系得以建立，产业结构也得到初步优化提升。

5.1.2 "创新驱动"模式促进产业结构演进的机制

"要素驱动"模式具有资源消耗性、发展粗放性，不能真正有效培育自己的高级生产要素，也无法实现转向高级工业化发展，具有较强的局限性。没有创新和创新的扩散，高增长部门的更迭只是产业结构变动的低水平循环（何立胜和鲍颖，2005）。"创新驱动"发展模式通过高级生产要素的培育效应和产业融合效应，实现要素配置结构的优化，提升了产业链，实现产业间的协调发展，三次产业之间形成一个有机的整体，真正形成具有国际竞争力的产业结构，最终实现经济的持续稳定增长。

1. 高级生产要素的培育效应

现代产业结构优化升级的新趋势是由创新要素驱动的。如果没有创新的高增长部门的更替，产业结构变动只会是低水平循环。"创新驱动"发展模式，重在通过推动知识生产和技术创新领域的发展，促进高级生产要素培育，实现产业链两端研发、设计、营销和品牌等重点领域的新突破，从而加快知识、技术等高级生产要素在产业中积累，使要素配置结构得到提升和优化，推动产业结构迈向知识技术密集型方向，进而推动产业结构优化升级。

如果没有创新，仅仅通过积累与引进，是无法得到最新的知识、技术等高级生产要素的。创新要素在某一产业内部发生，并迅速有效地积累，然后通过部门之间、产业之间的前向关联与后向关联不断扩散。按价值链分解，不同产业分工将分布在一条完整的产业链上，并呈现"微笑曲线"。其中研发、设计、营销和品牌等环节分布在"微笑曲线"的两端，这些环节以知识、技术等高级生产要素的投入为主，具有低消耗、高产出的特性，是产业发展的方向（图 5-1）。"创新驱动"发展模式，就是通过培育知识、技术等高级生产要素，使其在产业内加快累积，并通过前后向的关联效应，促使产业从生产环节向两端延伸，其价值链位置得到有效提升，产业结构合理化水平也得到实质性提高。

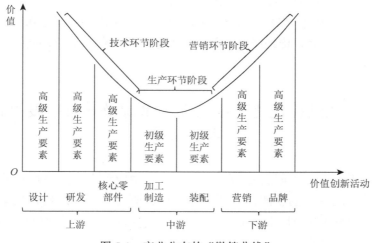

图 5-1　产业分布的"微笑曲线"

2. 产业融合效应

在高新技术迅速发展、经济全球化的大背景下，产业内部和产业之间的相互渗透和融合的动态演进过程就是产业融合。可见，产业融合是产业提高生产率和竞争力的一种发展模式。通过融合，能够提高传统产业的生产率，也可促进新产业形成。

产业融合通过将知识、技术等高级生产要素广泛地融入传统部门，改变传统部门的生产方式，提高传统部门的生产效率，加强传统部门与新兴产业的联系，推动新产业发展，进而推动产业结构的优化升级。产业融合是一种基于创新要素的产业创新。

产业融合分为三种表现形式：高新技术的渗透融合、产业间的延伸融合和产业内部的重组融合。技术融合提供了产业融合的可能性，企业把融合过程融入各个运作层面，从而把产业融合的可能性转化为现实。

高新技术的渗透融合，就是高新技术产业向其他产业渗透、融合而形成新产业，进而强化高新技术产业。产业间的延伸融合，则通过产业间功能互补和延伸实现产业融合。服务业向第一产业和第二产业的延伸与渗透，不仅提升了第一产业和第二产业的竞争力，同时也加大了服务业即第三产业自身的发展需求。在产业融合以后，市场结构会发生更复杂的变化。不同产业内企业间的横向一体化加速了产业融合进程，提高了企业竞争力、产业竞争力。产业内部的重组融合，能够通过建立产业、企业组织之间新的联系而改变竞争范围，促进更大范围的竞争，提升产业的市场竞争力。与此同时，产业内部的重组融合对企业一体化战略也提出了新的挑战。重组融合产业内的企业数量不断增加，企业间的竞争加剧，企业的创新性与灵活性被提升到新的战略高度。

总之，"创新驱动"发展模式的关键在于，知识生产和高新技术产业的发展能够加速产业融合，提升传统产业竞争力，促进三次产业高质量协同发展，从而推动产业结构优化升级。

5.2　产业结构优化升级的动力来源及其贡献度测评：国家层面

"要素驱动"、"创新驱动"与"结构转型驱动"是经济增长的主要动力机制。提升地区经济创新能力主要依靠"创新驱动"与"结构转型驱动"，按此思路，我们将采用 Hoekman 等（2001）的方法，基于分行业驱动力测评国家层面产业发展的驱动力。

5.2.1　产业发展驱动力的测度方法

与标准增长核算方式不同，研究产业发展驱动力，必须考虑资源再分配问题。工业增长不仅依靠产品价格的上涨、技术的提高，还依赖于要素投入的增加。标准的增长核算方式仅仅考虑到各部门的就业情况和各自的 TFP。为了把资源在各行业间的重新分配考虑进去，需要估计技术进步率和价格对产出的弹性，以及要素贡献对产出的弹性。

假设总要素供给是固定的，规模报酬不变，产品市场和要素市场是完全竞争市场。该经济体包含 N 个行业，每个行业 n 使用要素 V_n 和中间产品 Z_n，单位产品为 $\tilde{y}_n$。

产出可以由式（5-1）表示：

$$\tilde{y}_{nt} = f_n(V_{nt}, Z_{nt}), \quad \forall n = 1, \cdots, N \tag{5-1}$$

第 n 个行业的产出关于第 m 个行业的技术水平的弹性是 ε_{nmt}^A，偏效应 $\dfrac{\partial s_{nt}^*}{\partial \ln A_{mt}}$ 的线性函数为

$$\varepsilon_{nmt}^A \equiv \frac{\partial \ln y_{nt}^*}{\partial \ln A_{mt}} = \frac{1}{s_{nt}^*} \times \frac{\partial s_{nt}^*}{\partial \ln A_{mt}} + s_{mt}^*, \quad \forall n = 1, \cdots, N+1 \tag{5-2}$$

类似地，对于第 n 个行业和第 i 种投入要素，第 n 个行业的产出对第 i 种投入要素的弹性记作 ε_{nit}^f，偏效应 $\dfrac{\partial s_{nt}^*}{\partial \ln V_{it}}$ 的线性函数为

$$\varepsilon_{nit}^f \equiv \frac{\partial \ln y_{nt}^*}{\partial \ln V_{it}} = \frac{1}{s_{nt}^*} \times \frac{\partial s_{nt}^*}{\partial \ln V_{it}} + s_{it}^*, \quad \forall n = 1, \cdots, N+1, \quad \forall i = 1, \cdots, I \tag{5-3}$$

对任意第 n 个行业，产出的增长率可以按照式（5-4）分解：

$$\hat{y}_{nt}^* = \sum_{m=1}^{N+1} \varepsilon_{nmt}^A \hat{A}_{mt} + \sum_{m=1}^{N+1} \varepsilon_{nmt}^p \hat{p}_{mt} + \sum_{i=1}^{I} \varepsilon_{nit}^f \hat{V}_{it} \tag{5-4}$$

为了具体解释实证模型，假设 $\mathrm{GDP}^*(p_t A_t, V_t)$ 是一个关于技术、价格、要素投入的超越对数函数，并且技术和产品价格都以乘法的形式进入该生产函数。用 n 和 m 表示行业，i 和 j 表示要素，那么生产函数的具体形式为

$$\begin{aligned}
\ln \mathrm{GDP}^*(p_t A_t, V_t) &= a_{00} + \sum_{n=1}^{N+1} a_{0n} \ln(A_{nt} p_{nt}) + \frac{1}{2} \sum_{n=1}^{N+1} \sum_{m=1}^{N+1} a_{nm} \ln(A_{nt} p_{nt}) \ln(A_{mt} p_{mt}) \\
&\quad + \sum_{i=1}^{I} b_{0i} \ln V_{it} + \frac{1}{2} \sum_{i=1}^{I} \sum_{j=1}^{I} b_{ij} \ln V_{it} \ln V_{jt} \\
&\quad + \sum_{n=1}^{N+1} \sum_{j=1}^{I} c_{ni} \ln(A_{nt} p_{nt}) \ln V_{it}
\end{aligned} \tag{5-5}$$

根据对称和同质性的限制，有

$$
\begin{cases}
a_{mn} = a_{nm}, \quad b_{ij} = b_{ji}, \quad \forall n, m = 1, \cdots, N+1, \quad \forall i, j = 1, \cdots, I \\
\sum_{n=1}^{N+1} a_{0n} = 1, \quad \sum_{m=1}^{N+1} a_{nm} = 0, \quad \sum_{i=1}^{I} c_{ni} = 0, \quad \forall n = 1, \cdots, N+1 \\
\sum_{i=1}^{I} b_{0i} = 1, \quad \sum_{j=1}^{I} b_{ij} = 0, \quad \sum_{n=1}^{N+1} c_{ni} = 0, \quad \forall i = 1, \cdots, I
\end{cases}
\tag{5-6}
$$

由于第 n 个行业在总产值中的份额可以表示成总产值对其产品价格的弹性，可得

$$
s_{nt}^{*}(p_t A, V_t) = a_{0n} + \sum_{m=1}^{N+1} a_{nm} \ln(A_{mt} p_{mt}) + \sum_{i=1}^{I} c_{ni} \ln V_{it}, \quad \forall n = 1, \cdots, N+1 \tag{5-7}
$$

其中，a_{nm} 和 c_{ni} 分别为产出份额对技术水平和要素投入的偏效应，即 $\dfrac{\partial s_{nt}^{*}}{\partial \ln A_{mt}}$ 和 $\dfrac{\partial s_{nt}^{*}}{\partial \ln V_{it}}$。换句话说，对任意第 n 和 m 个行业以及第 i 种投入要素，我们可以通过构造第 n 个行业的产出份额对技术水平、价格指数和要素投入的回归函数来估计偏效应 [式（5-7）]，得到 a_{nm} 和 c_{ni} 的估计值。

我们假设技术水平与价格之积的对数形式是一个随机游走带漂移项的序列，即

$$
\begin{cases}
\ln(A_{1t} p_{1t}) = \delta + \gamma t + \varsigma_t \\
\varsigma_t = \varsigma_{t-1} + \mu_t, \quad \mu_t \sim N(0, \sigma^2)
\end{cases}
\tag{5-8}
$$

然后，通过分离出部门的数据，式（5-7）变为

$$
\begin{aligned}
s_{nt}^{*}(p_t A_t, V_t) = a_{0n} + a_{n1}(\delta + \gamma t + \varsigma_t) + \sum_{m=2}^{N+1} a_{nm} \ln(A_{mt} p_{mt}) + \sum_{i=1}^{I} c_{ni} \ln V_{it}, \\
\forall n = 1, \cdots, N+1
\end{aligned}
\tag{5-9}
$$

做一阶差分得到

$$
\begin{aligned}
\mathrm{d} s_{nt}^{*}(p_t A_t, V_t) &= a_{n1}(\gamma + \mu_t) + \sum_{m=2}^{N+1} a_{nm}(\hat{A}_{mt} + \hat{p}_{mt}) + \sum_{i=1}^{I} c_{ni} \hat{V}_{it} \\
&= a_n + \sum_{m=2}^{N+1} a_{nm}(\hat{A}_{mt} + \hat{p}_{mt}) + \sum_{i=1}^{I} c_{ni} \hat{V}_{it} + \mu_{nt}, \\
&\forall n = 1, \cdots, N+1
\end{aligned}
\tag{5-10}
$$

其中，$a_n = a_{n1}\gamma$，$\mu_{nt} = a_{n1}\mu_t$，变量 $\hat{A}_{mt}$、$\hat{p}_{mt}$、$\hat{V}_{it}$ 分别为变量 A_{mt}、p_{mt}、V_{it} 的增长率。方程（5-10）表明：对任意第 n 和 m 个行业以及第 i 种投入要素，第 n 个行业产出占总产出份额的变化与其余行业的技术进步率 $\hat{A}_{mt}$、价格变化率 $\hat{p}_{mt}$ 和要素增长率 $\hat{V}_{it}$ 有关。

5.2.2 行业增长的动力来源实证结果与分析

中国各行业表现各有差异。例如，由表 5-1 可知，产出增长率平均增长最快的是水电热业，最慢的为农业；资本增长率平均增长最快的是制造业，最慢的是金融业；劳动增长率平均增长最快的是建筑业，最慢的是农业。因此，有必要弄清楚各行业增长的动力来源是什么，这对于研究中国经济动能转换具有十分重要的现实意义。

表 5-1　各行业数据描述性分析

指标	项目	农业	采矿业	制造业	水电热业	建筑业	交通运输业	批发零售业	金融业
产出增长率	1996 年	0.051	0.121	0.125	0.125	0.085	0.110	0.076	0.079
	2015 年	0.040	0.060	0.060	0.077	0.068	0.046	0.061	0.159
	平均值	0.040	0.102	0.104	0.116	0.103	0.090	0.112	0.105
产出份额	1996 年	0.198	0.040	0.345	0.022	0.061	0.053	0.078	0.052
	2015 年	0.072	0.046	0.397	0.025	0.069	0.047	0.102	0.066
	平均值	0.123	0.045	0.384	0.024	0.060	0.053	0.085	0.053
产出份额变化	1996 年	−0.043	0.025	0.025	0.025	−0.012	0.011	−0.020	−0.017
	2015 年	−0.027	−0.008	−0.008	−0.008	0.000	−0.021	−0.007	0.085
	平均值	−0.049	0.007	0.007	0.007	0.007	−0.006	0.014	0.012
资本增长率	1996 年	0.196	0.177	0.235	0.160	0.193	0.171	0.230	0.166
	2015 年	0.233	0.076	0.163	0.146	0.147	0.153	0.248	0.174
	平均值	0.182	0.161	0.211	0.153	0.163	0.160	0.207	0.124
劳动增长率	1996 年	−0.057	−0.032	−0.027	0.058	−0.019	0.006	−0.014	0.056
	2015 年	−0.051	−0.085	−0.033	−0.019	−0.043	−0.008	−0.006	0.072
	平均值	−0.044	−0.024	0.000	0.022	0.056	0.003	−0.029	0.040
TFP 增长率	1996 年	−0.036	0.039	0.003	0.009	−0.016	0.011	−0.048	−0.039
	2015 年	−0.070	0.053	−0.018	−0.015	0.003	−0.037	−0.077	0.029
	平均值	−0.044	0.021	−0.018	0.005	−0.015	−0.004	0.005	0.020

1. 各行业 TFP 增长率的演变

各行业要素投入在很大程度上影响了行业的 TFP 增长率。中国经济进入新常态，人均收入水平达到中等偏上阶段，人口红利开始消失，人口抚养比提高，老龄化加快，要素红利已消耗殆尽，原有的增长模式已不可持续。追求 TFP 驱动的增长模式成为未来经济发展的重要任务之一。

　　依据计算，我们得到了 1996～2015 年十大行业的 TFP 增长率（图 5-2）。基本结论如下。第一，十大行业 TFP 增长率并不高。其中，增速最快的为采矿业（TFP 平均增长率为 2.1%），这与中国之前粗放型发展模式有很大的关系；增速最慢的为房地产业（TFP 平均增长率为–8.8%），这可能与该行业发展特征有关，其发展主要依赖于资本投入。TFP 平均增长率为负数的还有：农业为–4.4%、制造业为–1.8%、建筑业为–1.5%、交通运输业为–0.4%、其他服务业为–0.01%。第二，行业 TFP 增长率变化分为三个阶段。提升期（1996～2007 年）：这一时期我国的改革开放进程正处在快车道，期间还加入了世界贸易组织，沿海城市稳步发展、生产率迅速提高。下降期（2008～2013 年）：美国次贷危机后，我国出口受到抑制，贸易保护主义抬头，技术输出受阻，全球经济复苏乏力背景下即使实施产业振兴并加大资本投入，TFP 的增长仍然是乏力的。复苏期（2014 年及之后）：开始强调质量型增长，TFP 开始有所上升。

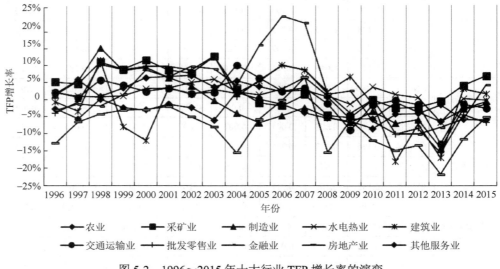

图 5-2　1996～2015 年十大行业 TFP 增长率的演变

2. 近似不相关回归结果与产出弹性

　　近似不相关回归（seemingly unrelated regression，SUR）可以克服方程误差项之间存在相关性的问题。式（5-11）列出了 10 个需要估计的方程与 54 个约束条件。利用 Breusch-Pagan LM（Lagrange multiplier，拉格朗日乘子）检验，发现结果强烈拒绝无同期相关的原假设，故 SUR 比 OLS 的单一方程更有效率。从表 5-2 中可看出，各行业之间相互影响，产出份额对自身 TFP 的弹性大部分是显著的。

$$ds_{nt}^{*}(A_t, V_t) = a_n + \sum_{k=1}^{10} a_{nk} \hat{A}_{kt} + \sum_{m=1}^{2} c_{nm} \hat{v}_{mt} + \mu_{nt}, \quad \forall n = 1, \cdots, N$$

$$\text{s.t. } a_{nk} = a_{kn}, \sum_{k=1}^{10} a_{nk} = 0, \sum_{m=1}^{2} c_{nm} = 0, \sum_{n=1}^{10} c_{nm} = 0 \tag{5-11}$$

表 5-2　SUR 结果（各行业产出份额对自身 TFP 及要素投入的弹性）

项目	农业	采矿业	建筑业	水电热业	制造业	交通运输业	批发零售业	金融业
农业 TFP	0.268*** (0.048)	−0.086*** (0.027)	0.120*** (0.040)	−0.094*** (0.032)	−0.097*** (0.024)	0.077** (0.034)	−0.028 (0.045)	−0.054 (0.039)
采矿业 TFP	−0.086*** (0.027)	0.184*** (0.032)	−0.056* (0.030)	0.079*** (0.028)	0.087*** (0.023)	−0.003 (0.029)	−0.109*** (0.033)	−0.152*** (0.027)
制造业 TFP	−0.097*** (0.024)	0.087*** (0.023)	−0.108*** (0.026)	0.196*** (0.034)	0.210*** (0.033)	−0.074*** (0.024)	−0.088*** (0.026)	−0.122*** (0.022)
水电热业 TFP	−0.094*** (0.032)	0.079*** (0.028)	−0.143*** (0.033)	0.273*** (0.047)	0.196*** (0.034)	−0.107*** (0.030)	−0.080** (0.035)	−0.102*** (0.028)
建筑业 TFP	0.120*** (0.040)	−0.056* (0.030)	0.595*** (0.093)	−0.143*** (0.033)	−0.108*** (0.026)	−0.227*** (0.047)	−0.035 (0.074)	−0.034 (0.057)
交通运输业 TFP	0.077** (0.034)	−0.003 (0.029)	−0.227*** (0.047)	−0.107*** (0.030)	−0.074*** (0.024)	0.570*** (0.049)	−0.040 (0.049)	−0.140*** (0.039)
批发零售业 TFP	−0.028 (0.045)	−0.109*** (0.033)	−0.035 (0.074)	−0.080** (0.035)	−0.088*** (0.026)	−0.040 (0.049)	0.613*** (0.110)	0.016 (0.060)
金融业 TFP	−0.054 (0.039)	−0.152*** (0.027)	−0.034 (0.057)	−0.102*** (0.028)	−0.122*** (0.022)	−0.140*** (0.039)	0.016 (0.060)	0.811*** (0.063)
房地产业 TFP	−0.153*** (0.047)	0.131*** (0.036)	0.043 (0.081)	0.063* (0.036)	0.084*** (0.029)	0.104* (0.055)	−0.167* (0.094)	−0.082 (0.069)
其他服务业 TFP	0.047 (0.031)	−0.076*** (0.025)	−0.155*** (0.036)	−0.085*** (0.028)	−0.089*** (0.024)	−0.161*** (0.031)	−0.083** (0.039)	−0.140*** (0.031)
资本	0.035 (0.035)	−0.040 (0.029)	−0.254*** (0.071)	0.025 (0.032)	−0.018 (0.026)	0.057 (0.045)	−0.230*** (0.066)	0.267*** (0.056)
劳动	−0.035 (0.035)	0.040 (0.029)	0.254*** (0.071)	−0.025 (0.032)	0.018 (0.026)	−0.057 (0.045)	0.230*** (0.066)	−0.267*** (0.056)

注：括号中的数值为标准误

*、**、***分别表示 90%、95%、99%的显著性水平

　　各行业 TFP 产出弹性与要素产出弹性结果如表 5-3 所示，可以得到如下结论。①大部分行业之间存在广泛的 TFP 溢出现象。产业间技术溢出的原因在于产业融合、生产要素的流动、知识与科学技术的传播分享、区域间的科研合作等。②产业增长的主要动力还在于自身效率的提升。大部分行业自身 TFP 驱动比其他行业 TFP 溢出更为敏感（自身 TFP 产出弹性超过其余的交叉 TFP 产出弹性）。③资本和劳动要素对行业增长发挥了关键作用。

表 5-3　各行业 TFP 产出弹性与要素产出弹性（1995～2015 年平均值）

项目	农业	采矿业	制造业	水电热业	建筑业	交通运输业	批发零售业	金融业
农业 TFP	1.296*** (0.389)	−0.799 (0.603)	−0.029 (0.062)	−3.771** (1.325)	0.132 (0.669)	1.574** (0.640)	−0.207 (0.530)	−0.900 (0.739)
采矿业 TFP	−0.652*** (0.218)	4.159*** (0.715)	0.271*** (0.059)	3.318** (1.160)	−0.189 (0.502)	−0.012* (0.546)	−0.240 (0.388)	−1.836*** (0.511)
制造业 TFP	0.402** (0.194)	2.329*** (0.514)	0.931*** (0.085)	8.505*** (1.408)	1.424*** (0.435)	4.010*** (0.452)	−0.653** (0.306)	−1.928*** (0.416)
水电热业 TFP	−0.738** (0.259)	1.790*** (0.626)	0.535*** (0.088)	11.335*** (1.947)	−2.370*** (0.552)	−1.992*** (0.565)	−0.919** (0.412)	−1.909*** (0.530)
建筑业 TFP	−1.032*** (0.324)	−1.192 (0.771)	−0.222*** (0.067)	−5.865*** (1.367)	10.020*** (1.556)	−4.217*** (0.885)	−0.353 (0.872)	−0.585 (1.080)
交通运输业 TFP	0.677** (0.275)	0.014 (0.648)	0.140** (0.062)	−4.380*** (1.242)	−1.747 (1.786)	10.793*** (0.923)	1.418** (0.577)	−0.600 (0.739)
批发零售业 TFP	−0.142 (0.364)	−2.352*** (0.737)	−0.144** (0.067)	−3.230** (1.450)	−0.501 (1.238)	−0.669 (0.923)	7.309*** (1.296)	0.388 (1.137)
金融业 TFP	0.385 (0.316)	3.346*** (0.603)	0.265*** (0.057)	−4.173*** (1.160)	−0.516 (0.954)	2.585*** (0.734)	0.241 (0.707)	15.424*** (1.194)
房地产业 TFP	−0.594 (0.380)	−2.963*** (0.804)	−0.253*** (0.075)	2.645* (1.491)	3.754*** (0.355)	−1.994* (1.036)	−1.934* (1.107)	5.520*** (0.307)
其他服务业 TFP	0.520** (0.251)	−1.560** (0.558)	−0.093 (0.062)	−3.383*** (1.160)	−0.456 (0.602)	2.894*** (0.584)	−0.839* (0.459)	2.514*** (0.587)
资本	1.317** (0.638)	0.852* (0.468)	0.391*** (0.109)	1.130*** (0.340)	4.240*** (1.056)	1.233*** (0.282)	2.688** (0.976)	5.064*** (1.491)
劳动	−1.248** (0.568)	−0.941** (0.461)	0.340*** (0.088)	1.012** (0.358)	4.343*** (0.783)	1.021** (0.451)	−2.778** (0.977)	5.031** (1.883)

注：括号中的数值为标准误

*、**和***分别表示 90%、95%和 99%的显著性水平

3. 各行业经济增长的动力来源分析

从表 5-4 中可以看出，农业主要是依靠要素驱动（占 77.03%），其中资本驱动贡献达到 62.77%，劳动驱动贡献达到 14.26%。TFP 总体贡献达到 22.97%，其中自身贡献达到 14.96%，溢出效应贡献为 8.01%。从溢出效应看，制造业、交通运输业与其他服务业对农业的影响较大，并且为正向溢出。制造业提供农机的改进、育种技术的提高以及设备应用，极大地促进了农业发展；提高交通运输业的生产率能够促进农产品的市场流通，冷链物流的创新能够实现异地销售生鲜农产品，从而进一步提高农产品的销售收入。此外，采矿业、水电热业以及建筑业对农业产生负向溢出效应。采矿业侵占大量土地，对农民生计有一定的消极影响，尤其是在自然资源和人力资本上，采矿业破坏了当地的生态环境，对农民身体健康构成一定的威胁。水电热业属于能源消耗产业，对农业具有抑制作用。建筑业

发展十分迅速，吸纳了许多农村剩余劳动力，减少了农业生产的劳动力，对农业生产造成了一定的冲击。批发零售业、金融业和房地产业对农业的影响不大。农业对其他行业的影响均不是十分明显。

表 5-4　各行业经济增长的动力来源与 TFP 的溢出

动力来源		农业	采矿业	制造业	水电热业	建筑业	交通运输业	批发零售业	金融业	其他服务业
TFP 总体贡献		22.97%	38.29%	25.99%	21.93%	17.49%	21.09%	7.77%	29.62%	15.45%
自身贡献		14.96%	33.54%	13.82%	24.13%	13.67%	16.67%	12.96%	25.69%	13.91%
溢出效应		8.01%	4.76%	12.17%	−2.20%	3.83%	4.42%	−5.19%	3.93%	1.54%
TFP 贡献	农业	14.96%	—	—	−0.80%	—	2.43%	—	—	—
	采矿业	−0.75%	33.54%	4.03%	0.71%	—	—	—	−3.06%	—
	制造业	4.65%	18.78%	13.82%	1.81%	1.94%	6.19%	−1.16%	−3.21%	—
	水电热业	−8.52%	14.44%	7.94%	24.13%	−3.23%	−3.08%	−1.63%	−3.18%	−1.75%
	建筑业	−1.19%	—	−3.29%	−1.25%	13.67%	−6.51%	—	—	—
	交通运输业	7.82%	—	2.07%	−0.93%	—	16.67%	2.51%	—	3.29%
	批发零售业	—	−18.97%	−2.14%	−0.69%	—	—	12.96%	—	—
	金融业	—	26.98%	3.93%	−0.89%	—	3.99%	—	25.69%	—
	房地产业	—	−23.90%	−0.38%	0.56%	5.12%	−3.08%	−3.43%	9.19%	—
	其他服务业	6.01%	−12.58%	—	−0.72%	—	4.47%	−1.49%	4.19%	13.91%
要素贡献		77.03%	61.71%	74.01%	78.07%	82.51%	78.91%	92.23%	70.38%	84.55%
资本		62.77%	53.03%	67.69%	69.00%	61.00%	69.18%	60.90%	53.19%	61.45%
劳动		14.26%	8.68%	6.32%	9.07%	21.51%	9.73%	31.33%	17.19%	23.10%
合计		100%	100%	100%	100%	100%	100%	100%	100%	100%

注：表中显著性沿用表 5-3 的弹性数据；溢出效应 = TFP 总体贡献−自身贡献；本表数据经过舍入修约，加总不全为 100%

对于第二产业来说，采矿业主要依靠要素投入（占 61.71%），其中资本贡献达到 53.03%，劳动贡献达到 8.68%，TFP 总体贡献为 38.29%，其中自身贡献为 33.54%，溢出效应为 4.76%。批发零售业、房地产业与其他服务业对采矿业均有负向影响，这说明大部分服务业行业对采矿业具有抑制作用，这可能是因为工业与服务业之间没有相互协调发展。

再来看看制造业的情况，其主要依靠要素投入（要素贡献为 74.01%，其中资本贡献达到 67.69%，劳动贡献达到 6.32%），TFP 总体贡献为 25.99%（其中自身贡献为 13.82%，溢出效应为 12.17%）。交通运输业提高工业产品的运转效率以及存货流通速度，采矿业和水电热业为工业发展提供能源支持，而金融业为制造业企业提供资本保障，能够减缓企业的资金成本压力，提高制造业产值。采矿业、水电热业、交通运输业和金融业对中国制造业均有正向溢出贡献。然而，制造业有将近一半的 TFP 总体贡献是来自其他行业的溢出效应。因此，实施制造业创新驱动发展战略十分必要与紧迫。

水电热业主要依靠要素投入（要素贡献占 78.07%，其中资本贡献占 69.00%），TFP 总体贡献为 21.93%（其中自身贡献为 24.13%，溢出效应为−2.20%）。这些数据表明：水电热业是对经济发展具有全局性、先导性影响的基础行业，几乎和大部分行业关联；而农业、建筑业、交通运输业、金融业、批发零售业、其他服务业对其溢出效应为负，有点"拖累"其发展。

建筑业主要依靠要素投入（要素贡献占 82.51%，其中资本贡献占 61.00%，劳动贡献占 21.51%），TFP 总体贡献为 17.49%（其自身贡献为 13.67%，溢出效应为 3.83%）。制造业生产技术水平的提升能够更新建筑设备，房地产业生产率水平的提升能够促进楼市繁荣进而刺激建筑业的增长，制造业和房地产业对其具有正向溢出效应。现实中，中国建筑业和房地产业紧密发展，正是这一效应的集中体现。由于历史原因，建筑业与其他产业融合力度不够，大部分产业对其溢出影响不是特别明显。

下面简要分析一下第三产业。交通运输业的增长主要依靠要素投入（要素贡献占 78.91%），TFP 总体贡献为 21.09%，其自身贡献为 16.67%，溢出效应为 4.42%。其中，农业、制造业、金融业和其他服务业对其溢出效应为正。其他服务业生产率的提升能够进一步刺激交通运输业的发展。

批发零售业也主要依靠要素投入（要素贡献占 92.23%），其中资本贡献占 60.90%，劳动贡献占 31.33%。TFP 总体贡献为 7.77%，其自身贡献为 12.96%，溢出效应为−5.19%。总体溢出效应为负，说明目前中国批发零售业不具有"技术吸收"效应，反而具有"技术排斥"效应[①]。

金融业主要依靠要素投入（要素贡献占 70.38%），其中资本贡献占 53.19%，劳动贡献占 17.19%。TFP 总体贡献为 29.62%。金融业自身贡献比较大（占 25.69%），溢出效应不太明显，说明金融业的"技术吸收"效应比较低。房地产业与其他服务业对其具有正向溢出贡献，分别为 9.19% 和 4.19%。这是因为金融业与房地产业之间的融合度越来越深。

其他服务业主要依靠要素投入（要素贡献占 84.55%），其中资本贡献占 61.45%，劳动贡献占 23.10%。TFP 总体贡献为 15.45%，其自身贡献为 13.91%，溢出效应

---

① 此处"技术吸收"效应指的是其他相关行业对某一行业的 TFP 溢出的一种反应，并且这种反应为正；顾名思义，"技术排斥"效应指的是其他相关行业对某一行业的 TFP 溢出为负。

为 1.54%。总体来看，大部分行业对其溢出效应不太明显，服务业与其他行业的融合并没有得到充分体现。只有交通运输业对其具有正向溢出（3.29%），水电热业对其具有负向溢出（−1.75%）。

5.2.3　简要结论

1996～2015 年中国经济增长呈现的特征非常明显，资本贡献一直占主导地位，劳动贡献呈下降趋势，TFP 总体贡献水平较低。这说明，中国经济是由要素驱动的，所有行业均依靠资本要素驱动，劳动投入贡献与 TFP 贡献均比较低。人力资本和 TFP 还有很大的发展空间，未来经济增长必须挖掘这两方面的潜力。从行业增长动力看，溢出效应贡献分别为：农业（8.01%）、采矿业（4.76%）、制造业（12.17%）、水电热业（−2.20%）、建筑业（3.83%）、交通运输业（4.42%）、批发零售业（−5.19%）、金融业（3.93%）、其他服务业（1.54%）。其中制造业的溢出效应占比最大，"技术吸收"效应最强；批发零售业的溢出效应为负，具有"技术排斥"效应。

5.3　产业结构优化升级的动力来源及其贡献度测评：地区层面

2012 年以后，中国经济正从高速增长向中高速增长阶段转换，经济增长率整体呈下移态势。与此同时，区域增长不尽相同。整体而言，中国经济增长加速过程发生区域性转移，由东部沿海地区转向中西部地区。以 2014 年至 2016 年为例，在中西部地区中，如重庆、西藏、贵州的经济增速保持在 10% 以上，但也存在像山西等地区经济低迷，经济增长率出现断崖式下降的情形。本节分析各个省区市经济增长的动力来源。

5.3.1　中国主要行业数据描述性统计分析

总体来看，对于产出份额变化而言，工业和建筑业平均值为正，其余均为负。对于资本增长率而言，房地产业平均值最高，达到 0.261，金融业最低，平均值为 0.112。对于劳动增长率而言，房地产业平均值最高，为 0.114，农业和工业劳动增长率平均值为负，分别为−0.054 和−0.005（表 5-5）。对于 TFP 增长率而言，金融业平均值最高，其次是工业，最低是房地产业。由此可见，主要行业实际增长情况是不一样的，有必要深入探讨各行业增长的动力来源。

表 5-5　全国主要行业数据描述性统计分析

指标	项目	农业	工业	建筑业	交通运输业	金融业	房地产业	其他服务业
产出份额变化	最小值	−0.031 00	−0.020 00	−0.004 00	−0.005 00	−0.007 00	−0.002 00	−0.011 00
	最大值	0.010 00	0.034 00	0.010 00	0.005 00	0.007 00	0.002 00	0.012 00
	平均值	−0.008 00	0.007 00	0.001 00	−0.000 10	−0.000 03	−0.000 01	−0.000 10
	标准差	0.005 00	0.008 00	0.001 00	0.001 00	0.001 00	0.000 40	0.004 00
资本增长率	最小值	−0.053	−0.029	−0.133	0.014	−0.124	0.009	0.019
	最大值	0.539	0.612	4.036	0.660	2.719	1.189	0.367
	平均值	0.173	0.177	0.170	0.148	0.112	0.261	0.165
	标准差	0.093	0.088	0.328	0.072	0.204	0.118	0.064
劳动增长率	最小值	−0.599	−0.367	−0.366	−0.271	−0.141	−0.424	−0.217
	最大值	1.173	0.870	5.051	0.767	0.731	1.624	0.310
	平均值	−0.054	−0.005	0.065	0.006	0.041	0.114	0.014
	标准差	0.132	0.106	0.304	0.110	0.080	0.215	0.051
TFP 增长率	最小值	−0.542	−0.337	−2.240	−0.292	−1.529	−1.023	−0.127
	最大值	0.302	0.214	0.331	0.141	0.221	0.161	0.175
	平均值	−0.039	0.024	0.000	0.018	0.025	−0.093	0.005
	标准差	0.081	0.060	0.226	0.061	0.129	0.119	0.045

注：为了保证产出份额变化数值的正常显示，该指标数据特意保留了 5 位小数

5.3.2　三大区域主要行业经济增长的动力来源分析

方程（5-12）列出了 7 个需要估计的方程与 27 个约束条件，被解释变量为各行业产出份额的变化，解释变量为各行业在窗口期的 TFP 与要素增长率，μ_{nt} 为误差项。常数项 a_n 为行业固定效应，用于衡量每个行业中尚未被观察到的部分。通过前述计算方法，最终得出全国与三大区域各行业 TFP 与要素占总产出的贡献度。

$$\mathrm{ds}_{nt}^{*}(A_t,V_t) = a_n + \sum_{k=1}^{7} a_{nk}\hat{A}_{kt} + \sum_{m=1}^{2} c_{nm}\hat{v}_{mt} + \mu_{nt}, \quad \forall n = 1,\cdots,N$$

（5-12）

$$\text{s.t. } a_{nk} = a_{kn}, \sum_{k=1}^{7} a_{nk} = 0, \sum_{m=1}^{2} c_{nm} = 0, \sum_{m=1}^{7} c_{nm} = 0$$

中国三大区域主要行业经济增长的动力来源如表 5-6～表 5-8 所示[①]。另外，我们利用 Breusch-Pagan LM 检验，发现结果强烈拒绝无同期相关的原假设，故 SUR 比 OLS 的单一方程更有效率。SUR 可以克服各方程误差项之间存在相关性的问题。

---

① 鉴于篇幅限制，只报告最终结果，SUR 结果以及弹性计算结果，如需要了解，可向作者索取。

由表 5-6～表 5-8 可以看出，中国经济总体上依靠资本要素投入驱动，劳动要素与 TFP 只占其中很小一部分。东部地区除工业外，其余行业均依靠资本要素投入驱动，而中西部地区主要行业均依靠资本要素投入驱动。

表 5-6　中国东部主要行业经济增长的动力来源（1997～2015 年）

动力来源		农业	工业	建筑业	交通运输业	金融业	其他服务业
TFP 总体贡献		27.22%	53.07%	25.38%	30.56%	19.81%	21.19%
自身贡献		11.23%	22.66%	13.21%	11.17%	11.27%	13.06%
溢出效应		15.99%	30.42%	12.17%	19.38%	8.55%	8.13%
TFP 贡献	农业	11.23%	2.08%	/	−4.69%	−2.04%	/
	工业	5.90%	22.66%	8.73%	2.30%	−2.43%	/
	建筑业	/	5.13%	13.21%	/	−3.25%	−1.67%
	交通运输业	5.03%	13.56%	−3.00%	11.17%	4.70%	5.09%
	金融业	5.07%	12.99%	/	11.26%	11.27%	5.71%
	房地产业	/	−3.35%	8.14%	−2.56%	5.45%	−0.99%
	其他服务业	/	/	−1.69%	13.08%	6.12%	13.06%
要素贡献		72.78%	46.93%	74.62%	69.44%	80.19%	78.81%
资本		51.89%	35.99%	41.95%	63.30%	56.30%	66.56%
劳动		20.89%	10.94%	32.68%	6.15%	23.89%	12.24%
合计		100%	100%	100%	100%	100%	100%

注："/" 为弹性系数不显著的结果，代表其他行业对本行业溢出影响很小，可忽略不计；表中数据经过舍入修约

表 5-7　中国中部主要行业经济增长的动力来源（1997～2015 年）

动力来源		农业	工业	建筑业	交通运输业	金融业	其他服务业
TFP 总体贡献		29.90%	49.83%	13.98%	20.37%	22.14%	20.47%
自身贡献		22.57%	27.56%	7.90%	5.45%	12.08%	15.96%
溢出效应		7.33%	22.27%	6.08%	14.92%	10.06%	4.50%
TFP 贡献	农业	22.57%	2.87%	−1.63%	−2.31%	/	/
	工业	4.54%	27.56%	11.54%	7.03%	−6.66%	/
	建筑业	−2.30%	10.30%	7.90%	−3.59%	−5.96%	−3.38%
	交通运输业	2.32%	4.45%	−1.15%	5.45%	10.61%	4.10%
	金融业	2.77%	4.93%	−1.12%	6.18%	12.08%	3.78%
	房地产业	/	−0.27%	2.89%	/	/	/
	其他服务业	/	/	−4.46%	7.62%	12.07%	15.96%

动力来源	农业	工业	建筑业	交通运输业	金融业	其他服务业
要素贡献	70.10%	50.17%	86.02%	79.63%	77.86%	79.53%
资本	58.60%	34.36%	61.85%	74.59%	61.00%	58.88%
劳动	11.49%	15.81%	24.16%	5.05%	16.86%	20.65%
合计	100%	100%	100%	100%	100%	100%

注："/"为弹性系数不显著的结果，代表其他行业对本行业溢出影响很小，可忽略不计；表中数据经过舍入修约

表 5-8　中国西部主要行业经济增长的动力来源（1997～2015 年）

动力来源		农业	工业	建筑业	交通运输业	金融业	其他服务业
TFP 总体贡献		20.29%	17.24%	2.74%	4.51%	17.86%	5.13%
自身贡献		17.37%	10.70%	3.14%	2.45%	16.05%	4.30%
溢出效应		2.91%	6.55%	−0.40%	2.07%	1.80%	0.83%
TFP 贡献	农业	17.37%	/	/	/	/	/
	工业	6.99%	10.70%	2.17%	1.30%	/	−0.55%
	建筑业	−4.08%	4.29%	3.14%	−0.70%	−1.38%	−0.62%
	交通运输业	/	1.37%	−1.23%	2.45%	1.34%	0.92%
	金融业	/	1.95%	−1.59%	1.46%	16.05%	1.08%
	房地产业	/	/	0.26%	/	/	/
	其他服务业	/	−1.06%	/	/	1.84%	4.30%
要素贡献		79.71%	82.76%	97.26%	95.49%	82.14%	94.87%
资本		66.70%	79.95%	66.96%	91.56%	56.88%	64.22%
劳动		13.02%	2.81%	30.29%	3.93%	25.26%	30.65%
合计		100%	100%	100%	100%	100%	100%

注："/"为弹性系数不显著的结果，代表其他行业对本行业溢出影响很小，可忽略不计；表中数据经过舍入修约

1. 东部主要行业经济增长的动力来源

如表 5-6 所示，大部分行业均依靠要素投入，其中主要基于资本要素投入驱动。

（1）农业主要依靠要素投入驱动（占比 72.78%），其中资本投入占比 51.89%，劳动投入占比 20.89%。TFP 总体贡献占比 27.22%，自身贡献占比 11.23%，溢出效应占比 15.99%。溢出效应大于自身贡献，这说明东部地区农业"技术吸收"效应强。其中工业、交通运输业和金融业对其具有正向的溢出效应。此外，工业在

其他行业 TFP 溢出的贡献下主要依靠 TFP 驱动，TFP 总体贡献占比 53.07%，其中自身贡献占比只有 22.66%，溢出效应为 30.42%，"技术吸收"效应非常强。

（2）建筑业主要依靠要素投入驱动，要素贡献占比 74.62%，TFP 总体贡献占比 25.38%，自身贡献占比 13.21%，溢出效应占比 12.17%。其中，工业与房地产业对其具有正向溢出，交通运输业和其他服务业对其具有负向溢出。

（3）交通运输业主要依靠要素投入驱动，要素贡献占比 69.44%，其中资本投入占比 63.30%，劳动投入占比 6.15%。TFP 总体贡献占比 30.56%，自身贡献占比 11.17%，溢出效应占比 19.38%。溢出效应大于自身贡献，这说明东部地区交通运输业"技术吸收"效应强。

（4）金融业主要依靠要素投入驱动，要素贡献占比 80.19%，其中资本投入占比 56.30%，劳动投入占比 23.89%。TFP 总体贡献占比 19.81%，自身贡献占比 11.27%，溢出效应占比 8.55%。其中，第三产业均对其具有正向溢出，第一产业和第二产业对其具有负向溢出。

（5）其他服务业主要依靠要素投入驱动，要素贡献占比 78.81%，其中资本投入占比 66.56%，劳动投入占比 12.24%。TFP 总体贡献占比 21.19%，自身贡献占比 13.06%，溢出效应占比 8.13%。其中，交通运输业和金融业对其具有正向溢出，建筑业和房地产业对其具有负向溢出，农业与工业对其溢出的影响忽略不计。

农业、建筑业、交通运输业、金融业与其他服务业均依靠资本要素投入，且行业间的影响十分明显，溢出效应较大。各行业借助 TFP 的溢出效应相互影响，其影响有正有负，负向影响可能与行业间生产要素错配有关联。

2. 中部主要行业经济增长的动力来源

如表 5-7 所示，中部所有行业均依靠要素投入驱动，其中主要基于资本要素投入驱动。

（1）农业主要依靠要素投入驱动，要素贡献占比 70.10%，其中资本投入占比 58.60%，劳动投入占比 11.49%。TFP 总体贡献占比 29.90%，自身贡献占比 22.57%，溢出效应占比 7.33%。其中，工业、交通运输业和金融业对其具有正向溢出，建筑业对农业有负向溢出，这与全国类似。

（2）工业主要依靠要素投入驱动，要素贡献占比 50.17%，其中资本投入占比 34.36%，劳动投入占比 15.81%。TFP 总体贡献占比 49.83%，自身贡献占比 27.56%，溢出效应占比 22.27%。其中，农业、建筑业、交通运输业和金融业对其有正向溢出，而房地产业对工业有消极影响，这与东部结果一致。

（3）建筑业主要依靠要素投入驱动，要素贡献占比 86.02%，其中资本投入占比 61.85%，劳动投入占比 24.16%。TFP 总体贡献占比 13.98%，自身贡献占比

7.90%，溢出效应占比 6.08%。其中，农业、交通运输业、金融业和其他服务业对其具有负向溢出，工业对其具有显著的正向促进作用。

（4）交通运输业主要依靠要素投入驱动，要素贡献占比 79.63%，其中资本投入占比 74.59%，劳动投入占比 5.05%。TFP 总体贡献占比 20.37%，自身贡献占比 5.45%，溢出效应占比 14.92%。溢出效应超过了自身贡献，可见交通运输业"技术吸收"效应较强，工业、金融业与其他服务业对其正向溢出明显。

（5）金融业主要依靠要素投入驱动，要素贡献占比 77.86%，其中资本投入占比 61.00%，劳动投入占比 16.86%。TFP 总体贡献占比 22.14%，自身贡献占比 12.08%，溢出效应占比 10.06%。其中，第二产业对金融业具有负向溢出，而第三产业对其具有正向溢出，这说明实体经济与虚拟经济之间的协调度不够，这与全国样本一致。

（6）其他服务业主要依靠要素投入驱动，要素贡献占比 79.53%，其中资本投入占比 58.88%，劳动投入占比 20.65%。TFP 总体贡献占比 20.47%，自身贡献占比 15.96%，溢出效应占比 4.50%。

3. 西部主要行业经济增长的动力来源

与中部一样，西部所有行业均依靠要素投入，其中主要基于资本要素投入驱动（表5-8）。

（1）农业主要依靠要素投入驱动，要素贡献占比 79.71%，其中资本投入占比 66.70%，劳动投入占比 13.02%。TFP 总体贡献占比 20.29%，自身贡献占比 17.37%，溢出效应占比 2.91%。其中，只有工业和建筑业对其有影响，溢出效应占比分别为 6.99%与−4.08%。其他行业对其影响不大，可见行业间融合程度不够。

（2）工业主要依靠要素投入驱动，要素贡献占比 82.76%，其中资本投入占比 79.95%，劳动投入占比 2.81%。TFP 总体贡献占比 17.24%，自身贡献占比 10.70%，溢出效应占比 6.55%。西部工业劳动投入贡献偏低，并且自身 TFP 贡献也偏低，主要依赖于资本投入驱动。

（3）建筑业主要依靠要素投入驱动，要素贡献占比 97.26%，其中资本投入占比 66.96%，劳动投入占比 30.29%。TFP 总体贡献占比 2.74%，自身贡献占比 3.14%，溢出效应占比−0.40%。建筑业 TFP 总体贡献并不是十分乐观，并且溢出效应为负，具有"技术排斥"效应。

（4）交通运输业主要依靠要素投入驱动，要素贡献占比 95.49%，其中资本投入占比 91.56%，劳动投入占比 3.93%。TFP 总体贡献占比 4.51%，自身贡献占比 2.45%，溢出效应占比 2.07%。交通运输业劳动投入占比与 TFP 总体贡献均较低，资本投入驱动几乎成为动力来源的全部，并且溢出效应较弱。

（5）金融业主要依靠要素投入驱动，要素贡献占比 82.14%，其中资本投入占比 56.88%，劳动投入占比 25.26%。TFP 总体贡献占比 17.86%，自身贡献占比 16.05%，溢出效应占比 1.80%。说明金融业"技术吸收"效应不强。

（6）其他服务业主要依靠要素投入驱动，要素贡献占比 94.87%，其中资本投入占比 64.22%，劳动投入占比 30.65%。TFP 总体贡献占比 5.13%，自身贡献占比 4.30%，溢出效应占比 0.83%。其中，第二产业（工业与建筑业）对其具有负向溢出，而大部分第三产业对其具有正向溢出，但是总体溢出效应并不明显，"技术吸收"效应不强。

4. 总体分析

从溢出效应来看，中国东部、中部地区行业溢出效应均为正，而西部地区有正有负。从溢出规模来看，东部地区溢出效应明显，中西部次之。可见中国东部地区"技术吸收"效应较强，并且对中西部的经济具有辐射作用，而西部地区"技术吸收"效应较弱，行业之间融合度不够，行业间带动能力不足，溢出效应也不够明显。

除东部地区的工业外，其余地区所有产业均依靠资本要素投入驱动。可见改革开放以来，我国行业增长大部分依赖于资本投入，缺少内生增长动力。近些年来随着中国资本回报率下降，行业增长速度降低在所难免。西部地区 TFP 自身贡献比较低，这可能与技术水平落后有关。

东中部地区农业与其他行业关联密切，西部地区则稍显不足。交通运输业对大部分行业均具有促进作用，改善交通设施不仅能够带动经济增长，更能提高市场运转的效率，促进其他行业的发展。金融业对大部分行业均有促进作用。房地产业对部分行业有抑制作用，但对建筑业具有促进作用，尤其是东部地区，这种影响更为明显，中西部较轻。其他服务业的劳动投入占比呈现东中西地区差异，西部比重较大，其次是中部，再次是东部，这可能是因为发达城市劳动力成本较高，因此更多依赖资本投入驱动。

综上所述，东部地区转型升级取得进展但压力仍大，中西部地区面临"赶"与"转"的双重压力，经济增长南北分化态势趋于明显。

5.3.3 各省区市主要行业经济增长动力来源分析

本节利用 SUR 方法对中国 30 个省区市的数据进行回归。利用 Breusch-Pagan LM 检验，发现所有结果强烈拒绝无同期相关的原假设（表 5-9）。可见，SUR 比 OLS 更有效率。对于全国各地区而言，行业经济增长动力的差异也十分明显，并且有区域特色（表 5-10 和表 5-11），下面具体看看分析结果。

表 5-9　全国各省区市 Breusch-Pagan LM 检验结果

省区市	Breusch-Pagan LM 检验	P 值	省区市	Breusch-Pagan LM 检验	P 值
北京	112.190***	0.000	河南	64.745***	0.000
天津	118.380***	0.000	湖北	116.798***	0.000
河北	96.046***	0.000	湖南	78.814***	0.000
山西	81.155***	0.000	广东	89.220***	0.000
内蒙古	82.508***	0.000	广西	79.804***	0.000
辽宁	93.072***	0.000	海南	98.009***	0.000
吉林	79.753***	0.000	重庆	56.384***	0.000
黑龙江	77.283***	0.000	四川	89.203***	0.000
上海	113.492***	0.000	贵州	80.046***	0.000
江苏	76.888***	0.000	云南	100.957***	0.000
浙江	139.637***	0.000	陕西	66.464***	0.000
安徽	81.857***	0.000	甘肃	83.155***	0.000
福建	83.057***	0.000	青海	69.060***	0.000
江西	75.420***	0.000	宁夏	81.616***	0.000
山东	100.539***	0.000	新疆	74.090***	0.000

***表示显著性水平为 1%

表 5-10　主要行业经济增长动力的地区分布

行业	主要依靠要素驱动的地区	主要依靠 TFP 驱动的地区
农业	天津、河北、内蒙古、山西、辽宁、吉林、黑龙江、山东、河南、浙江、江苏、安徽、福建、江西、湖北、湖南、广东、广西、重庆、四川、贵州、云南、陕西、甘肃、青海、宁夏、新疆	北京、上海、海南
工业	山西、内蒙古、河北、辽宁、吉林、黑龙江、安徽、福建、江西、山东、河南、湖北、湖南、广西、重庆、四川、贵州、云南、陕西、甘肃、青海、宁夏、新疆	北京、上海、天津、江苏、浙江、广东、海南
建筑业	全部地区	无
交通运输业	全部地区	无
金融业	天津、河北、内蒙古、山西、辽宁、吉林、黑龙江、山东、河南、浙江、安徽、福建、江西、湖北、湖南、广东、广西、海南、重庆、四川、贵州、云南、陕西、甘肃、青海、宁夏、新疆	北京、上海、江苏
其他服务业	北京、天津、上海、江苏、河北、山西、内蒙古、山东、河南、辽宁、吉林、黑龙江、安徽、福建、江西、湖北、湖南、广西、重庆、四川、贵州、云南、陕西、甘肃、青海、宁夏、新疆	广东、浙江、海南

表 5-11　中国各省区市主要行业经济增长动力测算（1997～2015 年）

地区	动力来源	农业	建筑业	工业	金融业	交通运输业	房地产业
北京	TFP 总体贡献	52.13%	32.80%	57.28%	51.98%	22.26%	37.69%
	自身贡献	25.87%	22.41%	29.12%	29.00%	12.75%	24.69%
	溢出效应	26.26%	10.38%	28.16%	22.98%	9.51%	13.01%
	要素贡献	47.87%	67.20%	42.72%	48.02%	77.74%	62.31%
	资本	30.97%	50.38%	22.65%	43.65%	75.58%	40.15%
	劳动	16.91%	16.83%	20.08%	4.37%	2.16%	22.16%
天津	TFP 总体贡献	27.65%	31.69%	59.92%	38.33%	36.85%	42.99%
	自身贡献	19.35%	15.09%	22.95%	27.73%	16.37%	17.95%
	溢出效应	8.30%	16.61%	36.97%	10.60%	20.48%	25.04%
	要素贡献	72.35%	68.31%	40.08%	61.67%	63.15%	57.01%
	资本	57.14%	42.58%	34.18%	49.59%	54.44%	56.39%
	劳动	15.21%	25.72%	5.89%	12.08%	8.71%	0.62%
河北	TFP 总体贡献	12.91%	16.80%	38.34%	23.33%	31.04%	16.81%
	自身贡献	10.73%	13.42%	37.21%	20.21%	24.38%	15.31%
	溢出效应	2.18%	3.38%	1.12%	3.12%	6.66%	1.50%
	要素贡献	87.09%	83.20%	61.66%	76.67%	68.96%	83.19%
	资本	63.59%	50.87%	29.82%	51.88%	64.28%	69.03%
	劳动	23.50%	32.33%	31.85%	24.78%	4.68%	14.17%
山西	TFP 总体贡献	31.61%	32.89%	28.74%	35.45%	21.73%	34.78%
	自身贡献	25.38%	28.52%	31.18%	29.84%	6.58%	27.32%
	溢出效应	6.23%	4.38%	−2.43%	5.61%	15.15%	7.47%
	要素贡献	68.39%	67.11%	71.26%	64.55%	78.27%	65.22%
	资本	51.60%	11.26%	43.53%	51.46%	74.91%	57.00%
	劳动	16.79%	55.85%	27.73%	13.09%	3.35%	8.22%
山东	TFP 总体贡献	29.97%	13.28%	44.68%	26.01%	25.04%	32.78%
	自身贡献	11.79%	7.01%	23.29%	13.96%	15.07%	20.26%
	溢出效应	18.18%	6.27%	21.39%	12.05%	9.97%	12.52%
	要素贡献	70.03%	86.72%	55.32%	73.99%	74.96%	67.22%
	资本	39.85%	52.70%	50.76%	57.93%	69.29%	51.79%
	劳动	30.19%	34.02%	4.57%	16.06%	5.67%	15.43%
辽宁	TFP 总体贡献	28.78%	12.93%	21.04%	7.55%	13.41%	30.48%
	自身贡献	18.50%	11.53%	16.15%	5.11%	11.86%	28.08%

续表

地区	动力来源	农业	建筑业	工业	金融业	交通运输业	房地产业
辽宁	溢出效应	10.28%	1.40%	4.89%	2.44%	1.55%	2.40%
	要素贡献	71.22%	87.07%	78.96%	92.45%	86.59%	69.52%
	资本	30.40%	72.50%	64.10%	80.02%	76.24%	57.23%
	劳动	40.82%	14.57%	14.86%	12.43%	10.35%	12.29%
吉林	TFP总体贡献	27.61%	29.53%	46.40%	13.29%	15.22%	23.70%
	自身贡献	19.11%	27.10%	24.94%	8.93%	12.84%	20.97%
	溢出效应	8.50%	2.43%	21.46%	4.36%	2.38%	2.73%
	要素贡献	72.39%	70.47%	53.60%	86.71%	84.78%	76.30%
	资本	38.28%	63.55%	20.02%	79.70%	75.98%	50.79%
	劳动	34.11%	6.92%	33.58%	7.01%	8.80%	25.51%
黑龙江	TFP总体贡献	31.43%	40.39%	16.70%	19.58%	33.19%	11.21%
	自身贡献	21.38%	31.00%	8.72%	4.41%	16.59%	10.38%
	溢出效应	10.05%	9.39%	7.98%	15.16%	16.59%	0.83%
	要素贡献	68.57%	59.61%	83.30%	80.42%	66.81%	88.79%
	资本	60.55%	54.96%	52.24%	63.19%	52.14%	84.65%
	劳动	8.02%	4.66%	31.06%	17.24%	14.67%	4.14%
内蒙古	TFP总体贡献	29.94%	13.05%	7.08%	13.18%	4.28%	9.29%
	自身贡献	28.34%	9.37%	7.31%	11.12%	2.49%	3.87%
	溢出效应	1.61%	3.67%	−0.24%	2.05%	1.79%	5.42%
	要素贡献	70.06%	86.95%	92.92%	86.82%	95.72%	90.71%
	资本	66.44%	84.04%	75.17%	76.98%	81.64%	85.64%
	劳动	3.61%	2.91%	17.75%	9.84%	14.08%	5.07%
上海	TFP总体贡献	53.12%	48.61%	55.70%	56.72%	31.80%	44.73%
	自身贡献	23.30%	18.68%	29.90%	27.88%	12.19%	29.84%
	溢出效应	29.82%	29.94%	25.81%	28.84%	19.61%	14.89%
	要素贡献	46.88%	51.39%	44.30%	43.28%	68.20%	55.27%
	资本	38.15%	32.10%	37.81%	40.25%	46.98%	42.88%
	劳动	8.73%	19.28%	6.49%	3.03%	21.22%	12.39%
浙江	TFP总体贡献	15.82%	37.36%	56.72%	31.65%	40.79%	51.00%
	自身贡献	3.57%	21.02%	29.81%	21.14%	14.31%	25.44%
	溢出效应	12.25%	16.34%	26.90%	10.52%	26.48%	25.56%
	要素贡献	84.18%	62.64%	43.28%	68.35%	59.21%	49.00%

续表

地区	动力来源	农业	建筑业	工业	金融业	交通运输业	房地产业
浙江	资本	38.43%	41.96%	31.11%	49.24%	55.23%	47.48%
	劳动	45.75%	20.68%	12.17%	19.11%	3.98%	1.52%
江苏	TFP 总体贡献	23.94%	44.01%	57.73%	50.04%	38.87%	24.35%
	自身贡献	15.52%	17.60%	24.55%	28.23%	18.37%	16.58%
	溢出效应	8.42%	26.40%	33.18%	21.81%	20.50%	7.77%
	要素贡献	76.06%	55.99%	42.27%	49.96%	61.13%	75.65%
	资本	41.15%	33.52%	31.65%	40.70%	55.24%	60.44%
	劳动	34.91%	22.47%	10.62%	9.26%	5.89%	15.21%
福建	TFP 总体贡献	27.46%	7.09%	34.41%	3.61%	17.19%	23.27%
	自身贡献	18.48%	2.09%	22.41%	1.99%	7.02%	11.02%
	溢出效应	8.99%	5.00%	12.00%	1.61%	10.17%	12.25%
	要素贡献	72.54%	92.91%	65.59%	96.39%	82.81%	76.73%
	资本	57.81%	72.63%	31.89%	71.60%	71.60%	71.18%
	劳动	14.72%	20.28%	33.70%	24.80%	11.20%	5.55%
安徽	TFP 总体贡献	12.33%	14.85%	39.54%	9.49%	13.12%	33.28%
	自身贡献	10.56%	10.49%	19.86%	4.75%	6.72%	20.26%
	溢出效应	1.77%	4.37%	19.68%	4.75%	6.40%	13.02%
	要素贡献	87.67%	85.15%	60.46%	90.51%	86.88%	66.72%
	资本	61.96%	59.81%	52.57%	73.13%	82.18%	49.21%
	劳动	25.71%	25.33%	7.90%	17.38%	4.71%	17.51%
河南	TFP 总体贡献	7.76%	16.19%	15.48%	18.39%	19.24%	13.43
	自身贡献	6.63%	10.96%	11.32%	13.05%	8.42%	9.90%
	溢出效应	1.13%	5.23%	4.17%	5.34%	10.82%	3.53%
	要素贡献	92.24%	83.81%	84.52%	81.61%	80.76%	86.57%
	资本	65.06%	29.72%	66.96%	72.89%	76.75%	64.01%
	劳动	27.17%	54.10%	17.56%	8.72%	4.01%	22.56%
湖北	TFP 总体贡献	19.39%	14.35%	41.78%	16.96%	31.64%	20.81%
	自身贡献	11.08%	7.48%	27.54%	11.52%	15.78%	16.64%
	溢出效应	8.31%	6.87%	14.24%	5.45%	15.86%	4.18%
	要素贡献	80.61%	85.65%	58.22%	83.04%	68.36%	79.19%
	资本	56.43%	54.43%	54.71%	66.84%	63.90%	67.31%
	劳动	24.18%	31.22%	3.51%	16.19%	4.47%	11.88%

地区	动力来源	农业	建筑业	工业	金融业	交通运输业	房地产业
湖南	TFP 总体贡献	9.39%	27.60%	36.35%	20.82%	21.57%	22.46%
	自身贡献	5.08%	20.52%	21.31%	13.82%	8.04%	15.64%
	溢出效应	4.32%	7.08%	15.04%	7.00%	13.52%%	6.82%
	要素贡献	90.61%	72.40%	63.65%	79.18%	78.43%	77.54%
	资本	57.23%	56.97%	45.35%	60.22%	71.09%	55.40%
	劳动	33.38%	15.43%	18.30%	18.96%	7.34%	22.14%
江西	TFP 总体贡献	24.79%	16.88%	27.72%	7.39%	16.73%	8.07%
	自身贡献	17.58%	15.81%	19.76%	7.31%	6.77%	7.86%
	溢出效应	7.21%	1.08%	7.97%	0.08%	9.96%	0.21%
	要素贡献	75.21%	83.12%	72.28%	92.61%	83.27%	91.93%
	资本	55.11%	61.17%	68.14%	79.17%	79.06%	70.42%
	劳动	20.10%	21.95%	4.13%	13.44%	4.20%	21.51%
广东	TFP 总体贡献	12.03%	30.63%	50.95%	22.77%	36.95%	50.04%
	自身贡献	9.33%	24.80%	26.34%	11.45%	7.43%	26.41%
	溢出效应	2.70%	5.84%	24.61%	11.31%	29.52%	23.62%
	要素贡献	87.97%	69.37%	49.05%	77.23%	63.05%	49.96%
	资本	58.48%	43.43%	41.04%	60.95%	51.91%	32.87%
	劳动	29.50%	25.94%	8.02%	16.28%	11.13%	17.09%
海南	TFP 总体贡献	55.04%	19.13%	56.78%	30.44%	27.44%	50.10%
	自身贡献	24.01%	15.87%	33.83%	26.94%	10.29%	19.57%
	溢出效应	31.03%	3.26%	22.94%	3.50%	17.16%	30.52%
	要素贡献	44.96%	80.87%	43.22%	69.56%	72.56%	49.90%
	资本	37.82%	71.76%	36.65%	61.08%	60.55%	13.39%
	劳动	7.14%	9.11%	6.58%	8.48%	12.01%	36.51%
广西	TFP 总体贡献	26.37%	5.15%	24.49%	2.72%	10.91%	20.40%
	自身贡献	23.77%	6.96%	17.19%	6.63%	9.28%	16.79%
	溢出效应	2.60%	−1.81%	7.31%	−3.91%	1.64%	3.61%
	要素贡献	73.63%	94.85%	75.51%	97.28%	89.09%	79.60%
	资本	60.77%	69.87%	66.97%	86.30%	86.57%	62.33%
	劳动	12.86%	24.99%	8.54%	10.98%	2.52%	17.26%
四川	TFP 总体贡献	13.75%	36.52%	27.12%	21.67%	10.42%	3.02%
	自身贡献	11.68%	25.16%	18.08%	15.89%	1.80%	1.32%

续表

地区	动力来源	农业	建筑业	工业	金融业	交通运输业	房地产业
四川	溢出效应	2.07%	11.37%	9.04%	5.78%	8.62%	1.70%
	要素贡献	86.25%	63.48%	72.88%	78.33%	89.58%	96.98%
	资本	61.53%	40.49%	49.24%	52.28%	81.50%	70.39%
	劳动	24.72%	22.99%	23.64%	26.05%	8.07%	26.59%
重庆	TFP 总体贡献	22.40%	42.97%	44.95%	32.11%	39.98%	30.93%
	自身贡献	16.07%	23.10%	24.62%	24.81%	24.43%	20.12%
	溢出效应	6.33%	19.86%	20.33%	7.30%	15.55%	10.80%
	要素贡献	77.60%	57.03%	55.05%	67.89%	60.02%	69.07%
	资本	61.08%	33.08%	45.61%	65.74%	55.29%	14.65%
	劳动	16.52%	23.95%	9.44%	2.15%	4.73%	54.42%
云南	TFP 总体贡献	9.55%	8.04%	17.70%	24.37%	12.85%	28.88%
	自身贡献	3.84%	6.47%	19.98%	18.74%	9.15%	19.45%
	溢出效应	5.71%	1.57%	−2.27%	5.63%	3.70%	9.42%
	要素贡献	90.45%	91.96%	82.30%	75.63%	87.15%	71.12%
	资本	71.48%	44.12%	67.73%	66.80%	84.77%	53.97%
	劳动	18.97%	47.83%	14.56%	8.82%	2.38%	17.16%
陕西	TFP 总体贡献	20.18%	17.35%	35.02%	17.18%	6.51%	14.66%
	自身贡献	18.96%	11.46%	19.49%	13.85%	3.86%	14.36%
	溢出效应	1.22%	5.88%	15.53%	3.32%	2.66%	0.30%
	要素贡献	79.82%	82.65%	64.98%	82.82%	93.49%	85.34%
	资本	66.12%	65.74%	46.31%	61.27%	88.80%	82.33%
	劳动	13.70%	16.91%	18.68%	21.55%	4.69%	3.02%
贵州	TFP 总体贡献	10.46%	3.06%	14.22%	20.85%	1.97%	10.02%
	自身贡献	8.86%	2.29%	17.66%	18.00%	1.97%	9.87%
	溢出效应	1.59%	0.77%	−3.44%	2.85%	0.00	0.14%
	要素贡献	89.54%	96.94%	85.78%	79.15%	98.03%	89.98%
	资本	61.12%	77.74%	57.05%	57.52%	97.62%	86.23%
	劳动	28.42%	19.20%	28.74%	21.63%	0.41%	3.75%
甘肃	TFP 总体贡献	9.66%	7.78%	17.76%	17.15%	5.94%	5.52%
	自身贡献	7.73%	6.26%	17.51%	10.60%	6.39%	4.22%
	溢出效应	1.93%	1.52%	0.25%	6.55%	−0.46%	1.30%
	要素贡献	90.34%	92.22%	82.24%	82.85%	94.06%	94.48%

续表

地区	动力来源	农业	建筑业	工业	金融业	交通运输业	房地产业
甘肃	资本	80.02%	72.63%	59.04%	68.62%	90.58%	90.32%
	劳动	10.33%	19.59%	23.20%	14.23%	3.49%	4.16%
宁夏	TFP 总体贡献	3.91%	1.03%	10.75%	2.34%	4.16%	8.80%
	自身贡献	10.71%	1.62%	7.65%	1.09%	3.06%	7.96%
	溢出效应	−6.80%	−0.59%	3.10%	1.25%	1.10%	0.84%
	要素贡献	96.09%	98.97%	89.25%	97.66%	95.84%	91.20%
	资本	73.33%	61.02%	81.10%	68.37%	92.31%	88.15%
	劳动	22.76%	37.95%	8.15%	29.29%	3.54%	3.05%
青海	TFP 总体贡献	26.83%	17.03%	10.74%	14.02%	9.01%	8.45%%
	自身贡献	27.16%	8.99%	11.11%	21.83%	2.16%	6.48%
	溢出效应	−0.33%	8.04%	−0.37%	−7.81%	6.85%	1.97%
	要素贡献	73.17%	82.97%	89.26%	85.98%	90.99%	91.55%
	资本	60.50%	78.67%	71.78%	63.33%	88.26%	90.17%
	劳动	12.67%	4.30%	17.47%	22.65%	2.73%	1.37%
新疆	TFP 总体贡献	31.94%	3.56%	45.10%	9.80%	27.34%	15.17%
	自身贡献	27.10%	4.49%	27.36%	8.62%	19.12%	11.00%
	溢出效应	4.83%	−0.93%	17.74%	1.18%	8.21%	4.17%
	要素贡献	68.06%	96.44%	54.90%	90.20%	72.66%	84.83%
	资本	52.30%	86.66%	40.75%	84.77%	67.25%	74.90%
	劳动	15.76%	9.78%	14.15%	5.43%	5.41%	9.93%

注：表中数据经过舍入修约

（1）由表 5-11 可以看出，农业依靠 TFP 驱动的地区有北京（52.13%）、上海（53.12%）和海南（55.04%）。其中北京农业自身贡献 25.87%，溢出效应为 26.26%；上海农业自身贡献 23.30%，溢出效应为 29.82%；海南农业自身贡献 24.01%，溢出效应为 31.03%。可见行业生产效率的溢出对农业产值的提高具有重要的贡献，这些地区农业成功转型，依靠效率驱动行业增长。然而，中国大部分以农业为主的地区依然依靠要素投入，TFP 驱动不足。

（2）工业依靠 TFP 驱动的地区主要有北京（57.28%）、天津（59.92%）、上海（55.70%）、江苏（57.73%）、浙江（56.72%）、广东（50.95%）和海南（56.78%）。与农业类似，这些地区行业溢出效应贡献较大，分别是北京（28.16%）、天津（36.97%）、上海（25.81%）、江苏（33.18%）、浙江（26.90%）、广东（24.61%）和海南（22.94%）。中国工业总体上基于资本要素驱动，TFP 贡献不足，实际上个别地区已经实现 TFP 驱动。对于具体地区，应按照各自的发展模式，差异化对待。纵观表 5-11 发现，对于大部分东部沿海地区，工业是所有行业中溢出效应最大的行业，其"技术吸收"效应最强，而对于西部地区，工业溢出效应尚不足，甚至有负效应，如内蒙古（-0.24%）、贵州（-3.44%）、云南（-2.27%）和青海（-0.37%）。

（3）对于建筑业与交通运输业来说，所有地区均依靠资本投入驱动，劳动贡献均不足。中国建筑业增长方式仍属于粗放式增长，这影响了建筑业技术水平的提高。交通运输业主要依赖于大规模交通基础设施投资，随着资本边际收益的递减，行业资源配置不合理和资源浪费现象，妨碍了交通运输业投资效率和效益提高。

（4）金融业依靠 TFP 驱动的地区主要有北京（51.98%）、上海（56.72%）和江苏（50.04%）。这些地区的金融业非常发达。其中，北京金融业自身贡献 29.00%，溢出效应为 22.98%；上海金融业自身贡献 27.88%，溢出效应为 28.84%；江苏金融业自身贡献 28.23%，溢出效应为 21.81%。与农业、工业类似，这三个地区的行业溢出效应均十分明显，可见其他行业对金融业的溢出效应推动了金融业整体的发展。然而大部分地区金融业还不发达，均依靠要素投入驱动，其中资本投入贡献占了主要部分。

（5）房地产业依靠 TFP 驱动的地区主要有浙江（51.00%）、广东（50.04%）和海南（50.10%）。浙江房地产业自身贡献 25.44%，溢出效应为 25.56%；广东房地产业自身贡献 26.41%，溢出效应为 23.62%；海南房地产业自身贡献 19.57%，溢出效应为 30.52%。

5.3.4　简要结论

从全国各地主要行业的经济增长动力来源看，资本要素的累计投入是增长的主要来源，劳动要素贡献和 TFP 贡献偏低。各地区 TFP 增长主要依靠技术进步与规模效应。我国十大行业 TFP 平均增长率增速最快的为采矿业，最慢的为房地产业；我国经济总体而言是基于要素驱动的，TFP 贡献不足；行业间确实存在 TFP 溢出效应，其中制造业溢出比例最大，批发零售业最小。

从全国看，东部工业依靠 TFP 驱动，其余地区均基于资本要素驱动，劳动和 TFP 贡献比较低。纵观三大区域，部门间溢出效应呈现东中西差异，东部溢出最大，说明东部城市产业关联最强，"技术吸收"效应最强，中西部次之，并且在所有行业中溢出效应对工业的贡献最大。

从细分行业增长动力看，农业依靠 TFP 驱动的地区有北京、上海和海南；工业依靠 TFP 驱动的地区主要有北京、天津、上海、江苏、浙江、广东和海南；金融业依靠 TFP 驱动的主要有北京、上海和江苏；房地产业主要有浙江、广东和海南。

5.4　中国"创新驱动产业结构优化升级" 模式转换及其制约

　　根据中国社会科学院经济增长前沿课题组的测算,1985～2007 年 TFP 对经济增长的贡献约为 30%,2008～2015 年下降至 20% 以下。中国经济高速增长主要依赖于劳动、资本等要素的大规模投入,劳动生产率主要依靠大规模的资本设备带来的资本深化来提高,技术进步更多来自模仿和吸收,自主创新比较少。随着中国科技与国际前沿不断趋近,以往"学习型"技术进步方式亟待改变。

　　中国经济运行面临的突出矛盾和问题,虽有周期性、总量性因素,但根源在于结构性失衡。结构性失衡问题主要表现在以下几个方面。

　　(1)人口结构。如图 5-3 所示,2010 年人口总抚养比开始回升,人口红利拐点显现。劳动年龄人口(15～64 岁人口)在 2013 年达到峰值后开始下降。与此相伴随的是人口老龄化问题日益凸显,中国劳动参与率下降,劳动投入减少。人力资本供给状况出现较大改观,但技能人才与产业需求匹配的格局尚待形成,内生增长动力有待培育。

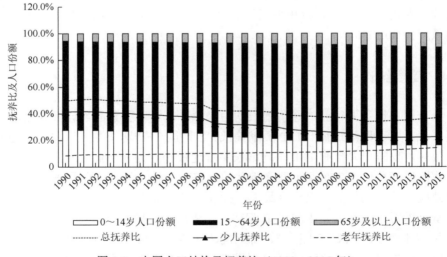

图 5-3　中国人口结构及抚养比(1990～2015 年)

　　(2)产业结构。工业结构方面,高附加值产业、绿色低碳产业、具有国际竞争力产业的比重偏低,以"三高"(高消耗、高污染、高排放)、低附加值为特征的产业偏多。随着中国劳动力成本优势逐渐降低,劳动密集型产业也会逐渐被周边劳动力成本更低的发展中国家，如越南、柬埔寨等替代。近年来中国服务业比重有了比较大的提升，但存在"虚高"问题，其中知识密集型服务业比重偏低，生产要素向服务业部门转移，所能实现的劳动生产率增长速度无法与整个经济生产率改进匹配。

（3）分配结构。现阶段分配领域存在三方面问题：一是劳动收入份额太低；二是行业之间、区域之间收入差距高低悬殊；三是收入分配调节未能形成常态化机制。中国收入分配总体上倾向于资本要素，劳动收入份额偏低，而城乡收入差距、不同群体的收入差距都比较大。2010～2015 年，全国居民收入基尼系数从 0.481 下降到 0.462，城乡居民收入倍差由 2010 年的 2.99 倍缩小到 2015 年的 2.73 倍，但是差距依然还比较大。

（4）区域结构。中国区域发展不平衡、不协调问题突出，主要包括：一是自然条件和资源禀赋存在较大差异；二是体制机制运行差异严重制约部分地区发展；三是已有不平衡格局容易固化经济不平衡发展，如收入分配差距、对外贸易结构不平衡在地区层面存在路径依赖。因此，打破这种格局需要加快改革步伐，实施体制机制突围。

正是这些结构性失衡问题阻碍了"创新驱动产业结构优化升级"的模式转换。

第6章 企业创新与中小企业转型升级

创新是一种破旧立新、推陈出新的力量。产业转型升级的基础在于微观主体企业具有创新能力。企业创新能力就是企业能够系统地完成与创新有关的各项活动的能力。一个没有创新能力的企业，是难以生存发展的，更是难以做大、做优、做强。企业只有增强创新能力，才能满足或创造市场需求，增强其市场竞争能力，为此，企业必须建立和完善内生增长、创新驱动的发展机制。

本章首先探讨企业的创新机理，其次结合实际数据分析内资企业创新的门槛效应，剖析不同行业企业创新的驱动因素，最后进一步结合国家专精特新行动专项，探讨中小企业创新发展与转型升级途径。

6.1 企业创新的影响因素："技术推动"或"需求拉动"

关于企业创新的源泉究竟是什么，学术界存在两种不同的理论假说。一种是创新"技术推动"（technology push）假说。这种观点认为，影响供给的技术和成本方面的因素决定了创新活动（Dosi，1988）。另一种是创新"需求拉动"（demand pull）假说。一个国家或地区人均收入的高低，以及收入分配结构所蕴含的中高收入群体的需求规模和支付能力，是影响企业创新决策的最根本因素（Myers and Marquis，1969；Schmookler，1966）。

然而，"需求拉动"假说无法得到证实，许多理论假设消费者偏好具有同质性，收入分布对创新没有任何影响。开放条件下，对于后发国家而言，技术可以通过模仿获得，也可由外资企业引入。那么，收入增长是否影响创新呢？Falkinger和 Zweimüller（1996）发现，人均收入增长和收入分配均会显著地影响新产品数量和产品多样化，而且随着人均收入增长，消费者购买产品的范围更为分散。这一结论说明，非同质性偏好可能更符合现实。在消费者异质性偏好的假设下，Falkinger 和 Zweimüller（1997）进一步指出，穷人能够买得起的产品是富人购买产品的一个子集，因此，收入增长决定了企业在新产品研发上投资的盈利前景。欧洲制造业和服务业的创新数据表明，居民消费对产品创新和过程创新均有促进效应，出口增长则有利于市场创新（Crespi and Pianta，2008）。无论是从产业发展的进程，还是从经济政策的效果来看，显然是增长促进了创新（Kunz，2004）。

发展中国家创新效率低下的根本原因，既有企业创新不足，也有消费需求低下以及两者不相匹配（Kaplinsky et al.，2009）。因此，综合考虑消费者收入增长与分布对创新的影响显得更为重要。

周怀峰（2008）认为：国内市场需求规模越大，技术创新成本就越低；而居民收入持续上升会为技术创新提供市场条件。范红忠（2007）认为，一国 GDP 总量以及人均 GDP 都对创新产生了显著的正向推动作用。但基于中国数据的实证研究结论却存在一定的分歧。有人认为，以社会最终消费额度量的有效需求规模显著地促进了自主创新。也有人发现人均 GDP 增长对创新具有负向的抑制作用（康志勇和张杰，2008）。这是因为：如果低收入群体过于庞大，那么收入增长就难以起到激励企业创新的作用。面对相悖的研究结论，我们应当厘清：收入增长促进或抑制企业创新的机理究竟是什么？收入增长与创新之间是否存在门槛效应？

收入分配如何影响创新呢？在实际生活中，消费者具有分层偏好（hierarchic preferences），即富人消费高档品和奢侈品，穷人主要偏向生活必需品，若收入分配更为平均，新产品初始需求较低，但需求增长会较快（Zweimüller，2000a）。如果实施转移支付、将收入从富人手中转移到穷人手中，有利于激励企业创新；但如果将中等收入者的所得再分配给穷人，则会阻碍创新（Zweimüller，2000a）。如果高收入群体相对于低收入群体的人口比重增加，那么市场规模扩大将有助于创新，但高收入群体如果收入下降产生"价格效应"，可能阻碍创新（Foellmi and Zweimüller，2006）。现实中企业有两类：质量领导者（quality leader）和质量追随者（second-best quality producer）。质量领导者将高质量的产品卖给富人，而质量追随者将低质量的产品卖给穷人（Zweimüller and Brunner，2005）。当市场均衡时，若两类企业同时存在，则收入分配越平等，质量追随者的产品售价会越高，其创新的意愿会越强。因此，收入分配对两类企业的总创新效应是不确定的。

在发展中国家，消费是分层次的。低收入群体消费低质量产品，中等收入群体消费中等质量产品，高收入群体消费高档品，且分别由不同企业提供。内资企业、外资企业和海外企业分别对应上述三类企业。我们可以从产业组织角度，研究收入分配对于不同类型企业创新的影响。因此，我们可以关注在微观企业层面上两类截然不同的创新主体——内资企业与外资企业。外资企业由于直接使用合资技术和低廉要素来生产产品，如果本地要素价格上升，它们就可能进行产业转移，其创新行为不具有长期的可持续性。此时，如果内资企业不能及时提高自主创新能力，本国便会陷入滞胀或萧条之中。

只有了解收入增长和分配对内资企业的自主创新的影响机理，我们才能通过需求管理，有效促进本土企业自主创新。因而，我们更关注内资企业的自主创新行为的影响因素，以及其与外资企业创新行为的差异。

6.2 中国内资企业创新的影响因素分析

中国内资企业创新投入不容乐观，其研发经费支出占主营业务收入的比重始终徘徊在 1%～2%（图 6-1），相比之下，跨国公司的研发投入占比却普遍高达3%～5%。同一时期，中国 GDP 增速也从 2010 年的 10.5%降至 2015 年的 6.9%。那么，内资企业研发投入回落是否与经济减速有关？本节试图探讨一下中国内资企业创新的影响因素。

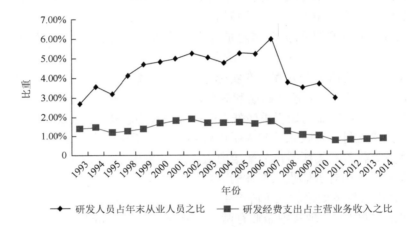

图 6-1 中国内资企业研发经费和研发人员占比[①]

外资企业在我国的研发投入多用于技术本土化的适应性改进，而新产品和核心零部件的研发绝大部分是由国外母公司完成的。[②]因此，在计算外资企业的研发投入时，如果仅仅使用外资企业在本土的研发投入数据来代替其全部研发投入，可能会产生严重测量偏误。[③]我们使用 1998～2008 年的面板数据，结合门槛面板模型定量研究收入增长与分配对自主创新的影响。

---

① 指标由作者根据《中国科技统计年鉴》中按照所有制分类的 1993～2014 年内资企业的相关数据计算得到。但该年鉴未报告 1996 年和 1997 年按所有制分类的数据，以及 2012 年至 2014 年的企业年末从业人员数，故相应年份数据空缺。

② 以汽车产业为例，合资汽车企业技术中心最重要的研发工作是对从国外引入的车型进行外观和内饰的改进，以符合国人审美标准。而新车型的平台设计，发动机和变速箱等核心部件的研发均是由国外母公司完成的。

③ 国内有少数学者在进行创新研究时意识到了这一问题，如李平等（2007）就曾使用国内的研发存量和来自国外的研发溢出共同测度我国创新的资本投入，但由于我们使用的是省级面板数据，因此无法获得不同省份接受的国外研发溢出的数据。

我们采用《中国科技统计年鉴》提供的创新数据。该年鉴从 1998 年开始分别报告国有和三资工业企业的分地区创新数据，并持续报告至 2008 年为止。内资企业的相关数据可以从分地区的全部企业的创新数据中减去三资企业的相应数据得到。[①]生产函数可以表示为 $Y_{it} = A_{it}\mathrm{RDK}_{it}^{\alpha}\mathrm{RDL}_{it}^{\beta}$，其中 RDK 为研发经费投入，RDL 为研发人员投入，A 为创新活动中不能用研发经费和人员投入等"技术推动"因素所解释的部分。此外，A 还包含了国内相关研究提到的其他一些影响自主创新的因素，如开放度（Open）、外商直接投资（FDI）、恩格尔系数（Engel）、城市化率（Urban）和第二产业比重（Industry）等[②]，这些可以作为控制变量。

收入增长如何影响内资企业的自主创新呢？根据现有相关研究，当人均地区生产总值（perGRP）低于某一门槛低值，收入增长会对自主创新转型起到促进作用；当发展水平超过这一门槛低值，收入增长会对自主创新转而起到抑制作用；而当该地区发展水平超过某一门槛高值，进入高收入国家的行列后，这种抑制作用会自动消失。因此，我们将采用 Hansen（1996）提出的内生门槛回归技术和门槛面板回归模型对该效应进行实证检验。设定双重门槛面板回归模型为

$$\ln Y_{it} = \alpha + \beta_{11}\ln \mathrm{Income}_{it-1}I(\mathrm{perGRP}_{it-1} \le \tau_1) + \beta_{12}\ln \mathrm{Income}_{it-1}I(\tau_1 < \mathrm{perGRP}_{it-1} \le \tau_2)$$
$$+ \beta_{13}\ln \mathrm{Income}_{it-1}I(\mathrm{perGRP}_{it-1} > \tau_2) + \beta_2\mathrm{Gini}_{it-1} + \beta_3\ln \mathrm{RDK}_{it-1} + \beta_4\ln \mathrm{RDL}_{it-1}$$
$$+ \beta_5\mathrm{Open}_{it-1} + \beta_6\mathrm{FDI}_{it-1} + \beta_7\mathrm{Engel}_{it-1} + \beta_8\mathrm{Urban}_{it-1} + \beta_9\mathrm{Industry}_{it-1} + \mu_i + u_{it}$$

$$(6\text{-}1)$$

其中，i 为不同地区；t 为时间；perGRP_{it} 为门槛变量；τ_1 为较低的门槛值；τ_2 为较高的门槛值；$I(\cdot)$ 为示性函数；μ_i 为无法观察到的不随时间变化的地区虚拟变量；u_{it} 为随机扰动项。由于创新投入与产出之间存在着时滞，在模型中将所有的解释变量滞后一期，这也同时解决了可能存在的内生性问题（万广华等，2010）。具体的变量选取及数据来源说明如下。①创新产出（Y）：以内资企业申请的专利数占全部申请的专利数的比重（PAR）来衡量。内资企业新产品的产值占主营业务收入的比重（NPR）作为另一个指标来检验稳健性。②居民可支配收入的增长（Income）：人均可支配收入数据。③收入分配的基尼系数（Gini）：以基尼系数来衡量收入分配的不平等程度。④研发经费投入（RDK）和研发人员投入（RDL）：以研发投资密度作为衡量研发经费投入的指标；使用内资企业科技活动人员总数占年末从业人员总数的比重作为衡量研发人员投入的指标。⑤开放度（Open）：

---

① 在《中国科技统计年鉴》中，内资企业包括国有企业、集体企业、股份合作企业、联营企业、有限责任公司、股份有限公司、私营企业和其他企业；三资企业包括外商投资企业和港澳台商投资企业。

② 我们提到的影响创新产出的"需求拉动"因素——居民可支配收入的增长（Income）与收入分配的基尼系数（Gini），参见范红忠（2007）、王俊和刘东（2009）、李平等（2012）。

进出口总额占地区生产总值的比重。⑥外商直接投资（FDI）：使用实际利用外商直接投资额占地区生产总值的比重来衡量该指标。⑦恩格尔系数（Engel）：城镇居民家庭恩格尔系数（UEngel）和农村居民家庭恩格尔系数（REngel）。⑧城市化率（Urban）：城镇人口占总人口的比重。⑨第二产业比重（Industry）。使用 Stata 统计软件稳健的估计方法进行估计与检验，结果如表 6-1 和表 6-2 所示。

表 6-1 门槛效应估计与检验

假设检验	LR（采用 Bootstrap 仿真得到 10%、5%和 1%的临界值）
H0：没有门槛值；H1：有 1 个门槛值	LR*** = 21.63（7.52，10.45，13.56）
H0：有 1 个门槛值；H1：有 2 个门槛值	LR = 11.81（5.69，10.53，14.64）

注：LR 表示似然比，英文为 likelihood ratio；Bootstrap 中文含义为自助法

***表示在 1%显著性水平下显著

表 6-2 模型估计与检验结果

变量		PAR（内资企业申请专利占比）		NPR（内资企业新产品产值占比）	
		模型 1	模型 2	模型 3	模型 4
lnIncome	perGRP≤22 953	0.219 3*** (5.251 9)	0.172 2*** (4.899 2)	0.530 1** (3.246 1)	0.941 7*** (7.923 5)
	perGRP>22 953	−0.407 7*** (−7.012 7)	−0.321 7*** (−5.365 8)	−0.723 5*** (−9.913 7)	−0.960 5*** (−8.563 0)
Gini		−0.074 0** (−2.264 7)	−0.164 8** (−2.611 3)	−0.239 7* (−1.793 8)	−0.648 1*** (−3.600 2)
lnRDK		0.059 6*** (3.024 4)	0.052 0** (2.382 7)	0.119 6** (2.020 3)	0.162 8*** (4.215)
lnRDL		0.222 7*** (3.352 3)	0.238 6*** (3.322 0)	0.754 7*** (3.683 7)	0.802 5*** (8.069 7)
Open			0.207 4* (1.899 2)		0.872 4*** (4.515 0)
FDI			−1.574 2 (−1.053 2)		2.803 2 (1.060 2)
UEngel			−0.003 3* (−1.746 0)		−0.001 6 (−0.096 4)
REngel			−0.004 9** (−2.486 8)		−0.283 5*** (−3.155 2)
Urban			0.438 5** (2.447 9)		0.907 6*** (5.426 3)
Industry			0.055 2 (0.137 0)		2.654 8*** (3.726 7)
样本数		300	300	300	300
R^2		0.553 7	0.887 1	0.502 3	0.892 0

注：括号中数值为 t 统计值

***、**和*分别表示在 1%、5%和 10%显著性水平下显著

在 1%显著性水平上仅存在一个门槛值,为 22 953 元。该门槛值按照 2012 年 6 月末汇率换算为 3629 美元,接近 2011 年世界银行标准中规定的上中等收入国家的下限 3976 美元,从而印证了中低收入陷阱作为一种创新陷阱,在中国进入上中等收入国家的行列后也是客观存在的。对于该门槛值,2010 年全国已经有 23 个地区超过这一标准,只有安徽、江西、广西、四川、贵州、云南、西藏和甘肃 8 个地区尚未达到。因此,如何提升自主创新能力,这是很多地区必须面对和迫切需要解决的问题。

第二个门槛值不显著:只有进入高收入国家后这一机制转换才出现,高收入国家的下限为 12 276 美元。2008 年中国人均地区生产总值最高地——上海为 73 124 元,折合 11 561 美元,仍低于这一下限。因此,没有样本点能达到中等收入陷阱较高门槛值。

从表 6-2 的结果来看,在我国各地区进入上中等收入水平之前(人均地区生产总值小于 22 953 元时),收入增长显著地促进了自主创新;而当各地区进入上中等收入水平之后,居民收入增长显著地抑制了自主创新。后期的抑制效应要高于前期的促进效应。这一结果无论是对于使用专利数据、还是使用新产品数据而言,都是成立的。而收入分配的基尼系数前的系数显著为负,也说明了改善收入分配能显著地降低陷入中等收入陷阱的风险。

就“技术推动”因素而言,研发经费投入和人员投入都显著地提升了一个地区的自主创新能力。其中,研发人员投入所产生的“技术推动”效应要大于研发经费投入的效应。可见,提高人力资本更为重要。我们也发现:提升开放度能促进创新能力的提高,但外商直接投资却没有显著影响,这说明我国内资企业创新能力可能受益于进口先进资本设备,而外资技术外溢作用有限。

农村地区的消费结构升级对自主创新的影响在 5%的显著性水平下显著为正(表 6-2 中的模型 2),而城镇地区的消费结构升级对自主创新的影响却不如农村地区显著。消费刺激有利于内资企业研发新产品。事实上,我国于 2009 年实施的“家电下乡”和“汽车下乡”财政补贴政策对于促进自主创新具有重要意义。加大对内资企业产品下乡的补贴力度,延长补贴时间,这样不仅可以在短期有效地拉动我国的内需,还能在长期提升企业创新能力。因此,农村居民的消费结构升级有效地促进了内资企业的自主创新。由于中国大部分省区市在 1998～2008 年处于地区产业专业化下降的时期,第二产业比重的提升在这一阶段恰好伴随着新产品的推出以及产品的多样化(张建华和程文,2012)。

实证研究结果表明,若要有力地促进内资企业自主创新,除了在“技术推动”方面,激励企业加大研发投入,扩大高科技设备进口,还必须在“需求拉动”方面同步推进。第一,要全面推进收入分配制度的改革。例如,大幅提高城乡居民特别是中低收入者的收入水平,完善社会保障体系,加强收入调节,增大中等收入者占比。这样才能增强收入分配对于自主创新的"价格效应"和"市场规模效应"，形成持续的创新驱动力。第二，要加快城市化的步伐。推进农村人口转化为城市人口，来提升需求的"市场规模效应"，或缩小城乡收入分配差距，实现"包容性增长"，促进内资企业进一步创新。第三，要通过财政补贴促进农村居民的消费结构升级。通过提高农村居民消费的恩格尔系数，在扩大内需的同时，提升自主创新的"匹配效应"。

6.3　中国不同行业企业创新的驱动因素

为了进一步探究"需求拉动"与"技术推动"因素对不同行业创新升级的不同影响，我们将产业按照经济合作与发展组织对技术密集程度的分类标准，划分为低技术产业、中低技术产业、中高技术产业和高技术产业四类。[①] 结合技术创新"需求拉动"和"技术推动"的影响因素，设定面板数据的回归模型为

$$\mathrm{PAT}_{it} = \alpha + \beta_1 \mathrm{DEM}_{it-1} + \beta_2 \mathrm{RDK}_{it-1} + \beta_3 \mathrm{RDL}_{it-1} + \beta_4 \mathrm{INS}_{it-1} + \beta_5 \mathrm{ENS}_{it-1}$$
$$+ \beta_6 \mathrm{FDI}_{it-1} + \beta_7 \mathrm{FDI}_{it-1}^2 + \mu_i + u_{it} \qquad (6\text{-}2)$$

其中，i 为产业；t 为时间；PAT 为内资企业和外资企业研发专利数量；DEM 为该产业的市场需求对于创新驱动的影响，使用该产业的主营业务收入来衡量。我们使用研发投资密度作为衡量企业研发经费投入的指标（RDK）；使用科技活动人员总数作为衡量企业研发人员投入的指标（RDL）[②]。此外，引入相应的控制变量研究不同行业的不同特征和不同企业的规模大小影响。采用行业总资产表示产业规模（INS），用行业的主营业务收入除以行业内企业的个数来表示企业平均规模（ENS）。采用外资企业主营业务收入占行业主营业务收入的比重来表示外商直接投资占该产业的比重（FDI）。μ_i 为无法观察到的不随时间变化的地区虚拟变量，u_{it} 为随机扰动项。

选用《中国科技统计年鉴》和《中国工业经济统计年鉴》1998～2013 年的统计数据[③]，依据豪斯曼检验的结果，我们确定采用固定效应模型，而非随机效应模

---

① 低技术产业包括：食品加工业，食品制造业，饮料制造业，烟草制品业，纺织业，服装、鞋、帽制造业，皮革、毛皮、羽毛（绒）及其制品业，木材加工及木、竹、藤、棕、草制品业，家具制造业，造纸及纸制品业，印刷业和记录媒介的复制，文教体育用品制造业。中低技术产业包括：金属制品业，石油加工及炼焦业，橡胶和塑料制品业，非金属矿物制品业，黑色金属冶炼及压延加工业，有色金属冶炼及压延加工业。中高技术产业包括：通用设备制造业，专用设备制造业，交通运输设备制造业，电气机械及器材制造业，化学原料及化学制品制造业，化学纤维制造业。高技术产业包括：通信设备、计算机及其他电子设备制造业，仪器仪表及文化、办公用机械制造业，医药制造业。

② 在 2001 年以前，《中国科技统计年鉴》中的科技活动经费内部支出总额称为技术开发经费内部支出总额，科技活动人员总数称为技术开发人员总数。

③ 2012 年和 2013 年的相关数据来源于更名后的《中国工业统计年鉴》。

型。专利数量作为被解释变量固然可以反映行业技术创新程度，但我们同时以新产品产值占比（NPR）作为技术创新的替代变量进行重新估计，以检验稳健性。如表 6-3 所示，使用专利数量得到的结果列于左侧；使用新产品产值占比的稳健性检验的结果列于右侧。可以发现，对于低技术产业，"需求拉动"因素的影响并不显著，市场规模的扩张并不能有效激发低技术企业的创新活动；在"技术推动"因素方面，研发资金投入不如研发人员投入对创新影响显著；此外，在经济发展的初期，FDI 对内资企业在低技术产业的新产品问世有显著的促进创新的溢出作用，但随着时间的推移，这种作用越来越小，甚至可能转变为负作用（这是因为，低技术产业的技术含量较低，内资企业在这一领域已经具备一定的研发水平和产业竞争力，可以与外资企业相抗衡）。

表 6-3　"需求拉动"与"技术推动"因素对各个产业技术创新的影响

变量	PAT				NPR			
	低技术产业	中低技术产业	中高技术产业	高技术产业	低技术产业	中低技术产业	中高技术产业	高技术产业
DEM	202.038 6 (1.510 5)	183.328 1* (1.932 7)	239.288 7*** (2.889 1)	171.106 9** (2.566 5)	−0.002 95 (1.332 8)	0.003 601 (1.486 9)	0.001 321 (3.221 4)	0.007 336*** (8.074 1)
RDK	73 368.80 (0.062 7)	1 215 349*** (6.246 3)	1 137 801** (2.177 4)	1 995 167*** (2.859 4)	0.750 466 (0.945 6)	1.907 573*** (7.972 9)	8.859 486*** (2.964 2)	18.811 63*** (22.897)
RDL	2 202.149*** (2.847 3)	1 922.910 (1.352 1)	3 758.744 (1.007 5)	680.330*** (3.302 6)	0.010 817** (2.061 6)	−0.006 959 (0.175 6)	0.001 559* (1.752 4)	0.011 194*** (14.070)
INS	−726.060 8 (1.143 9)	348.685 1** (2.077 1)	−740.316 1 (0.576 2)	−687.032 9*** (2.855 7)	0.003 510 (0.898 3)	0.003 119* (1.926 1)	0.000 105 (0.014 7)	0.000 085 (0.893 1)
ENS	85 351.48** (2.501 5)	149 927.9* (1.755 9)	2 723 139*** (3.082 8)	12 384 051* (1.839 5)	2.851 906** (2.180 3)	1.273 912 (1.005 7)	13.191 29*** (2.952 2)	−8.816 567 (1.493 4)
FDI	20 843.95 (1.451 9)	35 471.08*** (3.559 3)	33 864.43 (0.517 2)	78 777.61* (1.756 3)	0.425 773** (2.360 7)	−0.175 907** (2.435 3)	0.180 975*** (4.601 7)	0.637 930*** (12.624)
FDI^2	−36 217.06** (2.341 0)	−19 114.17* (1.746 2)	−112 567.9*** (2.926 5)	107 001.2 (0.540 1)	−0.880 859* (1.731 8)	−0.449 370** (2.419 7)	0.204 663 (0.305 7)	0.836 106 (0.293 9)
R^2	0.856 8	0.998 9	0.980 6	0.976 0	0.905 3	0.989 4	0.936 5	0.969 3

注：估计结果由 Stata 11.0 统计软件得到；括号内为 t 统计量的绝对值

*、**和***分别表示在 10%、5%和 1%的显著性水平下通过显著性检验

对于中低技术产业，"需求拉动"的影响对于专利数量而言仅在 10%的显著性水平下显著，对于新产品产值占比则没有显著影响，这说明市场规模的扩张也不能有效地激发中低技术企业的创新活动。在"技术推动"方面，研发资金投入的影响高度显著，而研发人员投入影响不显著。此外，从专利数量上看，产业规模和企业平均规模这两个控制变量对创新的作用均为显著。

　　对于中高技术产业，在"技术推动"方面，从新产品产值占比来看，研发资金投入和研发人员投入的影响均为显著，而从专利数量上看，只有企业研发资金投入的影响显著。从专利数量上看，"需求拉动"因素的影响变得高度显著，市场规模的扩张能够很好地激发中高技术企业的创新活动。这说明外资企业的加入不断提高了中高技术产业新产品的投放量，但由于涉及该行业关键技术的大部分专利可能在行业发展初期已经被外资企业纳入囊中，所以出现了后期行业的专利申请数减少的现象。

　　对于高技术产业，在"技术推动"方面，研发资金投入和研发人员投入的影响均显著，"需求拉动"因素的影响同样高度显著，市场规模的扩张能够很好地激发高技术企业的创新活动。这说明高技术产业的发展急需大量研发资金和专业人才的支持。此外，无论是专利申请数量，还是新产品产值占比，FDI 的一次项前系数均显著为正，但二次项均不显著。内资企业应该充分利用这一阶段 FDI 的溢出效应，扩大市场规模，增加研发投入，抢占新兴产业的制高点。

　　在上述回归方程的基础上，使用基于回归的不平等分解方法来定量测度"需求拉动"因素和"技术推动"因素对技术创新的贡献率（Wan，2002；万广华，2009）。图 6-2 和图 6-3 直观地显示了"需求拉动"与"技术推动"因素对不同类型行业创新差异的解释程度。①

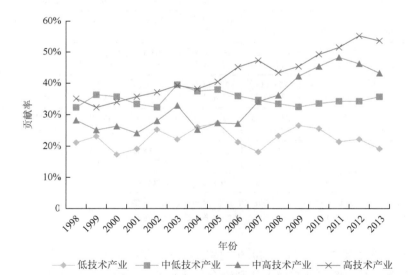

图 6-2　"需求拉动"因素对不同类型行业创新差异解释程度的动态变化

---

　　① 感谢万广华教授提供基于回归的不平等分解软件。作为控制变量的产业规模、企业平均规模以及 FDI 不计入"需求拉动"和"技术推动"的任何部分。该方法将回归方程和夏普利值分解原理有机地结合在了一起。

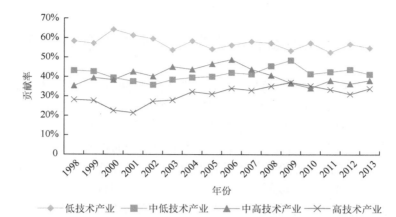

图 6-3　"技术推动"因素对不同类型行业创新差异解释程度的动态变化

　　从不平等的分解结果来看，"需求拉动"和"技术推动"因素，对于不同技术密集程度的产业而言，所起到的作用迥然不同。在 2008 年金融危机之后，对于中低技术产业而言，"技术推动"因素的贡献率超越了同期对中高技术产业的贡献率，并保持在 40% 之上。而对于低技术产业而言，"技术推动"因素的贡献率始终保持在 50% 以上，个别年份甚至达到了 60% 以上。对于高技术产业和中高技术产业而言，"需求拉动"因素的贡献在 2009 年以后均达到了 40% 以上，超过了同期"技术推动"因素的贡献率。

　　我们可以得到一个基本结论：行业技术密集度越高，"需求拉动"因素对创新影响越大；行业技术密集度越低，"技术推动"因素对创新影响越大。这是因为：高技术行业处于发展初期，更需要市场规模扩张来推动其创新；而低技术产业和中低技术产业中很多是发展成熟的垄断企业，市场规模已经比较稳定，即使不加大研发力度，也可以保证其原有市场份额。

　　因此，我们应该针对不同技术密集度的产业予以不同的政策导向：对于高技术产业和中高技术产业，继续加大研发资金投入和培养专业技术人员，鼓励自主创新，同时加强市场引导，培育有效市场需求。而对于低技术产业和中低技术产业，政府则应该制定更为严格的产业转型升级规划，借助市场推动企业投入更多的研发资金，从而促进企业创新和产业升级。具体而言，若要提高企业自主创新能力，实现产业优化升级，政府需要在"技术推动"和"需求拉动"两方面同时发力。对于高技术产业和部分中高技术产业，如高端装备制造业、医药制造业、汽车制造业等，这些产业整体上仍然较发达国家同类产业有一定差距，尚处于追赶阶段。对于这类追赶型产业，政府应实行技术扶持和市场培育并举策略。除了在企业研发、海外并购、吸引外资上继续给予政策扶持外，帮助内资企业建立销售渠道，开拓市场，培育中国制造的高端产品的有效市场需求也同样重要。

6.4　专精特新行动专项与中小企业创新升级

中小企业具有"56789"的显著特征，即贡献了 50%以上的税收，60%以上的 GDP，70%以上的技术创新，80%以上的城镇就业人口和 99%以上的企业数量。中小企业富有活力、善于创新、经营灵活、反应敏捷，具有很多大企业不可比拟的竞争优势，是扩大就业、改善民生、促进创业创新的重要力量。

中小企业是国民经济和社会发展的生力军，在全球化竞争中扮演着越来越重要的角色。在我国经济转向高质量发展的关键阶段，培育更多高质量的优质中小企业，对于提高 TFP 具有关键作用。其中，专精特新"小巨人"企业，制造业单项冠军、隐形冠军企业等更是独具优势，它们是助力实体经济发展、培育经济增长新动能、促进我国经济未来持续增长的中坚力量。

6.4.1　专精特新中小企业的特征与认定

我国高度重视引导中小企业走专精特新发展道路。专精特新中小企业是推动经济社会发展的重要力量。2019 年中央财经委员会第五次会议强调，要发挥企业家精神和工匠精神，培育一批专精特新中小企业。随后，财政部等 17 个部门专门研究部署专精特新工作，印发《关于健全支持中小企业发展制度的若干意见》，提出要完善支持中小企业专精特新发展机制，健全专精特新中小企业、专精特新"小巨人"企业和制造业单项冠军企业梯度培育体系、标准体系和评价机制。在新发展格局下，国家迫切需要依靠科技创新与生产效率的提升来推动高质量发展，抢占全球价值链高位，因此支持一批科技含量高、竞争力强、成长潜力巨大的中小企业极为必要。

专精特新就是指中小企业具有专业化、精细化、特色化和创新能力突出的特征，发展到下一个阶段还应具备人性化和系统化等特征。专，即专业化；精，即精细化；特，即特色化；新，即创新能力突出。专精特新"小巨人"企业就是指具有"专业化、精细化、特色化、新颖化"特征的中小企业。

其实，专精特新并不是一个新概念。早在 2011 年，工业和信息化部（以下简称工信部）首次提出将专精特新作为中小企业转型升级的重要途径。2018 年，工信部办公厅发布《关于开展专精特新"小巨人"企业培育工作的通知》，从重点领域、专业化程度、创新能力等多个方面对专精特新"小巨人"企业的申报条件做出严格要求。2021 年 1 月 23 日，财政部、工信部联合印发《关于支持"专精特新"中小企业高质量发展的通知》，启动中央财政支持专精特新中小企业高质量发展政策。2021 年 10 月 30 日，中国证券监督管理委员会发布《北京证券交易所向不特定合格投资者公开发行股票注册管理办法（试行）》，强调北京证券交易所将重点立足于专精特新中小企业，促进新兴产业发展。全国各地研究制定专精特新认定标准，相继出台了专精特新申报政策，并将专精特新企业作为主要的上市后备企业。专精特新申报分为市级、省级和国家级"小巨人"企业。

1. 市级与省级专精特新

市级专精特新企业基本要求：企业取得质量管理体系认证，利用特色资源，弘扬传统技艺和地域文化，采用独特工艺、技术、配方或原料，研制生产具有地方或企业特色的产品；开展技术创新、管理创新、业态创新和商业模式创新，培育新的增长点，形成新的竞争优势，以新取胜；拥有省级新产品、新技术 1 件以上，或采用创新商业模式，或发展新兴的行业。

市级专精特新申报条件：①符合项目内涵中的"专、精、特、新"特质；②主导产品销售收入占本企业销售收入的 50% 以上；③上年营业收入 300 万元以上。

省级专精特新企业主要集中在新一代信息技术、高端装备制造、新能源、新材料、生物医药等中高端产业，科技含量高、设备工艺先进、管理体系完善、市场竞争力强。省级专精特新企业要求专注核心业务，具有较高专业化生产和协作配套的能力，是产业链中某个环节的强者，能为大企业、大项目提供关键零部件、元器件和配套产品，以及能够专业生产成套产品；主导产品在全国细分市场占有率较高且享有较高知名度，主导产品销售收入占本企业销售收入的 50% 以上；精细化生产、精细化管理和精细化服务，以美誉度高、性价比好、品质精良的产品和服务在细分市场中占据优势。

省级申报要求：①须已认定为市级专精特新中小企业；②注册成立 2 年以上；③上年营收 1000 万元以上，近两年平均营收增速不低于 10%；④通过质量管理体系认证，产品质量稳定可靠；⑤近两年未发生过安全、质量和环境污染事故。

专精特新企业分类及申报条件见表 6-4。

表 6-4　专精特新企业分类及申报条件

分类	申报条件
市级专精特新	① 符合项目内涵中的"专、精、特、新"特质。②主导产品销售收入占本企业销售收入的 50% 以上（硬指标）。③上年营业收入 300 万元以上（硬指标）
省级专精特新	① 须已认定为市级专精特新中小企业（硬指标）。②注册成立 2 年以上（硬指标）。③上年营收 1000 万元以上，近两年平均营收增速不低于 10%（硬指标）。④通过质量管理体系认证，产品质量稳定可靠（硬指标）。⑤近两年未发生过安全、质量和环境污染事故

2. 国家级专精特新"小巨人"

国家级专精特新"小巨人"企业,主要指代那些集中于新一代信息技术、高端装备制造、新能源、新材料、生物医药等中高端产业领域的尚处于发展早期的小型企业,它们始终坚持专业化发展战略,普遍具有经营业绩良好、科技含量高、设备工艺先进、管理体系完善、市场竞争力强等特点,并且极具发展潜力与成长性,有望在未来成为相关领域国际领先的企业。

国家级专精特新"小巨人"申报条件:①经营 3 年以上;②已获得省/市级专精特新认证;③上年营收在 1 亿元至 4 亿元之间,近 2 年主营业务收入或净利润的平均增长率达到 10%以上,企业资产负债率低于 70%;④主营业务收入占本企业营业收入的 70%以上,主导产品享有较高知名度,且细分市场占有率在全国名列前茅或全省前 3 位(如有多个主要产品的,产品之间应有直接关联性);⑤近 2 年企业研发经费支出占营业收入比重在同行业中名列前茅,从事研发和相关技术创新活动的科技人员占企业职工总数的比例不低于 15%,至少获得 5 项与主要产品相关的发明专利,或 15 项及以上实用新型专利、外观设计专利;⑥企业具有自主知识产权的核心技术和科技成果,企业设立研发机构,具备完成技术创新任务所必备的技术开发仪器设备条件或环境(设立技术研究院、企业技术中心、企业工程中心、院士专家工作站、博士后工作站等);⑦取得相关质量管理体系认证。①

专精特新"小巨人"企业是专精特新企业中的佼佼者,这主要是体现在企业关键核心技术和产品服务质量上。发展专精特新"小巨人"企业正是为了解决目前很多"卡脖子"的技术问题。中小企业要想入选专精特新"小巨人"企业,必须符合国家制定的一系列认定条件和标准,包括经济效益、专业化程度、创新能力、经营管理等方面。其主导产品应优先聚焦制造业短板弱项,符合《工业"四基"发展目录》所列重点领域,从事细分产品市场属于制造业核心基础零部件、先进基础工艺和关键基础材料;或符合制造强国战略十大重点产业领域,即新一代信息技术产业、高档数控机床和机器人、航空航天装备、海洋工程装备及高技术船舶、先进轨道交通装备、节能与新能源汽车、电力装备、农机装备、新材料、生物医药及高性能医疗器械等;或属于产业链供应链关键环节及关键领域"补短板""锻长板""填空白"产品;或围绕重点产业链开展关键基础技术和产品的产业化攻关;或属于新一代信息技术与实体经济深度融合的创新产品。能作为"排

---

① 资料来源:《工业强基工程实施指南(2016—2020 年)》《促进中小企业发展规划(2016—2020 年)》(工信部规〔2016〕223 号)、《关于促进中小企业"专精特新"发展的指导意见》(工信部企业〔2013〕264 号)和《工业和信息化部办公厅关于开展专精特新"小巨人"企业培育工作的通知》。

头兵"企业，它们肯定有专业化的战略目标，基本上具有良好的经营业绩。在科技培育与实践中，专精特新"小巨人"企业不断研发和创新产品，设备的工艺也比较先进，管理体系更是比较完善，市场竞争力就比较强。在中小企业的创新努力下，专精特新"小巨人"企业成为经济转型创新的重要抓手，并且逐渐成为现代经济体系的关键力量。

6.4.2　制造业单项冠军与隐形冠军企业

制造业单项冠军企业是指长期专注于制造业某些特定细分产品市场，生产技术或工艺国际领先，单项产品市场占有率位居全球前列的企业。其包含两方面内涵：一是"单项"，即企业必须专注于目标市场，长期在相关领域精耕细作；二是"冠军"，即要求企业在细分领域中拥有冠军级的市场地位和技术实力。

入选单项冠军示范企业和培育企业均有九方面的要求，其中入选示范企业必须符合如下基本条件（表 6-5）：①长期专注并深耕于产业链某一环节或某一产品领域，从事相关领域 10 年或以上，从事新产品生产经营的时间应达到 3 年或以上；②企业申请产品的市场占有率位居全球前三；③企业生产技术、工艺国际领先，重视研发投入，拥有核心自主知识产权，主导或参与制定相关领域技术标准；④企业申请产品质量精良，关键性能指标处于国际同类产品领先水平，盈利能力超过行业企业的总体水平，重视并实施国际化经营和品牌战略；⑤具有独立法人资格，具有健全的财务、知识产权、技术标准和质量保证等管理制度；⑥近三年无环境违法记录，企业产品能耗达到能耗限额标准先进值。

表 6-5　制造业单项冠军示范企业评选的具体条件①

序号	方面	具体条件
1	目标市场	聚焦有限的目标市场，主要从事制造业 1~2 个特定细分产品市场，从事 2 个细分产品市场的，产品之间应有直接关联性，特定细分产品销售收入占企业全部业务收入的比重在 70%以上
2	市场占有率	在相关细分产品市场中，拥有强大的市场地位和很高的市场份额，单项产品市场占有率位居全球前 3 位
3	创新能力	生产技术、工艺国际领先，产品质量精良，相关关键性能指标处于国际同类产品的领先水平。企业持续创新能力强，拥有核心自主知识产权，主导或参与制定相关业务领域技术标准
4	经营业绩	经营业绩优秀，利润率超过同期同行业企业的总体水平。企业重视并实施国际化经营战略，市场前景好
5	主营产品	企业长期专注于瞄准的特定细分产品市场，从事相关业务领域的时间达到 10 年或以上，或从事新产品生产经营的时间达到 3 年或以上

---

① 资料来源：工信部印发的《制造业单项冠军企业培育提升专项行动实施方案》。

序号	方面	具体条件
6	发展方向	符合工业强基工程等重点方向，从事细分产品市场属于制造业关键基础材料、核心零部件、专用高端产品，以及属于《中国制造 2025》重点领域技术路线图中有关产品的企业，予以优先考虑
7	品牌培育	制定并实施品牌战略，建立完善的品牌培育管理体系并取得良好绩效，公告为工信部工业品牌建设和培育示范的企业优先考虑
8	环保能耗	企业近三年无环境违法记录，企业产品能耗达到能耗限额标准先进值
9	管理制度	具有独立法人资格，具有健全的财务、知识产权、技术标准和质量保证等管理制度

根据工信部公布的数据，截至 2022 年底，全国经过了七次评选，已认定共 1186 家国家级制造业单项冠军企业。这些企业涵盖了制造业中各个关键细分领域，主要集中在新一代信息技术、高端装备制造、新能源、新材料、生物医药等中高端产业领域。

根据《促进大中小企业融通发展三年行动计划》，我国力争到 2025 年，通过中小企业"双创"带动孵化 100 万家创新型中小企业、10 万家专精特新中小企业、1 万家专精特新"小巨人"企业，以及 1000 家左右的制造业单项冠军企业，逐步构建起"百十万千"的优质中小企业梯度培育体系。同时，引导地方完善扶持政策和公共服务体系，分三批（每批不超过三年）支持 1000 余家国家级专精特新"小巨人"企业高质量发展（张晓辉，2022）。

隐形冠军是由德国著名管理学思想家赫尔曼·西蒙首次提出的。他通过研究大量德国的卓越中小企业案例，认为隐形冠军企业是指那些在某个细分市场占据绝对领先地位但鲜为人知的中小企业。西蒙定义的隐形冠军需要满足 3 个条件：①是世界同业市场的前三强或者至少是某个大洲的第一名公司；②年营业额低于 50 亿欧元；③不为外界周知，公众知名度比较低。由此，他收集了全世界近 3000 家隐形冠军企业的数据，其中德国 1307 家，美国 366 家，日本 220 家，奥地利 116 家，瑞士 110 家。在中国发现了至少 92 家隐形冠军企业，分布在 19 个省区市。这一数据可能不完全准确，而且随着世界市场的持续变化，这个数量还在持续增长（西蒙，2015）。

"德国制造"代表着世界制造标准的高峰。殊不知其背后的中坚力量是大量的隐形冠军企业：这些企业生长在德国的城市和乡间，它们在行业内享有盛誉，但不为普通的消费者所知；生存时间都在 30 年以上，有的甚至已有上百年历史；在一个狭窄的市场内精耕细作，直到成就全球行业内的"独尊地位"（only-one company）。隐形冠军企业扩张得很慢但发展稳健，讲究价值驱动而非盲目扩张。隐形冠军企业多数是家族企业，企业主追求"鬼之艺，匠之气"的精神并代代传承，它们是世界一流企业群体中富有个性的一个集合。西蒙关于隐形冠军的权威研究，从市场领导、专注战略、深度价值创造、全球营销、贴近客户、产品和服务、持续创新、竞争战略、融资战略、组织结构、企业文化、有效管理等方面描述了隐形冠军的共同特征。此外，美国的利基企业、日本的国际利基领军企业、韩国的中坚企业等都是同类企业。事实上，工信部推出的制造业单项冠军企业评选受到了隐形冠军概念的启发，借鉴了其经验。

6.4.3　专精特新"小巨人"企业专项效应分析

根据对专精特新"小巨人"企业的注册时间、注册地点、行业分布、实缴资本、融资情况、风险评估等多维度分析，我们发现：一是专精特新"小巨人"企业成立时间集中在 2000~2014 年；二是分布在全国，33% 集中在东部沿海地区；三是行业集聚在制造业、科学研究和技术服务业；四是实缴资本多在 5000 万人民币以上，近 50% 的企业有融资行为，近 80% 的企业有对外投资情况；五是近 70%的企业经营和司法风险较低。同时，专精特新"小巨人"企业还具备"56789"新特征：超 50% 研发投入在 1000 万元以上，平均拥有近 50 项有效专利；超 60% 属于工业基础领域；超 70% 深耕细分行业 10 年以上；超 80% 居本省细分市场头部；主营业务收入占全部营收的比重近 90%。[①]

截至 2023 年 1 月 11 日，我国已累计培育专精特新中小企业 7 万多家、"小巨人"企业 8997 家。专精特新"小巨人"企业覆盖全国 31 个地区，其中浙江、广东、山东、江苏、北京、上海位列前 6 名，数量均超 500 家。从城市来看，北京、上海、深圳、宁波、重庆等城市专精特新"小巨人"企业数量位居全国前列，其中京、沪、深三地均超过 400 家，位于全国第一梯队，宁波、重庆在 250 家以上。专精特新"小巨人"企业平均成立年限为 16 年，成立年限在 10 年及以上企业占比达到 80.3%，其中成立年限在 11 年至 15 年、16 年至 20 年的企业分别占比 26%、27%。从上市的专精特新"小巨人"企业行业分布来看，前三大行业依次是机械设备行业、医药生物、新材料化工行业，集中在补短板、强民生的行业领域。由此可见，上市的专精特新"小巨人"企业扎根于制造业，以"精细化""专业化""创新化"为制造业补链。

2021~2025 年，国家通过中小企业发展专项资金分三批支持国家级专精特新"小巨人"企业，将有效促进企业创新，加强核心技术攻关，加快技术成果产业化运用。在提升产业链协同性方面，"小巨人"评选专项为龙头企业与中小企业深化合作，建立协同创新的产业生态提供了支持，鼓励产业链中占主导地位的"链主"企业发挥引领支撑作用，开放市场、创新、资金、数据等要素资源，促进更

---

① 资料来源：企查查官网（https://www.qcc.com/）。

多专精特新中小企业、"小巨人"企业更好地融入产业链、价值链和创新链。

根据"百十万千"梯度培育体系可以看出，我国为中小企业规划的成长路径是，从专精特新"小巨人"企业、制造业单项冠军到领航企业（主业突出，综合实力强，具有全球竞争力）。制造业单项冠军企业界定为在细分领域全球领先，专精特新"小巨人"企业界定为国内领先。在某种意义上说明，专精特新"小巨人"企业是制造业单项冠军、隐形冠军企业的前一个阶段，制造业单项冠军、隐形冠军企业可以说是经济全球化、产业结构转型升级、供给侧结构性改革背景下专精特新"小巨人"企业的升级加强版。

6.5　总结：创新助推中小企业转型升级

中小企业是中国制造业的主体，面对新时期转型过程中的重重矛盾，企业的转型发展路径在何方？专精特新是中小企业发展大势所趋，也是必由之路。制造业单项冠军、隐形冠军企业则有可能由专精特新"小巨人"企业中的佼佼者成长起来。隐形冠军蕴含的高附加值、低能耗，体现了新发展理念，体现着高质量发展的内在要求。无论是"小巨人"企业、还是制造业单项冠军或者隐形冠军企业，均是独具优势、专业化的行业翘楚，是培育经济增长新动能、促进我国经济高质量持续增长的重要力量。因此，中国在以质量变革、效率变革、动力变革推动高质量发展阶段，培育企业的"专精特新"能力，倡导"小巨人"、单项冠军和隐形冠军思想，不断发展壮大更多中国创新型企业，比以往更加重要、迫切。未来中小企业的发展需要融入世界经济共同体，并在全球市场占据主导性的市场份额。

为此，国家应在企业创新发展方面给予足够重视和关注，在财税、金融、产业等方面出台更加优惠的政策，积极创造良好的市场环境，厚植更加有利的土壤，选好企业标杆，充分发挥其示范引领作用，在全国企业中营造"比学赶超"的浓厚氛围，形成群星璀璨的产业生态。由于专精特新"小巨人"企业属于战略性新兴产业和未来产业，必须给予特殊或专项政策支持，夯实其成长根基，加速其成长为单项冠军企业和隐形冠军企业的步伐，为我国进行全球战略性、引领性、未来性产业布局奠定坚实基础。同时，着力培育其技术原始创新能力和全球产业链供应链的引领能力，推动其加速成长为综合实力强劲、具有世界领航能力的全球卓越企业。

第7章 高新技术企业、高新区与地区产业结构优化升级

高新技术企业是发展高新技术产业的重要基础，是调整产业结构、提高国家竞争力的生力军。高新技术企业一直受到各级政府的高度重视，国家和地方主要采取税收减免、股权激励、科技计划，以及提供项目用地、金融保险、出口信贷等多种政策措施，鼓励和支持高新技术企业发展，已初步形成了培育高新技术企业发展的良好环境和综合政策体系。本章将探讨高新技术企业成长与高新区发展的关系，以及高新区对地区产业结构优化升级的作用。此外，我们还将结合国家高新区产业政策实践经验，分析高新区产业政策对产业结构升级的影响效应，并在此基础上，进一步探讨如何更好发挥国家高新区的作用，以促进地区产业转型升级。

7.1 高新技术企业与高新区

什么是高新技术企业？国家为什么需要高新技术企业？从国家层面看，发展高新技术关系着整个国家的命脉。为了大力发展国家高新技术实力，扶持和鼓励企业的发展，参照国外相关法规经验，国家高新技术企业政策应运而生。作为高新企业聚集地的高新区也孕育产生。

7.1.1 高新技术企业和高新区的建立历程

为了建立我国的高新技术产业，促进高新技术企业快速发展，国务院于1991年发布《关于批准国家高新技术产业开发区和有关政策规定的通知》（国发〔1991〕12号），授权原国家科学技术委员会组织开展国家高新区内高新技术企业认定工作，并配套制定了财政、税收、金融、贸易等一系列优惠政策。

高新技术企业，是指在《国家重点支持的高新技术领域》内，持续进行研究开发与技术成果转化，形成企业核心自主知识产权，并以此为基础开展经营活动，在中国境内注册一年以上的居民企业。它是知识密集、技术密集的经济实体，主要分布于电子信息技术、生物与新医药技术、航空航天技术、新材料技术、高技术服务业、新能源及节能技术、资源与环境技术等行业（杨茜茜，2017）。

　　这些企业要成为享受优惠政策的高新技术企业，还必须参加国家组织的高新技术企业认定。根据国家和地方发展的需要，高新技术企业认定条件和办法也在不断修改与完善之中。高新技术企业认定包括八个方面。①注册时间一年以上。②拥有自主知识产权。③属于国家支持的高新技术八大领域。④研发人员占比不低于10%。⑤企业近三个会计年度的研究开发费用总额占同期销售收入总额的比例符合如下要求：最近一年销售收入小于5000万元（含）的企业，比例不低于5%；最近一年销售收入在5000万元至2亿元（含）的企业，比例不低于4%；最近一年销售收入在2亿元以上的企业，比例不低于3%。其中，企业在中国境内发生的研究开发费用总额占全部研究开发费用总额的比例不低于60%。⑥近一年高新技术产品（服务）收入占企业同期总收入的比例不低于60%。⑦企业创新能力评价应达到相应要求。⑧企业申请认定前一年内未发生重大安全、重大质量事故或严重环境违法行为。

　　如果企业还达不到认定高新技术企业的条件，可以申请进行培育，等培育成熟后才可以去申请认定高新技术企业。各地根据实际情况，培育了一批拥有关键核心技术及知识产权，研究开发实力强、注重产学研合作、具有一定的成果转化能力、成长性高的优秀企业，其逐渐成长为高新技术企业，不断壮大高新技术企业创新群体，促进创新驱动发展水平的提升。

　　中国的高新区是在新技术革命和深化改革的背景下创建发展起来的，由国务院批准设立，旨在通过实施发展高新技术产业的优惠政策，局部优化环境，来培育、发展高新技术产业，带动传统产业改造，实现高新技术成果转化。国家建立高新区的目的主要有四点：①建立和发展高新技术产业的基地；②加速科技成果转化和建立科技创新创业的示范区；③深化改革和加快体制创新；④实施科技兴贸战略和提供对外开放的展示区（方在农，2007）。

　　根据国家战略部署，1988年5月10日经国务院正式批准成立了中国第一个国家高新区——"北京市新技术产业开发试验区"，并颁布了有关试验区的18条优惠政策。同年8月，为全面促进中国高新技术产业的发展，国务院批准实施发展中国高新技术产业的指导性计划——"火炬计划"，并确定将创办高新区和企业孵化器作为"火炬计划"的重要组成部分（朱雯婷，2014）。国家高新区的核心在于其承载的高新技术企业。由此以国家政策为导向，各地区纷纷结合当地特点探索创办国家高新区，仅1991年到1992年，就有近100个城市要求批准建立国家高新区，国务院分别批准了26家和25家。到2000年，53家国家高新区已经聚集了科技型企业2万多家，技工贸总收入达到9209亿元，基本形成了高新区的完整园区体系以及支撑园区产业发展的条件。官方普遍将这一阶段的发展称为国家高新区的"一次创业"。

　　进入21世纪后，高新区加速发展壮大，同时，国家经济发展方式转型也对高新区的发展提出了更高的要求。从此，国家高新区进入"二次创业"发展阶段。高新区在更大程度上表现出了科技园区发展的特征与内涵（王胜光和程郁，2013）。2009 年省级高新区开始升级扩充，国家高新区的数量出现了第二次快速增长。2014 年，国家高新区总数已达 114 家，其中 55 家成为"千亿俱乐部"成员。2015 年，16 家省级高新区升级为国家高新区，至此国家高新区数量增加至 145 家。2017 年，全国批准总数已达 156 家。2018 年，国务院批复同意乌鲁木齐、昌吉、石河子 3 个高新区建设，享受国家自主创新示范区相关政策。2010 年，科学技术部（以下简称科技部）和对外经济贸易部联合认定数十家国家高新区为"国家高新技术产品出口基地"（孙晓夏和魏亚平，2010）。截至 2020 年底，国家高新区总数达 169 家，其中东部 70 家、中部 44 家、西部 39 家、东北 16 家，建设了 21 家国家自主创新示范区，成为实施创新驱动发展战略的重要载体。[1]国家高新区集聚了全国 50%以上高新技术企业，单位产出能耗仅为全国平均值的一半，每万名从业人员拥有发明专利 107 件，相当于全国平均水平的 10 倍。国家高新区表现出很好的发展质量和增长态势，已成为中国深入实施创新驱动发展战略、走中国特色自主创新道路的一面旗帜。

7.1.2　高新区发展的阶段性

国家高新区的发展大致经历了三个阶段。①"一次创业"（1988～2000 年）：基础设施和招商引资发展的要素集聚阶段；②"二次创业"（2001～2012 年）：创新驱动的内涵式增长阶段；③"三次创业"（2013 至今）：全面创新发展与建设综合性生态园区阶段。不同发展阶段的转换伴随着高新区的内涵和政策导向的变迁，这种变迁可以从高新区的管理机构——科技部火炬高技术产业开发中心在不同阶段对高新区确立的评价指标体系中看出（表 7-1）。整体上，高新区的评价标准经历了"侧重要素集聚"到"侧重技术创新"再到"侧重创新创业生态"的转变，反映了高新区的政策导向逐渐向创新倾斜。

表 7-1　不同阶段国家高新区评价导向的演变

发展阶段	评价指标体系	评价侧重点	评价导向
"一次创业"	1993 年：经济、资本、建设、企业、创业中心、人才、外国企业和工业总产值等 8 个方面	强调利用外资情况和外资企业数量，偏好对硬环境的考核	高新区发展状况的总体反映
	1999 年：技术创新、创业环境、发展、贡献、国际化 5 个方面	增加技术创新	

----

① 资料来源：《"十四五"国家高新技术产业开发区发展规划》。

发展阶段	评价指标体系	评价侧重点	评价导向
"二次创业"	2003 和 2004 年：技术创新、经济发展和创新创业环境 3 个方面	强调技术创新对经济发展的贡献，评价高新区经济增长的质量	高新区对国家导向目标的实现程度
	2008 年：知识创造和技术创新能力、产业化和结构优化能力、国际化和参与全球竞争能力、高新区可持续发展能力	从关注高新区发展状况转向高新区对区域、国家经济发展的影响	
"三次创业"	2013 年：创新资源集聚、创新创业环境、创新活动绩效、创新的国际化和创新驱动发展	强调营造创新创业生态	

　　资料来源：参考刘会武（2018）的划分，作者对内容进行了更新

　　传统的工业聚集区的形成原因是在于生产要素的易得性，企业聚集于此可以降低其生产和销售的成本；科技园区形成的主要原因在于高新技术企业能够在邻近大学和科研院所所在的区域，便利地获取新知识和新技术，企业由于便于获得创新的要素而聚集。在西方发达国家，国家高新区的定位不同于传统的工业聚集区，以斯坦福工业园为代表的高新区的经典意义是在大学附近划出一块土地，用以实现高新技术的科技成果转化。

　　中国高新区建设的定位并没有完全仿效西方发达国家。在最初的讨论中，高新区的定位同样在于便于获取创新要素，但在实际实施中，我国高新区的建设初期主要走的是工业聚集区的发展道路，即生产要素的易得性。后来随着建设过程的深入，我国高新区才逐渐具有科技园和产业区的双重定位。

　　在实际操作中，虽然在高新区选址时也将邻近大学、科研机构等因素作为参考，但总体来说，起步阶段的国家高新区建设主要依靠的是经济力量，而非大学和科研机构的创新聚集。因为国家高新区的主导建设权在于地方政府，地方倾向于将国家高新区作为支撑一方经济的重要支柱来定位，招商引资、拉动地方经济增长成为许多地方的首选。此外，在国家高新区的具体建设过程中，科技部一直强调其科技创新定位。当中国经济迈进上中等收入阶段后，国家着力推进转变经济发展方式。特别是党的十八大以来，创新驱动的重要性也日益突出，高新区的定位逐渐趋向于既体现经济规模的聚集优势，又体现创新要素的聚集优势的双重目标。

　　对于国家高新区而言，由于批复设立的时间差异和所在区域发展的不平衡性，"一次创业""二次创业""三次创业"阶段兼而有之。东部地区国家高新区的数量比中西部地区多得多，其数量相当于中西部地区国家高新区的数量之和，这一比例关系在高新区整个发展期间基本都存在。

　　国家高新区在区域之间存在发展不平衡性，经济绩效也存在显著的差别。例如，国家高新区在东中西部地区历年的工业总产值和出口总额指标差异明显（图 7-1 和图 7-2）。2017 年，东部地区国家高新区工业总产值占全部国家高新区

工业总产值的比重达到 54.6%，出口总额的比重达到了 71.4%。这说明东部国家高新区相比中西部地区优势依然十分明显。

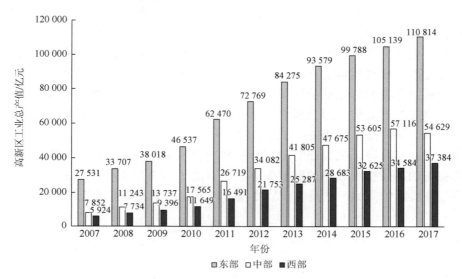

图 7-1　国家高新区在东中西区域历年工业总产值（2007～2017 年）

资料来源：《中国火炬统计年鉴》

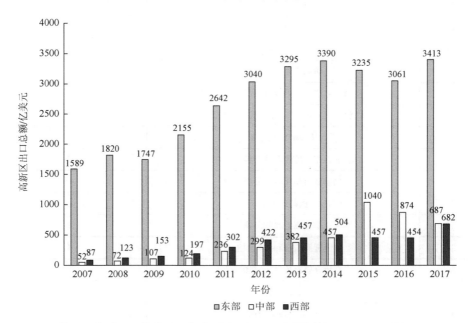

图 7-2　国家高新区在东中西区域历年出口总额情况（2007～2017 年）

资料来源：《中国火炬统计年鉴》

　　国家高新区的主导行业选择集中在计算机、通信和其他电子设备制造业、专用设备制造业、电气机械和器材制造业、汽车制造业、化学原料和化学制品制造业、医药制造业等资本密集型或技术密集型制造业（表7-2）。国家高新区强调创新能力建设，推动科技创新与经济发展的结合，着力培养具备自主创新能力的企业（王胜光和程郁，2013）。国家高新区既是高新技术企业的发展基地，又是发展新兴战略性产业的核心载体。其在发展产业规模的同时，也带来了产业链上下游配套企业的聚集，带来了关联产业的衍生，形成了战略性新兴产业聚集发展的态势。对于战略性新兴产业而言，其在发展的起步阶段，存在着与传统市场和规则的冲突；在发展的扩张阶段，存在着竞争优势的此消彼长；在发展的稳定阶段，又存在着对定价权和定价机制的控制问题。而国家高新区配套完善的产业链和成熟的产业生态系统有助于新兴产业获得其发展所需要的诸多互补要素的支撑，从而突破战略性新兴产业各个发展阶段的瓶颈与制约。

表 7-2　国家高新区主导行业分布

行业代码	行业名称	被设置为主导行业的次数
5	农、林、牧、渔服务业	1
13	农副食品加工业	2
14	食品制造业	9
15	酒、饮料和精制茶制造业	1
17	纺织业	3
18	纺织服装、服饰业	1
19	皮革、毛皮、羽毛及其制品和制鞋业	1
20	木材加工和木、竹、藤、棕、草制品业	1
22	造纸和纸制品业	1
25	石油加工、炼焦及核燃料加工业	7
26	化学原料和化学制品制造业	45
27	医药制造业	45
30	非金属矿物制品业	1
31	黑色金属冶炼和压延加工业	4
32	有色金属冶炼和压延加工业	8
34	通用设备制造业	34
35	专用设备制造业	57
36	汽车制造业	47

续表

行业代码	行业名称	被设置为主导行业的次数
37	铁路、船舶、航空航天和其他运输设备制造业	41
38	电气机械和器材制造业	48
39	计算机、通信和其他电子设备制造业	91
42	废弃资源综合利用业	7
44	电力、热力生产和供应业	5
64	互联网和相关服务	1
65	软件和信息技术服务业	16
87	文化艺术业	1

资料来源：作者根据《中国开发区审核公告目录》（2018 年版）整理

国家高新区在产业聚集和产业转型升级等方面，仍然存在着一些亟待解决的问题，如原有发展路径依赖、体制惯性、价值链低端锁定、企业之间缺乏专业化分工、高新区与周围地区间的专业化分工缺乏合作交流（吕政和张克俊，2006）。高新区自身产业优化与升级不足，导致高新区周边地区迟迟得不到创新要素辐射，部分高新区出现了"产业孤岛"现象。特别是部分内陆地区的高新区，未能与当地的传统产业相结合，导致传统产业能耗高、物耗大、资源利用粗放、经济效益低下的局面未能得到根本转变，致使所在地区整体的经济实力仍然很弱（刘京和仲伟周，2011）。目前中国大部分高新区的扩散效应不明显，辐射带动能力较弱。从 TFP 来看，在 2003～2010 年，西部 19 个高新区中，有 4 个高新区 TFP 的增长率高于其所在省区市 TFP 增长率的两倍；中部 23 个高新区中，有 3 个高新区增长率高于其所在省区市的两倍；但东部 41 个高新区中，仅有北京、苏州、南京以及福州的 4 个高新区增长率高于其所在省区市 TFP 增长率的两倍（程郁和陈雪，2013）。

那么，国家高新区的设立到底是否有效地促进了地区产业转型升级？如果答案是肯定的话，其建立在哪些城市更有利于产业优化升级发展？

7.2 国家高新区促进地区产业转型升级的机理与实证检验

国家高新区以 0.1%的国土面积创造了约全国 13%的 GDP，已经成为中国创新驱动发展的示范区和高质量发展的先行区。[①]国家高新区集聚了全国约 1/3 的高

---

① 《国务院新闻办就科技创新有关进展情况举行发布会》，https://www.gov.cn/xinwen/2022-02/27/content_5676505.htm[2022-11-15]。

新技术企业，培养壮大了一批世界级的产业集群，已经成为科技的聚集地，也是创新的孵化器，更是培育发展高新技术企业和产业的重要载体。高新区企业研发支出占全国研发支出的一半，国际专利申请量也占到全国的一半，为高水平的创新创业和高端产业的培育发展提供了源头的技术支撑。国家高新区作为所在地区调整与优化产业结构、推动传统产业转型升级的先行者与示范者，其政策效果如何，尚需验证。

7.2.1　国家高新区促进地区产业转型升级的机理

科学客观地评价国家高新区对地区产业转型升级的影响，对于国家制定和完善产业政策与区域政策具有重要的参考价值。当前，有关国家高新区的产业研究，主要聚焦于如下两个方面。

一是定性地探讨国家高新区产业升级路径。例如，从全球价值链的角度出发，提出通过大力培育战略性新兴产业，促进产学研创新联盟的形成，推动国家高新区产业升级（王崇锋，2012）。赵夫增（2010）则认为可以通过整合全球科技资源和国家战略部署，来推进国家高新区的战略性新兴产业发展。曹灿明和段进军（2017）以昆山高新区为例从创新生态系统构建、投融资体系以及制度创新等方面探讨了战略性新兴产业升级路径。

二是定量地探讨国家高新区产业集聚的影响。例如，从生产要素的地理集中及其规模收益递增出发，对国家高新区的产业集聚现状进行实证研究（李强，2007）。李凯等（2007）探讨了产业集群对技术创新能力的贡献。谢子远和鞠芳辉（2011）则进一步利用数据包络分析方法测算国家高新区的创新效率，并对高新区创新效率的影响进行实证研究。

此外，聚焦于国家高新区对于地区经济增长影响的实证研究类文献也不断出现。例如，徐维祥和方亮（2015）探讨了国家高新区产业集聚程度的差异性，发现产业集聚具有显著的调节效应。刘瑞明和赵仁杰（2015）则运用双重差分法，通过实证检验验证了国家高新区的建设显著地促进了地区经济增长。设立高新区的地区还会有许多其他因素影响地区产业转型升级，而未设立国家高新区的地区也会有其他产业政策促进产业升级，单差法可能存在估计偏差。因此，国家高新区对于产业转型升级的作用同样需要在双重差分法的基础上进行评价。那么，国家高新区促进地区产业转型升级的机理又是什么呢？

第一，作为国家高新区支柱的高新技术产业本身就是产业转型升级的方向。例如，中关村科技园区目前的主导产业就是物联网、智能电网、云计算、移动互联网等现代信息服务业。

第二，相比传统制造业，高新技术产业更加需要现代金融服务业的支持。由于高新技术产业具有很强的专业性，金融资本与科技企业之间的信息不对称比传统产业要更为严重。因此，大力发展风险投资基金和资本市场融资等科技金融就显得尤为重要。

第三，高新区的设立依托于大学科技园，因此高新区有利于教育科研行业的发展。许多高新区都建立在大学或研究机构周边，如著名的硅谷就起源于斯坦福大学科技园，中关村科技园区与中国科学院、清华大学、北京大学有关，东湖高新区与华中科技大学、武汉大学等有关。反过来，科技园又促进了大学和研究机构的发展。

根据以上分析，我们提出如下两个理论假说。

假说 7-1　设立国家高新区能够促进地区产业转型升级。

在中国，不同地区之间的经济发展水平差异巨大。产业转型升级本身是与经济发展阶段密切相关的。由于发达地区在初始的经济发展水平、资源禀赋和基础设施上要领先于相对欠发达的地区，同样的政策优惠对发达地区是"锦上添花"，而对相对欠发达的地区则是"雪中送炭"。我们将所有城市分为四类：省会城市、副省级城市[①]、较大城市[②]和一般地级市。对于等级越高的城市，我们预期同样的政策优惠对产业转型升级的促进作用越小。

假说 7-2　国家高新区的设立对较低级别城市产业转型升级的促进作用相对于较高级别的城市要更大。

7.2.2　国家高新区促进地区产业转型升级的实证检验

本节将使用 1994～2015 年中国 287 个地级及以上城市的面板数据，采用双重差分法进行检验。

1. 估计方法与变量选取

我们使用《中国城市统计年鉴》中 287 个地级及以上城市 1994～2015 年的面板数据进行估计（1994 年之前的指标大量缺失）。截至 2015 年底，共有 145 个城市先后获得批准设立了国家高新区。我们以此作为"自然实验"，评估国家高新区政策效果。样本中的 145 个获准设立国家高新区的城市为处理组，而 142 个没有获批的城市则是对照组。

按照各个城市获批设立国家高新区的年份差异，可以建立代表国家高新区设

---

① 副省级城市包括：南京、杭州、武汉、西安、成都、哈尔滨、长春、沈阳、大连、济南、青岛、宁波、广州、厦门、深圳。

② 较大城市即经国务院批准的其他较大的市，具体包括大连、本溪、抚顺、吉林、齐齐哈尔、包头、洛阳、邯郸、宁波、大同、唐山、鞍山、青岛、淄博、无锡、淮南、苏州、徐州。

立的虚拟变量 NHIDZ，对于设立了国家高新区的处理组城市，在设立前 NHIDZ = 0，设立后 NHIDZ = 1；对于从未设立国家高新区的对照组城市，NHIDZ = 0。

我们建立双向固定效应模型来实现双重差分估计：

$$Y_{it} = \beta_0 + \beta_1 \text{NHIDZ}_{it} + \beta_2 \text{CONTR}_{it} + \eta_t + \mu_i + \varepsilon_{it} \qquad (7\text{-}1)$$

其中，i 和 t 为第 i 个城市和第 t 年；η_t 为时间固定效应；μ_i 为个体固定效应；Y_{it} 为衡量产业转型升级的被解释变量。产业转型升级在量上可以用产业结构高级化程度，即第三产业产值与第二产业产值之比来衡量，这一度量能清晰地反映出经济结构的服务化倾向（干春晖等，2011）。但是服务化并不是产业转型升级的全部内涵，不同类型的服务化存在"好"与"坏"的差异。产业转型升级在质上可以用服务业劳动生产率除以工业劳动生产率来衡量，这一指标可以反映出产业转型升级的效率（乔晓楠和杨成林，2013）。当该比值大于 1 时，说明服务业部门的效率更高，服务化进程所导致的产业结构与资源配置的调整有利于整体经济效率改进；当该比值小于 1 时，则意味着与工业部门相比，服务业部门并不具备效率优势，此时服务化进程就会成为一种低效率的产业结构调整。我们将产业结构的高级化程度和升级效率的指标分别记为 INUPA 和 INUPE。除了前述高新区设立变量 NHIDZ 之外，为了检验假说 2，我们还设立三个城市级别虚拟变量：省会城市 Ccity，副省级城市 Vcity，较大城市 Lcity。在样本期内，某一城市属于上述三类城市则相应虚拟变量取 1，否则取 0。

影响地区产业转型升级的因素很多。为此，我们引入如下一些控制变量。①地区经济发展水平 perGDP：随着经济发展和人均收入水平的不断提高，一个地区会逐渐向更高附加值和更有效率的产业转型，从而成为产业转型升级最为重要的推动力（王吉霞，2009），以"城市生产总值/全市年末人口"来衡量，在列入计量模型时我们取其对数值 lnperGDP。②城市化率 Urban：城市化聚集效应与外部效应极大地促进了城市服务业发展与产业高级化（顾乃华，2011），我们以"全市非农人口/全市年末人口"来衡量。③政府支出比重 Gov：地方政府支出对产业转型升级具有显著的正向空间溢出效应（查华超，2016），我们以"财政预算内支出/城市生产总值"来衡量。④科教文卫支出比重 Edu：于力和胡燕京（2011）发现地方政府的财政支出中不同类型支出对产业升级的作用不尽相同，科教文卫支出对产业转型升级具有显著促进作用，而其他的支出作用不明显，甚至为负，我们以"文教科卫事业费支出/财政预算内支出"衡量。⑤人力资本 Human：人力资本积累的外部性是发展中国家培育动态比较优势和促进产业转型升级的关键（代谦和别朝霞，2006），我们以"每万人在校大学生数/10 000"来衡量。

2. 评估结果

我们用双重差分法来估计国家高新区对地区产业结构的高级化程度和产业转型升级效率的影响。回归结果见表 7-3,模型 1 和模型 2 的回归结果未加入控制变量,模型 3 和模型 4 加入了所有控制变量。

表 7-3　国家高新区对地区产业结构的高级化程度和产业转型升级效率的影响

变量	模型 1	模型 2	模型 3	模型 4
	INUPA	INUPE	INUPA	INUPE
NHIDZ	0.0303 (0.0343)	0.0577* (0.0305)	0.0203** (0.0089)	0.0113** (0.0047)
lnperGDP			0.0595 (0.1220)	0.1284* (0.0778)
Urban			0.0525 (0.0930)	0.6679*** (0.1704)
Gov			−0.3113* (0.1797)	−0.5412** (0.2159)
Edu			1.1643*** (0.2387)	0.9209*** (0.3535)
Human			0.8608 (0.6582)	1.4397** (0.7329)
个体固定效应	控制	控制	控制	控制
时间固定效应	控制	控制	控制	控制
样本总数	6024	5954	3939	3939

注:使用 Stata 14.0 软件估计,括号内为稳健标准误

***、**、*分别代表在 1%、5%、10%的显著性水平下显著

从结果可以看出,除了模型 1 外,核心解释变量 NHIDZ 前系数都显著为正。设立国家高新区无论在高级化程度还是转型升级效率上,都会推动产业转型升级,这就验证了假说 1。在控制变量方面,地区经济发展水平、城市化率均显著地促进了产业转型升级效率提升。但政府支出比重提升却显著地抑制了产业转型升级效率的提升以及产业结构的高级化。这很可能是因为:大部分政府投资投向了基建行业,由于回报率较低,从而对产业结构高级化和效率提升具有负面影响。而科教文卫支出比重提升却高度显著地促进了产业结构的高级化,并提升了产业转型升级的效率。这充分说明在促进产业转型升级方面,优化政府支出结构要远比扩大政府支出重要。人力资本对于产业结构高级化的影响并不显著,但却能显著提升产业转型升级的效率。

然后,我们要研究:在不同等级的城市设立国家高新区,是否会产生不同的转型升级影响?为了检验假说 2,我们可以构建如式(7-2)所示的双向固定效应模型:

$$Y_{it} = \beta_0 + \beta_1 \text{NHIDZ}_{it} \cdot \text{Xcity}_{it} + \beta_2 \text{CONTR}_{it} + \eta_t + \mu_i + \varepsilon_{it} \quad (7\text{-}2)$$

其中，Xcity 为城市等级虚拟变量，在不同的模型中分别代表省会城市 Ccity、副省级城市 Vcity、较大城市 Lcity。其余各个变量及其含义与式（7-1）相同。

从估计结果（表7-4）来看，省会城市和副省级城市的交互项各有一个显著，另一个不显著，说明设立国家高新区显著地提升了省会城市的产业结构高级化程度和副省级城市的产业转型升级效率。而较大城市的两个交互项估计系数均显著为正，说明设立国家高新区显著地提升了较大城市的产业结构高级化程度和产业转型升级的效率。

表 7-4　不同等级城市设立国家高新区对地区产业转型升级的作用

变量	模型 1	模型 2	模型 3	模型 4	模型 5	模型 6
	INUPA	INUPE	INUPA	INUPE	INUPA	INUPE
NHIDZ·Ccity	0.1479* (0.0872)	0.0539 (0.0835)				
NHIDZ·Vcity			0.0481 (0.0584)	0.1440* (0.0772)		
NHIDZ·Lcity					0.0811** (0.0346)	0.2187** (0.0983)
lnperGDP	0.0634 (0.1229)	0.1298* (0.0784)	0.0587 (0.1218)	0.1279* (0.0775)	0.0586 (0.1218)	0.1277* (0.0775)
Urban	0.0432 (0.0943)	0.6714*** (0.1728)	0.0536 (0.0935)	0.6628*** (0.1711)	0.0529 (0.0932)	0.6652*** (0.1710)
Gov	−0.3143* (0.1794)	−0.5431** (0.2172)	−0.3139* (0.1794)	−0.5394** (0.2164)	−0.3136* (0.1791)	−0.5391** (0.2160)
Edu	1.1766*** (0.2387)	0.9261*** (0.3561)	1.1617*** (0.2395)	0.9032*** (0.3527)	1.1642*** (0.2384)	0.9119*** (0.3539)
Human	0.8101 (0.6411)	1.4204* (0.7303)	0.8599 (0.6568)	1.4463** (0.7318)	0.8675 (0.6572)	1.4659** (0.7319)
个体固定效应	控制	控制	控制	控制	控制	控制
时间固定效应	控制	控制	控制	控制	控制	控制
样本总数	3939	3939	3939	3939	3939	3939

注：使用 Stata 14.0 软件估计，括号内为稳健标准误

***、**、*分别代表在 1%、5%、10%的显著性水平下显著

接着我们进一步比较国家高新区设立对不同等级城市产业转型升级影响大小的差异。结果如表7-5所示。从结果可以看出：国家高新区的设立使得省会城市、副省级城市、较大城市的产业结构高级化程度分别提升了 12.95%、4.82%、13.40%；产业转型升级效率分别提高了 5.93%、13.38%、23.17%。显然，较大城市设立国家

高新区后产业转型升级效率提升的幅度尤为突出，它们是副省级城市的 1.7 倍，是省会城市的 3.9 倍。

表 7-5　国家高新区设立对不同等级城市产业转型升级指标提升的百分比

项目	省会城市	副省级城市	较大城市
产业结构高级化程度提升百分比	12.95%	4.82%	13.40%
产业转型升级效率提升百分比	5.93%	13.38%	23.17%

注：产业转型升级指标提升的百分比 = 表 7-4 中某一级别城市的交互项估计系数 / 该级别城市产业转型升级指标的均值×100%

无论从估计结果的显著性，还是从提升幅度的大小来看，国家高新区的设立对级别较低的较大城市产业转型升级的促进作用反而最高。这说明国家高新区的设立对级别较低的城市产业转型升级的促进作用显著性更高，且幅度更大。

3. 稳健性检验

采用双重差分法来评价一项政策的经济影响，必须满足的重要前提假定是：如果不存在政策冲击，处理组和对照组之间的发展趋势是基本一致的。我们对模型是否满足这一共同趋势假定的最大担忧包括：政府可能偏向于在产业基础、地理区位、基础设施更为优良的城市批准设立国家高新区。那么，在设立和未设立国家高新区的城市之间，产业转型升级的趋势也许本来就有所不同。因此，我们必须检验不同的城市之间产业转型升级的趋势是否存在系统性差异。

在中国，一个城市等级本身可能对应其产业基础、地理区位、基础设施等差异性。城市的等级越高，其产业基础越强，地理区位越优越，基础设施越完善，越有可能被选为设立国家高新区的合适地点。城市等级本身很可能会破坏共同趋势假定。借鉴刘瑞明和赵仁杰（2015）的做法，我们将省会城市 Ccity，副省级城市 Vcity，较大城市 Lcity 分别更换为设立高新区变量 NHIDZ，代入式（7-1）进行估计。如果其估计系数显著，则说明城市等级本身会改变产业转型升级的趋势，则共同趋势假定不成立；如果其估计系数不显著，则说明产业转型升级的趋势并不受城市等级的影响，则共同趋势假定成立。

估计结果见表 7-6。我们可以发现，三类城市等级指标前的系数在 10% 的显著性水平下均不显著，这说明城市等级并未破坏共同趋势假定。此外，除了省会城市的估计系数略有差异外，副省级城市和较大城市的估计结果近乎完全相同。这再次证明了去除国家高新区设立的政策冲击，处理组与对照组之间的产业转型升级趋势并没有实质的区别。因此，之前通过双重差分法得到的结论是稳健的。

表 7-6　国家高新区促进产业转型升级：是否存在共同趋势检验

变量	模型 1	模型 2	模型 3	模型 4	模型 5	模型 6
	INUPA	INUPE	INUPA	INUPE	INUPA	INUPE
Ccity	0.0079 （0.0083）	0.0135 （0.0121）				
Vcity			0.0086 （0.0063）	0.0142 （0.0095）		
Lcity					0.0086 （0.0063）	0.0142 （0.0095）
lnperGDP	0.0587 （0.1218）	0.1280* （0.0775）	0.0587 （0.1219）	0.1279* （0.0775）	0.0587 （0.1219）	0.1279* （0.0775）
Urban	0.0518 （0.0932）	0.6683*** （0.1713）	0.0517 （0.0932）	0.6685*** （0.1713）	0.0517 （0.0932）	0.6685*** （0.1713）
Gov	−0.3152* （0.1793）	−0.5435** （0.2173）	−0.3157* （0.1795）	−0.5443** （0.2177）	−0.3157* （0.1795）	−0.5443** （0.2177）
Edu	1.1683*** （0.2382）	0.9230*** （0.3553）	1.1658*** （0.2385）	0.9189*** （0.3554）	1.1658*** （0.2385）	0.9189*** （0.3554）
Human	0.8569 （0.6563）	1.4375** （0.7311）	0.8569 （0.6564）	1.4375** （0.7312）	0.8569 （0.6564）	1.4375** （0.7312）
个体固定效应	控制	控制	控制	控制	控制	控制
时间固定效应	控制	控制	控制	控制	控制	控制
样本总数	3939	3939	3939	3939	3939	3939

注：使用 Stata 14.0 软件估计，括号内为稳健标准误
***、**、*分别代表在 1%、5%、10%的显著性水平下显著

　　我们还可以采用假想实验的方法（刘瑞明和赵仁杰，2015；彭飞和范子英，2016），来对比处理组和对照组之间的共同趋势假定。即在政策实施之前选若干个虚拟的政策变动时间点，假设该时间点也发生了政策冲击，然后利用双重差分法来评估政策效果。如果该虚拟时间点的政策效应也同样显著，说明处理组和对照组之间没有共同的变化趋势，因此不能确定政策冲击带来的实际效应。反之，则证明共同趋势假定是成立的。

　　我们通过虚构设立国家高新区的时间点，将各城市设立国家高新区的时间统一提前两年（L2. NHIDZ）或三年（L3. NHIDZ），重新估计双重差分。如果在上述两种假想的情况下，核心变量的估计系数是不显著的，表明在所有地区都没有设立国家高新区时，处理组和对照组并不存在系统性差异，也间接验证了设立国家高新区对产业转型升级影响的稳健性。因此，通过构建反事实的方法，我们来再次进行稳健性检验。表 7-7 中，模型 1 和模型 2 代表高新区提前两年设立的情形，但设立年份的估计系数并不显著；模型 3 和模型 4 代表高新区提前三年设立

的情形，设立年份的估计系数同样也不显著。这就再次证明了产业转型升级趋势的改变正是来源于国家高新区设立本身，而非其他因素，从而进一步验证了我们在表 7-3 中得到结果的稳健性。

表 7-7　国家高新区是否促进产业转型升级：反事实检验

变量	模型 1	模型 2	模型 3	模型 4
	INUPA	INUPE	INUPA	INUPE
L2.NHIDZ	0.0036 （0.0261）	0.0297 （0.0499）		
L3.NHIDZ			0.0098 （0.0246）	0.0322 （0.0458）
lnperGDP	0.0587 （0.1224）	0.1305* （0.0780）	0.0340 （0.1303）	0.1012 （0.0817）
Urban	0.0510 （0.0932）	0.6684*** （0.1703）	0.0357 （0.0950）	0.6106*** （0.1646）
Gov	−0.3164* （0.1806）	−0.5347** （0.2137）	−0.2460 （0.1861）	−0.4356** （0.1997）
Edu	1.1683*** （0.2386）	0.9173*** （0.3544）	1.0791*** （0.2261）	0.8206** （0.3282）
Human	0.8564 （0.6530）	1.4217* （0.7320）	0.0841 （0.7704）	1.0160 （0.9975）
个体固定效应	控制	控制	控制	控制
时间固定效应	控制	控制	控制	控制
样本总数	3937	3937	3654	3654

注：使用 Stata 14.0 软件估计，括号内为稳健标准误
***、**、*分别代表在 1%、5%、10%的显著性水平下显著

7.3　高新区产业政策对地区产业结构升级的影响

从实践看，国家高新区成了地方政府推动产业发展、调整产业结构的重要政策手段。高新区设立之后，往往会通过偏向性政策来扶持和引导主导产业发展、推动地区经济增长。而主导产业的发展会带动投资结构和消费结构的变动，进而改变地区产业结构。高新区产业政策对产业结构升级的影响是双重的，既存在积极效应，也存在消极效应。

7.3.1　高新区产业政策对地区产业结构升级的影响机理

我们遵循产业结构高度化和产业结构合理化两条逻辑主线剖析高新区产业政策对地区产业结构升级的积极影响。

（1）产业结构高度化作用机制。产业结构高度化是指产业结构从低水平状态向高水平状态发展的过程，包括数量层面和质量层面两方面的内涵。在中国，国家高新区的功能定位是集中力量发展战略性新兴产业，往往承担着地区技术创新、产业转型升级的目标重任。高新区的发展定位和政策偏好天然有利于推动地区产业结构向第二产业、第三产业倾斜，从而在数量层面上推动地区产业结构高度化。与此同时，高新区政策对产业结构高度化的影响又可以分解为对产业份额变动（产业结构变动效应）和产业效率提升的影响。考虑到中国高新区建设是政府主导型的，通过补贴、税收优惠等产业政策工具和手段将资源向特定产业倾斜，扶持现阶段符合本地比较优势的新兴产业发展，有利于提高新兴行业的相对份额，加快产业转型升级的步伐。高新区一旦设立之后，政府往往通过完善基础设施、搭建公共服务平台、给予优惠政策等来营造良好的招商引资环境，也会通过设立重大科学创新攻关计划等来引导新技术研发，区内企业的集中还有利于发挥集聚经济的外部性，最大化研发活动的规模经济效应，也有利于产业内和产业间的技术创新，提升产业效率。一方面，产业内的集聚（专业化集聚）有利于产业链内生产环节的分工与协作。另一方面，多样化产业协同集聚（多样化集聚）有利于产业间的知识互动和溢出，加速企业对新产品的研发与生产（Duranton and Puga，2001）；不同产业间企业的互动，还会催生地区产业链向上、下游的延伸和新产业的孵化，实现地区产业链延伸。

（2）产业结构合理化作用机制。通过发挥政府因势利导的作用降低要素重置成本、优化生产要素在产业间的配置，提高资源配置效率，显得尤为重要。高新区政策对产业结构合理化的积极影响至少体现在以下三个方面。第一，政府提供公共物服务，为资源的有效配置创造良好支撑条件。第二，政府出台的产业政策往往是基于大量的市场调研以及反复研判（韩永辉等，2017），有利于引导产业投资方向，减少或纠正产业结构不合理变动的市场摩擦。第三，对产业创新中的先驱企业进行补偿，有利于提高资源配置的有效性，促进产业结构合理化。

在实践中，中国高新区的发展也存在一些不足和问题，可能影响了产业结构合理化效应。①大部分高新区进行产业布局或确定重点扶持的主导产业时，没有充分考虑产业关联性和互补性，也不是基于地区的资源禀赋特色、地理区位条件以及产业、技术基础等因素来进行的，导致了高新区之间主导产业选择严重同质。产业内和产业间的分工与协调不够，没有形成合理的产业链或区域专业化分工，导致资源错配（包群等，2017；龙海波，2015；刘友金和黄鲁成，2001）。②高新区的行业结构中存在"虚高"现象，技术含量不高，无法实现从全球价值链低端向中高端迈进。③高新区创新能力不足制约产业效率提升。我国部分工业园区存在企业为寻求"政策租"而入驻，企业之间关联性不强，产业集聚效应不明显，且存在"体制回归"等现象（郑江淮等，2008；吕政和张克俊，2006）。而高新区在招商引资过程中过分追求规模、忽视产业技术创新，严重制约产业结构高度化的质量提升。④不合理的产业政策导致效率扭曲。出于动机和能力的差异，政府的扶持具有规模偏好和所有制偏好，并不总能将资源导向最有效率的企业。这些不理性的政府行为不仅不利于产业结构高度化和合理化，还会阻碍产业的合理健康发展。

高新区产业政策对产业结构高度化的质量影响具有不确定性，当高新区产业政策对产业结构高度化的质量的积极作用大于消极作用，则高新区的设立能够提升产业结构高度化的质量，否则将抑制产业结构高度化的质量提升。同理，高新区政策对产业结构合理化的影响具有不确定性，当高新区政策对产业结构合理化的积极作用大于消极作用，则高新区政策能够促进产业结构合理化，否则将抑制产业结构合理化。

7.3.2　主导产业政策对地区产业发展影响的实证分析

高新区产业政策终归是通过作用于产业的发展来实现对产业结构升级的影响的。因此,本部分将从城市-行业层面对高新区政策效果进行考察。我们参照 Brandt 等（2012）的研究对工业企业原始数据做了清理，并将企业数据在地级市层面上加总到二位数行业,从而获得了城市-行业-年份的面板数据。本节的研究主要回答以下三个问题。高新区主导产业政策对产业发展的影响如何？主导产业相似度的提高是否会产生消极影响？高新区主导产业政策的效果是否在区域层面上存在差异？为了评估主导产业政策对产业发展的影响，我们构建了如式（7-3）所示的三重固定效应双重差分模型:

$$\text{Ind\_dev}_{ijt} = \alpha_0 + \text{sez\_lead}_{ijt} + \theta \text{Control} + \tau_i + \gamma_t + \delta_j + \varepsilon_{ijt} \qquad (7\text{-}3)$$

其中， Ind_dev_{ijt} 为 i 城市 j 行业 t 时期的发展绩效，后文中具体包括行业增加值（ind_add）、行业份额（ind_share）和行业劳动生产率（ind_lp）， sez_lead_{ijt} 为 i 城市 j 行业在时期 t 是否被设立为高新区主导产业的虚拟变量。主导产业的定义是只要有一种类型的高新区在 1998~2007 年将行业 j 设立为主导产业，则在时期 t 以后， sez_lead_{ijt} 均取值 1，否则为 0。Control 是影响产业发展绩效的其他因素，具体如下。①企业平均规模（size）：以产业内企业总就业人数与企业个数的比值表示。②产业集中度（HHI）：用产业内企业销售收入份额平方的累加和表示。③投资率（invest）：以产业固定投资额与工业总产值的比值表示。④行业国有规模比重（soe）：以行业内国有企业所占比重表示。此外模型中还纳入了城市固定效应 τ_i 、行业固定效应 δ_j 和年份固定效应 γ_t 。

表 7-8 报告了主导产业政策对地区产业发展的影响。其中模型 1、模型 4，模型 2、模型 5，模型 3、模型 6 分别以行业增加值（ind_add）、行业份额（ind_share）

和行业劳动生产率（ind_lp）为被解释变量，所有模型均控制城市固定效应、年份固定效应和行业固定效应，为排除不同省份之间和不同行业之间随时间变化出现的不同冲击的影响，模型 4 至模型 6 在模型 1 至模型 3 的基础上控制了城市-年份联合固定效应和行业-年份联合固定效应。

表 7-8　主导产业政策对地区产业发展的影响

被解释变量	模型 1	模型 2	模型 3	模型 4	模型 5	模型 6
	ind_add	ind_share	ind_lp	ind_add	ind_share	ind_lp
sez_lead	0.3130***	0.0114***	0.0206	0.3000***	0.0117***	0.0410
	(0.0172)	(0.0008)	(0.0223)	(0.0172)	(0.0008)	(0.0266)
HHI	−2.7270***	−0.0538***	−0.1220***	−2.663***	−0.0546***	−0.1230***
	(0.0156)	(0.0007)	(0.0136)	(0.0157)	(0.0008)	(0.0137)
size	0.7830***	0.01510***	−0.1210***	0.8020***	0.0154***	−0.1040***
	(0.00518)	(0.0002)	(0.0048)	(0.00524)	(0.0003)	(0.0049)
invest	−0.3230***	−0.0044***	−0.7890***	−0.324***	−0.0045***	−0.7990***
	(0.0066)	(0.0003)	(0.0060)	(0.00665)	(0.0003)	(0.0061)
soe	−0.3630***	−0.0024***	−0.2650***	−0.350***	−0.00175***	−0.2310***
	(0.0139)	(0.0007)	(0.0122)	(0.0141)	(0.0006)	(0.0123)
常数项	8.214***	−0.0171***	4.7160***	8.088***	−0.0184***	4.6220***
	(0.0286)	(0.00136)	(0.0262)	(0.0289)	(0.00138)	(0.0267)
城市固定效应	控制	控制	控制	控制	控制	控制
年份固定效应	控制	控制	控制	控制	控制	控制
行业固定效应	控制	控制	控制	控制	控制	控制
城市-年份联合固定效应	未控制	未控制	未控制	控制	控制	控制
行业-年份联合固定效应	未控制	未控制	未控制	控制	控制	控制
R^2	0.7420	0.3070	0.4340	0.7480	0.3240	0.4500
样本量	81434	81434	78773	81433	81433	78772

注：回归系数下方的括号内为稳健标准误
***表示显著性水平为1%

表 7-8 的回归结果显示，无论是否加入城市-年份联合固定效应和行业-年份联合固定效应，sez_lead 对产业发展的影响是一致的。具体而言，在平均意义上，行业被设立为主导产业这一政策冲击，对行业增加值、行业份额均表现为积极影响，但是，主导产业政策未能促进行业劳动生产率的提高。在影响产业发展的其他因素中，产业规模是影响产业发展的重要积极因素；具有较大规模的产业，在

行业增加值和行业份额方面具有更好的表现，但更高的产业规模未能有效促进行业劳动生产率的提升。行业国有规模比重对产业发展具有不利影响，表现为国有规模比重的增加抑制了行业增加值、行业份额和行业劳动生产率的增长。这不难理解，国有资产规模比重越高的产业，政府干预越多，国有企业往往承担更多的社会责任和政策目标，因此国有资产规模更大的行业发展绩效不好。HHI 数值越大，说明产业集中度越高，竞争程度越低。HHI 的估计系数一致为负，说明 HHI 的提高，即产业垄断程度的提高不利于产业发展绩效的提升。

考虑到我国东部、中部和西部地区之间在政策环境、产业发展基础等方面存在巨大差异，进一步考察这种区域差异是否对高新区主导产业政策效果产生了异质性影响。具体而言，通过构建主导产业政策与东部地区虚拟变量的交互项 sez_lead×East、主导产业政策与中部地区虚拟变量的交互项 sez_lead×Mid，以西部地区主导产业政策的影响作为基准，捕捉东、中、西部地区高新区主导产业影响的差异，结果汇报于表 7-9。

表 7-9　主导产业政策的影响：区域异质性

被解释变量	模型 1	模型 2	模型 3
	ind_add	ind_share	ind_lp
sez_lead	0.148***	0.0102***	0.024
	(0.0368)	(0.0018)	(0.0320)
sez_lead×East	0.232***	0.0023	0.003
	(0.0435)	(0.0021)	(0.0378)
sez_lead×Mid	0.126***	0.0012	0.029
	(0.0466)	(0.0022)	(0.0405)
HHI	−2.664***	−0.0546***	−0.123***
	(0.0157)	(0.0008)	(0.0137)
size	0.802***	0.0154***	−0.104***
	(0.0052)	(0.0003)	(0.0049)
invest	−0.324***	−0.0045***	−0.799***
	(0.0067)	(0.0003)	(0.0061)
soe	−0.349***	−0.0018***	−0.231***
	(0.0141)	(0.0007)	(0.0123)
常数项	8.087***	−0.0184***	4.622***
	(0.0289)	(0.0014)	(0.0267)
城市固定效应	控制	控制	控制
年份固定效应	控制	控制	控制

续表

被解释变量	模型 1	模型 2	模型 3
	ind_add	ind_share	ind_lp
行业固定效应	控制	控制	控制
城市–年份联合固定效应	控制	控制	控制
行业–年份联合固定效应	控制	控制	控制
R^2	0.749	0.324	0.450
样本量	81433	81433	78772

注：回归系数下方的括号内为稳健标准误

***表示显著性水平为 1%

表 7-9 显示，对于行业增加值，sez_lead×East 和 sez_lead×Mid 的估计系数均显著为正，而对于行业份额和行业劳动生产率，其系数虽然为正，但是在统计意义上并不显著。这意味着，相比西部地区，东部地区和西部地区高新区主导产业政策的优势仅体现于对产业规模扩大的促进作用，其中东部地区的边际影响更大，东部和中部地区在提高行业劳动生产率方面均无更突出的表现。可见，中国主导产业政策无法提升行业劳动生产率这一不足在区域之间是普遍存在的。中国大部分高新区在招商引资过程中往往强调"招大引强"，强调规模而不注重技术创新，引进的产业与本地产业、技术基础耦合度不高，关联性不强，导致了主导产业政策有效性的有限。

7.4　发展国家高新区促进地区产业转型升级的建议

产业结构转型升级的成败和进程，在很大程度上成为决定未来经济高质量发展动力和深化供给侧结构性改革的核心。国家高新区是促进地区产业结构优化升级的发动机。因此，为了进一步促进地区产业转型升级，必须更好发挥国家高新区的作用。

7.4.1　促进各类高新区提档升级

高新区在未来的发展中要强化产业结构转型升级效应，首要任务是在传承先进经验的基础上，适当调整和积极探索高新区的产业政策功能，更加注重提升产业结构升级的质量。在实践中，对新设高新区要严格把控质量标准。促进高新区在发展理念、兴办模式、管理方式等方面加快转型，由追求规模增长向追求质量转变。做到精准施策，创新激励机制，充分调动高新区实现创新驱动发展、加快转型升级的积极性。

强化对不同类型和不同区域高新区的分类指导。对于国家高新区，要进一步增强自主创新能力，完善园区的创新服务体系，营造良性循环的"创新生态系统"，真正地发挥国家高新区技术创新高地的带动作用。对于已有的国家级经济技术开发区，要对标高新区，不断改善和优化投资环境，更好地发挥外国直接投资的技术外溢对本地产业升级的积极影响。对于东部发达地区，要继续提升开放水平，建设协同创新平台，形成产业创新集群。对于中西部地区，要根据本地产业基础和技术基础积极承接产业转移，优化发展的硬环境和软环境。

推动高新区由同质化竞争向差异化发展转型。依托本地区位条件和比较优势，着力打造具有特色和优势的主导产业，提高支柱产业对区域发展的贡献率。要以推动产业转型升级为目标，促进传统制造业转型升级，引导新产业、新业态发展方向。依托主导产业，优化产业布局，避免低水平重复建设，走差异化发展之路。

7.4.2　优化高新区主导产业政策

高新区主导产业的设置应以本地资源禀赋和比较优势为基础，招商引资应充分考虑产业之间的关联性，注重产业链的整合和延伸，促进产业内纵向分工的形成和产业间协同合作。要夯实资源流动的市场基础，完善市场机制，着力矫正要素市场的扭曲，有效地发挥高新区产业政策的调控作用。在许多地方，如北京、广东和上海等的地方"十四五"规划中，均提出要着力发展"高精尖"产业。"高精尖"产业的本质，是一种具有创新驱动的产业，能够满足现代化经济体系建设要求。北京在"高精尖"产业方面，将积极培育形成两个国际引领支柱产业、四个特色优势的"北京智造"产业、四个创新链接的"北京服务"产业以及一批未来前沿产业（贾品荣，2021）；广东在《广东省制造业高质量发展"十四五"规划》中，提出重点发展集成电路、新能源等"高精尖"产业；上海则提出要形成以集成电路、生物医药、人工智能三大产业为核心的"高精尖"产业发展体系。从北京、广东、上海等地着力发展"高精尖"产业的实践看，瞄准国际前沿抢占产业发展制高点，抢先布局一批未来前沿产业十分重要。

发展"高精尖"产业应该是未来高新区主导产业的方向。首先，通过创新发展建构"高精尖"产业体系。我国在制造业的整体效率、高新技术产业链、关键核心技术等方面与国际发达国家相比还存在差距，如高端制造业比重低，在高端产业链中关键性的技术、材料、元器件和设备受制于人，存在诸多"卡脖子"环节。只有着力增强"高精尖"产业持续发展的动能，才能掌握自主发展权，塑造北京、上海、广东等城市和地区的全球产业合作与竞争新优势。其次，通过融合发展建构"高精尖"产业体系。在融合发展中，信息技术产业得到更快发展。制造业通过应用新一代信息技术、与信息服务融合互动，加速实现转型升级。新一代信息技术与制造业的深度融合、软件和信息服务业与制造业的深度融合，会产生协同效益。龙头企业在实现智能化升级、打造智慧工厂的基础上，可以通过云平台向制造服务业企业转型。最后，通过城市群协调推进"高精尖"产业体系建构。"高精尖"产业是辐射带动力强的产业集群，具有高水平创新驱动的属性，对经济具有极强的拉动作用，不仅能实现中心城市经济的高质量发展，而且能带动周边地区的产业联动转型，形成互补错位、合理高效的产业格局，优化产业结构。

7.4.3　完善创新政策体系

为了激励企业加大对创新的投入，就必须完善创新政策体系。这就要求：一方面，加强创新政策体系的顶层设计，从国家的法律法规层面开展区域创新系统的社会组织和行政管理体系的设计；另一方面，加强跨部门的创新政策协同性和多部门的创新政策互补性，将国家高新区建设成为集科技、经济、资源环境、社会人文和谐发展的区域创新系统中心。此外，还必须推进制度改革，促进科技、教育、产业、商务、金融、法律等各个相关部门体制机制创新，从而解决创新激励政策不相容问题。

优化企业创新环境是一项重要工作，高新区重点应孵化科技创新企业。然而，已有的企业孵化方式有待改进和转变。第一，如何从注重载体建设转向注重主体培育？第二，如何从注重企业培育转向注重产业培育？第三，如何从注重基础性服务转向注重增值服务？第四，如何从单一的孵化模式转向孵化链模式（创业苗圃、创业孵化、企业加速器）？第五，如何从单一运行机制转向多种运行管理模式？对此，现实选择是：持续加大高技术企业研发经费投入强度，增强企业创新能力，全面强化重点产业基础能力。

同时，还应建立重点产业大数据公共服务平台。进一步破除不同区域和不同产业间的分割与保护，扫清资源跨区域跨产业流动的障碍，在政策目标的引导下促进资源更顺畅地流动，实现产业结构的优化升级。为此，国家高新区应加强企业孵化新方式研究。例如，如何将入孵与毕业企业及其所连接的分类专家、大学、研究所、专业服务机构等作为一种网络资源来开发和运作？只有这样，科技企业孵化器才能更好地发挥作用，才能帮助企业快速嵌入区域内的产业链、创新链、资本链和价值链，带动整个区域产业转型升级。

7.4.4　加大金融支持，整合全球创新资源

2008 年，全球金融危机爆发后，国有银行信贷普遍收紧，能否获得足够的资金和贷款，极大制约了产业转型升级。从现实看，科技企业能否获得金融支持，

实际受到政府主导。这是因为，政府以高新区管理委员会为基础，搭建了统一的企业和产业信息平台，在信息提供、相关企业的直接资金支持等方面起着关键作用。因此，在未来运作中，政府应转变角色，从资本的投资者转化为资本的引导者。具体而言，政府应减少直接资金的投入比例，利用引导基金的杠杆作用，放大政府资金的功能，以吸引和引导民间资本参与为导向，有效地激发民间资本活力。此外，政府在资本引导方式上，也需要改革，应以引导基金、信用担保为主，以贷款、直接资本投入等方式为辅。

从现实看，在聚集全球创新资源方面，不同区域的差异是巨大的。部分沿海地区已经形成了一定的基础和能力，但大部分中西部地区并不具备这种聚集能力。即使是沿海地区，其企业在前期的国际化发展过程中，也主要是利用全球生产资源进行加工出口，处于国际价值链的中低端，较少利用全球创新资源。很显然，这一途径很难有效促进区域产业转型升级。面向未来，中国亟须提升创新资源的吸纳能力，关注碳中和全球发展新趋势，创建一批碳中和示范企业，鼓励引导科技园区优先利用可再生能源，利用数字技术加快制造业绿色低碳化发展，提升创新资源的承载能力，整合全球科技资源、人才资源、产业资源和创新资本，从而加强创新企业在国家高新区的聚集，促进产业转型升级。

第8章　区域创新系统的形成与培育

当前，中国已经进入产业结构调整的关键时期。在区域层面，增强地区创新驱动力，培育区域创新系统就显得十分重要。现实中，无论在经济发展水平、产业基础，还是要素禀赋方面，不同地区均存在较大差异，其产业结构也呈现出多元化，因此，不宜采取"一刀切"政策。恰当的策略应该是，根据地方发展的条件，培育区域创新系统。

本章着重探讨区域创新系统如何形成，结合区域发展实例，探讨共性技术、工研院在区域创新系统的形成与培育中的作用。从资源配置角度来看，科技成果转化的过程就是技术链、产业链和资金链结合并实现优化配置的过程。技术创新链（包括技术链和产业链）是创新的主线，在科技成果转化中发挥着关键的作用。工研院致力于科研成果的有效转化，是结合自身经济发展情况进行的制度创新，对于本土创新成果的市场化应用、加快区域创新系统、促进产业转型升级起着重要的推动作用。

8.1　国家创新系统与区域创新系统

创新系统研究源于各种创新失灵，注重制度对创新的影响，其概念最初应用于国家层面，即对国家创新系统的研究。而区域创新系统是国家创新系统的子系统。本节主要探讨国家创新系统与区域创新系统的构成与关联性。

8.1.1　国家创新系统及其构成

1987年，英国技术创新研究专家弗里曼（C. Freeman）对日本考察分析后提出了"国家创新体系"的概念。他发现，在技术落后情况下，日本以技术创新为主导，加上组织创新和制度创新，运用产业政策，只用了几十年的时间就成为工业化大国。20世纪90年代以后，国家创新体系已成为一个新的研究领域，并成为各国推进科技进步与经济社会发展的政策工具。2008年中国专门发布了《2008国家创新体系发展报告》，以企业为主体的技术创新体系建设为主线，对国家创新体系进行了系统的阐述。

国家创新系统是一个由创造、储存和转移知识、技能及具有新技术特质的产品的相互连接的机构组成的系统，为处于该系统中的政府治理模式和实施影响创新过程的政策提供了分析框架。国家创新系统是指由公共和私有部门组成的网络系统，包括政府、企业、大学、研究机构、中介服务机构，它们之间相互作用，并将创新作为变革和发展的关键动力（王凯和邹晓东，2016）。国家创新系统的主要功能是优化创新资源配置，协调国家的创新活动。

从某种意义上讲，技术创新是知识的创造性应用，是知识应用的一种形式。因此，国家创新系统是在技术创新系统基础上建立的。

国家创新系统有六个基本要素，即创新活动的行为主体、行为主体的内部运行机制、行为主体之间的联系、创新政策、市场环境和国际联系。创新活动的行为主体主要包括企业、研究机构、大学、政府等（图 8-1）。行为主体的内部运行机制，决定国家创新系统运行效率。企业、研究机构、大学和政府都具有良好的运行机制。行为主体间有效的联系，是与国家创新系统运行效率密切相关的重要因素。创新政策与科技政策、产业政策、财政政策、税收政策、教育政策等有密切的关系。市场作为一种资源配置的方式，对企业及其他行为主体的创新活动具有重要影响。在当今世界经济一体化条件下，创新系统具有开放性。

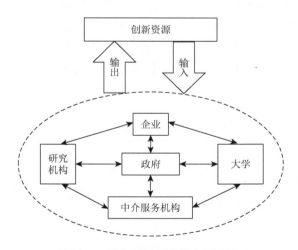

图 8-1 国家创新系统基本构成图

8.1.2 区域创新系统及其构成

区域创新系统，是指在一定地理范围内，经常地、密切地与该区域企业的创新投入相互作用的创新网络和制度的行政性支撑安排。就创新系统而言，其包括创新活动和创新文化两方面。前者主要涉及公司和大学、研发部门、技术转移机构等知识创造和扩散组织之间相互作用的创新活动，而后者则指驱使创新主体进行创新的文化。

与国家创新系统不一样的是，区域创新系统与新产业区密切相关。从地理上看，创新往往与地方文化中的网络环境相关，具有很强的地域根植性，如企业家精神、企业竞争合作的制度和社会结构等对创新的影响较强。这些因素共同作用有利于减少不确定性和降低交易成本。

区域创新系统有两个子系统：一个是知识生产与扩散子系统，主要由具有垂直供应链网络的公司组成；另一个是知识应用与开发子系统，主要由公共组织组成。区域创新系统也是一种开放式系统，包括五大方面：①区域；②创新；③网络，即基于信任、规范和契约的互惠且可靠的关系；④学习过程；⑤相互作用，由正式的与非正式的联系和关系所推动。

区域创新系统的构成与运行图如图 8-2 所示。从构成要素上看，区域创新系统由三类要素构成。第一，区域范围内的创新行为主体。其中，企业是创新的行为主体，也是创新体系的核心，运用创新资源研发出新产品和技术，形成创新产出。第二，功能要素，即行为主体之间的关联与运行机制，主要包括各种创新的机制，如制度创新、技术创新、管理创新。第三，创新环境，即为创新提供支撑的硬环境和软环境。硬环境主要是指科技基础设施，软环境包括市场环境、社会历史文化、制度环境、社会文化心理和保障条件等。处理好这三类要素之间的关系、要素与系统的关系，对于发挥区域创新系统的功能、提高区域创新系统效率至关重要。

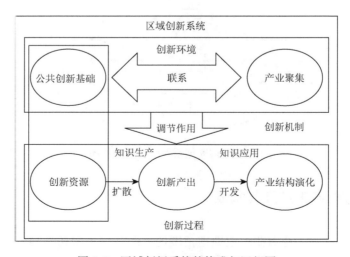

图 8-2 区域创新系统的构成与运行图

8.1.3　区域创新系统的特性

　　区域创新系统是一种区域创新网络组织。区域创新系统具有复杂适应性特征，即在一个基于某种内部凝聚力产生的多元、开放、竞争、合作的动态复杂系统中，创新主体能够与其所在环境和其他主体进行交流，不断"学习"或"积累经验"，进而改变自身的结构和行为方式。区域创新系统的复杂适应性还表现为，组成单元相互之间常常存在强烈的非线性作用。随着社会分工演化，区域产业群落优化升级呈现复杂化，对环境具有适应性。

　　区域创新系统是一个复杂适应系统，知识生产、流动、转化也十分复杂，其优化升级也遵循由简单到复杂、由低级到高级的系统成长过程。在初始阶段，系统主要通过各类主体之间构成的短链结构来运行（图 8-3）。在市场作用下，知识生产与扩散的分工、知识的供需将会产生小范围的短链状结构系统；知识加快生产和扩散、人力资本与要素加速流动，区域网络组织就逐渐形成。

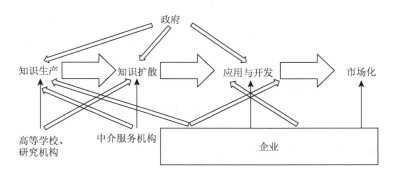

图 8-3　创新主体的短链结构关系

　　随着不断演进，创新主体逐渐结成网络（图 8-4）。知识生产与扩散系统、知识应用与开发系统是区域创新系统的两个子系统。区域创新系统通过两个机制调节创新过程：一是激励公共基础知识研究以加大研发投入，二是通过制度创新降低交易费用。显然，研发投入是创新活动的必要条件。政府对科技活动的支持、人力资本、企业家精神和外国直接投资有可能提升知识应用与开发系统的运行效率，但并不确定是否会对知识生产与扩散系统产生作用；而高技术产业集聚，有可能提升区域知识生产与扩散系统的运行效率。

　　区域创新系统具有知识共享特性。由于地理邻近原因，区域内信息传递便捷，知识共享、技术外溢在区域创新系统中发挥着重要的作用。

　　区域创新系统具有集成性和文化根植性。这一系统由区域范围内的产业体系、科技体系、教育体系、资金体系、政府部门等子系统构成，它们之间互动关联，影响着区域经济整体发展。

　　区域创新系统具有网络开放性和创新集群性。区域创新资源在创新主体之间流动，充分挖掘利用域内要素，并尽量吸引域外可利用的要素，区域创新能力可得到增强。此外，产业集群带来了各类创新要素的集聚，为区域创新系统的形成提供了必不可少的条件，从某种角度来讲，产业集群是一个天然的区域创新系统。

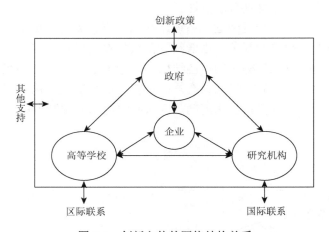

图 8-4　创新主体的网络结构关系

8.1.4　区域创新系统的内部机制

　　区域创新系统的内部机制主要由四个方面构成，即互动学习、知识生产、邻近性和社会根植性等。从某种意义上讲，这些内部机制反映了区域创新系统内部的动态性，保证了区域创新系统的效率改进。因此，区域创新政策主要是要促进区域创新系统为部机制的形成和发展。

　　在区域创新系统的内部机制中，邻近性产生集聚，可以更好地促进创新。原因有以下三点。第一，它与空间集聚产生的收益相联系。高度的空间集聚有利于产生大量的输入和输出，促进系统内部学习互动。第二，邻近性有利于降低交易成本。第三，邻近性与社会和文化密切相连。区域内各行为主体分享一个共同的社会经济环境容易形成高度信任和文化认同。

　　地方政府和非营利性组织以及作为"知识基础设施"的大学与科研机构在区域创新系统中具有重要作用。地方政府机构不仅要直接资助公益性或基础性的研究项目，还要发挥制度创新和政策制定功能，为区域创新提供良好的制度与政策环境。一些非营利性组织能够加强本地网络及与外部的联系，促进区域内的知识交流，增强企业的技术创新能力。大学和科研机构对区域创新的作用主要体现在提供技术支持与人才供给方面，它们也是企业家精神的孵化器、区域知识的聚集地。除了美国硅谷之外，德国慕尼黑高科技工业园是国际上区域创新的成功典范。这里有世界上著名的慕尼黑工业大学，也有世界上著名的科研机构，马克思·普朗克科学促进学会和弗劳恩霍夫协会（Fraunhofer-Gesellschaft）的总部也设在慕尼黑。

8.2　技术创新体系与科技成果产业化

技术创新可以分为两大类：一是专有技术创新（proprietary technology innovation），二是共性技术创新（generic technology innovation）。从区域层面看，共性技术对于区域创新系统的形成与运行至关重要。共性技术平台搭建的好坏直接决定企业产品结构的合理性、行业和区域发展的水平与质量。

8.2.1　企业专有技术、共性技术与技术创新体系

从企业层面看，产业结构升级有多种途径。一是通过技术的创新，推出新兴产品，或对老产品进行技术改进，以更低投入生产出更多产出，促进产业结构升级。二是通过工艺创新，降低产品生产成本，促使产业结构升级。三是通过重大技术的创新，催生出新兴行业，促使产业结构发生巨大变革。

在现实中，各种技术的研发活动不一定相互孤立。企业专有技术的开发，在很大程度上也依赖于共性技术平台。某一类专有技术的发展，一方面促使企业新产品涌现，产品结构更趋合理；另一方面，专有技术创新，完善了企业工艺流程，改善了产品性能，节约了成本，这些均是产业结构升级的重要表现（张建华，2018）。

创新活动往往具有累积性。如图 8-5 所示，上游技术（共性技术或产业关键技术）不仅具有直接的市场价值，而且还是下一阶段技术创新的中间产品或研究工具。如果企业掌握了上游技术创新能力，就有可能自主开发出专有技术，这样能更加贴近产品市场。例如，新软件的开发，或新药的研制，直接受到已有开发工具或关键核心技术的影响。

在技术创新体系中，政府、科研机构和大学扮演着重要角色。改革开放后，由于引入市场竞争机制，中国创新体系发生根本性转变，企业和科研机构有了很大自主权，企业成为市场竞争主体和技术创新主体。企业创新的目的就是获取更大利润，但一旦创新失败，企业也要承担全部损失。因此，政府需要建立较为完

整的技术创新支撑服务体系。政府通过制定财税等相关激励措施，能增强和调节企业与这些机构之间的关系。因此，企业技术创新的成功与否，主要取决于市场机制，同时也需要政府调节与保障。

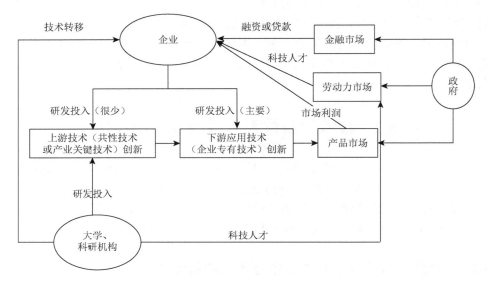

图 8-5　技术创新体系

8.2.2　技术创新链与科技成果转化

借助技术创新链，科技成果转化需要经历研究开发、生产试验、商品化和产业化三个阶段（图 8-6）。在研究开发阶段，大学、科研院所是主体，政府或风险投资机构给予一定支持；在商品化和产业化阶段，企业将是主体，特别是大企业以及社会资本介入，使产业化具有良好的市场前景。然而在技术链与产业链的中间阶段，中小企业、高成长型企业、风险投资机构等，往往不能满足资源需求，技术链与产业链之间容易产生断层。

科技成果转化中介机构就是在技术链和产业链之间搭建的桥梁。常见的一种模式是：根据科技成果转化过程中的专业服务需求，建构不同类型的科技服务中介机构。科技中介服务体系包括技术代理、技术交易、孵化平台等。孵化平台也包括两种类型：一种是孵化技术，另一种是孵化企业。例如，企业孵化器、大学科技工业园区等。

另一种模式就是以工研院为代表的综合性科技成果转化平台。这方面，日本和中国台湾地区通过建立工研院的模式致力于科研成果的有效转化，是结合自身经济发展情况进行的制度创新，对于创新成果的市场化应用、加快创新驱动发展、促进产业转型升级起到了重要的推动作用。

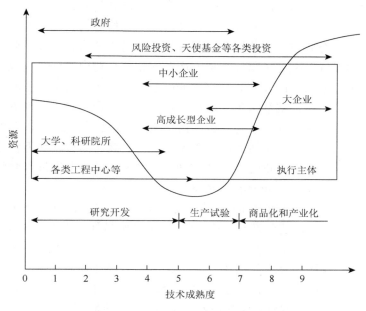

图 8-6　技术创新链各阶段的资源配置

8.3　工研院与地区创新体系

工研院可分为多种类型：一是政府主导型；二是政府与科研机构合作型；三是科研机构主导型；四是三方合作型，即政府-科研机构-企业三方联合模式；五是企业主导型。现阶段实际运作的工研院，大部分都由政府发起和提供资金支持。从研发内容上看，工研院主要侧重于应用方面的研究，主要是对高校和科研机构的基础研究进行二次开发。此外，工研院往往都会设立孵化机构。新成立的工研院设有自主化管理的专业研究所（中心）和服务机构，拥有充足的研发人才，还会加强与基金公司、风险投资机构的合作，使其未来发展更加具有市场价值。

8.3.1　台湾工业技术研究院与广东华中科技大学工业技术研究院

台湾工业技术研究院（以下简称台湾工研院）被认为是比较典型的工研院成功范例（陈鹏和李建强，2010）。台湾工研院成立于 1973 年。当时中国台湾在经济上遭受严峻挑战，开始探讨如何摆脱劳动密集型工业，转向技术密集型工业，推动其经济转型和起飞。

台湾工研院采取了一些举措。一是成立若干产业经济与趋势研究中心，任务是研究经济与产业发展趋势，专注于共性技术研究，"不做基础研究，不与企业竞争"，研究开发重点是前沿实用技术，为产业发展提供服务。二是建立成果转化平台，包括三种平台：工研院衍生公司、技术转移机构和孵化器。几十年来，台湾工研院从创新研发、人才培育、智权加值、衍生公司、育成企业、技术服务与技术转移等过程，强化了科技与地方产业的联结，对台湾整体区域产业发展产生了举足轻重的影响。1977 年，台湾工研院建立了中国台湾地区首座 4 英寸晶圆的集成电路示范工厂，陆续衍生了联电、台湾积体、台湾光罩等世界先进半导体大厂，积极协助台湾产业发展与升级；自 1973 年成立至 2023 年，台湾工研院培育超过 70 位产业 CEO，新创及育成 225 家公司，累计拥有近 3 万件专利，为台湾开创了许多前瞻性、关键性技术，带动了一波又一波产业发展（台湾工研院网址为 https://www.chinaagv.com/shop/6683/index/）。

广东华中科技大学工业技术研究院（原东莞华中科技大学制造工程研究院，以下简称东莞工研院），是东莞市人民政府、广东省科技厅和华中科技大学合作共建的公共平台，是三部两院一省（教育部、科技部、工信部、中国科学院、中国工程院、广东省）产学研结合示范基地。截至 2019 年，该工研院拥有 1 支国家创新团队，6 支广东省创新团队，主要业务包括技术研发、技术服务、产业孵化以及公共服务。技术服务则包括设计、激光技术、检测技术和物联网技术的服务，为 1 万余家企业提供了高端技术服务；在产业孵化方面打造了"华科城"科技孵化器品牌，建成了 9 个产业园区，累计孵化企业 635 家，其中高新技术企业 62 家（占松山湖高新区总数的 16%）。同时，东莞工研院非常注重国际合作，引进了很多国际团队。

值得一提的是，东莞工研院成功借鉴台湾工研院经验，同时又在体制机制、创新模式和技术服务模式上进一步创新。主要表现为以下三点。①探索新的体制机制。东莞工研院的特色为"三无、三有"，即"无级别、无编制、无运行费"，但是"有政府支持、有市场盈利能力、有激励机制"。东莞工研院的性质为"事业单位、企业化运作"。"事业单位"既保障了政府初期投入建设经费的合法性，又保障了科技平台的公益性。"企业化运作"则减少了政府固定运行费用负担，又提高了面对市场竞争的决策灵活性。其在协同创新方面取得了较快的发展，形成了良好的社会影响，是全国新型科研机构的典型代表。②工程化开发和转化"苹果论"[①]。在科技创新模式上，采取"青苹果"→"红苹果"→"苹果树"的成果转化思路[②]。技术成熟后的产品还要在市场上进行考验并依据反馈对产品

---

① 即将高校和传统科研机构开发的"青苹果"转化为企业喜欢的"红苹果"。

② 在具体实操中，首先是评估实验室阶段的项目（"青苹果"），评估通过后就可以将其引进工研院。然后依次通过小试、中试阶段对科技成果进行成熟化处理和工业化考验（"红苹果"）。

进行升级迭代，孵化后的创业企业实现产业化运营（"苹果树"），具体转化思路见图 8-7。③服务模式创新。采取"近距离"→"零距离"→"负距离"的服务演进方式。"近距离"指将国家级科研平台延伸至地方，实现近距离服务企业；"零距离"指派遣科技特派员常驻企业；"负距离"则是建立集中式技术服务中心，企业上门寻求技术服务。目前，东莞工研院成效显著，极大满足了东莞作为珠三角重要的制造业生产基地的发展需要。东莞工研院在业务范围覆盖东莞市大小企业的同时也接受了许多全国的订单，这些企业大多数属于各自行业领域的龙头企业。

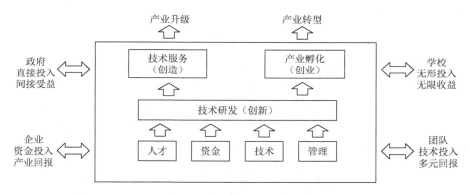

图 8-7　东莞工研院成果转化思路

8.3.2　研发机构模式比较

传统科研机构与新型研发机构的不同之处如表 8-1 所示，具体有以下几点。一是组建部门。新型研发机构是由多元化的建设主体组成的一个多元化组织，而传统的科研机构是由政府部门主导，通过政府单独的财政投入建设而成的。二是目标定位。新型研发机构根据市场需求、地方经济动态调整机构目标和战略方向。三是基本任务。新型研发机构除了要进行一般的科研活动外，还承担了创新创业、科技金融和研发国际化的任务。四是新型研发机构包含了事业单位、企业和民办非企业三种法人性质，其管理组织和运行方式也比较多元化，主要经济来源需要依靠市场，采用市场化运作手段，具有更为灵活的运作机制、收益机制、考核机制、用人机制和激励机制等[①]。此外，在研发模式上，新型研发机构采用融合基础研究、技术攻关和产业应用的交互模式，旨在解决科技与经济的"两张皮"问题。

---

① 课题组根据实地调研得到的相关总结。

表 8-1　传统科研机构与新型研发机构的对比

项目	传统科研机构	新型研发机构
组建部门	政府部门	政府、高校、企业、科研院所、社会组织、自然人、产业联盟
目标定位	由政府机构设定机构定位与目标，且目标定位不会改变	根据市场需求、地方经济动态调整机构目标和战略方向
基本任务	科研、产业化、创新服务	科研、产业化、创新创业、产业孵化、科技金融、研发国际化
法人性质	一般属事业单位	包括事业单位、企业和民办非企业等法人性质
编制情况	固定人员编制，工资制度	无编制，灵活薪酬
经费情况	有固定经费	无固定拨款
主要经济来源	政府	市场
管理部门	有主管部门	无主管部门
机构负责人	任命、有任期	聘用
运作方式	参照公务机关机制运行	企业化方式运作
组织方式	行政级别	无行政级别、团队化

目前全国新型研发机构法人性质各异，包括事业单位法人性质、企业法人性质和民办非企业的独立法人资格。根据上述三类不同性质的新型研发机构特点，目前新型研发机构的创新运行模式可分为四类：事业单位企业化运行模式，事业单位运行模式，民办官助体制、企业化管理模式，以及现代企业管理模式（表 8-2）。

表 8-2　新型研发机构的创新运行模式分类

研发机构法人性质	创新运行模式	案例
新型事业单位	事业单位企业化运行模式	东莞工研院
事业单位	事业单位运行模式	传统的工业技术研究院
民办非企业	民办官助体制、企业化管理模式	深圳华大生命科学研究院
企业	现代企业管理模式	东阳光药业研究院

新型事业单位性质的研发机构特点是"三有"和"三无"。"三有"包括有政府支持、有市场盈利能力和有激励机制。"三无"包括无级别、无编制和无运行费，即政府不规定新型研发机构行政级别、人员编制和运行经费，筹建期由政府给予运营启动经费支持，此后，其通过提供技术服务、孵化并选择性设立或参股优质企业等实现成果收入。东莞工研院是此方面的典型代表。

　　一般来说，现代企业管理模式更加能够适应市场的需要。企业性质的新型研发机构一般是由企业独自建立或联合其他单位共建，主要为企业提供技术支撑。其研发目标市场导向性较强，并能在整个研发过程中得到企业稳定经费支持。其研发成果从基础研究到应用推广的渠道非常顺畅，能直接为企业所用。然而，这类新型研发机构也存在固有缺陷，独立法人设立必定会涉及股权设计，科技成果的转化有不确定性且不能确保利益分配；此外，随着合作研究项目发生变更，股权设计往往滞后于实际需求，不利于成果转化。

8.3.3　工研院发展遇到的困惑

　　国家投入大量科研经费建立起的以工研院为主体的研发机构，其成果产出代表了科技前沿，但缺乏向产品化、产业化转换的环节。此外，社会基金、孵化器机构也在提供专业化运营服务，却没有相应的产品化机制。科技成果存在"最后一公里"转化难题，处于"青苹果"到"红苹果"的中间阶段。在这个阶段筹措资金非常困难，工研院能够支持的项目非常有限。政府支持资金具有周期性和竞争性，不能覆盖这个阶段，而依靠社会资源投资也不具备持续性。这是一个世界性难题。

　　除此以外，工研院体制机制建设方面也存在一些问题。缺乏有力的成果转化激励制度、合理的成果评估标准和收益分配机制。官产学多方主体对产业化认识程度和发展理念差异，增大了管理和协调的难度，没有突出以产业化作为发展方向的倾向。比如，企业较少参与工研院的研发、高校参与科研成果转化的激励不够、工研院自身的发展战略定位不明确。又比如，面对不同文化冲击，如何从制度环境上进行完善和协调？

8.3.4　工研院发展建议

　　结合已有经验教训，我们建议工研院建设应该重视以下三方面工作。一是要深化政府管理体制改革、优化制度环境。完善官产学体系，突出企业的创新主体地位，着力提升企业研发参与度；进一步明确工研院定位，完善研发机构绩效考核体系，促进人才成长。二是要优化体制机制建设，发挥工研院在区域创新系统中的核心作用。工研院要加强与政府、风险投资机构等投资主体在科研成果转化方面的互动，吸引政府和社会资本参与工研院建设与管理。三是疏通科技成果转化渠道。针对融资需求和技术阶段特性，国家和地方设立科技成果转化基金，创新性地设计知识产权基金、天使投资基金，培育一批具有引领性、前瞻性、颠覆性的技术创新项目，满足科技成果转化的市场需求。

8.4　区域创新系统的作用与建设重点

区域创新系统是国家创新系统的重要组成部分，是实现创新驱动发展、破解当前经济发展问题的基础支撑。从区域层面看，加快区域创新体系建设，进一步发挥这一体系促进产业转型升级的推动作用，任重而道远。

8.4.1　区域创新系统对产业结构优化升级的作用分析

面对地区产业结构"多元化"，如何通过培育区域创新系统，驱动产业结构优化升级？这就需要结合地区产业专业化分工和企业创新能力来进行制度创新（图8-8）。

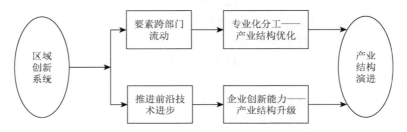

图 8-8　区域创新系统促进产业结构优化升级的影响机制分析

从区域发展视角看，产业结构优化表现为要素在各个地区的各个产业间的合理配置。通过产业结构的优化，促进区域间资源有效配置，还可能影响区域经济增长速度。分工和产业专业化是产业结构优化升级的基础（张建华，2012）。影响产业专业化的因素有三个，即运输成本、规模经济和制造业在经济中的份额。较低的运输成本、较大的规模经济和较高的制造业在经济中的份额是产业专业化维持的条件，而这些因素均与技术创新密切相关，技术创新是实现上述目标的条件和基础。

企业创新能力差异，会导致行业技术进步速度产生差异。一般来说，技术进步较快的行业将引领产业结构不断升级，从而带动整个产业结构的变化。在市场竞争下，创新将产生新技术和新产品，并取代旧技术和旧产品，这种"创造性毁灭"效应，引起新企业进入、老企业退出，整个结构发生调整。企业作为创新的内生动力，通过创新实现产业结构升级（洪银兴，2010；路风和余永定，2012；卫兴华，2014）。因此，政府如何支持企业创新活动、促进企业创新的能力形成与提升，就成为制定政策关注的焦点。

8.4.2　区域创新系统的建设重点

由于地域差异明显，我国区域创新系统丰富多样，区域创新系统结构具有差异性。总体来看，我国已形成多个创新集聚区，如以北京为中心的京津冀创新集聚区、以上海为中心的长三角创新集聚区、以广州深圳为中心的珠三角创新集聚区，以及以成都、重庆、武汉、西安为中心的区域性创新集聚区。

尽管各地区的区域创新系统特色鲜明，区域创新能力也稳步提升，但区域发展不平衡和不充分问题依然存在，加上国际形势复杂多变，为区域发展增加了诸多不确定因素，区域创新能力和体系建设面临更多挑战。首先是区域协同创新问题尤为突出。例如，长三角地区区域协同创新能力强，一体化取得显著进展；京津冀地区产业互补性低、创新制度类似性低，协同创新水平难以大幅提升；粤港澳地区整体区域协同受制于"一国两制"运行摩擦，协调性有待提升。其次，区域差距加大协同发展难度。虽然中西部发展加快，东、西部地区创新发展的差距在缩小，但绝对差距依然较大，增加了区域协同创新发展的困难，不利于提升国家创新能力。最后，科教资源区域配置不平衡，创新要素更难在区域内流动和共享。

区域创新系统应努力加强如下几方面工作。①建设布局高水平区域创新基础设施。在一些条件较好的创新型城市加大对前沿性基础科学领域的战略部署，建立区域创新基础设施的多元化投入机制，探索形成相对稳定、基础研究与应用研究紧密结合的区域创新系统。②构建一批高水平的科技创新中心，形成区域创新网络。依托创新资源相对集中的区域性中心城市，建设一批全国科技创新中心，组成开放式区域协同创新网络。在国家层面加强跨区域协作、跨部门协作、跨国协作，实现区域创新系统之间相互支撑、连接共享。③推动产业集群发展。地方政府借助产业集群自身的生产组织、知识能力和社会网络，吸引技术人才和企业家共同参与，促进产业链与创新链协同升级。④推动区域创新系统高水平地融入全球创新网络。全球创新资源的存量、高质量创新资源的规模、创新资源的多样性，是任何一个国家都无法比拟的。我国的区域创新系统建设，一定要坚持以国内大循环为主体，并以此带动国内国际双循环相互促进。

为了提升区域创新能力，充分发挥政府的有为作用，区域创新体系建设的重点如下。

（1）深化科技体制改革。让区域内创新人才、技术、资金、产业等要素自由流动、高效配置，充分发挥市场机制在创新资源配置中的基础作用，释放区域协同创新活力，加快建立各类新型研发机构，构建各具特色的区域创新模式。鼓励国家自主创新示范区加大改革力度，深化区域创新体系体制机制创新，因地制宜推进区域创新体系建设，探索区域协同创新发展模式。发挥各地主动性、创造性，加强区域创新体系建设的前瞻性规划引导，真正做到优势互补，形成合力。把创新链的韧性治理作为区域创新体系建设试点，探索如何在创新领域利用好国际国内资源的新模式、新方法。

（2）建设一批区域创新增长极。重视新经济产业发展，建设技术研发创新基地，带动创新要素集聚，促进形成更多区域创新增长极。鼓励各类创新主体积极进行国际创新合作，支持企业在海外设立研发中心，融入全球创新体系。促进"走出去"和"引进来"双向发力，鼓励各地引进世界顶尖的研究型大学和跨国科技公司到境内设立研发机构、创新中心、科技服务机构等，同时配套建立国际技术转移中心和产业孵化基地，吸引科技成果在境内转化。

（3）加强地区间的研发合作，推进产学研合作，构建在空间上紧密关联的开放的区域创新系统。在发达地区，提升基础研究和应用研究能力；推进一些国家重大科技基础设施、重大装置向中西部倾斜；引导产学研合作创新和深度融合。区域创新系统通过跨区域的合作，会进一步促进这种知识生产和知识应用中的分工与专业化，满足企业进行技术创新的需要。

（4）加强本地创新系统与本地企业的创新投入联系，促进科技成果转化系统根植于本地生产结构。通过培育本地区域创新系统，企业可以更有效地将创新资源投入特定的产业，从而实现更高的创新产出，这反过来会进一步提升本地区域创新系统的运行效率，从而形成一个技术创新的良性转换机制。

第9章 区域创新系统对产业结构优化升级的影响分析

区域创新系统如何影响地区产业结构优化升级呢？本章试图建构一个分析模型，尝试从促进地区产业专业化发展、提升企业创新能力两个方面，探讨区域创新系统如何影响产业结构优化升级。为此，我们将具体测算区域创新系统对地区间产业专业化的贡献度，探讨区域创新系统如何影响企业创新能力及产业结构优化升级。一方面考察区域创新系统中子系统效率的改进是否有助于缩小地区间专业化分工水平的差距，另一方面考察是否存在"区域创新系统高效运行→企业创新能力提升→产业结构优化升级"的传导机制。

9.1 区域创新系统影响产业结构优化升级的作用机理

正如第 8 章所言，区域创新系统是由多个创新主体共同参与的创新网络。各方主体在互动中形成合作博弈关系，呈现"共享智力成果"模式，以此推动创新。因此，我们采用多部门模型分析区域创新系统促进产业结构优化升级的一般作用机理。

创新驱动产业结构的动态演化，是经济增长的根本动力（Schumpeter，1962）。我们主要借鉴 Aghion 和 Howitt（1992）与 Caballero 和 Jaffe（1993）的关于研发的新熊彼特增长模型，以单一部门模型为基准，并将其拓展至多部门模型，分析区域创新系统对产业结构优化升级的作用机理。这一传导机制的基本思想是：各主体互动 → 技术溢出 → 创新 → 要素跨部门流动 → 流向技术更先进的部门 → 产业结构优化升级。

9.1.1 基准模型

假设一个经济体存在三个部门：①最终产品部门；②中间产品部门；③研发部门。最终产品，只能用于消费；有多种中间产品；最终产品和中间产品的生产只能由相对应的部门提供；研发部门为中间产品质量改进提供技术支持。最终产品的生产函数可以表示为

$$y = Ax^{\alpha}, \ 0 < \alpha < 1 \tag{9-1}$$

其中，x 为中间产品投入数量；A 为中间产品部门的生产率参数。创新规模系数，用一个常数项 γ 表示，则 $\gamma = A_{t+1} / A_t$，第 $t+1$ 项创新所产生的最终产品为 $y_{t+1} = \gamma A_{t+1} x^\alpha$。劳动供给函数可以表示为 $L = x + n$。设中间产品的价格为 P，则最终产品部门的利润函数为 $\pi = Ax^\alpha - Px$，中间产品的价格为 $P = Ax^{\alpha-1}$。

创新企业垄断了中间产品部门的租金，直至被下一个创新者所替代，这就是"创造性毁灭"效应。当创新发生后，劳动要素若可以自由进入研发部门，研发活动重要的套利条件为 $rV_{t+1} = \omega_t$，其中 V_{t+1} 表示第 $t+1$ 项创新的期望贴现值。如果企业不进行研发活动，创新者被替代的速度就越快。未来对研发部门投入的劳动需求越多，将越有可能提升未来的工资率 ω_{t+1}，这样将导致中间产品部门的利润减少。因此，当前的研发活动得不到鼓励。如果企业创新成功，就会增加对研发投入的劳动数量 n 的需求，导致工资率 ω_t 上升，劳动力流动。

稳态均衡时，利率 r、研发生产率参数 α、创新规模系数 γ 及技能型劳动力禀赋 L 任何一个变动，均会引起研发套利条件曲线发生移动。在其他条件不变的情况下，有如下结论。①当利率 r 下降后，研发边际收益将增加，垄断利润的预期净现值上升，对创新者形成正向激励。②当创新规模系数 γ 增加，中间产品边际产出增加，从而提高研发的边际收益。③当技能型劳动力禀赋 L 增加后，工资率 ω 下降，从而提高研发的边际收益、降低研发的边际成本。④当创新到达率 λ 上升时，研发成本和研发收益同时下降。创新到达率 λ 通过两个机制影响稳态均衡：一是在任何给定就业水平下，它会带来更有效的研发；二是它会加快"创造性毁灭"的速度，产生"挤出效应"，部分抵消未来更有效的研发所产生的增长。⑤中间产品市场的竞争不利于创新。创新发生的概率降低。

创新对产业结构升级的动力具有增强效应。创新成功企业进入市场，低劣质量企业淘汰，从而实现要素优化配置。由此可以得到以下两个推论。

推论 9-1 "站在巨人肩膀上"的创新活动将增加对研发劳动力的需求，促使产业结构的动态演化内生于经济增长之中，并最终促进经济增长。

推论 9-2 创新产生的"创造性毁灭"，将加速新产品、新技术对旧产品、旧技术的替代，由此，导致企业的进入、退出与增长率提高，从而引起产业结构优化升级，促进经济增长。

在知识经济条件下，不仅劳动分工进一步细化，知识分工也随之进一步细化，专业化生产的水平也相应提高。每一个生产者为了免于被"创造性毁灭"挤出，就必须积极地参与到研发竞赛中去。当越来越多的企业、研发组织都参与到研发竞赛中去，每一个成功的创新都将对未来的创新者产生跨部门的技术溢出作用，呈现出不同于单一部门对产业结构优化升级的作用机制。

9.1.2　基准模型扩展：多部门

区域的创新能力形成具有多部门协同创新的特征。新思想可能从一个部门产生，然后扩散到许多其他部门，这样就产生了知识分享——协同放大的技术溢出效应（图 9-1）。因此，多部门模型模拟了区域创新系统影响产业结构演变的作用机制。

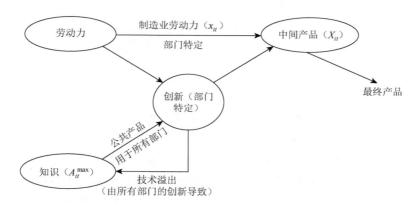

图 9-1　多部门模型中的经济活动

假设经济体系仍然有三个主体：①最终产品部门；②中间产品部门；③研发部门。各个研发部门的创新与公共产品方面的知识形成"互动"，这反映出创新的系统性特征。只生产一种最终产品 $Y_{it} = A_{it}F(x_{it}) = A_{it}x_{it}^{\alpha}$，而且只能用于消费，通过投入一系列连续的、多样化的中间产品 i 进行生产。生产率参数 A_{it} 表示的是最新的中间产品 i 的生产技术水平，由此可得到最终产品的生产函数为

$$Y_t = \int_0^1 Y_{it}\mathrm{d}i \tag{9-2}$$

假设中间产品为垄断市场，其他市场均为竞争市场。那么，每种中间产品部门的价格为 $P_{it} = A_{it}\alpha x_{it}^{\alpha-1}$。中间产品生产者劳动力需求函数为

$$x_{it} = \left(\frac{\omega_{it}}{\alpha_2 A_{it}}\right)^{\frac{1}{\alpha-1}} \tag{9-3}$$

其中，ω_{it} 为用消费品测度的工资率。

在多部门模型中，假设每一个中间产品部门都有一个相互独立的研发部门。引入专利竞赛，每一个研发部门都将竞争去发现那种特定产品的下一个更新换代产品。则第 i 部门创新到达率为 λn_{it}，其中，n_{it} 为 i 部门的研发投入的劳动数量。处于技术最前沿的创新者的生产率参数将从 A_{it} 不连续地跃升到 $A_{it}^{\max}$，在均

衡时每个研发部门的劳动投入数量是相等的。整个社会的知识存量还取决于技术前沿生产率参数 $A_{it}^{\max}$。假设 $A_{it}^{\max}$ 与总创新流保持一个 $\ln\gamma$ 的速度增长,其中 $\gamma = A_{it+1}/A_{it}$。那么,整个社会知识存量(跨部门技术溢出)增长的速度,可以表示为

$$\frac{\dot{A}_t^{\max}}{A_t^{\max}} = \lambda n_t \ln\gamma \qquad (9\text{-}4)$$

在多部门模型中,每一个新发现将增加整个社会的知识存量。这种知识具有公共产品特征,可以免费地利用,这样就促使下一个创新者能在其他部门发现更好的技术。从长期来看,部门之间的相对生产率参数的跨部门分布 $\alpha_{it} \equiv A_{it}/A_t^{\max}$,可将其指数化为

$$H(\alpha) \equiv \alpha^{\frac{1}{\ln\gamma}}, \quad \alpha \in [0,1] \qquad (9\text{-}5)$$

技术进步将使得绝对生产率参数 A_{it} 的整体分布以相同比例变化,社会知识存量的增长速度(跨部门技术溢出的增长速度)决定了相对生产率 α 的分布。

在稳态均衡条件下,工资率以 g 的速度增长。依据基准模型对 λn 的分析,λn 为企业被新的创新者取代的概率,因此,该企业在时间 $t+o$ 继续生产,被新的创新者替代的概率为 $e^{-\lambda no}$。当制造业部门工资率上升时,进入研发部门的劳动力数量将下降。工资率引起就业和利润变化的传导机制发生作用,引起劳动力在部门间流动,从而引起产业结构的变化。

多部门模型下,研发套利条件等式和劳动力市场出清等式,由研发套利曲线和劳动力市场出清曲线共同决定,由经过生产率调整的工资率 ω 和研发投入的劳动数量 n 表现 (n,ω) 空间中的稳态均衡值,两条曲线斜率一负一正。两条曲线共同决定了唯一的稳态均衡。

稳态均衡下,单部门与多部门的比较静态分析结果是一致的。利率 r、创新规模系数 γ 和技能型劳动力禀赋 L,都具有激励研发、促进创新的作用,创新到达率 λ 同样也具有双重效应。

在多部门模型下,区域创新系统所产生的创新活动具有双重效应:技术溢出和"创造性毁灭"效应。部门间的技术溢出效应展现了创新对产业结构优化升级的作用机制。

推论 9-3　多部门模型下,创新引起劳动力跨部门配置,促使劳动力流向生产技术更先进的部门,从而促进产业结构优化升级,并最终促进经济增长。

当工资率上升时,对于任何没有进行创新的部门而言,将引起其就业和利润的下降,表现出新技术"创造性毁灭"效应。创新所引起的"挤出效应"与单一部门模型中"挤出效应"相比,不仅反映了"创造性毁灭"所产生的"挤出效应",而且还反映了创新引发劳动力跨部门的优化配置。更多的劳动力流向最先进的技

术部门，将通过增加创新规模系数 γ、提高研发生产率参数 α 或创新到达率 λn，从而促进经济增长。

推论 9-4　多部门模型中跨部门的技术溢出，将增加社会知识存量，不断推进前沿技术发展，从而推动产业结构优化升级，促进经济增长。

跨部门的技术溢出不断推动创新部门到达技术最前沿，这种效应超过了"挤出效应"，并主导着产业结构优化升级和促进经济增长。因此，需要对多部门的创新给予更多的激励。

9.1.3　基准模型扩展：研发部门引入资本

基于多部门模型跨部门溢出效应，本节分析资本积累与创新的关系，以提高创新政策实施的有效性，增强创新驱动产业结构优化升级的动能。

整个经济系统仍由三个部门构成。整个社会只生产一种最终产品，通过劳动力和连续地投入中间产品进行生产。最终产品具有三种用途，既可以作为消费品或资本品，又作为研发部门的投入。研发部门不仅投入劳动，也投入资本。最终产品的生产函数为

$$Y_t = C_t + I_t + N_t = Q_t^{\alpha-1} L_t^{1-\alpha} \int_0^{Q_t} A_{it} x_{it}^{\alpha} \mathrm{d}i = \alpha L_t^{1-\alpha} A_{it} (x_{it} Q_t)^{\alpha-1} \tag{9-6}$$

其中，Y_t 为 t 时的最终产品产出；Q_t 为 t 期中间产品数量；$L_t = \mathrm{e}^{g_{L_t}}$ 为劳动力投入，假设人口增长率与人均产出增长率 g 一致，g_{L_t} 为由增长率决定的人口增长；x_{it} 为中间产品的产出，每个中间产品只用于资本生产，则 $x_{it} = K_{it}/A_{it}$，K_{it} 为中间产品部门 i 的资本投入，A_{it} 为中间产品部门 i 的最新产品的生产率参数。创新具有"创造性毁灭"特征，会对现有产品进行改进。

当考虑研发的资本投入时，会发生"研发堵塞"现象。这种现象是指随着技术前沿不断被推进，技术的复杂性也相应地提升，这导致进一步创新的成本也随之而上升（Kortum，1993）。在这个模型中，投入 N_t 单位的研发资本，催生出的新的研发部门的泊松到达率为

$$\phi_t = \lambda \phi \left(\frac{N_t}{A_t^{\max}} \right) \tag{9-7}$$

其中，$A_t^{\max}$ 为最先进的生产率参数；λ 为创新到达率，$\lambda > 0$；ϕ 函数为边际报酬递减的函数，主要来自"研发堵塞"所导致的负外部效应，因此，$\phi(0) = 0$，$\phi' > 0$ 且 $\phi'' < 0$。因为生产部门的潜在收益相同，所以，每个中间产品部门都采用相同数量的投入，则 $n_t \equiv N_t / A_t^{\max}$。

假设资本补贴率为 β_k，反映对资本积累的激励，因此，资本成本 ζ_t 减去资

本补贴率 β_k，必须覆盖利率 r 和折旧率 δ。稳态均衡下研发密集度（n）、资本密集度（k）、利率（r）、单位产品劳动力数量（l）、人均产出增长率（g）由式（9-8）～式（9-12）决定：

$$1 - \beta_n = \lambda \frac{\phi(n)}{n} \cdot \frac{\pi(k)l}{r + \lambda\phi(n)} \tag{9-8}$$

$$\alpha f'(k) = r + \delta - \beta_k \tag{9-9}$$

$$r = \rho + \varepsilon g \tag{9-10}$$

$$l = \frac{g_L}{\xi} \tag{9-11}$$

$$g = \gamma\lambda\phi(n) \tag{9-12}$$

其中，ξ 为租金率；g_L 为人口增长率。研发密集度曲线（N）的斜率为正，这将引导更多的资本流向研发活动；而资本密集度曲线（K）的斜率为负，从而会提升经济增长率。经济增长率的上升又引起利率的上升，从而使稳态的资本需求降低。

通过分析，我们发现：资本密集度提升，进一步强化了创新驱动产业结构优化升级的作用机制；同时也发现，制度供给在促进区域创新系统功能培育与完善中具有重要的作用。由此得到两个推论。

推论 9-5　在区域创新系统中，各类创新主体在响应制度不均衡引致的获利机会中进行合作博弈，其中，研发补贴和资本补贴降低制度成本，当资本密集度不断提升，资本积累与多部门创新系统形成合力，进一步强化创新驱动产业结构优化升级的效应。

区域创新系统作为一种基于需求的多主体参与促进创新的制度安排，具有典型的集体行动特征。如果系统内的成员都想着由其他成员做出努力或承担维持组织的成本，而自己则坐享其成的话，那么，区域创新系统原本促进创新的美好愿望可能将落空。"搭便车问题"会使制度在团体层次上进行的供给遇到严重的阻碍（张培刚和张建华，2009）。

由于各个地区产业基础和创新潜力存在差异，创新障碍也有差异。对于区域创新系统而言，所有地区都需要共同面对"搭便车问题"。在市场起决定性作用的资源配置下，区域创新系统中企业、高校和研究机构在研发活动上受到激励，于是，激发创新→利润上升→工资率上升→劳动力流向技术先进部门，区域创新系统呈自组织演化路径。若采用强迫成员参与或者提供补贴激励，可能会造成制度成本过高和不可持续（张培刚和张建华，2009）。

推论 9-6　在多部门模型中，当研发部门引入资本后，企业利润与资本密集度正相关。在研发补贴和资本补贴的激励下，研发部门不断提高资本密集度，提高资本密集度会进一步提升创新企业的利润，吸引劳动力流入该部门，从而发生要素跨部门流动，实现产业结构的优化升级。

综上所述，我们简要总结一下区域创新系统促进产业结构优化升级的作用机制。

第一，多部门区域创新系统，清晰地刻画了创新引起新产品、新技术取代旧产品、旧技术的"创造性毁灭"过程。在多部门模型中，创新引起要素流向技术最先进的部门，既体现了创新所引起的要素在部门间配置的效应，又明确了这种流动所带来的产业结构升级效应。

第二，多部门区域创新系统，清晰地展示了创新驱动产业结构升级促进经济增长的路径。区域创新系统产生跨部门技术溢出，不断增加社会知识存量，从而推进技术前沿，这种效应显著地超过了"创造性毁灭"所产生的部分消极影响，前者主导着经济体以不连续方式实现技术进步跃进。

第三，有效运行区域创新系统需要相应的制度设计，其中，市场是一种能够提供适当个人刺激的有效制度，以降低交易费用，而政府也将在制度创新中发挥重要的作用。

9.2　区域创新系统与产业专业化演化

一般而言，地区产业专业化表现为某一地区的生产要素集中配置在某些产业部门，这些产业部门对该地区的总增加值（或总就业）做出了绝大部分的贡献（张建华和程文，2012），由此获得规模经济和范围经济。产业专业化的优化升级有助于深化分工和降低交易费用，从而推动产业从劳动密集型向资本密集型升级。随着收入水平的不断提高，地区产业专业化呈现出先下降然后上升的"U"形演化规律（张建华和程文，2012）。

9.2.1　区域创新系统如何影响产业专业化演化

区域创新系统为产业专业化提供相应的知识基础。知识利用、吸收与扩散和知识基础通常都是无形的，它们在很大程度上依赖于人员之间面对面的交流，这些活动会产生内生交易费用，对专业化分工的影响日益突出。区域创新系统运行效率，影响该地区知识利用、吸收和扩散的创新资源配置效率。如果能获取创新所需要的专业知识基础，外部效率就高，交易费用就低。降低交易费用有助于深化分工，又能进一步促进专业知识积累，进而加快地区产业专业化的转型升级。据此，我们提出如下假说。

假说 9-1　地区技术水平 A 越高，具备自给自足不断生产新产品的能力越强，参与区域分工的能力越强，产品生产的门类越多，地区产业结构越趋向于多样化。

假说 9-2　地区之间交易费用（包括外生的交易费用和内生的交易费用）越低，

各地区越倾向专注于具有比较优势的产品,而向外采购劳动生产率比较低的商品,本地区产业结构专业化水平提高,从而促进地区之间分工深化、地区经济一体化。

假说 9-3　外地物价水平 P^* 越高,本地越倾向于自己生产各种产品,则会促使本地参与地区之间的分工水平不断降低。

假说 9-4　地区资本 K 越丰裕,扩散新产品的能力越强,本地区多样化生产水平越高。

假说 9-5　地区劳动力越丰裕,专业化技能劳动者的存量越庞大,地区产业专业化分工水平越高。

假说 9-6　一个地区劳动力工资越高,专业技能劳动力越聚集,从而该地区专业化分工水平越高。

9.2.2　地区产业的专业化发展测度

地区产业专业化指数可以用来刻画地区产业结构的优化升级水平(Kim,1995;Imbs and Wacziarg,2003;罗勇和曹丽莉,2005;刘传江和吕力,2005;樊福卓,2007;张建华和程文,2012;苏华,2012)。具体测度可以采用基尼系数、赫芬达尔指数和变异系数等多种指标。本节借鉴张建华和程文(2012)所采用的基尼系数来测度地区产业专业化的水平,应用 Sen 和 Foster(1997)所定义的一个如式(9-13)所示的离散分布的基尼系数的计算公式:

$$\text{Spec} = 1 + \frac{1}{n} - \frac{2}{n^2 \mu} \sum_{i=1}^{n} (n+1-i)x_i \qquad (9\text{-}13)$$

其中,x_i 为某一地区的 i 产业的就业人数或者增加值,依据 $x_1 < x_2 < \cdots < x_{n-1} < x_n$ 的升序排列;n 为样本数量;$\mu = \dfrac{\sum_{i=1}^{n} x_i}{n}$ 为样本均值。

通过对式(9-13)化简,得到

$$\text{Spec} = \frac{2}{n} \frac{\sum_{i=1}^{n} i \cdot x_i}{\sum_{i=1}^{n} x_i} - \frac{n+1}{n} \qquad (9\text{-}14)$$

式(9-14)的值(0～1)越高,则表示一个地区的产业结构专业化水平越高,反之,则表示该地区的产业结构多样化程度越高。

中国各地区产业专业化演变符合"U"形的演化规律:随着经济的发展,先趋于多样化,然后再趋于专业化。我们依据产业专业化指数,应用中国 30 个省区市的来源于《中国工业经济统计年鉴》1999～2013 年的分地区分行业的就业数据,计算得到 30 个省区市的产业专业化指数，并按照整体、东部、中部和西部地区分别采用局部加权散点图平滑技术进行拟合[①]，如图 9-2 所示。

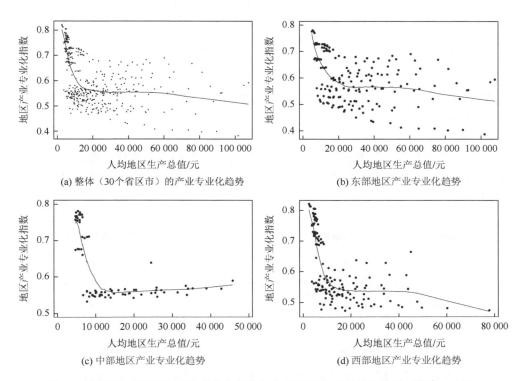

图 9-2　整体及分地区的产业专业化指数与人均地区生产总值的关系（带宽 = 0.5）

为了验证各个地区产业结构优化升级呈现出"U"形特征，进一步采取二次多项式的函数形式对这一规律进行验证[②]。依据豪斯曼检验的结果，估计结果见表 9-1。

表 9-1　1999～2013 年中国各地区产业专业化指数与实际人均收入及其二次项的回归结果

变量	整体就业数据	东部地区就业数据	中部地区就业数据	西部地区就业数据
实际人均收入	−0.127*** （12.92）	−0.080*** （7.21）	−0.369*** （8.51）	−0.199*** （9.07）
实际人均收入的平方项	0.015*** （9.36）	0.083*** （5.17）	0.094*** （6.28）	0.029*** （6.28）

① 这种方法是由 Cleveland（1979）提出的。
② 简单二次项表达式为 $Gini = \alpha + \beta_1 (GDP)^2 + \beta_2 GDP$。

变量	整体就业数据	东部地区就业数据	中部地区就业数据	西部地区就业数据
常数项	0.745***（55.21）	0.741***（28.99）	0.875***（31.97）	0.763***（39.76）
R^2	0.405	0.387	0.613	0.451
样本数	390	143	104	143

注：括号内为 t 统计量的绝对值

***表示在 1%的显著性水平下通过显著性检验

随着经济发展，各地区产业结构均经历了一个先趋于多样化，再趋于专业化的过程。越来越多的地区产业结构的优化升级正经历着完整的"U"形演变过程，如表 9-2 所示。

表 9-2　1999～2013 年中国 17 个地区产业结构经历的完整"U"形演化过程

阶段	江苏	福建	广东	山西	安徽	江西
下降阶段	1999～2003 年	1999～2003 年	1999～2003 年	1999～2003 年	1999～2004 年	1999～2003 年
上升阶段	2004～2013 年	2004～2013 年	2004～2013 年	2004～2013 年	2005～2013 年	2004～2013 年
阶段	河南	湖北	湖南	广西	重庆	四川
下降阶段	1999～2004 年	1999～2003 年	1999～2003 年	1999～2009 年	1999～2009 年	1999～2010 年
上升阶段	2005～2013 年	2004～2013 年	2004～2013 年	2010～2013 年	2010～2013 年	2011～2013 年
阶段	贵州	云南	陕西	青海	宁夏	
下降阶段	1999～2007 年	1999～2007 年	1999～2003 年	1999～2003 年	1999～2007 年	
上升阶段	2008～2013 年	2008～2013 年	2004～2013 年	2004～2013 年	2008～2013 年	

9.2.3　基于中国省级层面的实证分析

对地区专业化影响因素的计量模型如式（9-15）所示：

$$\ln S_{it} = \alpha_1 \ln S_{it-1} + \alpha_2 \ln A_{it} + \alpha_3 \ln T_{it} + \mu_{it} + v_{it} \qquad (9\text{-}15)$$

其中，S_{it} 为第 i 个地区第 t 期的产业专业化水平；$\ln A_{it}$ 和 $\ln T_{it}$ 分别为技术进步和交易费用的增长率，代表着专业化收益与交易费用的两相比较。当技术进步的速度快于交易费用下降的速度时，地区专业化分工水平将下降；反之，当交易费用下降的速度快于技术进步的速度时，地区专业化分工水平将上升。μ_{it} 反映了样本的个体差异，v_{it} 为随机扰动项。

地区产业专业化水平一阶滞后项 $\ln S_{it-1}$ 反映了地区产业结构在演化中可能存在的路径依赖特征，原有的产业专业化分工会对现有的专业化分工产生影响，反映出产业结构调整是一个缓慢的过程，预期 $0 < \alpha_1 < 1$。

交易费用包括运输费用和为实现交易所必需的其他费用，这些费用取决于交易技术、制度安排和城市化水平（杨小凯和黄有光，1999）。我们着重考察区域创新系统在交易费用层面对地区产业专业化的影响。在考察宏观制度安排的基础上，我们将中观层面的制度安排也引入内生交易费用的代理变量中。借鉴张建华和程文（2012）的处理办法，用各个地区的进出口总额占各个地区的生产总值的比重作为开放的代理变量，并基于此引入各个地区的区域创新系统两个子系统运行的效率值作为中观的制度创新的代理变量，共同度量降低内生交易费用的水平。对上述指标进行均值标准化后取倒数，并赋以相同的权重取其算术平均值，合成得到综合的交易费用的代理变量。预期 $\alpha_3 < 0$。

选取中国 30 个地区 1999 年至 2013 年的面板数据加以验证。通过实证分析，得到如下结论。

第一，地区产业专业化指数一阶滞后项显著为正。表明地区产业专业化分工演化存在路径依赖，而技术创新使地区专业化分工免于锁定效应。

第二，无论是从整体层面，还是分区域从东部、中部和西部地区来看，技术进步的增长率系数均显著为负，说明技术进步可以增强一个地区的生产能力，有利于一个地区产业结构的多样化演化。

第三，不管从整体层面，还是分区域从东部、中部和西部地区来看，交易费用的增长率系数均显著为负，这说明交易费用增长率的下降，促进了地区之间的专业化分工。这种作用在东部地区尤为显著（表9-3）。

表 9-3 全国 30 个地区及东、中、西部地区产业专业化的主要影响因素分析

变量	差分 GMM 结果				系统 GMM 结果			
	整体	东部地区	中部西区	西部地区	整体	东部地区	中部西区	西部地区
$\ln S_{it-1}$	0.14*** (11.09)	0.30*** (3.91)	0.65*** (5.11)	0.06*** (3.38)	0.35*** (17.83)	0.70*** (3.46)	0.86*** (6.51)	0.01** (2.12)
$\ln A_{it}$	−0.28*** (11.45)	−0.08** (2.49)	−0.03*** (3.28)	−0.67*** (4.88)	−0.27*** (9.71)	−0.05* (1.87)	−0.21** (2.12)	−0.82*** (5.65)
$\ln T_{it}$	−0.10*** (12.74)	−0.14** (2.22)	−0.03** (3.30)	−0.03*** (3.51)	−0.12*** (4.54)	−0.23** (2.27)	−0.08*** (3.73)	−0.42*** (6.31)
AR(1) 检验	0.02	0.02	0.06	0.03	0.01	0.01	0.03	0.03

变量	差分 GMM 结果				系统 GMM 结果			
	整体	东部地区	中部西区	西部地区	整体	东部地区	中部西区	西部地区
AR(2)检验	0.38	0.40	0.52	0.84	0.29	0.42	0.54	0.49
Sargan检验	1.00	1.00	1.00	1.00	1.00	1.00	1.00	1.00

注：括号中为 z 值的绝对值，GMM 表示广义矩估计（generalized method of moments），AR(1)表示一阶自回归，AR(2)表示二阶自回归

*、**和***分别表示 10%、5%和 1%的显著性水平

9.2.4 区域创新系统对地区间产业专业化演化差异的贡献度分析

区域创新系统在各地区产业专业化演化中影响有多大呢？到底是哪些具体的因素在起作用？我们采用基于回归的不平等分解的方法，对影响各个地区产业专业化演化的影响因素进行排序，为促进地区产业专业化分工的对策提供依据。

为了对各个具体因素的贡献进行定量分析，应用 1999～2013 年全国 30 个地区的面板数据，进行基于回归的不平等分解。

$$\ln S_{it} = \alpha_1 \ln S_{it-1} + \alpha_2 \ln A_{it} + \alpha_{31} \ln \text{Transport}_{it} + \alpha_{32} \ln \text{Information}_{it}$$
$$+ \alpha_{33} \ln \text{Reform}_{it} + \alpha_{34} \ln \text{Trade}_{it} + \alpha_{35} \ln \text{GenTe}_{it} + \alpha_{36} \ln \text{AppTe}_{it} \quad (9\text{-}16)$$
$$+ \alpha_{37} \ln \Delta \text{CPI}_{it} + \alpha_{38} \ln K_{it} + \alpha_{39} \ln L_{it} + \alpha_{310} \ln \text{Wage}_{it} + \mu_{it} + \nu_{it}$$

其中，i 为不同的地区；t 为观察的时期；μ_{it} 为无法观测的各个地区的个体差异；ν_{it} 为随机扰动项；S_{it}、S_{it-1} 和 A_{it} 的含义与式（9-15）相同。劳动 L_{it} 用一个地区的就业人数表示，该值越高，表示劳动力越丰裕，那么意味着专业劳动力的储备越丰富，越有利于专业知识和专业技能的积累，越有利于地区产业专业化水平的提高，因此，预期符号 $\alpha_{310} > 0$。

对于交易费用的测度，我们采用分解的方法，分别测度交通基础设施（Transport_{it}）、信息基础设施（Information_{it}）、改革（Reform_{it}）、开放水平（Trade_{it}）、区域创新系统的知识生产与扩散系统的运行效率（GenTe_{it}）和区域创新系统的知识应用与开发系统的运行效率（AppTe_{it}）。区域创新系统两个子系统运行的效率越高，则表明该部分的交易费用越低，越有助于地区产业的专业化分工。

对于周边地区物价和工资的测度，我们沿用张建华和程文（2012）的做法，取 30 个地区总体居民消费价格指数与各个地区的居民消费价格指数之差 ΔCPI_{it} 作为周边地区物价的代理变量，选取各个地区的工资总额除以就业人数的值

$Wage_{it}$ 作为一个地区平均工资水平的代理变量。当周边地区的物价水平较高时，本地区将倾向于生产更多种类的商品，以从中获利，因此，预期符号 $\alpha_{37} < 0$。较高的工资水平，将吸引劳动在该地区集聚，因此，工资水平与地区产业专业化正相关，预期符号 $\alpha_{310} > 0$。

采用基于回归的不平等分解方法，我们结合夏普利值分解，能够更清晰地考察各个具体因素对地区产业专业化分工的影响，尤其是区域创新系统的贡献大小。由表 9-4 和图 9-3 可以看出，交易费用的贡献非常突出，尤其是区域创新系统中的知识生产与扩散系统的运行效率、一个地区的开放水平、信息基础设施的完善程度以及一个地区原有的专业化分工水平是促使各个地区产业专业化分工呈现出巨大差异的重要原因。

表 9-4　地区产业专业化演化影响因素的系统分析

变量	差分 GMM	z 值	系统 GMM	z 值
$\ln S_{it-1}$	0.18^{***}	3.44	0.25^{***}	4.95
$\ln A_{it}$	-0.15^{*}	-1.73	-0.04^{**}	-3.29
$\ln Transport_{it}$	0.12^{***}	6.72	0.03^{**}	2.35
$\ln Information_{it}$	-0.06^{**}	-3.07	-0.1^{***}	-3.44
$\ln Reform_{it}$	0.01^{*}	1.68	0.01^{*}	1.69
$\ln Trade_{it}$	-0.07^{**}	-2.75	-0.05^{*}	-1.85
$\ln GenTe_{it}$	0.07^{***}	3.52	0.08^{***}	3.48
$\ln AppTe_{it}$	0.06^{***}	5.29	0.04^{**}	2.86
$\ln \Delta CPI_{it}$	-0.01^{***}	-3.50	-0.01^{**}	-3.11
$\ln K_{it}$	0.02	0.48	0.12	1.25
$\ln L_{it}$	-0.04	-0.22	-0.46^{***}	-4.43
$\ln Wage_{it}$	0.03	0.35	-0.03	-0.12
一阶自回归的 Arellano-Bond 检验	0.02		0.01	
二阶自回归的 Arellano-Bond 检验	0.41		0.32	
Sargan 检验	1.00		1.00	

注：估计结果由 Stata 12.0 软件得到

*、**和***分别表示在 10%、5%和 1%的显著性水平

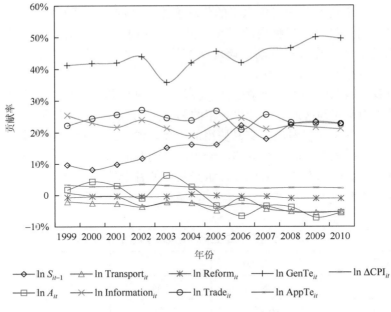

图 9-3　地区产业专业化不平等影响因素的分解图

依据分解结果，可以得出如下政策结论。

第一，区域创新系统的知识生产与扩散系统的运行效率对地区产业专业化不平等的贡献达到 40%以上。这充分说明知识作为一种要素投入，发挥着越来越重要的作用。因此，对于各个地区而言，要完善各类创新支持政策，积极培育区域创新系统，加强各类创新主体之间的联系，进一步提高区域创新系统的运行效率，促进知识生产与扩散系统和知识应用与开发系统之间的协调，提升区域创新系统有效性。

第二，开放水平对地区产业专业化不平等的贡献在 20%至 30%之间。说明进出口贸易所产生的知识外溢提升了企业"干中学"的能力。因此，各地政府应进一步完善鼓励企业参与进出口贸易的各项配套政策，鼓励企业参与进出口贸易，激励企业面向全球市场提升自身的竞争能力。

第三，地区信息基础设施对地区产业专业化不平等的贡献也在 20%至 30%之间。这说明传输信息的能力越强，越有利于知识的利用、吸收和扩散，越有利于地区专业化分工水平的提升。因此，各个地区的政府应该继续加大在信息基础设施方面的投入。

第四，地区原有专业化分工水平对地区产业专业化不平等的贡献基本保持在 10%至 20%之间。地区产业专业化分工的演化存在路径依赖。因此，应该鼓励地方政府加强与外界的合作，为区域内各类创新主体开展跨区域的合作提供政策支持和引导。通过技术创新活动，增加地区产业生产新产品的能力。

第五，其他因素对地区产业专业化不平等的贡献基本都在 5%以下，包括改革、交通基础设施、技术进步、周边的物价水平、区域创新系统中的知识应用与开发系统运行效率等。这说明，进行改革、完善交通基础设施、促进技术进步，可能对地区产业专业化有促进作用，但是影响较小。

知识应用与开发系统的系数尽管显著为正，但是在促进地区产业专业化分工方面的作用却比较微小。地区之间科技成果转化存在着"竞合"关系。当前，地区的知识应用与开发系统运行效率有待提升，尤其是经济落后地区，更需要加大研发和成果转化合作，为提升产业专业化水平，从而实现成功的经济赶超储备能量。

9.3　区域创新系统如何影响产业结构升级

区域创新系统对产业结构升级的作用，主要是通过影响企业创新能力来实现的。为此，我们先对有关机制进行探讨，然后结合现实数据进一步分析影响效应。

9.3.1　区域创新系统影响产业结构升级的作用机制

产业结构升级实质是技术体系的进步。所以，科技进步成为区域创新系统影响产业结构升级的首要传导机制。影响主要表现在以下三个方面。

第一，产业部门之间由于技术关联而构成一个有机的体系。当产业内某一个部门实现了重大的技术创新，产业间将发生连锁效应，通过快速扩张，从而实现产业结构升级。

第二，科技进步加快产业分工、促进新兴产业涌现。科技进步是推动第二产业发展的最根本力量，而工业则是实现科技进步的主要载体。

第三，科技进步刺激需求结构升级，引致产业结构随之升级。产业结构必须随着需求结构的升级而升级，以实现总体上的供求平衡，促进经济的协调发展。

企业作为技术创新的主体，其创新能力直接决定技术升级的水平。从微观角度看，当企业创新能力不断提升，就意味着企业内部的创新资源配置，与获取外部创新资源更加匹配，更有利于推进技术进步，最终实现产业结构的升级。通过知识的外溢和制度激励的调节作用，区域创新系统影响着产业结构的升级进程。根据以上分析，我们提出如下几个命题。

命题 9-1　区域创新系统运行效率越高，表明区域内部的创新资源的配置效率越高，利用来自外部的知识的效率也越高，越有助于产业结构升级。同时，企业创新能力越高，越有可能推动技术不断升级，从而推进产业结构不断升级。

命题 9-2　区域创新系统运行越有效，越有助于增加社会知识存量，企业自身创新能力越强，越有利于获取跨部门溢出效应。这将促使企业参与区域创新的动力机制转变为"联网机制"，该企业将成为区域创新中进行知识分享的主体，以及产业结构升级的主力。

命题 9-3 制度邻近有利于促进区域创新系统成员间的沟通交流。这是因为，制度邻近使得成员可以分享共同的价值观、信念、规范和惯例，有利于"心智共享模式"的建立。因此，制度邻近的区域创新系统之间的合作将提升企业的创新能力。

命题 9-4 地理邻近有利于区域创新系统成员之间的交流。这是因为，地理邻近缩短了不同经济主体之间的物理距离，创造了有利于成员交流的条件。因此，地理邻近的区域创新系统之间的合作将提升企业的创新能力。

9.3.2 区域创新系统影响产业结构升级的实证分析

采用 Moore 值测度产业结构升级程度。其核心思想是：将一个经济体的产业划分为 n 个部门，同一个地区不同时期产业结构升级的幅度可以采用两个不同时期的 n 维向量之间所形成的夹角的余弦值来表示。地区 i 的产业结构由第 t 期优化升级到第 $t+1$ 期后，产业结构升级的幅度可以用 Moore 值表示为

$$\text{Moore}_{i,t}^{i} = \text{Cos}\left(\theta_{i,t}^{i}\right) = \sum_{j=1}^{n}\left(y_{i,t}^{j} \cdot y_{i,t+1}^{j}\right) \bigg/ \sqrt{\sum_{j=1}^{n}\left(y_{i,t}^{j}\right)^{2} \cdot \sum_{j=1}^{n}\left(y_{i,t+1}^{j}\right)^{2}} \quad (9\text{-}17)$$

既要反映产业结构优化升级高级化的历史趋势和一般规律性，又要反映地区与发展阶段的差异性，因此，修正后的指标由式（9-18）来表示：

$$\text{Moore}_{i,t}^{i,j} = \sqrt{\frac{\sum\limits_{k \neq j}\left(y_{i,t}^{k}\right)^{2} + y_{i,t}^{j} \cdot y_{i,t+1}^{j}}{\sum\limits_{k=1}^{n}\left(y_{i,t}^{k}\right)^{2} \cdot \left[\sum\limits_{k \neq j}\left(y_{i,t}^{k}\right)^{2} + \sum\limits_{j=1}^{n}\left(y_{i,t+1}^{j}\right)^{2}\right]} \cdot \frac{\sum\limits_{k \neq j}\left(y_{i,t+1}^{k}\right)^{2} + y_{i,t}^{j} \cdot y_{i,t+1}^{j}}{\sum\limits_{k=1}^{n}\left(y_{i,t+1}^{k}\right)^{2} \cdot \left[\sum\limits_{k \neq j}\left(y_{i,t+1}^{k}\right)^{2} + \sum\limits_{j=1}^{n}\left(y_{i,t}^{j}\right)^{2}\right]}}$$

$$(9\text{-}18)$$

对地区 i 的 n 个产业由第 t 期到第 $t+1$ 期的升级幅度进行加权求和，每个产业所对应的权重为该产业排列级别 j 与该产业在第 t 期占该地区生产总值比重的乘积。那么，地区 i 第 t 期到第 $t+1$ 期产业结构优化升级的幅度和产业结构升级的总体方向的测度值 $\text{Moore}_{i,t+1}^{i}$ 可以表示为

$$\text{Moore}_{i,t+1}^{i} = \sum_{j=1}^{n}\left[j \cdot y_{i,t}^{j} \cdot \text{Moore}_{i,t+1}^{i,t}\right] \quad (9\text{-}19)$$

测算结果（表 9-5）表明，当前产业结构跨期升级的特征可以概括为三点。第一，地区产业结构升级的路径具有总体平稳性。中国于 2001 年正式加入世界贸易组织，市场的开放度进一步增强，外部市场对中国地区产业结构优化升级的影响

力也逐渐增大。仅有 6 个地区的平均升级水平为负，其余 24 个地区的平均升级水平均为正值，说明产业结构升级整体上比较平稳。第二，产业结构的升级过程呈现出阶段性特征。2005 年形成了一个分界点，这可能与"十五"计划结束，进入"十一五"规划开局之年后产业结构升级支持政策发生了方向性变化有关。第三，产业结构升级幅度在地区之间呈现出一定差异性。产业结构升级速度较快的主要有北京、黑龙江、上海、海南、贵州、云南、浙江和广东。中部地区表现出波动的特征，还未形成具有竞争优势的产业。西部地区产业结构升级比较平稳。

表 9-5　产业结构跨期升级幅度的测算结果

地区	2003 年	2004 年	2005 年	2006 年	2007 年	2008 年	2009 年	2010 年	平均升级水平
北京	4.286	4.278	4.224	4.549	4.621	4.681	4.732	4.809	1.449
天津	3.556	3.529	3.448	3.405	3.375	3.402	3.316	3.558	0.008
河北	3.000	2.978	2.904	3.015	3.020	3.036	3.020	3.068	0.283
山西	3.164	3.120	3.041	3.220	3.191	3.169	3.134	3.306	0.553
内蒙古	2.988	3.001	2.925	3.169	3.137	3.076	2.992	3.186	0.807
辽宁	3.291	3.299	3.270	3.262	3.225	3.173	3.106	3.286	−0.018
吉林	3.067	3.030	2.993	3.200	3.238	3.209	3.208	3.220	0.611
黑龙江	3.001	2.973	2.906	3.051	3.069	3.102	3.092	3.266	1.062
上海	3.805	3.719	3.707	3.802	3.804	3.895	3.936	4.150	1.093
江苏	3.200	3.195	3.144	3.184	3.223	3.271	3.296	3.356	0.596
浙江	3.264	3.281	3.258	3.394	3.401	3.432	3.443	3.533	0.996
安徽	3.004	3.113	3.060	3.275	3.269	3.230	3.174	3.182	0.724
福建	3.184	3.183	3.167	3.208	3.242	3.291	3.269	3.379	0.744
江西	3.134	3.089	2.993	3.051	3.026	2.974	2.937	3.101	−0.131
山东	3.150	3.100	3.007	3.014	3.040	3.074	3.057	3.126	−0.096
河南	2.855	2.915	2.840	2.861	2.865	2.894	2.842	2.905	0.215
湖北	3.139	3.167	3.113	3.265	3.293	3.367	3.297	3.290	0.591
湖南	3.226	3.294	3.201	3.260	3.292	3.262	3.192	3.327	0.386
广东	3.292	3.228	3.174	3.472	3.472	3.509	3.493	3.601	1.131
广西	3.114	3.076	2.986	3.209	3.192	3.153	3.121	3.168	0.213
海南	3.017	3.002	2.976	3.109	3.050	3.114	3.095	3.345	1.298
重庆	3.363	3.369	3.284	3.405	3.464	3.394	3.348	3.273	−0.340
四川	3.131	3.122	3.113	3.190	3.183	3.128	3.071	3.199	0.268
贵州	3.052	3.040	3.016	3.236	3.257	3.343	3.326	3.511	1.766

续表

地区	2003 年	2004 年	2005 年	2006 年	2007 年	2008 年	2009 年	2010 年	平均升级水平
云南	3.063	3.071	3.031	3.243	3.224	3.260	3.257	3.339	1.082
陕西	3.237	3.270	3.179	3.219	3.138	3.137	3.067	3.293	0.214
甘肃	3.104	3.089	3.014	3.280	3.250	3.228	3.253	3.306	0.794
青海	3.397	3.380	3.296	3.324	3.274	3.222	3.155	3.274	−0.460
宁夏	3.200	3.151	3.086	3.375	3.315	3.276	3.206	3.400	0.759
新疆	3.194	3.067	3.024	3.098	3.088	3.116	3.078	3.193	−0.004

注：应用 30 个地区的统计年鉴（2002～2011 年）细分的六大行业（第一产业、工业、建筑业、交通运输仓储业、批发零售餐饮住宿业、金融房地产业）数据计算得到

9.3.3 区域创新系统影响企业创新能力以及产业结构升级的实证考察

1. 区域创新系统、企业创新能力促进产业结构升级

为了考察区域创新系统、企业创新能力（Capacity）对产业结构升级的影响，我们运用模型（9-20）进行实证分析，具体结果如表 9-6 所示。

$$\text{Moore}_{i,t+1}^{i} = c_i + \alpha_0 \cdot \text{Moore}_{i,t}^{i} + \alpha_1 \cdot \text{Capacity}_{i,t} + \alpha_2 \cdot \text{GenTe}_{i,t} + \alpha_3 \cdot \text{AppTe}_{i,t} + \mu_{i,t}$$

$$(9\text{-}20)$$

表 9-6　区域创新系统、企业创新能力对产业结构升级的影响

变量	整体		东部		东北部		中部		西部	
	系数	t 值	系数	t 值	系数	t 值	系数	t 值	系数	t 值
$\text{Moore}_{i,t}^{i}$	0.42***	0.00	0.52***	0.00	0.23	0.13	0.17	0.59	0.55***	0.00
$\text{Capacity}_{i,t}$	0.17**	0.01	0.21*	0.05	−0.14	0.16	−1.83	0.21	−0.94**	0.02
$\text{GenTe}_{i,t}$	0.30**	0.01	0.58*	0.09	0.52	0.27	3.23**	0.01	0.89***	0.00
$\text{AppTe}_{i,t}$	0.13***	0.00	0.48***	0.00	0.48***	0.00	1.53*	0.05	0.41*	0.05
Sargan 检验	0.80		0.98		0.70		1.00		0.97	
AR(1)检验	0.00		0.01		0.00		0.02		0.04	
AR(2)检验	0.18		0.10		0.17		0.81		0.94	

*、**和***分别表示系数在 10%、5%和 1%水平下显著

基本结论如下。第一，整体来看，产业结构在优化升级过程中存在路径依赖，前期的表现对后续的升级幅度具有显著的正向影响。此外，东部、西部这种产业结构升级的惯性影响也比较大，而东北部和中部地区 $\text{Moore}_{i,t}^{i}$ 的系数虽然为正，

但是却不显著。第二，企业创新能力对产业结构升级的影响，在地区之间呈现出差异。企业创新能力是产业结构升级的内生动力，这种效应在东部地区最大，在西部地区显著为负，在东北部和中部地区也为负，但不显著。第三，区域创新系统两个子系统的运行效率，显著正向地促进了产业结构的升级（除东北部的知识生产与扩散系统）。这意味着各个地区进一步构建知识生产与扩散系统具有十分重要的意义，同时提高知识应用与开发系统的运行效率，也能提升对产业结构升级的正向效应。

2. 区域创新系统提升企业创新能力

为了考察区域创新系统通过外溢、互动式学习、网络嵌套和制度激励对企业创新能力的影响，引入两个子系统与企业创新能力的交互项，如模型（9-21）所示：

$$\text{Moore}_{i,t+1}^{i} = c_i + \alpha_0 \cdot \text{Moore}_{i,t}^{i} + \alpha_1 \cdot \text{Capacity}_{i,t} + \alpha_2 \cdot \text{GenTe}_{i,t} + \alpha_3 \cdot \text{AppTe}_{i,t} \\ + \alpha_4 \cdot (\text{Capacity}_{i,t} \cdot \text{GenTe}_{i,t}) + \alpha_5 \cdot (\text{Capacity}_{i,t} \cdot \text{AppTe}_{i,t}) + \mu_{i,t} \quad (9\text{-}21)$$

实证分析结果如表 9-7 所示。第一，整体上看，知识生产与扩散系统的效率改进对提升企业创新能力，从而对产业结构升级具有正向的促进作用。但是这种机制在东部和中部地区并未充分表现出来。第二，东部和东北部存在着"知识应用与开发系统运行效率改进→企业的创新能力提高→产业结构升级"的内在传导机制。在其他地区这种传导机制还未形成。第三，中部地区还未形成"区域创新系统→企业创新能力→产业结构升级"的传导机制。中部地区必须加快区域创新系统的培育和建设，并与东部地区的区域创新系统开展合作，以营造"区域创新系统高效运行→企业创新能力提升→产业结构升级"这一传导机制发生作用的环境。

表 9-7　区域创新系统与企业创新能力的内在传导机制对产业结构升级的影响

变量	整体		东部		东北部		中部		西部	
	系数	t 值	系数	t 值	系数	t 值	系数	t 值	系数	t 值
$\text{Moore}_{i,t}^{i}$	0.42^{***}	0.00	0.57	0.16	0.09	0.64	0.15	0.59	0.20^{**}	0.04
$\text{Capacity}_{i,t}$	0.35^{**}	0.01	0.59^{*}	0.09	8.71^{**}	0.02	0.79^{**}	0.03	4.39^{***}	0.00
$\text{GenTe}_{i,t}$	0.40^{***}	0.00	0.50	0.18	1.66^{*}	0.05	0.67	0.33	1.48^{**}	0.05
$\text{AppTe}_{i,t}$	-0.10	0.00	0.50^{**}	0.01	0.91^{***}	0.00	1.83	1.16	0.86	0.12
$\text{Capacity}_{i,t} \cdot \text{GenTe}_{i,t}$	0.41^{**}	0.01	0.71	0.55	6.32^{*}	0.05	-11.13	-1.17	2.35^{**}	0.05
$\text{Capacity}_{i,t} \cdot \text{AppTe}_{i,t}$	0.08	0.12	0.07^{*}	0.08	1.95^{***}	0.00	7.33	0.36	1.42	0.18
Sargan 检验	0.80		0.99		0.78		1.00		0.96	

续表

变量	整体		东部		东北部		中部		西部	
	系数	t 值	系数	t 值	系数	t 值	系数	t 值	系数	t 值
AR(1)检验	0.00		0.02		0.00		0.08		0.00	
AR(2)检验	0.14		0.12		0.13		0.76		0.54	

*、**和***分别表示系数在 10%、5%和 1%水平下显著

3. 制度邻近的空间外溢效应

区域创新系统不仅对本地区企业的创新能力具有影响，而且邻近地区的区域创新系统的运行，通过外溢和制度激励作用，具有促进本地产业结构升级的效应。用 $\text{ExtGenTe}_{i,t}$ 和 $\text{ExtAppTe}_{i,t}$ 来表示邻近地区的区域创新系统的运行，以测度其所产生的外溢对本地产业结构升级的影响，具体模型如式（9-22）所示。

$$\text{Moore}_{i,t+1}^{i} = c_i + \alpha_0 \cdot \text{Moore}_{i,t}^{i} + \alpha_1 \cdot \text{Capacity}_{i,t} + \alpha_2 \cdot \text{ExtGenTe}_{i,t} + \alpha_3 \cdot \text{ExtAppTe}_{i,t} + \mu_{i,t}$$

（9-22）

估计结果如表 9-8 所示。第一，从整体和东部来看，邻近区域创新系统运行效率的改进，有利于产生更强的知识外溢机制，能够促进本地产业结构的升级。但是，邻近地区知识应用与开发系统运行效率越高，对本地产业结构升级越会产生负向影响。第二，从东北部来看，邻近区域知识应用与开发系统运行效率的改进，能够促进本地产业结构的升级。但是，邻近地区知识生产与扩散系统的运行效应却为负向影响。这可能与东北三省的产业发展和创新资源专用性较高有关。第三，对于创新资源稀缺和创新潜力不足的西部地区而言，应构建开放的区域创新系统，积极开展与邻近地区的区域创新系统的合作，构筑跨地区知识外溢机制，以促进产业结构升级。

表 9-8　制度邻近的空间溢出效应

变量	整体		东部		东北部		中部		西部	
	系数	t 值	系数	t 值	系数	t 值	系数	t 值	系数	t 值
$\text{Moore}_{i,t}^{i}$	0.37***	0.00	0.36*	0.06	0.20	0.32	0.08	0.77	0.70***	0.00
$\text{Capacity}_{i,t}$	0.11**	0.05	0.32*	0.09	−0.15	0.31	−0.73	0.16	−1.15***	0.00
$\text{ExtGenTe}_{i,t}$	0.40***	0.00	0.59**	0.04	−0.74**	0.03	3.63***	0.01	0.34**	0.04
$\text{ExtAppTe}_{i,t}$	−0.14**	0.01	−0.68***	0.00	0.23**	0.04	1.20	0.13	0.32*	0.10
Sargan 检验	0.90		0.99		0.50		1.00		0.96	
AR(1)检验	0.00		0.01		0.00		0.04		0.06	
AR(2)检验	0.21		0.11		0.12		0.83		0.65	

*、**和***分别表示系数在 10%、5%和 1%水平下显著

4. 地理邻近的空间外溢效应

为了考察相邻地区的外部创新活动对本地产业结构升级的外溢效应，构造反映空间距离的邻近企业的创新活动的代理变量 $Spillover_{i,t}$，构建的实证分析模型如式（9-23）所示：

$$Moore_{i,t+1}^i = c_i + \alpha_0 \cdot Moore_{i,t}^i + \alpha_1 \cdot Capacity_{i,t} + \alpha_2 \cdot GenTe_{i,t} \\ + \alpha_3 \cdot AppTe_{i,t} + \alpha_4 \cdot Spillover_{i,t} + \mu_{i,t} \tag{9-23}$$

实证结果如表 9-9 所示。第一，整体和中部、西部地区地理邻近的知识外溢效应显著为正，这种机制在东部地区并不显著，在东北三省则表现出负向影响。可见，对于中西部而言，加强与邻近地区的创新分工与协作，将增强跨地区的知识外溢机制对产业结构升级的促进作用。第二，整体和东部、中部、西部地区知识生产与扩散系统的运行效率显著为正。这表明，本地的知识生产与扩散系统的运行具有更强的知识外溢机制，以促进创新，推动产业结构升级。第三，企业创新能力在整体和东部、中部均不显著，而在东北部和西部则表现出显著为负的影响。这意味着从全国看，企业创新还未形成跨地区有效协作机制，企业创新跨地区联系不够密切，未形成良性互动关系。

表 9-9　地理邻近的空间溢出效应

变量	整体		东部		东北部		中部		西部	
	系数	t 值	系数	t 值	系数	t 值	系数	t 值	系数	t 值
$Moore_{i,t}^i$	0.37***	0.00	0.55***	0.00	0.09	0.58	0.04	0.82	0.57***	0.00
$Capacity_{i,t}$	0.02	0.73	0.35	0.45	−0.4**	0.01	0.01	0.98	−0.93***	0.00
$GenTe_{i,t}$	0.17**	0.08	0.47**	0.01	0.63	0.20	1.09***	0.00	0.53**	0.02
$AppTe_{i,t}$	−0.16***	0.00	−0.42**	0.02	0.55***	0.00	0.30	0.16	0.15	0.35
$Spillover_{i,t}$	0.34***	0.00	0.08	0.76	−0.51***	0.01	0.18*	0.07	0.78**	0.02
Sargan 检验	0.80		0.98		0.32		0.27		0.98	
AR(1)检验	0.00		0.01		0.00		0.00		0.00	
AR(2)检验	0.25		0.18		0.17		0.31		0.98	

*、**和***分别表示系数在 10%、5%和 1%水平下显著

9.4　总结与政策建议

分析至此，我们可以总结一下所得到的两个基本结论。

第一，区域创新系统对地区产业专业化具有较大的影响。无论从整体上还是

分区域来看，区域创新系统如果能高效运行，对地区产业专业化演化具有促进作用。分解结果则表明，各地区知识生产与扩散系统运行效率改进，有助于降低地区间产业专业化的不平等程度，缩小地区间专业化分工水平差距；然而，改进知识应用与开发系统的效率并不能降低地区间专业化不平等程度。

第二，区域创新系统若能提升企业创新能力，则能促进产业结构升级。实证结果表明，"区域创新系统高效运行→企业创新能力提升→产业结构升级"是一个有效的传导机制。其在东部地区表现较为突出。同时，东部地区具备相对较高的外部知识获取能力，进一步增强了这种传导机制；对于中部和西部地区而言，区域创新系统运行效率不高，外部知识获取能力有限，"区域创新系统高效运行→企业创新能力提升→产业结构升级"的传导机制未表现出积极的影响。

区域创新系统是各个地区增强创新的驱动力。依据对区域创新系统运行效率的测评结果，根据影响知识生产与扩散和知识应用与开发系统的关键因素，我们建议：应着力促进分工与地区产业专业化，同时不断提升企业的创新能力，塑造强大的地区产业结构升级的内生动力，最终实现产业结构的转型升级。具体有两点建议。

第一，政府应该注重创建良好的创新环境。建立政策平台，促进区域内和区域间各类主体之间建立互信关系，降低本地区在知识利用、吸收和扩散中的内生交易费用，深化分工，推动产业专业化。

高效的地区产业专业化是经济发展到较高阶段的必然趋势，各个地区的政府应该注重产业结构专业化转型升级的趋势，促使区域创新系统主体之间建立互信关系，以降低技术创新中的交易费用，从而推动地区产业专业化的发展。充分利用这种区域创新系统对各个地区产业结构转型的作用机制，提升生产效能。政府应该提供更加完善的公共配套服务，提升知识应用与开发系统的运行效率，同时着力提升知识生产与扩散系统的运行效率，在法律和政策上大力引导企业与高校、研究机构之间跨区域开展产学研合作，进行协同创新，完善产学研合作平台和公共服务，加快知识的传播，从而缩小地区之间专业化分工的水平。

第二，政府应该注重对本地区域创新系统的培育，并着力促进区域创新系统跨区域的合作。

本地的区域创新系统应与本地企业的创新投入之间具有互补作用，知识应用与开发系统是"根植"于本地的生产结构的。因此，通过培育本地区域创新系统，企业能够实现更高的创新产出，这反过来又进一步提升了本地区域创新系统的运行效率，从而形成一个技术创新的良性转换机制。此外，政府要加强地区间的研发合作，构建在空间上紧密关联的开放的区域创新系统。因为各个地区在知识生产与扩散和知识应用与开发系统运行的分工协作中，具有不同的比较优势，区域创新系统通过跨区域的合作，会进一步促进这种知识生产和知识应用中的分工与专业化，满足企业进行技术创新的需要。政府还要鼓励企业积极地参与进出口贸易，继续加大力度招商引资，疏通本地区域创新系统与国际贸易、国际投资的交流渠道，提升本地区域创新系统的运行效率。

第 10 章　模块化、企业网络与产业结构优化升级

产业价值链全面攀升，转变粗放的经济发展方式，已经成为我国产业结构调整的当务之急。因此，在开放条件下，重要的任务就是如何通过充分利用国内国外两种资源两个市场，建构国际国内价值链，提升产业国际竞争力，从而促进整体经济的产业结构优化升级。

企业与市场相互渗透、企业之间的紧密合作形成了许多新的组织形式。20 世纪 80 年代以来，大量新的组织形式迅猛出现表明企业正经历着一场深刻的组织变革，模块化就是其中一种新型组织形式，具有柔性、扁平和分散决策的特点（闫星宇和高觉民，2007）。通过模块分解和模块整合可以实现对复杂事物的处理和操作，模块化是一种能够促进复杂系统向新的均衡演进的一种结构。另一种组织形式就是企业网络组织的形成与创新，分散存在的中小企业由于受到资金、资源、技术的限制，发展的空间非常有限。企业网络组织能够帮助中小企业突破上述限制，因而可以大幅促进中小企业的发展，并以此推动整个产业结构演进。本章试图从模块化组织创新、企业网络组织创新两方面，探讨企业组织结构重组引发产业价值链创新，从而促进产业结构优化升级的机制。

10.1　模块化组织创新促进产业结构优化升级的机制

模块化（modularization）是指将一定数量的组件制成具备特定功能的系列化的各种模块，其接口具有一定的适应能力和扩展能力，从而各种模块可以按照界面标准集成为一个复杂产品。简而言之，模块化就是将具有独立性能的模块，按不同需要进行新的组合，生产出满足不同消费者需求的产品。模块化作为一种新型的产业内分工技术，目前广泛应用于不同领域，已经成为新的产业结构特征。模块化在促进价值链创新、加快产业结构优化升级方面具有特殊的意义。

10.1.1　模块化组织创新对产业结构优化升级的作用

在模块化生产组织下，各企业只需在优势领域集中资源，不断深化行业重组，却不需要完成"大而全"的垂直一体化内部生产。企业间的关系也不再局限于以出资的方式在资产方面建立联系或是市场贸易关系，而是形成了包括技术合作、

定牌生产（俗称代工）、原厂委托设计、自有品牌生产等中间形态在内的分工协作关系。从专业化的角度出发，企业将出现外包现象，即将一些原来内设的职能部门转移出去，使其成为独立经营主体，或者通过市场寻求外部更加专业化的资源或服务（林季红，2009）。

模块化降低了设计产品、制造产品等的各项任务的关联性，有助于降低为抑制机会主义所带来的成本，使交易双方的责任、义务分解更为容易。这不仅引发了行业的垂直分割，也推动了产业集群分散化发展、产业布局的优化。从分工角度看，集群通过本地业务外包，借助本地高度市场化的环境，形成企业之间发达的分工网络，通过本土企业的互动导致产业结构不断升级。模块化之后，产品的生产分为不同的环节，处于产业链低端的附加值低，处于产业链高端的附加值高。

在经济全球化的背景之下，地方产业集群积极回应全球产业网络的变化，利用各自区域特有的优势，利用一种价值活动与另一种价值活动的关系，嵌入全球价值链某个或某几个位置，保持、捕捉和创造价值（王威和綦良群，2013）；与此同时，不断改变各个企业在价值链中的嵌入位置和组织方式，通过改进效率和成本，促进产业集群升级。在全球化的模块化价值链中，其领导企业往往是发达国家的系统集成商，他们控制了销售渠道、市场规则、产品标准以及核心技术；而发展中国家企业主要集中在加工制造环节，处于价值链低端，资产专用化程度高，能力提升比较困难。

从产业价值链来看，在同一产业内的升级主要包括三个层次：一是过程升级，通过改进生产工艺或引进先进技术，提高加工制造环节的生产效率；二是产品升级，通过改进已有产品或引进新的产品，增加产品种类；三是功能升级，从注重单一的加工制造功能转向产品设计研发、委托加工、系统整合、营销服务、自有品牌培养等多种功能。总体来看，模块技术有助于发展中国家企业的产品升级和过程升级，但阻碍了其功能升级。

模块化组织是一种新型的产业组织形式，有利于主导厂商与模块供应商之间知识的转移和扩散。同时，模块化组织采用的是并行创新机制，这就意味着主导厂商与模块供应商可以分享与合作，于是容易产生知识外溢，从而模块供应商的自主创新能力得以提升，产品升级和过程升级也会随之发生。然而，模块供应商在模块内部所获得的知识是有限的和封闭的，只限于自身模块的知识，而对于其他模块的隐性知识却了解甚少。专业化模块供应商逐渐远离其他独立模块供应商，这样专业化模块供应商无法获得功能升级所需要的知识来源，其升级为系统集成商的可能性极小。先行的主导企业由于控制了产业标准，保持了自身在产业链中的高端地位。在大多数情况下，发达国家主导厂商都只会让渡外围专利或边缘专利，而不愿意让渡核心专利，因此，发展中国家企业难以实现功能升级。

10.1.2　模块化组织创新与全球价值链重构

随着模块化技术的引入，企业分工和国际分工形式都开始发生巨大变化。发达国家的跨国公司为了节约成本，争相把处于价值链低端的生产环节转移到发展中国家。美国等发达国家通过向发展中国家采购，一方面可以压低制造生产费用，另一方面自己的企业可以专门从事附加值最高的研发和销售工作。

模块化就是将产业链中的每个工序按一定的"块"进行分割和调整。例如，根据模块化分工，个人电脑可以分别按照主机、显示器、鼠标和硬盘等模块进行生产，然后再将各个模块经过组合和集成，个人电脑的生产便告完成。

显然，根据这一分工组合原理，产业发展可通过模块化方式完成。具体来说，通过模块化，每个模块可以事先就确定设计规则和机能，并在此范围内开展业务；同时，它具有一定的自由度，在规则允许条件下，可以采用任何方法分化模块或工序，而且各个模块或工序既不受其他模块或工序的影响，也不会影响其他模块或工序。总之，实现模块化以后，无论是分割各个生产流程，还是从事特定模块的专业化生产，都已变得相当容易了。

总体上看，伴随着模块化分工和组合的发展，产业结构出现了"微笑曲线"式变化。还以个人电脑为例，产业分工的上游端是操作系统和微处理器研发与供应，产业分工的下游端是售后服务等工序，这两端的附加值都比较高；处于产业中游端的是组装生产工序，主要以劳动密集型为主，生产利润空间已变得非常微小。换言之，通过模块化，电脑产业的价值链出现明显分化，赚钱的部分和不赚钱的部分在"微笑曲线"上非常明显地表现了出来（马永驰和季琳莉，2005）。

随着模块化的技术发展，处于"微笑曲线下颌"部分的产业竞争也日趋激烈，曲线弧度也变得异常平滑。例如，20世纪70年代以后，日本开始进入发达工业国家行列，此后由于模块化的发展，日本企业对行业内的各工序进行了调整和分割，开始把处于附加值低端的生产工序外包给发展中国家企业。随着经济全球化的发展，很多发展中国家的贸易和直接投资自由化不断取得进展，模块化方式更是促进了全球化分工。发达国家企业生产某一产品时，无须再把所有的工序集中在本国企业；相反，他们可以把每个工序加以分割，于是全球企业间通过模块化形成生产网络，总体生产效率得以明显提升。因此，企业间的关系也已经不再仅仅局限于交易双方保持一定距离的贸易关系，而是形成多样化分工合作关系。发达国家和发展中国家之间以零部件和中间材料为载体展开的"产业内贸易"开始盛行。

10.1.3　全球价值链与产业升级

目前关于全球价值链的研究主要包括三个方面。一是全球价值链的治理，主要研究价值链的组织结构、权力分配，以及价值链中各经济主体之间的关系协调。二是全球价值链的升级，主要研究升级的机制、类型和路径等。三是价值链中经济租的产生和分配，包括经济租产生的来源（如技术能力、组织能力、技能和营销能力等核心能力），进入障碍，租金的分配等。

从产业演进角度看，全球价值链的升级主要表现为四个方面：过程升级、产品升级、功能升级和链的升级。过程升级，就是引进先进技术将投入更有效地转换成产出，这就是企业重组生产过程。产品升级是指生产更高附加值的产品而实现升级。功能升级则是企业在价值链中获得新的功能，如从生产环节、加工环节进入设计环节或营销环节。要实现功能升级，显然需要改变价值链中企业之间的分工格局。例如，开始只是简单装配环节，其他环节自己无法进入，零部件、原料、产品设计图纸等，均由外国客户提供；然后经过发展，生产者可以完成整个产品生产，或根据外国客户的要求制造组件（代工）等。链的升级，就是将从特定的价值链中获得的知识运用到其他的价值链之中。例如，将从电视机生产中获得的知识运用于监控器和其他计算机设备的生产之中。

在国际分工体系中，中国企业往往处于相对不利位置。为了提升在全球价值链中的地位和位置，中国企业需要选择如下产业升级路径。

（1）向具有综合能力的模块供应商方向发展。要实现这种转向，就要继续推动本土大中型贴牌厂商积极承接国际外包，扩大各类本土企业为国际品牌制造商、国际采购商以及全球供应商进行贴牌生产的范围和规模。为跨国公司贴牌生产加工，这已经成为中国企业参与国际分工、提升产业竞争能力的重要途径之一。例如，轻纺制造业以及大部分机械电子制造业是我国具有传统优势的领域，这些领域的大中型企业，就需要不断扩大能力范围，向具有研发、设计功能以及营销等高附加值环节、高端产品生产制造方向迈进，争取进行原厂委托设计和自有品牌生产。对于一些中小型专业制造商而言，可以通过与跨国品牌制造商合作、结盟以及并购重组，逐步发展成具有集成服务功能的零部件企业集团。

（2）培育领导型企业，带动产业集群发展。中国企业要想在全球价值链上共同向上攀登，就要在企业之间逐步形成分工明确、利益共享、诚信稳定的生产联合体。为此，我们应该培育出领导型企业，发挥其领导作用，形成自主品牌，通过它们带动相关产业集群发展和整体产业升级。这就要加强网络联系，促使广大中小企业转变经营理念，主动与领导企业建立生产协作关系，形成模块化生产网络。为了实现产业升级，我国企业可以通过多种方式参与全球合作，实现多条价值链产业升级。一方面，在全球价值链中，配合全球领导型企业，主动参与合作，为它们生产产品，并接受它们在生产方面的指导；另一方面，构建以自己为中心的区域价值链或全球价值链，积极整合产业集群中的中小企业，并将部分生产业务分包给这些企业，而自身则将专注于品牌和营销网络建设，努力发展成为区域价值链或全球价值链中的品牌企业，并带动整个产业集群升级。

（3）以信息化推动模块化。信息技术对全球价值链的影响有三个方面。第一，领导企业的内部信息系统使它们能够管理越来越复杂的需求驱动的生产过程。第二，供应商的内部信息系统使它们能够接管价值链中更大的部分，并代表领导企业处理复杂的过程。第三，组织间的信息网络将价值链的成员连在一起，并使复杂数据的传递实现标准化和自动化，这可降低外部协调成本，并增加价值链的灵活性。为了嵌入模块化生产网络，我国企业需要发展和运用现代信息技术，如订单管理系统、物资需求规划系统、企业资源计划系统的应用软件，消费者关系软件和多种专业化的应用软件等。这些软件可以改善企业运作效率，减少存货，更好地在协调销售、制造、定购和客户服务中发挥作用。

10.2　模块化组织创新在中国产业结构优化升级中的应用

在信息经济与经济全球化时代，我国产业结构升级滞后日益突出，主要体现在生产技术体系未能随经济实力的增强做出相应调整，供给结构也不能适应市场需求高级化的趋势。这些问题归根结底是因为模块化技术发展滞后。本节我们选择汽车产业、信息技术产业、物流产业等三个在模块化发展方面具有代表性的行业进行分析，剖析我国产业模块化发展的现状与问题，探讨以模块化发展促进产业结构优化升级的对策。

10.2.1　汽车产业的模块化发展

模块化发展在汽车产业有着广泛的应用，汽车生产商（包括整车厂和零部件供应商）通过模块化外包逐步降低零部件自制和开发比例，将内饰、功能都不尽相同的汽车产品提供给市场，以满足用户多样化的需求。

目前，汽车产业模块技术在国有企业与外资企业间的发展极不均衡。外资（含合资）整车及零部件企业，一般直接运用母公司的技术及设计方案，其模块化研发、设计、生产能力比较先进。例如，一汽-大众、上汽通用等合资整车厂均实现了模块化供货。

在内资整车企业中，奇瑞汽车、吉利汽车等整车企业采取自主研发策略，通过模仿改进市场上已有的成功车型，仿照欧美或日韩模块化发展模式，采取符合模块化外包要求的研发设计和供应链组织策略，取得了跨越式的发展。长安汽车和华晨汽车则采取合作研发策略，不断增加承担研发比率来提高自己的模块技术。

相对整车企业而言，我国内资零部件生产企业在产品研发方面尚处于初步发展阶段，研发费用不到销售额的 1%，近 70% 的零部件供应商缺乏关键模块技术。销售额最大的国产零部件是轿车前悬架和后桥、万向节、传动轴和轴承等，它们的技术含量多为国际上 20 世纪 90 年代水平，总体上讲电子控制技术应用较少，模块化程度低。只有万向集团、宁波华翔、福耀玻璃等少数龙头企业具备一定的模块技术，在劳动密集型和原材料密集型的零部件生产领域具有一定的比较优势。

大多数内资整车与零部件企业，在低端市场进行扩张，采取模仿跟进战略。发动机等关键零部件模块技术往往掌握在跨国汽车公司手中，出于竞争因素，原有的关键模块技术提供方往往都会停止技术供给或拒绝适应性改进技术，如福特汽车拒绝奇瑞汽车对发动机进行改进。因此，内资企业迫切需要摆脱外资企业对关键模块的技术垄断。这些主客观条件迫使自主品牌汽车制造企业不能单靠"拿来主义"，而必须实现对关键模块知识的自主创新。

目前，中国汽车制造业在全球供应链中的地位还很脆弱，在整车及关键模块上的研发和生产仍处在弱势地位。主要存在如下几个方面的障碍。①模块化研发能力弱、整车企业生产规模偏小。中国一汽、东风汽车、上汽集团、长安汽车等四大集团汽车生产能力为年产 30 万～70 万辆，但与世界其他发达国家的汽车生产企业相比，规模仍然偏小。②零部件厂缺乏模块技术发展支持政策。当大型的整车厂从国外进入中国市场时，配套的零部件供应商也"跟随客户"来到中国，成为其在中国的一级模块供应商。目前中国内资零部件企业处于"弱、小、散"状况，有几万家内资汽车零部件企业。由于资金、技术匮乏，多数企业只能按整车厂提供样件进行仿制，很难有自主开发高端配套模块的机会。③缺乏统一模块接口标准。我国的内资汽车零部件产品标准化、系列化、通用化程度低，只是围绕整车厂布局。整车厂缺乏全国统一模块接口标准，法规、标准各成体系。同类产品生产企业无法为跨地区的多家企业进行模块化供货，难以达到规模经济，更难做大做强。④本土化缺乏自主创新激励。新汽车产业政策缺乏具体化鼓励自主研发的实施细则。零部件企业通过自主创新，在关键模块上就可以实现与整车厂同步甚至超前研发设计，但缺乏实质性激励，中国本土企业就无法运用模块技术，推动产品升级、降低成本、提高竞争力、走向全球价值链高端。

10.2.2　信息技术产业的模块化发展

随着经济全球化逐步推进，模块化技术在信息技术产业有着广泛的应用，欧美、日韩等地信息技术企业纷纷以合资、独资或通过全球外包、定牌生产等投资方式，大量进入中国市场。我国信息技术产业模块化进程加快，逐渐融入国际信息技术产业链之中。在信息技术制造方面，我国主要从事非核心部件生产和低附加值产品组装；在服务业方面，主要通过承接国际软件与信息技术服务离岸外包来参与产业分工体系。

随着模块化发展，我国信息技术产业的产业组织形式发生了显著变化。生产、服务不再通过企业内部的一体化组织形式来完成，而是将构成产品的各模块或生产与服务的各个环节外包给具有比较优势的各个模块供应企业，由此形成众多企业之间的分工合作关系。这种组织形式在地理区位上形成模块化集群，如珠江三角洲、长江三角洲、环渤海地区、福建沿海等区域均出现了产业集群。

信息技术模块化促进了产业结构优化升级。主要表现在：第一，充分利用企业内外各种资源和比较优势，信息技术模块生产与服务实现了规模经济，提高了资源利用效率；第二，有利于促进技术进步与创新，通过参与国际分工、技术模仿和"干中学"，信息技术产业在较大程度上提升了生产工艺，促进了产品创新和功能升级；第三，制造业模块化发展快速提高了对信息技术服务的需求，二者联动发展，出现了产业结构服务化发展趋势。

我国信息技术产业模块化发展主要存在如下几个方面的障碍。①模块化总体水平比较低。"大而全""小而全"的生产与经营模式广泛存在。生产性服务通过企业内部提供的现象比较普遍，自我服务程度较高，外包率比较低，专业化程度不高；从全球产业链看，我国信息技术产业主要处于零部件加工生产或组装等中低端环节。②信息技术模块化的产业组织发展缓慢。从市场结构来看，中小型信息技术企业占绝大多数，企业组织较为零散，市场集中度不高，规模经济效应不够突出；企业在低端市场上高度或过度竞争，资源配置效率尚有较大提升空间；同时企业利润率低下，甚至相当部分企业出现亏损。信息技术产业以加工贸易的代工模式参与国际分工，而代工模式的技术与知识要求相对较低，容易被模仿和掌握，因此模块企业的替代性强，容易导致低水平的竞争。③自主研发与创新不足。由于缺乏自主关键技术的研发与创新，我国信息技术产业难以优化与升级。从深层次原因看，这些问题与研发、创新体制及其配套机制有关。例如，市场准入方面，非公有制经济对模块化快速发展行业的市场准入虽然也在逐步放松，但显然不能满足产业发展要求。此外，在模块化企业融资方面，融资渠道有限，政府也缺乏引导风险资本投资的有效政策。

10.2.3　物流产业的模块化发展

现代物流产业是一个系统集成化的产业，可以分解为运输、仓储、装卸、包装、流通加工和信息传送等多个物流环节，以供应链中物资的流动为对象进行统筹协调、合理规划、整体控制，从而实现物流系统整体最优。从模块化角度看，这一系统集成化的过程，正是物流产业的模块分解与整合的过程。物流产业作为生产性服务业，是生产加工环节的延伸或衔接。

我国物流产业在应用模块技术方面仍处于起步阶段，主要表现在以下几个方面。①功能模块单一，现代物流企业偏少。第三方物流企业发展不足，各模块发展不平衡，其活动主要以运输、仓储等作为基本物流模块，而加工、配送、定制服务等增值服务功能模块还处在起步或完善阶段。根据中国物流行业相关分析报告，物流成本（物流总费用占 GDP 比重）在过去 30 年迅速下降，从 1990 年的 23.7%，下降至 2019 年的 14.7%，但仍远高于发达国家的 6.5%。②物流运输方式分散化，产业模块集成不合理。物流企业各功能模块之间缺少合理的连接和合作，运输、仓储、装卸、包装等只是简单地叠加，信息模块对其他模块的支持作用不大，装卸、包装缺少统一标准。各种运输方式自成体系，造成巨大运力浪费。此外，缺少行业标准，各功能模块的整合存在摩擦和浪费。③产业模块化发展不平衡。第三方物流服务对象基本格局是：主要集中为外资企业，然后是民营企业和少数改制后的国有企业。此外，从地域上看，第三方物流服务对象主要集中在东南沿海地区。除了地区性不平衡以外，纵向物流模块化发展也不平衡。

我们发现，阻碍物流产业模块化发展的影响因素主要有以下几点。①企业倾向于自办物流体系，市场需求不足。国内企业对物流服务需求不足，现代物流的观念尚未在生产性企业中得到普及，对物流的认识很多还停留在传统的运输、仓储上。模块化大发展的市场环境、市场机制有待发挥作用。②企业规模偏小，供给能力弱，管理水平较低。由于发展历史较短，物流企业人才缺乏，素质不高，物流模块有分解但没有创新，有整合但缺乏合理化，物流信息化水平低，无法完成服务定制的需要，更谈不上模块创新。③体制不健全，物流渠道不畅。地方保护主义人为地阻碍了物流产业的良性竞争，统一的物流网被行政区域分割，竞争机制不健全，物流企业缺乏模块创新动力。

随着信息化技术广泛应用，我国进入了"数据化"时代，大数据渗透到物流行业的各个环节。物联网、移动互联、智能交通、云计算等先进技术正推动着货运产业链上下游资源的整合，也助力着运输行业降本增效。如今，中国互联网商业已经全面转向新零售。新零售背后的供应链正在面临一次全面重构，线下与线上融合发展成为新潮流。因此，中国物流变革的新趋势是：互联网加速变革，新技术驱动物流供应链重构，特别是大数据、云计算、人工智能、区块链等前沿技术的发展，将全面驱动产业链升级。在新技术、新商业的驱动下，未来最有价值的物流，已不再是物流运营企业，而是物流、供应链生态的架构者。

10.2.4　以模块化组织创新促进产业结构优化升级

目前我国制造业大而不强、生产性服务业不发达，模块化发展存在着种种问题。在借鉴国际经验的基础上，我们提出的对策如下。

1. 完善市场机制，促进企业竞争与研发

1）完善企业准入和退出机制

政府应在完善市场交易规则、遵循市场原则的基础上，促进不同所有制、不同行业、不同企业之间的产权自由流动，建立完善的企业准入和退出机制，推动模块化产业集群的形成、竞争与整合。

2）加强行业协会协调，改进政策制定方式

在推进政府和行业协会职能转变的基础上，建立起政府、行业协会和企业的交流协商机制。要建立以市场竞争为主体的竞争性产业政策体系，企业与国家政策制定者之间的协调需要行业协会这类的中间组织来进行。这样才能保证各项推进模块化的政策与市场自发的运行机制相互一致，各方自觉主动地贯彻执行相关政策。

3）多主体、全方位推动模块技术研发活动

第一，资助研发活动。设立专项模块技术研发基金，直接发放补助金及委托费支持企业及科研机构的研发活动。

第二，政府直接参与研发活动。国内的高校及各科研机构从事基础理论研究较多，应用开发和产业化研究相对不足。政府应鼓励高校和科研机构与企业间加强合作，尤其是开展关键模块、核心技术和共性技术的联合攻关，政府可以出资专门设立特殊法人，构建共性技术平台，集合高校、科研机构及企业多方力量专门从事该项研究。

第三，建立企业联合开发制度。各企业可以就特定模块技术联合研发，这样既可以形成合力，超越企业内部的技术限制，又可以克服开发风险大、信息难以独占的准公共物品属性的不足。

2. 促进模块化分工体系的建立

1）打破国有企业的行政垄断

政府应进一步完善国有企业的公司治理结构，培育合格的市场竞争主体；与此同时，创造公平合理的竞争环境，推动国有企业与民营企业在市场中平等参与竞争，促进大中小企业之间形成合理的模块化分工格局。中小企业应把自己定位于可以发挥独特优势的模块供应商，尽快完成工艺升级和产品升级。大企业拥有声誉、信息、知识和资本优势，应把自己定位于模块整合者或产业标准的制定者，成为模块化网络中的旗舰企业，通过柔性契约网络在全球整合资源，最终完成产业的功能升级。

2）消除地方政府的区域垄断

为了打破地方割据，解决各地方产业结构同构问题，各级政府应致力于消除地方保护主义，消除国内产品与要素市场的分割现象，规范地区竞争行为，建立和完善统一的市场体系，加快资源在全国范围内合理配置。与此同时，加快产业重组和企业内部流程重组。

3）重点扶植与培育重组型企业集团

在模块化特征明显的装配型行业（"大而全""小而全"的企业主要集中在这一行业），形成大型整机厂与中小型专业化零部件厂密切合作的分工协作体系。可取的方法是大企业通过承包并改造中小企业，使自身摆脱"大而全"的生产方式。因为大企业可以凭借自己雄厚的经济实力，在对中小企业的承包中，按其需要，将中小企业改造成为其服务的"小而专"的零部件企业，然后使自身转变为专业化的整机厂。产业政策应协调此过程中涉及的企业间的利益分配问题，鼓励大企业对中小企业进行承包，最终使大企业和中小企业都因专业化生产而大幅增加生产批量，并由此获得规模经济。

3. 加强信息化建设和基础设施投资

模块技术的发展对产业信息化提出了更高的要求，政府和企业应大力开展合作，构建供应链整合的信息化平台。因此，政府主要应该加强信息基础设施建设，建立和完善电子商务体系、电子政务体系和公共信息服务平台。企业则应加强信息化建设，引入先进的企业信息化管理软件和构建企业间信息交流平台，促进产品流程、企业业务链和企业价值链的对接，以满足企业之间模块化分工对信息交换的高要求。

此外，政府应加大对铁路、公路、港口、机场等基础设施的投资，特别是要增强对中西部不发达地区基础设施的投资。由此推进模块化的生产体系能在更大的地理范围内以更低的交通运输成本进行。

4. 建立专利保护制度，参与国际标准制定

在模块化框架下，一国产业竞争力并不完全在于对最终产品的生产控制，而在于对关键价值模块和技术标准升级的控制。专利影响的是企业，而标准影响的是行业。中国应在提高研发能力的同时，沿着"技术专利化—专利标准化—标准许可化"路径形成研发与标准制定的良性互动。

　　从制度保障上来看，首先应当建立一整套专利和知识产权保护的法律法规，提高我国专利保护程度和专利费的收取比例，尽快促使自主创新的模块企业收回研发成本，并进一步开展创新活动。其次应积极组建促进知识产权及专利技术产业化、标准化的非政府中介咨询机构，依法开发利用国内外专利技术支撑企业自主创新活动。

　　就国际技术标准而言，中国在短期内虽然难以摆脱技术标准跟随者的角色，但从长期看，同一行业内具备全球加工能力的企业完全可以组成产业联盟，在某些领域积极参与制定国际标准，争取产业发展的最大利益。产业联盟支持相关企业进行互补产品开发，率先建立规模化的用户安装基础。而各行业协会在引导、扶持相关产业内领先企业组成联盟、制定标准上应该发挥重要作用。

5. 加强核心模块研发，推进产业全球化布局

　　在嵌入全球模块化网络进程中，国际主导厂商为了自身利益会实施必要的技术转移，中国企业借助技术转移，可以获得工艺升级和产品升级所需的一系列知识，增强先进技术吸收能力。但是，国际主导厂商在进行技术转移和知识外包的过程中，必然会保留一些关键模块和核心技术知识，以维护其核心竞争力，因此，核心模块是不可能完全靠购买获得的。

　　关键模块和核心技术的研发是一国实现功能升级乃至跨产业升级的关键环节。中国可以通过全球购买或者通过国际并购的方式取得某些核心模块的部分关键技术，但主要还要靠自主研发。具体做法是通过设立政府性的研发基金以及政策的导向与扶持，积极攻关，自主开发关键模块；与此同时，鼓励有一定实力和基础的企业，勇敢走出去，实施全球化布局，对那些边缘性的模块实行外包，把一些逐渐失去竞争优势的环节转移出去，以充分利用其他国家的资源与成本优势，促进产业升级。

6. 支持大型模块企业兼并重组，促进企业功能升级

　　某些处于成熟、衰退期的行业，存在厂商众多、产能过剩，但彼此之间缺乏内在的技术支持和生产联系，而产业链高端的研发营销等环节被跨国公司与国际资本垄断与控制的情况。政府要积极鼓励这些行业企业间的兼并合作，尤其是跨区域的合并重组，淘汰落后产能，推动企业尽快实现功能升级，以便其能在更高层次、更大规模和全球范围内参与竞争。要做到这一点，关键是要制定支持合法的经济垄断、消除行政性垄断的政策措施。

　　目前，我国地方政府对辖区内国有企业仍具有程度不一的干预甚至支配权力，无论是面临当地经济社会发展的压力或是出于财政税收上的考虑，地方政府都不希望本地企业被外地企业收购兼并，这就从体制上增加了优势企业进行跨区域兼

并重组的难度。对此，政府一是要打破地方封锁和地方保护，加快建立和完善维护市场公平竞争的法律法规；二是要改革现有财政税收体制，为跨地区、跨所有制企业之间的兼并重组消除体制障碍；三是要在项目核准与管理、信贷支持、企业证券发行、原料和运力保障方面优先予以考虑。

7. 提升中小模块企业研发能力，完善风险投资制度

对于处于产业创建、成长期的中小型模块企业，政府产业政策扶持的重点应集中于模块技术的研发及创新能力的提升方面，以帮助其尽快完成工艺升级和产品升级；同时还应建立并完善风险投资制度。

首先，应充分发挥行业协会、科研院所以及技术中介服务机构的作用，形成技术服务网络和技术专家队伍，增加面向中小模块企业的技术诊断、技术咨询、技术评估等技术中介活动。其次，在中小模块企业相对集中和具有产业优势的区域，鼓励有条件的模块企业联合高等院校、科研机构、技术中介服务机构等共同投资，建立公共技术平台，在行业共性、关键的模块技术的研发上共同攻关，为企业提供各类服务支持，以帮助中小模块企业提升技术创新能力。

由于风险投资制度的自身特点，它能够较好地解决创新项目融资过程中面临的风险、权益和信息这些一般性的问题，因而风险资本可以成为模块产业内中小企业创新资本的主要来源。更为关键的是，风险投资制度保证了开放而分散的模块组织的创新效率：风险投资家位于创新网络的中心，促进各相关创新模块之间的联系；此外，在风险资本的分段投入过程中，风险资本家能够不断地明确对若干竞争性模块的价值评估，从而实现对竞争性创新模块的筛选和淘汰。

8. 大力推进现代服务业和先进制造业发展，促进产业结构优化升级

现代服务业是指需求主要受工业化进程、社会生产分工的深入影响而加速发展的服务业。它拥有日益增多的专业化厂商和各类专家，产出中含有大量人力资本和知识资本是现代服务业的重要特征。我国服务业发展总体滞后，结构不尽合理，过于依赖传统"生活型"服务业的低质结构，现代"生产型"服务业发展落后已经成为产业结构优化的主要制约因素。因此，政府应通过制定促进企业主辅分离，推进企业内置服务外包，加快城市化进程等的相关政策，加快发展信息、物流、金融、科研等现代服务业，作为实现三次产业协调发展、促进产业结构优化的突破口。

服务活动的模块化，改变了原有的制造业自我服务体系。以往由制造企业内部自行提供的服务逐渐被分割给专业服务企业。在中国，本应作为中间投入的服务业，由于市场不健全和不发达，大多由制造企业自身完成，大量市场服

务机会没有被恰当地利用。因此，服务活动的模块化以及由此带来的服务效率的提高，有助于改变制造企业服务内部化的倾向，从而有利于降低企业成本和提高生产效率，进而促进制造业更好更快地发展。这样发展的好处是，制造企业能专注于研发设计、营销售后等核心环节，从而有助于传统制造业向先进制造业升级。

10.3　企业网络组织创新与中小企业的发展

从创新的角度看，企业网络是对传统企业和市场的组织创新。从企业网络之外的企业角度看，企业网络像一个企业一样统一行动，绝大多数业务在网络中的企业间开展，排斥了网络之外企业的参与，因而企业网络被称为准企业组织或无边界企业。企业网络组织创新能够帮助中小企业突破自身限制，因而可以大大促进中小企业的发展，并以此推动整个产业结构优化升级。

10.3.1　企业网络组织形成的实质与组织特征

企业网络是指企业间通过合作关系形成的企业群体。各个企业通过某种纽带联系起来，结合成为一个准企业组织；同时，各个企业实际上相互独立，以市场交易来组织资源配置，因而具有了某些"市场"的特征。企业网络组织是介于企业组织与市场组织两者之间的新型的经济活动制度安排。

广义的企业网络组织，包含了中小企业互助组织、企业分包制、战略联盟等企业合作形式。虚拟公司（virtual corporation）是与企业网络组织相关的一个重要概念，是指靠信息技术手段，将供应商、顾客甚至竞争对手等独立企业连接而成的网络，目的是互享对方的技术，分担成本以及市场渗透。由此可见，虚拟公司在很大程度上可以与企业网络组织的概念等同；事实上，企业网络组织的准企业性质正是从虚拟化的角度来观察的（张建华和刘仁军，2005）。

企业网络组织具有很强的灵活性，主要有以下几个特征。第一，组织动态化。对于单个企业而言，它是以市场为基础相互交易。企业网络与市场之间的界限比较模糊，企业网络组织实际上是无边界组织。第二，各企业间高度互补。企业网络中每个成员企业都有自己的优势与专长，互为补充，紧密合作，典型代表是产销结合的企业网络。第三，联系纽带紧密。信任是企业网络组织紧密合作的基础，通过合作协议、委托代理合同等联结各个组织内企业。第四，各企业内部组织呈扁平化特征。企业组织的扁平化结构克服了传统纵向一体化结构所带来的组织体"膨胀病"，是企业网络组织对内快速协调、对外一致行动的重要保证。

10.3.2　企业网络组织促进中小企业发展的机理

中小企业的基本特点是"船小好掉头"。但是，在与大企业竞争时，中小企业由于受到资金、资源、技术的限制，发展空间有限。企业网络组织能够帮助中小企业突破这些限制，促进中小企业的发展。

1. 深化分工和专业化

在企业网络中，企业间的活动是互补的，因此企业间相互协调的各种组织安排（如企业网络组织）就必不可少了。参与网络组织的企业，实际上是将价值链的诸多环节分散到不同的企业中去，利用特定企业的专业化生产，充分发挥其在该环节的竞争优势，再通过与其他企业合作来实现整个企业网络的优势提升。网络中的某个企业只是从生产和服务过程（价值链）中截取某个阶段从事分工活动。因此，中小企业，通过参与企业网络组织内部的分工与专业化，可以促进网络组织整体优势提升；参与组织的每个企业也得到了发展。

2. 节约交易成本

依照交易成本经济学，企业选择不同的制度安排，目的是使生产成本和交易成本最小化。中小企业通过企业网络组织，可以实现组织"虚拟"的规模化，降低交易成本和生产成本。中小企业的组织结构相对简单，各企业无须付出太多的组织成本；随着信息化技术发展，企业间的协调成本也得以大大降低。因此，企业网络组织为中小企业获取规模经济提供了可能。

3. 创造与共享企业核心能力

企业的核心能力主要包括在产业发展的关键环节所具有的技术和能力，如制造、成本控制、营销技能和售后服务、市场反应等关键环节的能力。核心能力被广泛地看作企业持续获取竞争优势的基础。中小企业往往都有独特的核心能力，但是，单个企业太弱小，特别是面临与大企业竞争时能力更是有限。企业网络组织既可以将互补的各种核心能力聚合起来，实现强强联合，又可以保证每家企业的核心能力具有相对独立性。从这个意义上讲，企业网络组织中的各个企业能充分地发展其核心能力，加强已有的优势，同时也能共享整个网络组织的竞争优势。

4. 共享企业网络资源

无论是大企业，还是中小企业，都不可能拥有生产经营的所有资源。有限的资金技术正是制约中小企业发展的瓶颈。中小企业借助企业网络组织，能够减少资源外取的成本，维护网络内资源流动的持续性和可靠性，从而实现企业间资源的共享和互补。

10.3.3　企业网络组织在中小企业发展中的应用

企业网络组织在实践中有许多类型，如企业分包制、战略联盟、技术联盟、产销联盟、中小企业互助组织等。如果从企业相对地位来看，中小企业参与或建立的企业网络组织大致有两种类型。一种是"平行型"企业网络，另一种则是"领导型"企业网络。

"平行型"企业网络的特点是：网络中各中小企业并无明显的强弱势之分。企业间是平等互利和优势互补的关系，各自拥有不同的资源条件，依靠相互合作来完成生产经营活动，整个企业网络的效率通过每个企业紧密合作来实现。在这种企业网络中，各个中小企业有着很强的主动性，大多会自觉维护网络的利益。例如，在一些技术含量较低的产品生产领域容易产生这样的网络组织，往往通过模式创新，建立产销联盟。普拉托是意大利著名的毛纺生产基地。截至2016年，普拉托已成为欧洲最大的时尚工业区，拥有9000多家工业企业，向全世界出口各类鞋包成衣和布料。为这些企业服务的银行、保险公司、运输公司及有关客户的代理机构也应运而生。于是，普拉托毛纺企业网络，汇聚了上万个中小毛纺业生产企业，同时也形成了生产—销售—服务—信息的网络，其产品在意大利同类产品出口中占70%以上，占有欧盟市场同类产品的一半。

"领导型"企业网络则是以某个或某几个大企业为核心形成的企业网络。在这种网络组织中，大企业在市场中占有较大份额，掌握着核心技术和关键资源，处于支配地位。中小企业则依赖于大企业，被纳入大企业的生产或服务链条中的某一环，成为大企业的专业化合作单位。这种企业网络的典型代表是日本企业的分包制，大多出现在汽车制造等复杂的工业行业。正如在10.2.1节我们分析过的汽车行业，大企业几乎都有一个中小企业承包集团，共有数千家中小企业为之提供零部件。当然，中小企业在"领导型"企业网络中，也并非完全被动，它们也可以利用大企业资金、技术上的帮助，获得自身的发展，提升其市场竞争力；同时中小企业还可以加入多个企业网络，这样可以减少其对大企业的依赖性。

在中国，20世纪80～90年代中小企业参与企业网络还不是很普遍。进入21世纪以后，长三角和珠三角地区，出现了大量企业网络，并以产业集群形态呈现出来。产业集群是指在地理上靠近，同处于一个特定产业领域或在特定产业领域相互关联的中小企业，高密度地聚集在一起。在中国大多数产业集群的构成主体是中小型民营企业，产业集群是地区和产业提升竞争力与创新能力的重要载体。

　　从长三角地区来看，产业集群多分布在上海、浙江、江苏等省市。江苏省产业集群发展模式有两种类型：一种是以苏州、无锡、常州为代表的苏南模式，特点是在政府主导下以集体企业、中型企业为主自发成长；另一种是规划引导型产业集群模式，通过建立苏州高新区、无锡高新区、常州国家高新区等形成。从行业分布来看，产业集群主要集中在纺织、服装、机械、轻工、冶金、装备等行业，如常熟服装板块、江阴毛纺板块、吴江丝绸板块、张家港毛纺毛衫板块、海门家纺板块，已经形成了 50 多个纺织服装集群，集群专业化特色明显，产业链体系完整，中小企业集聚效应显著。

　　此外，江苏省部分高科技产业发展迅猛，已经形成了龙头企业带动、产业集群、产业园区支撑发展的产业格局。浙江省产业集群以中小型民营企业为主，主要集中在纺织、五金、服装等具有一定历史的传统产业，是自发成长型产业集群模式的典型。浙江的地理条件、经商传统和浙江人敢闯敢拼的精神孕育了产业集群，本地传统经济的发达和流动人员聚集为集群发展提供了坚实基础。作为全国重要的经济中心，上海的跨国企业云集，研发力量强大，已有石油化工、精品钢铁、汽车制造、电子信息、生物医药、造船等若干个规模不等的产业集群。上海市产业集群体现了大产业、大集群的特征，具有很强的竞争优势。

　　珠三角地区产业集群蓬勃发展。主要有纺织服装产业集群（分布于广州、深圳、佛山、中山、东莞、江门）、汽车产业集群（分布于广州、深圳、江门、佛山）、装备制造业产业集群（分布于深圳、广州、东莞、佛山）、电子信息产业集群（分布于深圳、东莞、惠州和广州）、家电产业集群（分布于佛山、中山、珠海）。纺织服装产业集群的产业链完整，重点集中在广州、佛山、中山、东莞和江门等市所辖的 40 个镇。家电产业集群也发展迅速，大小家用电器产品品种齐全，制造能力在全国名列前茅，在国内市场占有重要地位。电子信息产业集群面向国际市场，产业链比较完备，拥有两个国家级电子信息产业基地和三个国家级产业园，拥有TCL、康佳、创维、步步高等一批知名品牌。

　　珠三角地区产业集群发展的特点鲜明。一是围绕某一核心环节形成比较完整的产业链。比如，东莞市虎门镇的服装产业集群，每年销售的服装约占广东省的30%，约占全国的 20%，虎门已成为以服装产业为龙头、相关行业配套齐全的纺织服装生产、销售产业集群基地。二是依托民营经济形成轻型化的内源型产业集群。三是承接国际产业转移，形成轻型化的外源型产业集群。在此基础上，内源、外源企业互动的带状重化工业集群逐渐形成。四是产业集群内部创新体系逐渐完善。市场竞争和政府推动成为珠三角产业集群创新能力提升的基本动力。企业需要通过企业间结盟，或与科研机构联合攻关，不断进行技术创新，这是产业集群创新能力提升的直接动力。工程技术研究开发中心和技术创新中心是该地区产业集群创新能力提升的重要平台。目前该地区已初步建立起以市场为导向、以企业为主体、以产业化为目标、以应用技术为重点、以产学研结合为重要方式的产业技术创新体系。

10.4　以产业组织创新助推中国产业结构优化升级

无论从理论分析、还是从实践发展来看，企业网络组织都应该是中小企业发展的新方向。面对国内大企业的崛起和跨国公司的国际竞争，中小企业应当及早顺应分工与协作的现代潮流，利用企业网络组织来走自己的发展之路。正如 10.3 节讨论的，产业集群是企业网络组织创新的地理呈现，是分工、专业化发展的重要表现。

10.4.1　从产业集群到区域创新系统

作为一个既竞争又合作的网络型中间生产组织形式，产业集群内大量企业集中在一起，共享市场营销网络、共建区域品牌等，由此形成一种既竞争又合作的集体竞争力。由于地理邻近性，企业之间及企业与高校和科研机构合作产生的知识、技术外溢等外部性，产业集群有利于企业技术创新，因而有利于形成区域创新系统。

产业集群在形成初期，只是同类企业的扎堆，企业之间缺乏纵向或横向联系。当产业集群的机构之间互动加强时，区域创新系统才能够发挥作用。当一个产业集群（无论它是不是高新技术产业集群）中行动者之间、企业与外部知识机构之间具有有组织的密切合作互动关系，创新主体有大量研发、创新投入，新产品、新技术和新专利涌现时，该产业集群就可以发展成为创新型产业集群或创新集群，并有可能发展成为区域创新系统。

在产业集群起步和形成的初期阶段，其创新机制主要是"干中学""用中学"机制，技术创新路径是模仿和模仿创新。于是，通过产业集群，区域创新网络自然嵌入生成。随着集群升级发展到成熟阶段，集群企业与本地科研机构的合作通过规划的、系统化的创新网络互动而加强，区域网络化的创新系统就可能出现。此时，大企业与高校、研发机构合作进行自主创新，而众多的中小企业则借助于集群中的技术服务组织形成创新能力，已有产业集群向创新型集群转型，再向区域创新系统升级。

从产业组织视角来看，区域创新系统是产业集群的高级阶段，产业集群升级的方向就是成为区域创新系统，目的是通过创新提高产业集群产品的附加值和竞争力。区域创新系统是一个复杂性系统，包含了空间、企业、知识组织、市场及其他制度组织。产业集群形成过程也是工业化和城镇化演进的过程。在城镇化发展过程中,农民市民化为城市工业制造业、服务业的发展提供了大量的劳动力。产业转型升级,需要城市的社会、经济功能也相应转型,城市要从工业化功能转向一般服务业、高端(生产性)服务业以及创新导向的功能。大城市成为多样化的创新服务中心,中小城市成为专业化产业集聚中心,在城市体系中大中小城市各有其分工,并互动、协同发展,从而推动产业集群完成向区域创新系统的升级。

10.4.2　以先进制造业集群助推制造业转型升级

集群化是产业发展的基本规律,是制造业向中高端迈进的必由之路,也是提升区域经济竞争力的内在要求。随着中国工业化加速推进,产业集群发展和分工深化要求发展先进制造业集群。

加快建设先进制造业集群是贯彻党的十九大报告"加快发展先进制造业""促进我国产业迈向全球价值链中高端"(习近平,2017)的有力举措。目前,培育和打造先进制造业集群已经成为我国参与全球化发展、形成国际竞争新优势的重要途径,先进制造业集群作为大量制造企业与相关机构通过相互合作及交流共生形成的复杂网络和产业组织形态,具有产业、企业、技术、人才和品牌集聚协同发展的综合竞争优势,对于畅通制造业国内国际双循环、提升产业链供应链现代化水平具有重要意义。

先进制造技术的主要特点是系统与集成,涉及的产业领域也很广泛。①微电子、计算机、信息、生物、新材料、航空航天、环保等高新技术产业广泛应用先进制造工艺;②机械装备、汽车、造船、化工、轻纺等传统产业广泛采用先进制造技术和生产模式;③在高新技术的带动与冲击下,装备工业走向智能化;④制造技术不断向高加工化和高技术化方向发展,给制造业带来深刻的变革,未来的制造业将进入融柔性化、智能化、敏捷化、精益化、全球化和人性化于一体的崭新时代。毫无疑问,打造先进制造业集群是制造业转型升级的重要方向,也是实现经济高质量发展的必然选择。根据各地发展条件,我国长三角地区、京津冀地区、粤港澳大湾区最有可能率先培育一批世界先进制造业集群,相比之下,中西部地区则需根据自身比较优势,加快专业化、特色化的制造业集群的错位发展。通过发展先进制造业集群,进一步提升制造业技术水平、改进组织形态、形成先进的生产制造模式,实现规模效应和集聚效应,有效降低生产成本和交易成本,助推创新型经济,培育产业竞争新优势。

先进制造业是我国制造业转型升级的重要途径。未来的主要工作应包括以下几点。

一是着力推进要素整合、打造产业集群培育的核心载体。鉴于全国各产业集聚区发展不平衡，产业园区发展质量参差不齐，要摸清产业家底，有针对性地开展产业集聚区的优化整合。以布局集中、用地集约、产业集聚、集群发展为导向，依托重点工业园区创建新型工业化产业示范基地，淘汰落后产能，促进区域制造业集聚区由散到聚、由乱到治，加快推进产业基础高级化、产业链现代化进程，加快培育具有地方特色的先进制造业集群。

二是开展先进制造业集群培育试点。经过改革开放四十多年的发展，长江经济带、京津冀地区、粤港澳大湾区等地区，已经涌现出一批产业基础好、创新能力强、体制机制活的产业集聚区，具备了开展先进制造业集群发展的试点示范基础。为此，我国应充分发挥地方积极性、主动性，有序开展培育先进制造业集群试点，发挥市场主导作用，形成若干在技术创新、产业实力和品牌效应方面具有全球影响力与竞争力的先进制造业集群。

三是加强集群公共设施和服务体系的建设。瞄准国家明确的重点产业领域，推进创新平台建设，建设一批具有辐射力和影响力的国家级制造业创新中心、产业创新中心；完善培育集群的政策措施，大力促进网络化集群组织建设，提升服务能力和影响力。在信息技术服务平台、重大科学设施、培训等方面给予财政支持，降低产业集群创新成本，支持对外开放合作，提升集群国际竞争力。

四是加快数字赋能和制造业数字化转型。加快数字技术全方位、全角度、全链条赋能制造业发展，提升企业智能化生产、个性化定制、网络化协同、服务化延伸、数字化管理能力，促进产业链、供应链数字化增智，强化产业链、供应链数字融通。引导有基础、有条件的企业综合应用数字化、网络化、智能化等新技术，加强信息化和工业化深度融合。

五是提高产业集群创新能力，推进产业链现代化。围绕产业链部署创新链、围绕创新链布局产业链，构建"基础研究＋技术攻关＋成果产业化"的创新生态链。推动一批共性技术、关键技术取得重大突破，增强核心技术供给能力。加强创新平台建设，发挥制造业创新中心、产业创新中心、技术创新中心等各类平台聚合效应，围绕重大技术需求开展联合攻关，鼓励行业平台为中小企业提供技术服务。搭建创新成果转化的共享平台体系，建立跨区域转移转化的对接协调机制。以企业为主体，以项目为抓手，扎实推进产业基础再造。实施产业链协同计划，形成安全可控、开放创新的产业体系，共同打造若干世界级先进制造业集群。

第 11 章　全球价值链视角下的产业结构优化升级

无论在封闭经济还是开放经济中，产业结构的变化都表现出农业部门份额持续下降、工业部门份额保持不变、服务业部门占比持续增加的趋势，但在开放条件下经济体产出结构和消费结构比在封闭条件下表现出更显著的分化趋势。本章首先基于世界投入产出数据，测度我国制造业参与全球价值链的程度和分工地位，分析国际生产分工对制造业价值链地位提升的影响效应。其次，探讨产品内国际分工对中国产业结构优化的影响，并就现阶段我国制定提升产品内国际分工地位的相关政策提出建议。最后从全球化新变局视角探讨全球价值链竞争问题以及如何构建中国主导的全球价值链。

11.1　参与国际生产分工程度和全球价值链中地位的测度

我们在本节中先讨论分工程度和分工地位的测度方法，然后测度我国制造业参与国际生产分工的程度，在此基础上分析我国制造业全球价值链分工地位的演变情况（张建华和赵英，2015；何宇等，2020）。

11.1.1　参与国际生产分工程度的测度方法

根据世界投入产出数据库数据，我们假定共有 N 个经济体，每个经济体有 S 个部门，每个部门生产一种产品，且有 $N = 44$（包含 44 个经济体），$S = 56$；产品来源国 i，去向国 j，来源部门 s，去向部门 t。本节的研究对象是中国制造业最终产品，生产制造业产品的投入（价值增加来源部门）不局限于制造业，则有 i 取值所有 44 个经济体，j 取值仅限于中国，s 取值所有 56 个部门，t 取值仅限于 $M = 19$ 个制造业部门（张建华和赵英，2015）。

本节采用张建华和赵英（2015）的研究方法，定义 Y 为 $NS \times 1$ 的总产出价值向量，F 为 $NS \times 1$ 的最终产品价值向量，A 为 $NS \times NS$ 的中间产品投入系数矩阵。一国的总产出价值等于该国生产的所有最终产品和中间产品价值之和，即

$$Y = F + Ay \tag{11-1}$$

对式（11-1）进行变形，则有 $Y = (I - A)^{-1} F$，其中 $B = (I - A)^{-1}$ 为里昂惕夫逆矩阵。设 $\hat{V}$ 为由直接增加值系数向量 V 的所有元素分布在对角线上构成的

$NS \times NS$ 矩阵；$\hat{F}$ 为由最终产品价值向量 F 的所有元素分布在对角线上构成的 $NS \times NS$ 矩阵。则有最终产品增加值矩阵：

$$W = \hat{V}B\hat{F} \tag{11-2}$$

其中，W 为 $NS \times NS$ 矩阵，每个元素 $v_{i,s}b_{ij,st}f_{j,t}$ 表示 i 国 s 部门为 j 国 t 部门生产单位最终产品提供的增加值，若 $i = j$ 则为国内增加值，若 $i \neq j$ 则为国外增加值。

在产品价值链生产的每个环节上，生产者购买中间产品或原材料，然后投入劳动或资本增加其价值，生产出的产品又作为中间产品投入下一环节，如此重复，则价值链上所有环节的增加值总和就是最终产品的价值（Dedrick et al.，2010），即 $\sum_i \sum_s v_{i,s}b_{ij,st}f_{j,t} = f_{j,t}$。本节参照 Los 等（2015）的观点，认为参与国际生产分工的程度可以用生产最终产品中的国外增加值份额来度量，则 j 国制造业部门 M 参与国际生产分工的程度可以表示为

$$\text{GVC}_j = \frac{\sum_{i \neq j} \sum_s \sum_{t \in M} v_{i,s}b_{ij,st}f_{j,t}}{\sum_{t \in M} f_{j,t}} \tag{11-3}$$

式（11-3）表示，如果最终产品生产中国外增加值的份额越低、国内增加值的份额越高，那么，一国参与国际生产分工的程度就越低。

11.1.2　全球价值链中相对地位的测度

我们采用投入的单位价格表示投入的生产率水平，反映一国在全球价值链分工中所处的位置，即部门生产率水平越高，创造的增加值的单位价格越低，一国该产品的生产在全球价值链中的地位越高。对于分工地位，采用最终产品生产中国内增加值的单位价格和最终产品的单位价格的比值的倒数表示。但是由于数据的可获取性问题，本节采用总产出中本国增加值的单位价格和总产出的单位价格的比值来代替，则 j 国 t 部门在全球价值链中的相对地位指数可表示为

$$\text{GVCL}_{j,t} = \frac{1}{P^v_{j,t} / P^y_{j,t}} \tag{11-4}$$

其中，$P^v_{j,t}$、$P^y_{j,t}$ 分别为 j 国 t 部门本国增加值的单位价格和总产出的单位价格。各制造业部门总产出价值加权平均下的地位指数，即 j 国在制造业全球价值链中的相对地位指数为

$$\text{GVCL}_j = \frac{1}{\sum_{t \in M} \left(\dfrac{P^v_{j,t}}{P^y_{j,t}} y_{j,t} \middle/ \sum_t y_{j,t} \right)} \tag{11-5}$$

若 GVCL_j 呈现增长趋势，则 j 国在制造业产品内国际分工中的地位上升；若

$GVCL_j$ 呈现平稳趋势，则 j 国在制造业产品内国际分工中的地位保持不变；若 $GVCL_j$ 呈现下降趋势，则 j 国在制造业产品内国际分工中的地位下降。

11.1.3 中国制造业参与国际生产分工程度的分析

1. 制造业整体参与国际生产分工的程度

我们先测度中国制造业整体参与国际生产分工的程度（图 11-1）。从变化趋势来看，中国制造业整体参与国际生产分工的程度经历了先增长再下降的过程。从 2000 年到 2004 年我国在不断融入全球价值链，积极参与全球化分工，参与国际生产分工的程度快速提高，2005～2007 年保持平稳，2008 年之后全球经济疲软，且随着我国国内工业体系的完善，最终产品的生产出现国内中间产品供应替代进口中间产品的现象，再加上我国人口红利开始逐渐减弱，劳动力成本上升，部分外商投资的劳动密集型产业撤离到越南等东南亚国家，使得我国参与全球生产分工的程度呈现下降的趋势。此外，2008 年之后，在我国生产的最终产品中，至少有 78% 的增长值是由本国创造的，到 2014 年增加到 85% 以上。

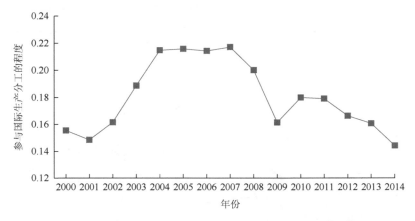

图 11-1 2000～2014 年中国制造业整体参与国际生产分工的程度

资料来源：根据 2000 年到 2014 年世界投入产出数据计算得到

接下来，我们将整个制造业行业按照要素密集程度分为劳动密集型、资本密集型和技术密集型行业（表 11-1），并分析不同要素密集型行业参与国际生产分工的程度（图 11-2）。平均来看，我国制造业技术密集型行业参与国际生产分工的程度最高，资本密集型行业的参与程度次之，劳动密集型行业的参与程度最低。从变化趋势来看,三种要素密集型行业参与国际生产分工的程度基本和制造业整体保持相同的趋势,均经历了先上升,再下降的过程,但不同要素密集型行业变化的速度和幅度有较大差异。从 2000 年到 2014 年,资本密集型行业参与全球分工的增长幅度大于下降幅度,整体表现为绝对增长;技术密集型行业参与全球分工的增长幅度和下降幅度相差较小,尽管经历了先增加后下降的过程,但整体保持平稳;劳动密集型行业的参与度仅在 2002～2004 年和 2010 年小幅增长,其余年份均下降,整体参与度是绝对下降的。可见,尽管在 2008 年之后受全球经济危机的影响,我国参与全球价值链的程度快速下降,但由于我国技术创新能力的提升,技术密集型行业的恢复能力更强,与全球创新体系的联系仍然得到了加强。但我国劳动力成本增加的事实不可逆转,劳动密集型行业在全球分工中份额弱化将是长期发展趋势。

表 11-1 按要素密集程度分类的制造业

要素密集型	行业
劳动密集型	食品、饮料和烟草业;纺织、服装及皮革制造业;木材加工和制品业、橡胶和塑料制品业
资本密集型	造纸、印刷和文教体育业;石油加工、炼焦及核燃料加工业;化学和化学产品制造业;非金属矿物制品业;金属制品业
技术密集型	计算机、电子和光学产品制造业;电气设备制造业;机械和设备制造业;药品和制剂制造业;交通运输设备制造业

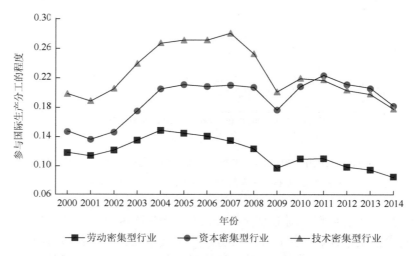

图 11-2 2000～2014 年三种要素密集型行业参与国际生产分工的程度

资料来源:根据 2000 年到 2014 年世界投入产出数据计算得到

2. 制造业各细分行业参与国际生产分工的程度

在细分的制造业行业中，参与国际生产分工程度最低的是食品、饮料和烟草业，最深的是计算机、电子和光学产品制造业。其他排在前五的行业分别为电气设备制造业，石油加工、炼焦及核燃料加工业，化学和化学产品制造业，橡胶和塑料制品业。从变化程度来看，大部分行业参与全球价值链的程度普遍经历了从增长（2002~2007 年）到下降（2008~2009 年），然后再上升（2010~2011 年）后下降（2012~2014 年）的过程，且整体来看，2000 年与 2014 年的参与国际生产分工的程度变化在 0 上下波动。其中，以石油加工、炼焦和核燃料加工业与金属制品业为代表的资本密集型行业参与国际生产分工程度的增长幅度最大。值得注意的是，技术密集型行业中参与国际生产分工程度最高的计算机、电子和光学产品制造业以及劳动密集型行业中参与国际生产分工程度最高的纺织、服装及皮革制造业这两大行业同时也是这一时期参与国际生产分工程度下降幅度最大的行业。这在一定程度上代表了我国参与全球生产分工程度下降的趋势。虽然从高技术产业来看，我国技术创新能力大幅度提升，但与发达国家相比还有较大差距；此外，华为、中兴等创新型企业受到美国制裁，再加上发达国家再工业化及“工业 4.0”战略的实施，使得我国计算机、电子和光学产品制造业等高端制造业参与国际生产分工的程度下降。从劳动密集型产业来看，由于中国人口红利逐渐消失，劳动力成本快速上涨，以苹果等为代表的在全球布局加工组装环节的跨国公司开始将中国工厂迁移到越南等具有劳动力成本优势的国家，使得我国在加工组装等劳动密集型产业环节参与全球分工的程度下降。

11.1.4　中国制造业在全球价值链中相对地位的变化分析

1. 中国制造业整体在全球价值链中的相对地位

如图 11-3 所示，从 2000 年到 2014 年，中国制造业整体在全球价值链中的相对地位呈现不断增长的趋势[①]，增长速度经历了从快速增长到平稳增长的过程。同样，金融危机带来的经济萧条对我国制造业价值链地位提升存在一定的负面影响，但之后经济迅速恢复，且在全球生产分工中的相对地位比较稳定。

将所有制造业行业按照要素密集程度分类之后，如图 11-4 所示，我国劳动密集型、资本密集型、技术密集型行业在全球价值链中的相对地位呈现三种完全不同的格局和发展趋势。从绝对量来看，相对地位最高的是技术密集型行业，高于

---

① 原始的单位价格数据是以 2010 年为基年的比例数据，根据本节的研究需要，将 2000 年设定为基年，则 2000 年的相对地位指数用 1 来度量，其他年度的相对地位指数大于 1 表示高于 2000 年，小于 1 表示低于 2000 年。

制造业整体平均水平；劳动密集型行业和资本密集型行业基本稳定，均低于制造业整体平均水平。从变化趋势来看，三种类型的制造业在全球生产分工中的相对地位整体均呈现增长趋势，尽管技术密集型行业的相对地位从 2010 年之后开始有所下降，但技术密集型行业整体的相对地位的提升速度和提升幅度仍然是最大的；劳动密集型和资本密集型行业的变化趋势基本相同，整体呈现小幅增长态势，其中劳动密集型行业增长更为稳健，资本密集型行业在 2008 年之前增长较快，但之后有所下降。

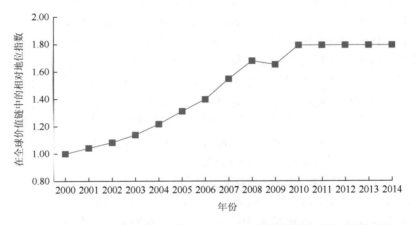

图 11-3　2000～2014 年中国制造业在产品内国际分工中的相对地位变化

资料来源：根据 2000 年到 2014 年世界投入产出数据计算得到

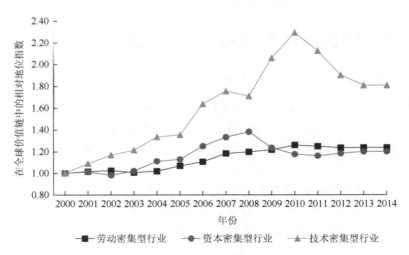

图 11-4　2000～2014 年三种要素密集型行业参与国际生产分工的相对地位变化

资料来源：根据 2000 年到 2014 年世界投入产出数据计算得到

2. 中国制造业各细分行业在全球价值链中的相对地位

我国制造业细分行业在全球价值链中的相对地位在基年（2000 年）均相同，都设置成 1，但是随着各个行业在全球生产分工中扮演的角色及其演化程度不同，到 2014 年各个行业在全球价值链中的相对地位出现了较大的差异。从绝对值来看，这一时期（2000~2014 年）相对地位增长速度最快的是计算机、电子和光学产品制造业，其次是交通运输设备制造业，这两个行业均归属于技术密集型行业，可见，技术密集型行业相对地位的提升远高于其他制造业行业。石油加工、炼焦及核燃料加工业，金属制品业这两个行业是相对地位下降的行业，它们均属于资本密集型行业，整体拉低了资本密集型行业的相对地位。除此之外，其他行业的相对地位整体是上升的。从变化趋势来看，计算机、电子和光学产品制造业是唯一的相对地位持续上升的行业，其他细分行业和制造业整体保持相同的变化趋势，从 2000~2008 年经历了快速增长，2009 年受金融危机的影响有所下降，2010 年有所上升并在之后保持稳定。

11.2　参与国际生产分工程度对价值链地位提升的影响

我国在参与全球价值链分工中，高技能劳动力和资本要素有助于提升其所处的价值链位置。同时，提升本国中间产品的 TFP 也会改善其所处的价值链地位。

11.2.1　传导机制分析与假说

提升价值链地位意味着在国际分工中收益增加，产品的附加值或者在国际分工中贡献的增加值提高。一国参与国际生产分工主要是通过以下几种途径来改善其在全球价值链中的地位的（图 11-5）。

第一，技术吸收效应。在全球生产分工中，技术转移和技术外溢成为提升本国的技术禀赋的两种途径。通过这两种途径能不能提升技术禀赋取决于本国的技术吸收能力，即本国所拥有的高技能人力资本和物质资本。如果本国的吸收能力强，可以承接处于孕育期的研发技术成果，则可塑空间较大，一旦承接并投产将极大地提高本国竞争力，且本国从进口中间产品中获取的知识信息较多，改造升级的创新能力也相对较强；如果技术吸收能力较弱，发达国家转移的是成熟的技术，高端技术和核心技术往往被发达国家所垄断，那么发展中国家从进口中间产品中获取的知识信息较少，不能充分利用外来资源。

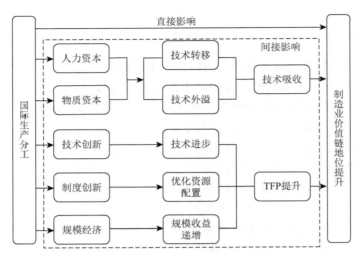

图 11-5　国际生产分工中价值链地位提升的理论传导机制

第二，技术创新效应。为应对日益激烈的国内外市场，提升本国的竞争能力，发展中国家国内企业开始转变增长方式，投入更多的人力和财力在研发环节，力求在模仿和改造外来技术的基础上，通过自主创新建设本土品牌，并通过技术进步逐渐发展成为区域品牌、跨国品牌，向价值链的高端处发展，进而主导世界生产格局，改善在全球价值链中的地位。

第三，制度创新效应。企业是市场的主体，开展创新活动需要有良好的创新氛围。因此，通过制度创新，政府在政策引导、资源集聚、行政管理、要素扶持等方面给予企业支持，使得企业技术创新显著发挥效应，优化资源配置，提高要素使用效率和科技成果转化效率，进而技术进步效率提升，全球价值链地位得以改善。

第四，规模经济效应。一国基于自身的比较优势，参与全球价值链分工。如果一国市场规模巨大，可以承担更多分工和生产环节，那么它的企业可以专业化地负责多个环节的生产，在最优经济规模进行规模化生产，从而提高企业生产效率，降低生产成本，实现规模收益递增，提升整个国家的生产效率和在全球价值链中的地位。

根据以上分析，我们可以提出一个基本理论命题：一国制造业参与国际生产分工可以提升其所处的价值链地位，前提是这依赖于本国部分资源和基础条件的支撑。进一步地，我们做出如下推论。

推论 11-1　制造业参与国际生产分工，凭借本国的高技能劳动力、资本储备，有能力在技术转移和进口中间产品的技术溢出中吸收外来技术，从而提升价值链地位。

推论 11-2　制造业企业通过技术创新，改变加工组装的地位，生产附加值高的中间产品，在全球价值链中的地位上升。

推论 11-3　制度创新为制造业企业营造了良好的创新氛围，国内资源得到合理配置，制造业的价值链地位得以提升。

推论 11-4　制造业参与全球生产分工，规模经济效应得以发挥，生产效率得以改善，制造业的价值链地位得以提升。

11.2.2　实证分析

1. 变量的选取和数据来源

基于面板数据分析，本节将探讨参与国际生产分工的程度对我国制造业价值链地位提升的影响及其效应。实证分析中包含的变量主要分为两类：核心变量和传导变量。核心变量包括参与国际生产分工的程度 GVC 和在全球价值链中的相对地位指数 GVCL。其中，GVC 中的各国增加值数据来自世界投入产出表，GVCL 中的单位价格数据来自社会经济账户（socio economic accounts，SEA）。传导变量，主要包括人力资本变量（反映就业人口中高技能劳动力所占的比重）、物质资本变量（反映生产活动中机器、设备、厂房等的投入力度）、技术创新变量（反映一国制造业进行技术研发和自主创新的能力）、制度创新变量（反映一国政府为企业提供的政策导向、竞争环境、创新氛围等）、规模经济变量（反映行业的市场结构和集中程度）。这些数据主要来源于《中国统计年鉴》《中国科技统计年鉴》以及中国市场化指数数据库等。

2. 计量模型分析

我们构建面板数据模型。首先，构建基础的实证分析的模型，分析探讨核心变量和传导变量对价值链地位提升的影响；其次，在模型中加入被解释变量的滞后变量，研究制造业价值链地位提升是否存在路径依赖；最后，采用交叉变量分析参与国际生产分工的程度影响价值链地位提升的传导机制，并分别从制造业整体、劳动密集型行业、资本密集型行业、技术密集型行业进行分类分析和总结。

$$\text{GVCL}_{j,t} = c + \beta_1 \text{GVC}_{j,t} + \beta_2 \text{HL}_{j,t} + \beta_3 K_{j,t} + \beta_4 \text{RD}_{j,t} + \beta_5 \text{IC}_{j,t} + \beta_6 \text{IE}_t + \varepsilon_{j,t} \quad (11\text{-}6)$$

其中，$j = 1, 2, \cdots, n$ 为行业；$t = 1, 2, \cdots, T$ 为时间；HL 为人力资本变量；K 为物质资本变量；RD 为技术创新变量；IC 为规模经济变量；IE 为制度创新变量。

根据我们的观察，全球价值链地位存在路径依赖效应。一国制造业初始所处的价值链位置越高，越能拥有更优越的人力资本、自主创新能力和环境，从而也越容易实现价值链地位的进一步提升。因此，我们在基础模型中加入被解释变量的一阶滞后项作为解释变量，研究上一年度的价值链地位对本年度的影响。

$$GVCL_{j,t} = c + \delta GVCL_{j,t-1} + \beta_1 GVC_{j,t} + \beta_2 HL_{j,t} + \beta_3 K_{j,t} + \beta_4 RD_{j,t} \\ + \beta_5 IC_{j,t} + \beta_6 IE_t + \varepsilon_{j,t}$$ （11-7）

为研究参与国际生产分工的程度对价值链地位提升的影响机制，在式（11-7）的基础上，剔除模型中的不显著变量，采用 GVC 和显著传导变量的交互项来替代原有的不显著传导变量，构建模型如式（11-8）所示：

$$GVCL_{j,t} = c + \delta GVCL_{j,t-1} + \beta_1 GVC_{j,t} + \sum_i \lambda_i GVC_{j,t} X_{i,j,t} + \varepsilon_{j,t}$$ （11-8）

其中，$i = 1, 2, \cdots, 5$ 为显著传导变量的个数。

3. 实证分析结果

基于 1998～2009 年 13 个制造业行业（表 11-1）数据构建面板数据模型，分析参与国际生产分工的程度对我国制造业价值链地位提升的影响及其影响途径。在制造业整体分析的基础上，按照要素密集程度分类，分别研究劳动密集型、资本密集型、技术密集型行业的影响。结果如下。

（1）全球价值链地位的路径依赖效应。不管是制造业整体的面板模型还是不同要素密集型的面板模型，所有的回归方程均显示 GVCL 的滞后项对 GVCL 的影响为正，且均在 1%的统计水平上显著，可以认为制造业的全球价值链地位存在显著的路径依赖效应。不同要素密集型行业的路径依赖程度，具体如表 11-2 所示，按照依赖程度从高到低排序依次是劳动密集型行业、技术密集型行业、资本密集型行业，制造业整体的依赖程度介于劳动密集型行业和技术密集型行业之间。

表 11-2　路径依赖效应结果比较

项目		制造业整体	劳动密集型行业	资本密集型行业	技术密集型行业
$GVCL_{j,t-1}$	系数	0.934	0.965	0.87	0.897
	t 值	36.90***	20.27***	15.46***	30.24***

***表示在 1%水平上显著

（2）参与国际生产分工的程度对价值链地位提升的综合影响。从制造业整体来看，参与国际生产分工的程度对制造业价值链地位提升具有显著的正向影响，具体到不同要素密集型行业，正向作用依然存在，但这种影响呈现不同的显著程度（表 11-3）。其中，技术密集型行业参与国际生产分工的程度对价值链地位的改善作用最显著，在 1%的统计水平上显著为正，且估计系数 0.686 高于制造业整体的 0.275，拉高了制造业的整体水平；劳动密集型行业参与国际生产分工的程度对价值链地位提升的影响也显著，但显著性水平仅为 10%，估计系数 0.138 低于制造业整体的估计系数；资本密集型行业参与国际生产分工的程度的影响是完全不显著的。所以，显著性水平从高到低依次为技术密集型行业、劳动密集型行业、资本密集型行业。

表 11-3　参与国际生产分工程度的综合影响比较

项目		制造业整体	劳动密集型行业	资本密集型行业	技术密集型行业
$GVCL_{j,t}$	系数	0.275	0.138	0.025	0.686
	t 值	3.75***	1.77*	0.22	6.13***

*、***分别表示在 10%、1%水平上显著

（3）参与国际生产分工程度影响价值链地位提升的传导机制。表 11-4 总结了制造业整体、劳动密集型行业、资本密集型行业、技术密集型行业参与国际生产分工程度对价值链地位提升的综合影响、直接影响与间接影响。结果显示：劳动密集型行业中，参与国际生产分工程度主要通过行业集中度下的规模经济效应提升价值链地位，综合影响程度较低；资本密集型行业中，参与国际生产分工程度的直接影响显著为负，间接影响显著为正，后者是通过人力资本增加下的技术吸收效应和制度创新下的优化资源配置效应实现的，正负作用相互抵消使得参与国际生产分工程度对价值链地位提升的综合效应不显著；技术密集型行业中，参与国际生产分工程度的直接影响也是显著为负的，间接影响显著为正，除了人力资本和制度创新的传导作用外，还有技术创新下的竞争力提升带来的价值链地位提升效应，由于间接影响大于直接影响，综合影响显著为正。综合三种要素密集型行业的分析结果，从制造业整体的分析结果来看，参与国际生产分工程度对价值链地位提升的直接影响显著为负，间接影响主要通过人力资本和制度创新作用，其次是技术创新，得到的综合影响显著为正。

表 11-4　参与国际生产分工程度对价值链地位提升的实证结果汇总

GVC 的影响		制造业整体	劳动密集型行业	资本密集型行业	技术密集型行业
综合影响		＋＋＋	＋		＋＋＋
直接影响		－－－		－－－	－－－
间接影响	K				
	HL	＋＋＋		＋＋＋	＋＋＋
	RD	＋			＋＋＋
	IC		＋		
	IE	＋＋＋		＋＋＋	＋＋＋

注：＋、＋＋＋分别表示在 10%、1%水平上显著为正；－－－表示在 1%水平上显著为负

（4）总结来看，我国制造业参与国际生产分工可以提升其所处的价值链地位，前提是依赖于本国部分资源和基础条件的支撑。实证分析表明：制造业价值链地位提升具有显著的路径依赖效应。

根据实证分析结果，参与全球分工对我国制造业价值链地位提升的直接影响或者显著为负，或者不显著，即使综合影响显著为正也是制度创新、物质资本或技术创新的传导作用。这就表明：我国制造业参与国际生产分工并不一定可以提升其所处的价值链地位，只有当本国的资源和基础条件在不断优化与改善时，参与国际生产分工程度对价值链地位提升的正向作用才会显现。

因此，我国制造业要始终以价值链地位提升为主要目的融入全球生产网络，更加注重本国基础资源的储备和基础条件的改善，有选择性地参与国际生产分工活动。如果盲目地参与全球生产分工，在本国人力资本、技术创新和制度创新等方面无作为，我国将很可能和其他南亚国家一样，落入国际分工陷阱，固化在全球生产分工的价值链低端。未来的政策建议如下。

一是鼓励自主创新，构建我国制造业核心竞争力。实施创新驱动发展战略，建设领先的技术体系和创业创新服务体系，加大科研经费投入，支持大型企业设立研发机构，鼓励大众创新、万众创业，在政策引导、资金扶持等方面给予优惠，争取在关键核心领域实现突破，在全球生产链中承担核心中间产品的生产和设计、检测等附加值高的生产活动。

二是加强制度创新，为技术创新创造良好的市场环境。减少政府对市场的干预，充分发挥市场在资源配置中的决定性作用。进一步简化行政审批流程，降低市场准入门槛，强化事中和事后监督，完善知识产权保护机制，提高信息透明度，降低市场交易成本，激发市场竞争活力，为创新创业营造公平、开放、透明的市场环境。

三是重视人力资本的积累，强化技术吸收能力。加大教育的投入力度，注重高技能、高素质人才的培养，充分利用外来技术转移和技术溢出的机遇，发挥人力资本在新技术、新方法的学习和掌握中的能动性。

11.3 产品内国际分工对中国产业结构优化升级的影响

20 世纪 80 年代以来，中国在参与国际化生产与协作的过程中，不仅带来了国际贸易方式的重大改变，也使得产业结构优化升级的内涵和表现形式发生了变化，而这种改变进一步影响了中国产品内国际分工的地位（张豪等，2015）。本节探讨我国参与产品内国际分工对产业结构优化将产生什么样的影响。

11.3.1　产品内国际分工与产业结构优化的相互作用

产品内国际分工这一新型分工体系，使得国际之间的比较优势不仅表现在产业之间，更深入产品生产的各个环节；使得原本一国产业结构的优化不仅是简单地从劳动密集型向资本、技术密集型产业转换，而是在同一产业内部，产品制造的某些环节也由劳动密集型向资本、技术密集型环节转换；同时，在产业链上，降低了发展中国家参与国际分工体系的临界条件与交易成本，为其参与国际分工提供了新的切入点。因此，这种新型分工体系的出现使发展中国家的产业结构优化升级也面临着新的机遇与挑战。

1. 产品内国际分工程度的加深促进产业结构优化升级

产业结构的调整不仅取决于国内资源禀赋的影响，还与技术研发水平、贸易结构改变、贸易政策实施以及要素的合理流动等因素有关，这是目前主流经济学理论的共识。中国在参与产品内国际分工的进程中，贸易结构、技术结构和要素结构均得到优化，而这些因素直接或间接地改变着一国的产业结构。

（1）优化贸易结构，进而优化产业结构。市场机制的作用下，贸易结构的改善能够优化配置稀缺资源、促进相关产业的技术进步、促进出口产业繁荣发展，通过产业前后向关联效应带动相关产业的发展，进而整体上优化产业结构。中国出口规模扩大的同时，出口技术水平也是快速提升的，中国长期集中于低技术劳动密集型的出口格局得到改善。

（2）优化技术结构，进而优化产业结构。产品内国际分工体系下，发展中国家主要通过嵌入式发展模式提高本国的技术水平，通过技术创新提高劳动生产率。中国参与国际产品价值链从原来的低端走向高端，引起关联环节的技术变革和产品创新，相关技术结构优化，同时加大了企业之间的竞争，提高了服务的质量。这种技术变革的深入以及竞争的加剧，优化了产业之间的投入资源的配置，带动了关联产业的良性发展，进而促进了产业结构的优化升级。

（3）优化要素结构，进而优化产业结构。科学技术的日新月异使得产业结构的优化更多地依赖于人力资本、知识资本等要素。具有这些要素的产业，往往具有规模效应，人力资本和知识资本等要素投入得越多，生产率就越高，技术水平越高，利润率也就越大。通过生产要素在各产业间的自由流动，在市场机制的驱使下，企业为实现要素结构的优化，就会采用逐渐收缩甚至淘汰技术含量低的部门的办法，这样不仅能够提高技术创新的能力，更能加快推动产业结构的优化。

2. 产业结构的优化升级促进产品内国际分工程度的加深

一国产业结构优化升级之后，形成的产业高级化会进一步提升本国在产品内国际分工的地位，使得本国企业参与国际分工的高端产业链。国内企业将会在高端平台上实现贸易制度的创新，而这种制度创新将会配合国内产业创新、科技创新，以及供给结构、需求结构和投资结构的调整，从而对企业参与产品内国际分工产生影响。在这种良性驱动下，政府会进行制度创新，尤其是加工贸易政策的调整，是这种政策措施的主要表现。该政策使得一国参与产品内国际分工生产中的各环节之间的交易成本降低，使得一些发达国家的企业将其产品的组装、生产工序转移到相对落后的发展中国家进行，那么中国可以利用这次机遇，在这种新型分工模式下从事加工贸易，沿着全球价值链环节从低端逐步走向高端，不断攀升，提升在产品内国际分工中的地位。

11.3.2　产品内贸易对产业结构升级的影响与对策

中国企业参与产品内贸易的形式主要是通过加工贸易进行的。在全球生产链中企业主要通过中间产品参与加工组装环节，即从国外进口待组装加工的产品，经组装加工后出口到国外。在中间产品的进口、组装加工和产品出口的反馈过程中，会形成如下一些效应，如技术溢出效应、"干中学"效应、规模经济效应，这些效应会对我国产业结构的升级造成不同的影响，贸易分工格局由此锁定。图11-6是产品内贸易对我国产业结构升级的影响机理，主要有四种效应。

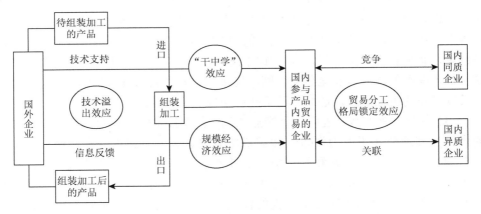

图 11-6　产品内贸易对我国产业结构升级的影响机制

（1）技术溢出效应。技术溢出指的是发达国家的先进技术在经济活动中有意识或无意识地被转移或传播到发展中国家的现象。技术溢出在技术的自然输出中产生，是技术的非自愿扩散，体现了经济的外在性。在产品内贸易过程中，我国企业一方面利用技术手段对产品进行拆卸、测绘、分析而获得相关的技术。另一方面，上游企业为了提高产品的竞争力，也要向我国企业转移知识，从而提升产品的技术含量。在开展产品内贸易中，先进技术主要通过反向工程、技术支持、劳务培训等活动产生溢出效应。

（2）"干中学"效应。"干中学"效应最早由 Arrow（1962）提出。在没有技术创新的情况下，人们在生产过程中通过积累经验提高生产率水平，这种现象称为"干中学"效应。在产品内贸易过程中，落后国家在生产的过程中积累高科技知识，并运用到生产活动中，从而达到提高生产率的目的。在"干中学"中获得的技术知识被称为缄默性生产技术知识。对于先进生产技术和知识，先进国家大多都是对外严格保密，发展中国家很难通过公共渠道获得缄默性生产技术知识。我国只有通过加入国外高技术含量的产品的生产环节，才有可能在生产过程中获得缄默性生产技术知识。我国的企业在产品内贸易的过程中要注意学习和积累专业知识，提高产业的生产效率，促进产业结构的优化升级。

（3）规模经济效应。生产规模扩大导致经济效益增加的现象被称为规模经济。规模经济能够实现产品规格的统一和标准化，降低单位购入成本，有利于新产品开发。随着市场规模的扩大，产品生产的社会分工更加细化、专业化。因此，企业可以通过扩大市场规模降低生产成本、加强生产的专业化以实现规模经济效应。

（4）贸易分工格局锁定效应。发展中国家由于生产技术不发达，在产品内贸易中容易被固定在低技术水平的生产环节。这种现象被称为贸易分工格局锁定。我国参与产品内贸易的主要形式是加工贸易，主要集中在组装加工环节，生产环节比较单一。产品内贸易的环节单一导致了我国长期处于价值链的低端，不利于向高技术含量的环节发展，降低了对整体产业发展的带动作用。发达国家向我国转移的都是价值链中处于低端环节的产业，远远达不到向高端环节发展的需要，溢出的技术也仅限于加工贸易环节中所需的技术。因此贸易分工格局锁定效应，在一定程度上抵消了其他效应带来的技术提高，对产业结构的升级具有抑制作用。

在四种效应综合的影响下，产品内国际分工对我国产业结构升级产生了积极的影响，产品内贸易的发展促进了第二产业的发展。第二产业通过技术溢出效应、规模经济效应等提高了产业的技术水平，提高了劳动生产率，并通过企业间的竞争或关联提高了产业的整体水平。但是对于第一产业和第三产业，由于劳动力要素等的转移以及贸易分工格局锁定效应，产品内贸易的发展不利于其发展。

在未来的产品内贸易中，我国需要采取如下改进措施。一是大力支持发展产业集群。产业集群的形成有利于提高企业在产品内生产的关联度，产业集群规模的扩大有利于我国对进口外国高技术含量的中间产品形成依赖，有利于生产向高端延伸，促进产业结构的升级。二是推进技术创新。鼓励技术创新，首先要有效利用技术溢出效应，充分吸收生产过程中溢出的技术，承接产品生产过程中带来的技术转移，在此基础上，实现向高端生产环节的转变；其次，要加强企业与科研机构的联系，增加对科研创新的投资，鼓励企业进行自主创新，实现产业结构升级。三是调整加工贸易政策。我们应该努力在国际市场上建立良好的信誉，积极主动积累资本，积累国外先进的管理经验，努力在世界范围内建立自己的营销渠道，为产业升级做好准备工作。

现阶段在实施产业结构优化政策的同时也应该制定相关提升产品内国际分工地位的政策。具体可以从以下层面考虑。

（1）政府政策层面。加工贸易是参与产品内国际分工的重要形式，应该对加工贸易的不同环节区别对待。我国应把加工贸易动态升级与产业结构调整紧密结合起来，从而细化加工贸易政策，深化加工贸易产品结构调整。对处于价值链两端的设计、营销等环节进行一定的政策倾斜，给予一定的税收减免和政策补贴的优惠政策，鼓励国内企业参与分工。而对处于价值链低端的纯生产、加工等环节给予一定的政策引导，鼓励企业采用更高科技的工业化、自动化来代替。

（2）产业层面。要加快产业集聚的形成，刺激各企业增加研发投资，从而增强创新能力，促进我国产业结构升级。产业集聚有利于规模经济和范围经济的最大程度地发挥，现阶段我们产业集群的程度不高，仅在长三角和珠三角地区形成了一定的经济带，而中西部集群化程度相对较低。虽然近年来，较多大中型城市开始走产业集群的道路，但整体水平仍较低下。因此，需在整个产业内部，去除区域阻碍，形成集群发展，以龙头企业带动集群内部的发展，对龙头企业增加科技研发投入进行鼓励，引导高校和科研机构与企业合作，从而提高企业的技术水平，增强创新能力，直接拉动我国产业结构的升级，形成整体的良性循环。

（3）企业层面。在加快落后产能退出市场的同时，应积极开发尖端技术、发展高科技产业，提升自身的专业化和高级化程度，促进产业结构的逐步优化。产业结构的优化离不开微观企业的建设，在我国参与产品内分工的过程中，应淘汰低效率的企业，创立更多高技术的新企业。政府在制定政策时应区别对待，对产能落后、资源环境消耗大的企业主动淘汰，对高新技术企业实施鼓励和优惠政策，从而推动企业从产品价值链的低端向产品价值链的高端转移。

11.4　全球化新变局与构建中国主导的全球价值链

2018 年以来，全球化出现新的大变局，先是中美经贸摩擦升级，接着是新冠疫情大流行，这些对全球经济和国际贸易造成重大冲击，已有全球价值链遭遇前所未有的挑战，面临"分割化""区域化""本地化"的巨大风险。与此同时，以人工智能为代表的新一轮信息技术革命和产业革命正在引发全球范围内的社会生产力变革，加剧全球产业竞争，推动全球价值链急剧变动，许多跨国公司开始在全球谋求生产再布局，全球价值链重构带来的挑战不言而喻。

11.4.1　全球化新变局对中国产业参与国际分工的影响

中美贸易摩擦升级是全球化新变局的一个重要标志，对我国整体和地方的经济发展带来了明显的负面影响，加之我国经济本身的结构性调整，导致经济下行压力加剧，民间投资信心受到较大影响。在过去相当长时间内，中国和美国作为世界上最大的发展中国家和发达国家，分别处在全球价值链的中低端和中高端。中国充分利用劳动力要素的禀赋优势，在全球价值链的加工制造环节形成了较强的国际竞争力，向美国出口的多为附加值较低、劳动和资源密集型的最终产品。美国则在资本密集型和技术密集型产业具有较强的比较优势与国际竞争力，出口的主要是飞机、电子品和集成电路等高附加值的资本品与中间品。也就是说，在发展初期，中美两国在国际经济关系中具有很强的互补性。

然而，随着中国经济步入中等收入阶段，劳动力不再丰裕，资本不像发展初期那样稀缺，技术进步也开始从主要依靠模仿转向创新，开始启动产业升级，并试图提升在全球价值链中的位置。中国的产业结构升级改变了中美两国在全球价值链中的相对位置，为了维护"美国优先"，美国政府不惜通过发动贸易战来遏制中国的技术进步和产业升级，进而削弱中国的国际经济竞争力，最终阻断中华民族复兴大业。可见，贸易逆差只是美国政府发动贸易战的借口，与他们所指责的政府补贴国有企业也没有直接的联系。正因如此，美国对中国加征关税的领域并非中国更具比较优势的中低端制造，而是航空、新能源汽车、新材料等高科技产业。中美贸易摩擦至今未有缓解迹象，这就使得我们有必要对摩擦背后的原因进行深刻的反思。面对正在崛起的我国，美国对我们这个世界第二大经济体的警惕，使得"修昔底德陷阱"几乎无法避免。因此，无论贸易摩擦走向如何，寄希望于回到从前的中美关系是不切实际的。我国虽不主动挑事，但是对于未来中美关系发展的艰巨性应做好充分准备，对所有可能的情况都应准备好科学合理的预案。中美经贸摩擦升级带来的影响与冲击主要表现在如下几个方面。

第一，凸显产业结构性矛盾。现阶段我国产业结构存在的问题十分突出，就业结构在三次产业中的分布严重滞后，与产出结构的错位十分严重。农业的基础地位依然十分薄弱，耕地、水资源等约束了农产品的有效供给，小规模农户家庭经营模式不能适应农业现代化、产业化的发展，农业综合效益不高、竞争力不强，农民增收后劲不足，农村自我发展能力弱。工业"大"而不"强"，我国虽然拥有全球门类最齐全的工业体系和配套网络，但长期以来过度依赖简单加工扩张，许多产品仍处在国际价值链的中低端。部分工业关键技术环节仍然受制于人，缺乏自主创新的持久驱动。服务业的发展不能满足国民经济发展的要求，尤其是提升现代工业和现代农业的研发、科技服务、设计、营销、金融、供应链管理、物流等生产性服务业滞后。产业结构的矛盾，已经由过去部门之间的不协调，转变为研发、设计、营销、品牌建设和专业化等关键环节滞后的制约。

第二，减缓经济新动能培育。贸易摩擦对两个市场、两种资源的利用效率产生了负面影响，外向型经济因出口成本上升、订单减少而受到直接压制，民营企业和中小微企业活力低下且困难重重。作为中美贸易摩擦的焦点，美国极力限制"中国制造 2025"相关高新技术产业发展，给中国现代化产业体系建设和经济增长质量提高带来不可忽视的负面影响。中美贸易摩擦不仅会加剧制造业外流，还会令部分拥有美国工业重大技术的个人或企业面临严格管制，相关高端技术和高端人才难以流入中国，制约了中国对部分高新技术产业的关键核心技术和高端人才的吸收。

第三，威胁产业链安全。我国在许多关键核心技术领域仍有短板，许多核心的工业制品仍然依赖进口，产业发展常处于被动、跟随的状态，还可能被长期锁定在全球产业链的中低端。在"美国优先"的语境下，美国法律和规则对世界贸易组织规则的凌驾与践踏，使得世界贸易组织在全球贸易争端解决机制中日渐式微，这对中国各地区的贸易安全与产业发展极为不利。随着美国与墨西哥、加拿大达成新的贸易协定，被指为"非市场经济"的中国正面临着无以复加的发展限制。

全球化新变局的另一个重要标志是以人工智能等新一代信息技术为代表的技术革命和产业变革。从全球价值链分工演进来看，几乎所有国家（发达国家和发展中国家）均会受到影响。发展中国家受到新的技术冲击后，一方面更加难以向全球价值链中上游攀升，另一方面，其在原本具有分工比较优势的全球价值链中低端，也会受到发达国家产业回流的不利影响。疫情冲击带来的大隔离，更是加剧了全球生产链与供应链的断裂。最近几年经济发展表明，中国正在经历供应链向东南亚转出和需求链国际竞争加剧的过程。在产业层面，中国诸多行业遭受双重夹击，既有来自价值链高端经济体的技术封锁，也有价值链低端经济体的成本向下刚性锁定。在微观企业层面，一部分中国本土跨国公司才崭露头角，同许多领军的全球性公司还有相当大的差距，而且也缺失微观基础的支撑，这种情形势必影响到中国在全球价值链重构时获得话语权的能力（张建华，2020）。

当然，发展中国家如果能较好把握新技术革命的历史机遇，采取创新激励政策，鼓励创新资本投资，加大专业化技术培训，促进劳动与智能化技术适配，提升产业链发展韧性和产业链供应链现代化水平，就有望实现经济高质量发展，促进产业迈向全球价值链中高端。对于中国而言，可采取双向并举策略，一方面要继续扩大国际交流与合作，促进中国在全球价值链上的跃升；另一方面应大力构建中国主导的全球价值链，开拓国际分工的新格局。

11.4.2　培育自我主导的全球价值链领军企业

领军企业，是指在某行业或某区域范围内，无论在经济规模、科技含量或者社会影响力方面都具有领先地位的企业。领军企业的特征是掌握关键核心技术、具有一定规模优势，由此支撑其在产业链中的"链主"地位。国际经验表明，几乎所有跨国领军企业，都是先从国内市场起步，以母国为基地逐步成长起来的，尤其在实施企业国际化发展战略后，通过国际并购扩张，最终走向国际市场，成为掌控全球价值链的"链主"企业。这些国际化"链主"企业一旦占据全球价值链高端，将在世界范围内对技术、人才、信息、资本等资源进行优化配置和重组。显然，在全球价值链中领军企业具有十分重要的作用。

目前新一代技术以人工智能、大数据、5G、云计算、物联网等为代表，正在引发新一轮科技产业革命。大数据、人工智能、区块链技术等几乎向所有产业领域渗透，高端芯片、先进制药与生物技术等已成为全球价值创造的全新领域。为了更好适应时代发展需要，中国要加快推进制造强国、服务强国和创新强国的建设，就必须在新技术领域着力打造中国企业主导的全球价值链，培育全球价值链领军企业。全球价值链领军企业，就是全球技术的引领者和产业链、供应链主导者。这些领军企业如果通过核心技术与关键零部件生产竞争，全面拥有各个环节的定价权，就能统筹考虑全球生产布局与全球消费市场定位，推动全球价值链重构，同时还可以带动国内生产性服务业迅速增长。总之，培育众多全球价值链领军企业，不仅有利于提升中国企业在国际产业领域的竞争力，而且也有利于增强中国政府参与全球治理的影响力。

培育全球价值链领军企业，首要的任务是完善企业治理结构、推动企业实施国际化发展战略。通常分两步实施：第一，完善激励与配套政策，营造公平竞争的市场环境，推进大规模资产重组和资源优化配置，形成国内价值链体系行业龙头和领导企业；第二，鼓励有一定技术竞争力的大型企业走出去，并购海外优势产业资源，通过在全球范围内布局研发、采购和销售等高附加值环节，形成比较优势，积极参与全球竞争，构筑以企业为核心的全球产业链和供应链体系，进一步打造掌控全球产业链高端环节的领军企业。

为此，我们应着力创新体系机制、完善治理政策体系，培育创新主体。应继续鼓励和支持企业自主创新、引进高新技术，尤其是要发挥产业政策和科技创新政策的前瞻性与引导性，制定与国内价值链、区域价值链和全球价值链布局相适应的政策，为中国企业提升全球科技竞争力提供公平的竞争环境。与此同时，应推进产业价值链体系的网络化与规模化，维护完整产业链和安全供应链体系，促进贸易自由化，加速推进全球经济一体化和区域协调发展。

11.4.3　完善全球价值链的配套服务体系

2008 年全球性经济金融危机，改变了原有的世界经济格局，全球经济增长不稳定和不确定性成为新的特征。危机之后，新兴经济体迅速成长，发达工业化国家纷纷回归实体经济，再工业化成为世界新潮流。在新的全球分工格局中，世界经济正在形成多国主导的产业格局。从当前国际分工格局看，美国在许多领域仍处在产业价值链体系的高位，始终保持着研发的领先地位，美国企业主导的是飞机制造、芯片、信息技术、金融等产业，领导和组织着全球重要领域的产业链分工；日本不仅在家电、汽车等传统产业，而且在电子信息、新能源等新兴领域布局；欧盟企业则坚守医药、化工、精密智能制造等产业，特别是德国坚守制造业；中国则在高铁、电商以及正在兴起的 5G 等产业奋起直追。

从人类产业发展演变看，食品和纺织工业革命解决了温饱问题，钢铁工业发展解决了居住问题，石油面向能源，汽车面向交通，信息技术革命解决了信息获取和知识交流问题。随着大数据时代的到来，数据要素已成为全球价值链上的重要资源，由此引发的新格局是：谁拥有更全面和优质的数据，谁就更有可能成为全球价值链的主导者。如今，许多发达国家已经敏锐地意识到，未来能够导致世界经济重新走向繁荣的主导产业，极有可能是生命产业。因为提高生命质量是高质量发展阶段的内在要求，这必将引发新一轮新兴产业发展浪潮，至少涉及包括保健品供给、安全食品供给、基因、制药、医疗以及全新的养老模式等经济领域，随着生命产业的发展，世界极有可能被激起一场伟大的产业和社会革命。

在新的产业发展中，我们过去那种以代工或贴牌生产模式为主、聚集于低附加值环节的制造业发展模式已经不可持续。因此，构建中国主导的全球价值链，不能只顾短期成本考虑，而需要关注长期发展导向，需要围绕技术创新、核心技术支撑与品牌建设等方面完善配套服务体系建设。

第一，注重本土企业技术创新与品牌建设。培育一批具有强大国际竞争力的本土跨国企业，引导和鼓励这些企业构建以品牌和关键核心技术为主导的全球价值链，并实现在全球范围内整合和配置资源。

第二，提升企业海外投资经营、重构国际生产经营网络和全球价值链的能力。从战略高度拓展企业对全球价值链的认识，大力引进和培养跨国经营管理高端人才，为企业构建和主导全球价值链提供智力支持。

第三，注重培育生产性服务业竞争力，促进服务贸易与加工贸易深度融合。全球产业链价值链的国际竞争已经从产品领域的竞争进入生产体系的竞争，即涉及整个价值链条上各个环节的竞争，而将各个环节连接起来的，恰恰是生产性服务业。生产性服务业是与制造业直接相关的配套服务业，是从制造业内部生产服务部门独立发展起来的新兴产业。大力发展生产服务的目的在于为生产制造提供保障服务，保持工业生产过程的连续性，促进工业技术进步、产业升级和提高生产效率。

总之，从全球价值链管理的角度考虑，中国在此领域应深化行政管理体制改革，继续简化行政审批手续，完善负面清单管理模式，努力改善营商环境，公平对待国企、民企和外企，加强产业反垄断、反腐败和知识产权保护力度，以吸引全球价值链中的各环节落地。

11.4.4　推进国内价值链与全球价值链深度整合

中国具有完备的产业门类。历经几十年快速发展，目前产业出现了较大的分流。众多传统制造领域内的产业尚未摆脱在全球价值链的中低端锁定。由于缺乏核心技术，即使是一些新兴产业领域，也难以摆脱低端锁定。随着经济发展迈向中高端，进一步激活中国 14 亿人口的内需市场，构建完整的内需体系就显得十分重要。在国际生产新格局下，要素成本优势不再保持，只有重构价值链，并成为全球价值链的掌控者，才能摆脱全球价值链的低端锁定，进而跨越中等收入陷阱。

因此，当务之急在于提升中国制造业自主创新水平，促进东、中、西部地区的产业梯度转移，实现中国产业国内价值链地位有序提升。在开放条件下，应以充分利用国内国外两种资源和两个市场为出发点，以构建国内价值链和主动融入国际价值链为手段，以模块化分工和产品内贸易为新形式，处理好内需和外需、构建国内价值链和融入国际价值链之间的关系，提升我国产业国际竞争力。在此基础上，进一步推进国内价值链与全球价值链深度整合，继续发挥中国在国际贸易的中心节点优势，以及在产业分工体系中的枢纽地位，构建国内国际双循环机制，抵御全球价值链重构冲击。

对于还处于全球价值链中低端的企业，助推它们通过创新尽快进入全球价值链的中高端。例如，在汽车、飞机发动机、手机智能系统等方面，中国制造业可以瞄准全球价值链中高端进行科技攻关。一方面，进行零部件、元器件等方面的技术升级，逐渐进入核心技术和关键技术领域；另一方面，借助"互联网＋"、跨境电商平台的优势，努力实现产业链逐渐向物流、服务等环节延伸。

近些年，中国经济正处于比较优势转换期，劳动力低成本和资源优势正在逐渐丧失，而一系列新优势正在形成，在一些新兴产业领域，中国有可能实现"弯道超车"。比如，在一些基础设施、新一代信息技术、高速铁路和装备制造业领域，中国实际上已拥有一些高端技术，拥有一批位居世界前沿的高科技产品和产业，产业配套能力增强，人口素质红利正在形成，国际市场销售渠道也比较广泛，具有较强国际竞争力。因此，应推动以这些产品和产业为主的价值链走出去，通过在全球布局获取更大的全球化收益。

事实上，中国已经启动了"一带一路"建设，以此为有力抓手在部分产业领域寻求全球价值链合作和重新布局。目前，"一带一路"共建国家有着不同需求和承载能力，也处于不同的发展阶段，这种多样性和差异化正好为中国布局全球价值链提供了新的拓展空间。可以预期，中国优势产业的核心企业可向"一带一路"共建国家延长价值链，拓展生产链，获取更大的分工收益并实现与共建国家共赢发展。

11.4.5 积极参与全球贸易治理

在全球孤立主义和贸易保护主义不断抬头的背景下，以美国为代表的一些西方国家推行单边主义和本国利益优先，严重冲击了既有全球价值链分工所赖以依存的自由贸易秩序，并对全球政治、经济、文化等产生了深刻影响。当前，世界多极化格局逐渐凸显，许多国家开始寻求变革国际规则和现存全球治理格局。

在此背景下，中国扩大对外开放合作受到较大冲击，参与国际产业分工的贸易成本随之提高，要素禀赋优势削弱。中国需要坚定维护多边贸易体制，反对单边主义、保护主义，积极参与全球贸易治理，推进多边规则有效改革，进一步推动贸易投资自由化、便利化。因此，中国需要加快形成以国内大循环为主体、国内国际双循环相互促进的新发展格局。

从全球价值链重构角度来看，促进国内国际双循环，就是要推进更高水平更大程度的对外开放，充分利用国际国内两个市场、两种资源。未来的开放格局在于，一方面高质量共建"一带一路"，另一方面还应构建面向全球的高标准自贸区网络，全面推进《区域全面经济伙伴关系协定》，深化中国与欧盟的经济贸易合作，努力改善和加强与世界各主要大国的合作，坚持互利共赢，共同维护全球产业链供应链的稳定。

第 12 章　金融与财政制度安排对企业创新能力的影响

为了加快转变经济增长方式、推进创新型国家建设进程，当务之急就是全面提升我国工业部门创新能力。现实中，金融与财政制度安排与政策调整对企业创新行为是有显著影响的。本章拟从影响企业创新能力的金融与财政制度因素入手，讨论金融所有制歧视现象，剖析金融所有制歧视政策对我国工业企业创新差异的影响；同时，结合金融与财政政策调整，探讨在债务偿还期限缩短条件下，政府补贴援助对企业技术升级的影响，并提出对策建议。

12.1　金融所有制歧视与工业部门企业创新

本节以金融所有制歧视为切入点重新审视国有经济创新成效问题，讨论在竞争均衡下金融所有制歧视如何影响企业创新（戴静和张建华，2013b）。

12.1.1　金融所有制歧视与政府政策倾向

提高企业自主创新能力是创新型经济的关键。但企业创新离不开金融等重要制度的支持（林毅夫，2010），银行功能完善与否直接影响了融资服务质量、进而影响企业技术创新（Schumpeter，1962）。在中国，无论企业创新能力，还是银行信贷配置成效，均呈现出很强的异质性。从创新效率和生产效率看，部分国有企业明显低于民营企业（姚洋，1998；姚洋和章奇，2001；平新乔等，2003；夏立军和方轶强，2005；李寿喜，2007）。但国有企业却能优先获得信贷，利率也较低（卢峰和姚洋，2004；袁志刚和邵挺，2010；Dollar and Wei，2007）。

为什么国有企业创新效率较低却得到更多的银行信贷？原因在于，国有银行凭借政治身份，比民营企业更易于获得金融机构贷款，结果其资金成本不仅低于民营企业，甚至低于市场利率（Song et al.，2011；邵挺，2010；余明桂和潘红波，2008）。也正是由于政治背景特殊，国有企业风险管理防范严苛，它们容易优先获得信贷支持，相反私人部门容易受到压制，这就出现了较为严重的金融所有制歧视现象。一方面，从国有银行角度看，银行信贷流向国有企业更安全；另一方面，政府出于关爱国企的考虑，通过降低利率对国企进行隐性补贴。比如，卢峰和姚洋（2004）的研究表明，中国官方利率比市场利率低 50%～100%，且大部分低息贷款流向了国有企业。国有银行 80% 的国内贷款流向国有企业，非国有企业只获得少量贷款。事实上，民营中小企业融资难的问题尤其突出，且长期无法解决（程海波等，2005；Ge and Qiu，2007）。

问题是，政府为什么会采取金融所有制歧视政策呢？原因有很多方面。首先从政治层面看，如果国有企业无法偿还银行贷款，被认为是可行的，但如果私人企业贷款出了问题，通常银行可能会被怀疑是否收受贿赂；其次从企业特征看，大多数非国有企业是中小企业，本身抗风险能力就差一些；最后从监管制度看，越来越严苛的政策和纪律，加重了银行的"惜贷"现象，客观上也就造成了信贷的所有制歧视（刘瑞明，2011）。信贷部门放贷时，总是遵循国家或国有项目优先分配原则。类似的情况也出现在低收入国家里，大规模资本密集型企业优先获得银行贷款，而中小企业受到歧视（Cull and Xu，2005）。政府与银行业形成政治联盟，将贷款主要发放给与政治联盟最为紧密的大型资本密集企业（Calomiris and Haber，2011）。

从过去发展来看，为支持不符合比较优势的重工业企业的发展，政府通过控制银行信贷，通过金融所有制歧视降低其生产成本，使之流向承担重工业发展任务的国有企业。改革开放以后，中国政府逐步放弃了重工业畸形优先发展的赶超战略，但整套制度体系并未完全改变。金融部门由于安全稳定需要，改革是迟缓的。国有银行处于绝对主导地位，金融所有制歧视依然显著存在于中国金融体系之中（Cull and Xu，2000；Allen et al.，2005）。

金融系统低效很可能会影响国有企业的创新活动。根据新熊彼特增长模型，金融发展促进技术进步从而推动长期增长（Aghion and Howitt，1997）。许多研究也证实，金融市场通过促进资本积累（Levine，1997），减少交易成本、增加资源流动性、提高金融配置效率和回报率（King and Levine，1993；Beck et al.，2000；Merton and Bodie，1995；Greenwood and Smith，1997），进而提高企业的生产效率；同时，通过资金配置创新，促进企业创新。金融市场如果效率低下，企业技术创新活动就会受到影响（de la Fuente and Marín，1996；Hermes and Lensink，2003；Gorodnichenko and Schnitzer，2013）。随着企业技术创新升级，技术越来越复杂，创新投入资本越来越多，产品生产和市场规模越来越大。一个国家在不同发展阶段具有不同的要素禀赋组合（Lin et al.，2009），进而决定了最适合的行业结构、相关的风险特征和企业规模分布（Lin，2009）。为了保证企业沿产业和技术阶梯顺利升级，政府就需要在金融、法律等方面做出改进，以便企业容易获得启动创新的资金，并在产业升级中产生规模经济效应（Harrison and Rodríguez-Clare，2010；Lin，2009）。

金融所有制歧视是否影响企业创新活动？如果有影响，影响程度如何？相关研究大致分为三类。第一类研究采用不同指标测度金融发展，探讨 TFP 与金融发展之间的关系，结果显示：非国有部门贷款比与 TFP 存在显著的正向关系，如果政府干预金融体系导致金融扭曲、严重阻碍 TFP 提升，正规金融部门增加对私人部门的信贷分配则有利于 TFP 的提升（Aziz and Duenwald，2002；张军和金煜，2005；Jeanneney et al.，2006；Guariglia and Poncet，2008；姚耀军，2010a，2010b；刘瑞明，2011）。第二类研究测度了金融发展与创新效率的关系，如刘凤朝和沈能（2007）、孙伍琴和朱顺林（2008）、陈刚和李树（2009）、钱水土和周永涛（2011）等。第三类研究分析了研发投入与地区金融发展之间的关系，发现政府研发补贴拉动了企业研发支出，地区金融发展有效促进了上市企业的研发投入，但是政府干预却弱化了促进效应（解维敏等，2009；解维敏和方红星，2011）。这些研究均发现政府对金融体系的干预会弱化甚至扭曲生产率或创新活动。

我们的研究将立足中国当前特殊转型背景，进一步分析金融所有制歧视如何严重影响企业创新活动，深入考察中国企业的创新活动，并提供一些新的经验证据。

12.1.2　金融所有制歧视与企业创新

本部分我们在 Aghion 和 Howitt（2008）的基础上，建构一个简明的两企业创新模型，分析金融所有制歧视如何影响企业创新套利条件和产出。基本假定是每个企业都具备创新能力，创新有利于生产成本下降。基于利润最大化，任何改变创新套利条件的因素都将改变企业的创新产出。

1. 企业偏好和产品

假设行业中有两个企业 E、F，都生产同质的商品 X。在竞争均衡下价格都是 P_X。消费者购买商品 X 的预算是 B，为简单起见，我们假设消费者购买的 X 商品中一半来自 E 企业，一半来自 F 企业。不考虑劳动力投入，此时企业的要素投入只有资本 K。金融所有制歧视下的资本价格发生了扭曲，厂商的资本成本因身份而不同，社会平均资本价格为 r，企业因身份不同而面临的资本价格不同，用 $\lambda_i r$ 表示。

2. 创新套利条件下的研发投入

假设企业都具有创新能力，需要进行研发活动。研发活动具有较高的不确定性，高昂的研发投入并非必然会带来创新。但从发达国家经验看，研发投入较高的企业，其创新成功概率应高于研发投入较低的厂商。同时，Aghion 和 Howitt

（2008）认为，研发投入的产出在某种程度上就是创新成功概率的提高。因此，我们假设企业的研发投入和创新成功概率存在正向关系，研发投入用 R_i 表示，R_i 是调整后的研发投入，q_i 反映创新成功概率。参照 Aghion 和 Howitt（2008），创新成功概率 q_i 可以表示为

$$q_i = \phi(R_i) = \alpha_i R_i^{\sigma} \tag{12-1}$$

其中，α_i 为研发部门效率；σ 为研发投入的产出弹性，$0 < \sigma < 1$。

创新生产成本由 C 下降为 $C/(1+\gamma_i)$。由于我们假设企业仅使用资本，因此生产成本与资本价格也成正比，用 $\xi_i \lambda_i r$ 表示。其中 ξ_i 反映企业管理效率，与企业治理结构等因素有关，较低的管理效率会导致较高的生产成本。企业一旦进行创新活动，无论成功与否都会发生一笔固定成本。研发固定成本和研发投入及创新成功概率有关，假设创新的固定成本为 $q_i^2/2$。

创新前后，企业利润分别是 π_0 和 π_1：

$$\pi_0 = \frac{B}{2} - \frac{B}{2P_X} \xi_i \lambda_i r \tag{12-2}$$

$$\pi_1 = \frac{B}{2} - \frac{B}{2P_X} \frac{\xi_i \lambda_i r}{1+\gamma_i} \tag{12-3}$$

企业进行研发活动的事前预期利润为

$$\pi_i = \left(\frac{B}{2} - \frac{B}{2P_X} \xi_i \lambda_i r \right)(1-q_i) + \left[\frac{B}{2} - \frac{B}{2P_X} \frac{\xi_i \lambda_i r}{(1+\gamma_i)} \right] q_i - \frac{q_i^2}{2}, \quad i = E \text{ 或者 } F \tag{12-4}$$

我们可以得到创新成功概率 q 和研发投入 R，其中研发投入如式（12-5）所示。

$$R_i = \left[\frac{B\lambda_i \xi_i r}{2\alpha_i P_X} \times \left(1 - \frac{1}{1+\gamma_i} \right) \right]^{1/\sigma} \tag{12-5}$$

3. 创新产出

创新成功以后，企业产品成本下降。暂不考虑人力资本，创新产出函数简化为

$$Y_i = \alpha_i R_i^{\psi} \tag{12-6}$$

其中，R_i 为研发投入；α_i 为新产品生产部门的效率（为简便起见，我们把新产品生产部门的效率也设为 α_i）；ψ 为研发投入的产出弹性。式（12-1）是企业根据套利条件确定的创新成功概率，式（12-6）是企业研发投入影响下的创新产出。尽管研发投入和创新产出之间存在正向关系，但企业并不会无限制增加研发投入，而是基于利润最大化下的创新套利条件，选择最优的研发投入。最优创新产出为

$$Y_i = \left[\frac{B\lambda_i \xi_i r}{2P_X} \left(1 - \frac{1}{1+\gamma_i} \right) \right]^{\psi/\sigma} \tag{12-7}$$

进一步可以得到不同企业最优创新产出的对比状况，即

$$\frac{Y_E}{Y_F} = \frac{q_E}{q_F} = \left[\frac{\lambda_E}{\lambda_F} \times \frac{\xi_E}{\xi_F} \times \frac{1-1/(1+\gamma_E)}{1-1/(1+\gamma_F)} \right]^{\psi/\sigma} \qquad (12\text{-}8)$$

在竞争均衡下，企业最优创新产出由资金成本、效率及创新收益等因素决定。任何扭曲都会改变企业最优创新产出，并偏离均衡状态。如果政府实行某些倾向性政策带来企业间资本价格扭曲变化，企业间的最优创新产出对比就会偏离均衡状态。其中，企业最优创新产出 Y_i 与反映要素价格的 λ_i 呈正向关系，即拥有较低资金成本的企业最优创新产出将低于资金成本较高的企业。从中国现实看，金融所有制歧视是政府实施赶超战略的结果，要求银行以低于市场利率的价格为国有企业提供资金（陈斌开和林毅夫，2012）。如果企业 F 能获得较低成本的资金，实际上就获得了类似创新的收益，那么这种依靠倾向性的政策所获得的收益，可能会在一定程度上替代和"挤出"企业的部分创新活动。

企业管理效率的参数 ξ 越低，经营成本越高。如果企业管理效率低，创新带来的成本下降将不明显，那么企业创新产出也会较低。ξ 可以部分反映国家所有制下国有企业的效率特征。由于生产活动和创新活动不同，因此不能简单推断国有部门的创新效率较低（吴延兵，2011）。

创新后产品成本的下降程度为 γ，也就是创新收益。如果 γ 下降越多，创新带来的收益越大，企业就更愿意进行更多的创新活动。如果企业使用同样的资金，能够从资本市场或者房地产市场上获得更大的收益，那么创新的相对收益就会较低；如果企业能够通过购买先进技术和设备等方式降低生产成本，那么创新的相对收益也会较低。总之，创新所带来的相对收益下降，创新产出就较低。

在金融所有制歧视倾向下实施产业政策，有可能改变企业创新套利条件，企业创新活动的差异，会改变企业均衡创新产出；金融所有制歧视越严重，企业创新产出越低。资本配置不均衡影响国有部门资本回报率，同样影响着它们的创新活动。总之，金融所有制政策，可能在某种程度上延迟了国有经济的创新活动。

由此我们得到的基本假设是：某地区国有经济比重越高，创新产出可能会越低；金融所有制歧视政策可能拖累国有经济的创新产出。

12.1.3　金融所有制歧视政策对国有经济创新产出影响的实证检验

我们将用中国工业部门的数据，重点检验金融所有制歧视及国有经济比重对地区工业企业创新活动的影响。

1. 数据说明与变量定义

我们选取 2001～2010 年中国各省区市大中型工业企业面板数据作为样本,检验金融所有制歧视与国有经济创新产出之间的关系。除了金融所有制歧视变量会影响地区工业企业创新活动,其他经济因素也可能影响,本节将引入这些影响因素作为控制变量(表 12-1)。

表 12-1　变量的说明

变量性质	变量名称	变量含义	计算方法
被解释变量	inno	创新产出	新产品产值/总产值
核心解释变量	Soe1	国有经济比重	国有企业固定资产比重
	Soe2	国有经济比重	国有企业职工比重
	soeloan	金融所有制歧视	国有企业信贷比重
控制变量	ln(size)	企业规模	工业总产值
	rdintensity	创新投入	研发经费/工业总产值
	techimport	技术引进强度	技术引进/产品销售收入
	human	人力资本	研发人员/就业职工
	lerner	市场竞争程度	勒纳指数
	fdi	外商直接投资	(外商＋港澳台企业产值)/总产值
	trade	对外贸易	出口销售额/总销售额

新产品或专利产出代表创新产出。由于专利具有异质性,不能简单地累加或者比较,因此我们采用新产品产值与总产值的比值代表企业创新产出。参照张军等(2004)方法,对于金融所有制歧视指标,我们计算了各地区银行信贷余额中分配给国有企业的比例作为代表。由于国有企业资金来源主要是银行信贷,因此国有企业的总产值比重与银行信贷的分配结构的关系应该相对稳定。

用各地区国有企业固定资产与全部固定资产之比来反映当地的国有经济比重 Soe1(刘瑞明,2011);为了保证稳健性,同时用国有企业职工人数与全部就业人数之比来反映国有经济比重 Soe2。

考虑到企业规模对创新的影响,用工业总产值表示企业规模变量。地区对外开放水平对创新的积极作用可能来自贸易的学习效应,或外商直接投资的溢出效应(何元庆,2007;Wei and Liu,2006),本节选取各地区出口销售额与总销售额比值(trade)、港澳台及外商企业产值与总产值的比值(fdi)来反映。我们构建勒纳指数(lerner)反映各地区工业企业的市场竞争程度。在完全竞争状况下,勒纳指数等于企业的营业利润与利息支出之差除以销售收入。勒纳指数值越大，表示竞争程度越低；该值越小，表示竞争程度越高。企业在消化吸过程中可能产生二次创新，我们还加入了技术引进强度变量，同时考察创新投入对创新产出的影响。

2. 结果分析

设定回归方程方程（12-9）检验金融所有制歧视和国有经济比重指标对创新产出的影响，即

$$\text{inno}_{i,t} = \beta_0 + \beta_1 \text{Soe1}_{i,t} + \beta_2 \text{Soe2}_{i,t} \times \text{soeloan}_{i,t} + \sum_j \alpha_j \text{control}_{i,t} + \alpha_i + \mu_{i,t} \qquad （12-9）$$

其中，control 是一系列控制变量；α_i 为固定效应；μ 为残差；i、t 分别为行业和时间。基于省级面板数据运用固定效应分析法，重点考察核心解释变量对被解释变量 inno 的影响。具体结果如表 12-2 所示。

表 12-2　创新产出的影响因素及其效应

变量	模型 1	模型 2	模型 3	模型 4	模型 5	模型 6
Soe1	−0.046** (−2.097)	0.095* (2.138)	0.068 (1.270)			
Soe1×soeloan		−0.736*** (−4.954)	−1.835*** (−3.857)			
Soe1×soeloan(−1)			1.153** (2.387)			
Soe2				−0.090*** (−3.546)	0.129** (2.424)	0.197*** (2.634)
Soe2×soeloan					−0.691*** (−4.721)	−1.418*** (−3.506)
Soe2×soeloan(−1)						0.543 (1.462)
ln(size)	0.006* (1.903)	0.003 (0.576)	0.002 (0.337)	−0.001 (−0.299)	0.006 (1.433)	0.009 (1.497)
rdintensity	0.095*** (3.126)	0.089*** (4.658)	0.091*** (4.175)	0.080*** (1.507)	0.826*** (4.424)	0.083*** (3.757)
techimport	−0.003*** (−4.389)	−0.004*** (−2.649)	−0.004* (−2.521)	−0.004*** (−2.858)	−0.004*** (−2.956)	−0.005*** (−3.267)
human	0.231 (0.461)	0.135 (0.416)	−0.236 (−0.559)	0.031 (0.101)	−0.058 (−0.172)	−0.357 (−0.842)
trade	−0.013** (−2.484)	−0.012* (−1.815)	−0.012 (−1.554)	−0.013* (−1.896)	−0.004 (−0.721)	−0.005 (−0.675)
fdi	−0.148** (−2.512)	−0.118** (−2.350)	−0.126* (−2.196)	−0.191** (−3.543)	−0.115** (−2.217)	−0.117** (−2.019)

续表

变量	模型 1	模型 2	模型 3	模型 4	模型 5	模型 6
lerner	0.075* (1.634)	0.039 (0.961)	0.091* (4.175)	0.081 (1.586)	0.024 (0.687)	0.093** (2.613)
常数项	−0.003 (−0.487)	0.022 (0.254)	0.040 (0.357)	0.142 (1.507)	−0.04 (−0.406)	−0.107 (−0.802)
F 值	101.58	113.83	102.27	114.39	118.35	112.5

*、**、***分别表示在 10%、5%、1%水平上显著

模型 1 考虑国有经济比重 Soe1 对创新产出 inno 的影响，结果显示 Soe1 与 inno 呈显著的负相关关系，这说明国有经济比重较高的地区创新产出较低，国有经济比重拖累了当地的创新活动。模型 2 中加入了 Soe1 与 soeloan 的交互项，以期将金融所有制歧视因素的作用分离出来，验证金融所有制歧视 soeloan 的影响。Soe1 系数发生了显著变化，变成在 10%水平上显著为正，而交互项系数则显著为负。这表明，金融所有制歧视对国有经济比重对创新产出的影响具有非常重要的影响，它改变了国有经济比重与地区创新产出的负向关系。

从交互项的估计结果看，金融所有制歧视与国有经济比重的共同作用拖累了地区创新产出，在某种程度上是金融所有制歧视诱致了国有经济的创新低效。如果金融所有制歧视越严重，该地区的创新产出将越低。为鼓励投资而存在的金融所有制歧视政策，确实带来了国有部门和非国有部门创新活动的差异。

这个结果表明：不能简单认为国有经济比重本身降低了地区创新产出。我们需要重新审视国有经济创新问题。以往观点认为：国有经济低效源于国家所有制引发的委托代理问题。实证结果表明，国有经济的创新低效可能并非完全源于国家所有制。国有经济的创新低效更来自包括金融所有制歧视等外部制度与自身特征的内外交织。

金融所有制歧视对创新产出是否具有动态影响？为此，我们在模型 3 中加入了金融所有制歧视的滞后一期项 soeloan(−1)与国有经济比重的交互项。结果显示，交互项当期系数显著为负，但滞后项的系数显著为正。这表明，金融所有制歧视在当期诱致了国有经济较低的创新产出，但这种诱致效应在未来得到了某种修正。原因在于，新产品的研发与生产销售之间存在时间差，企业创新成果有一定时滞性；国有经济倾向于密集使用资本，形成了较高的资本劳动比，在远期有利于企业的创新活动（Peretto，1999）。但从总体（模型 3）上看，金融所有制歧视所产生的诱致效应大于修正效应，金融所有制歧视在整体上仍然拖累了创新产出。

此外，我国企业存在"重引进，轻吸收"以及"消化不良"的问题（吉亚辉和祝凤文，2011），从表 12-2 中可以看出，技术引进虽然提高了企业的技术水平，但并没有提高企业的创新产出，相反，可能对创新产出形成了一定的"挤出效应"。

这是因为：企业通过引进先进技术，可以充分利用技术后发优势，节省高额的试错成本，在短期内提高技术水平。国有部门资本充裕，购买设备和技术可能是一种更便宜的方式。

结果显示，增加创新投入有利于提高企业的创新产出。创新投入具有"两面性"（Griffith，2004），自主研发可以提高企业的生产率，反之，也可更好模仿和学习先进技术。为此，我们也估计了技术引进强度与创新投入的交互项，但互动效果并不显著。因此，我国企业应该促进技术模仿和创新良性互动，由"干中学"转换为"干中学加工"，加大企业的集成创新和消化吸收再创新活动。

通过考察企业规模变化指标 size 与创新产出 inno 的关系，我们发现：规模较大的企业可以借助规模经济和范围经济分摊创新成本，降低创新风险并促进创新产出。此外，过度竞争导致企业不能达到最优规模经济效应。在工业化的早期阶段，新产品市场不够大，企业的规模效应不太强；当创新企业增多后，企业竞争过度又会产生"碎片效应"，也无法积累创新投入（Peretto，1999）。

外商直接投资并未带来创新产出的提高。因此，政府应该提高外商直接投资对创新的带动作用，而不能只是一味引进外商直接投资。对外贸易指标 trade 系数为负，说明企业在国际分工中位于产业价值链低端，这种低端锁定挤压了企业的创新空间，不利于企业创新产出的提升。此外，企业过度投资和"干中学"效应对人力资本产生了侵蚀效应，进而削弱了人力资本对创新产出的积极影响（李尚骜等，2011）。

3. 稳健性分析

我们尝试从三方面讨论稳健性。一是选择合适的工具变量进行处理。以 soeloan 的滞后一阶 soeloan(-1)为工具变量（刘瑞明，2011），我们对 inno 做了相应的回归进行稳健性检验，回归结果没有发生显著改变。二是采用高斯混合模型重新估计，能够较好地解决内生性的问题[①]。各变量系数符号和显著性并未发生本质性改变，回归结果具有稳健性。三是采用国有企业职工比重 Soe2 代替国有企业固定资产比重 Soe1 作稳健性检验，结果如表 12-2 中的模型 4 至模型 6 所示，和原估计结果一致。进一步检验发现，金融所有制歧视抑制了国有经济的创新活动，进而拖累了地区创新产出。因此，如果减少金融所有制歧视，有助于提高国有经济及地区创新产出。

12.1.4　结论与政策建议

本节以金融所有制歧视为切入点分析了中国企业的创新问题。结果发现：国

---

① 由于篇幅所限，此处未报告以上结果，如有需要，可向作者索取。

有经济比重越高、金融所有制歧视越严重、技术引进强度越高、外商直接投资越多、对外贸易越多、市场竞争程度越高的地区创新产出越低；而创新投入越高、企业规模越大的地区创新产出越高。

我们建立了一个存在金融所有制歧视的两企业生产模型，讨论金融所有制歧视对企业创新产出的影响程度。研究结果表明，金融所有制歧视导致资本配置扭曲，企业创新产出偏离均衡状态。实证研究结果显示，国有经济比重高的地区创新产出较低；国有经济比重本身并非拖累地区创新产出，但金融所有制歧视诱致了国有经济较低的创新产出。

国有企业事关国家安全和国民经济命脉，涉及国计民生的关键领域，具备推动和引导行业技术进步的能力。为了促进中国国有企业创新，必须重点关注以下问题。①银行信贷政策要减少歧视性，加快和推进金融体系的改革进程，逐步放宽银行业准入标准，创造良好竞争环境，逐步实现利率市场化。通过深化改革，倒逼国有企业摆脱创新惰性，扩大国内创新市场容量，促进中国企业规模性创新。②政府应继续加强监督和约束国有企业创新活动。深化国有企业经营业绩考核制度，加大关注技术创新体系建设、研发投入、重大项目推进、科技成果转化效果等指标，完善企业技术创新能力评价。③加强引导和规范国有企业的投资范围。鼓励国有企业积极参与投资战略性新兴产业，限制其进入房地产或资源市场等领域，引导社会资本参与自主创新，发挥国有资本引导作用，促进全社会形成良好的创新氛围。

12.2　金融错配与中国工业的技术进步

本节分析融资制度对我国工业企业创新发展路径的影响。使用 2001～2010 年中国工业部门 37 个行业的面板数据进行实证检验，进一步探讨金融资源配置与国有企业改革政策的关系（戴静和张建华，2013a）。

12.2.1　企业生产率的所有制悖论与金融错配

不断学习先进技术是中国经济高速增长的秘密之一。使用先进技术能促进生产率的提高，这早已成为共识。然而，企业的生产效率和技术引进及购买费用却存在巨大的反差。国有企业用于引进和购买技术的资金，远高于私营企业。人均技术引进费用反映了企业引进先进技术的总花费，总资产贡献率则是描述企业盈利能力的核心指标。国有企业比民营企业的总资产贡献率要低，但人均技术引进费用却要高很多。总体上，国有企业的生产效率远低于民营企业（Allen et al.，2005；Boyreau-Debray and Wei，2005）。

国有企业为什么花了更多的钱去引进先进技术，拥有更多机器设备，但是生

产效率却较低？民营企业为什么花费较少，却拥有更高的生产效率？正如
Acemoglu 和 Zilibotti（2001）指出的，一国使用的技术并不是越先进越好。技术
使用与要素禀赋应该相匹配。如果资本和劳动力等要素的积累不满足先进技术要
求，那么这项技术将难以产生应有的效用。

国有企业引进技术并没有带来效率的提高，但为什么仍然这么干？Gancia 和
Zilibotti（2009）认为，这可能与政府某些倾向性政策有关。在中国经济中存在着
一个显著的事实——金融错配，即金融资源没有按照效率原则分配。正如 12.1 节
所提到的，国有企业比民营企业更易于获得银行贷款，其资金成本低于民营企业。

改革开放以来，我国企业通过引进和购买先进技术，技术水平得到了较大提
升，有些技术已逐渐接近技术前沿。但目前资源配置大幅扭曲，不仅不利于通过
经济结构调整促进生产率提高，而且不利于通过技术进步促进经济增长。

12.2.2　金融错配与企业技术采用

金融错配后企业资金成本差异影响了技术引进与购买决策。我们在 Gancia 和
Zilibotti（2009）的技术采纳模型的基础上，尝试建立一个存在金融错配的两企业
生产模型，讨论企业资金成本差异如何影响企业技术选择。

1. 企业生产问题

发展中国家的企业通过引进和购买先进技术提高其技术水平；引进和购买的
技术越接近世界技术前沿，该技术水平就越高，引进与购买的成本越高。[①]假设行
业 J 有两类企业，民营企业 E 和国有企业 F，两类企业都生产最终产品 Y_J。Y_J 既
可用作消费也可用作投资。E 和 F 在生产 Y_J 时使用资本、技术和劳动力。最终产
品 Y 的生产函数可以表示为

$$Y_J = K_M^\alpha \left[\int_0^{A_M} y_M(i)^{\frac{\sigma-1}{\sigma}} \, di \right]^{\frac{\sigma(1-\alpha)}{\sigma-1}}, \quad M = E \text{ 或者 } F \qquad (12\text{-}10)$$

最终产品 Y_J 由资本 K 和中间投入品 y_M（M = E 或者 F）共同生产而成，其中
企业 E 使用 K_E 和 y_E，企业 F 则使用 K_F 和 y_F。为简便起见，假设 E、F 具有相同的
资本份额 α，$\alpha < 1$。在经典模型里，中间投入品的种类数量与产品技术水平成正
比，这里我们用 A_E 和 A_F 代表中间投入品 y_E、y_F 的种类，σ 是各中间投入品之间
的替代弹性，$\sigma > 1$。E 和 F 还面临大量的企业竞争，因此企业 E、F 都是价格接

---

① 国有企业既可以从国外引进技术，也可以从国内购买技术，但不管是哪种方式，在逻辑上都与模型的假定
符合，即技术越先进，引进和购买的成本越高。因此本节将这两种方式加总，都视作依靠外部资源提升企业技术
水平。

受者，将中间投入品的价格 $p_E(i)$、$p_F(i)$ 视作给定。在利润最大化目标下，可得

$$\frac{y_E(i)}{y_E(j)} = \left[\frac{p_E(j)}{p_E(i)}\right]^{\sigma}, \quad \frac{y_F(i)}{y_F(j)} = \left[\frac{p_F(j)}{p_F(i)}\right]^{\sigma} \quad (12\text{-}11)$$

在劳动力要素市场上，各中间投入品生产部门仍然是竞争的。但各中间投入品的生产部门都拥有各自技术的专利，因而具有垄断性。中间投入品的生产函数与其雇佣的劳动力类型呈线性关系，且劳动力的供给是固定不变的，则有

$$y_E(i) = l_E(i), \quad y_F(i) = l_F(i) \quad (12\text{-}12)$$

由对称性以及劳动力市场出清条件，我们可以得到 $l_F(i) = \dfrac{L_F}{A_F}$ 及 $l_E(i) = \dfrac{L_E}{A_E}$，由此可以将两企业的生产函数表示为

$$Y_E = K_E^{\alpha}(A_E L_E)^{(1-\alpha)}, \quad Y_F = K_F^{\alpha}(A_F L_F)^{(1-\alpha)} \quad (12\text{-}13)$$

2. 金融错配企业资金成本问题

金融错配是金融资源没有按照效率原则分配（卢峰和姚洋，2004），而是依据企业"身份"来分配的。国有企业比民营企业更容易获得银行贷款，资金成本较低。

假设社会平均资金成本为 r，E、F 的资金成本分别表示为 $x_E r$ 和 $x_F r$。x_E 和 x_F 的值越大，意味着企业的资金成本越高于社会平均水平，反之则越低。在利润最大化条件下，企业资金的边际成本等于边际收益，容易得到

$$K_E = \frac{\alpha Y_E}{x_E r}, \quad K_F = \frac{\alpha Y_F}{x_F r} \quad (12\text{-}14)$$

结合式（12-14），可将两企业的生产函数重新表示为

$$Y_J = \left(\frac{\alpha}{x_E r}\right)^{\frac{\alpha}{1-\alpha}}(A_E L_E) \text{ 或者} Y_J = \left(\frac{\alpha}{x_F r}\right)^{\frac{\alpha}{1-\alpha}}(A_F L_F) \quad (12\text{-}15)$$

3. 技术引进与购买问题

E、F 企业引进某项新技术的成本设定为

$$C_E = \mu\left(\frac{A_E}{A}\right)^{\xi}, \quad C_F = \mu\left(\frac{A_F}{A}\right)^{\xi} \quad (12\text{-}16)$$

式（12-16）设定新技术的引进成本取决于该技术与世界技术前沿（A）的距离。当某项技术落后于世界技术前沿，企业引进此技术的成本较低；一旦接近于世界技术前沿，企业引进或购买此技术的成本较高。μ 是企业引进新技术的一项固定成本，ξ 是企业引进新技术的不利因素，如基础设施、政府管制等。

在利润最大化原则下，技术引进决策取决于该项技术带来的收益与成本，既需满足 $\partial Y_F / \partial A_F = C_F$ 和 $\partial Y_E / \partial A_E = C_E$，也需满足

$$\frac{\partial Y_F / \partial A_F}{\partial Y_E / \partial A_E} = C_F / C_E, \quad \left(\frac{A_E}{A_F}\right) = \left(\frac{x_E}{x_F}\right)^{\frac{\alpha}{(\alpha-1)!}} \left(\frac{L_E}{L_F}\right)^{1/\xi} \tag{12-17}$$

由式（12-17）我们可以得到以下结论。

命题 12-1　当不存在资金成本差异时，即 $x_E = x_F$ 时，企业引进和购买的技术水平之比与劳动力禀赋之比成正比。

命题 12-2　当存在资金成本差异时，即 $\dfrac{x_E}{x_F} \neq 1$ 且其他条件不变时，企业引进和购买的技术水平之比将与资金成本偏离程度之比成反比。

4. 所有制结构与技术引进

国有企业的低效率根源于国家所有制下所引发的委托代理问题或政策性负担。国有产权对企业生产效率和创新效率具有显著负影响（吴延兵，2011）。

我们从国有企业的企业身份和政治身份视角来理解其技术引进偏好问题。从企业角度看，国有企业要从自身利益最大化角度，考虑如何提高技术水平。在远离世界技术前沿时，国有企业理应倾向于引进和购买技术，因为直接引进和购买技术费用较低，企业可以充分利用后发优势降低自身创新所面临的各种风险。从政治身份看，国有资产管理机构也承担了出资人及评价主体身份，国有企业领导者仍需要上级人事组织部门的选拔和任命。理性的国有企业领导人及控股机构官员会比较在其任期内技术引进及自主创新的成本、收益实现及风险。尽管中央政府制定了一些优惠政策鼓励企业自主创新，也增加了对国有企业经营者及相关官员的监督、约束和激励机制，但理性的国有企业经营者和相关政府官员，出于自身利益最大化考虑，可能仍会偏好技术引进。

因此，我们提出有待检验的假说：国有经济比重高的企业可能偏好于通过技术引进与购买方式促进技术进步，并且金融错配制度可能会加剧这一偏好。

12.2.3　实证检验及结果分析

我们选取 2001～2010 年中国工业部门各行业面板数据对前文逻辑进行验证[①]。由于技术引进和创新活动还受到各行业其他经济因素的影响，因此我们将引入这些影响因素作为控制变量（表 12-3）。

---

① 其他采矿业、废弃资源和废旧材料回收加工业数据缺失严重，因此本节剔除了这两个行业。

表 12-3　变量的说明

变量性质	变量名称	变量含义	计算方法
被解释变量	tech	技术引进与购买强度	（技术引进经费＋技术购买经费）/研发经费
核心解释变量	Soe1	国有经济比重	国有资本/实收资本
	Soe2	国有经济比重	国有及国有控股企业工业总产值/行业工业总产值
	fin	资金成本	行业资金成本/平均资金成本
控制变量	open	开放度	出口额/销售额
	size	企业规模	工业总产值
	rdstaff	研发人员	研发人员当量/职工人数

　　各行业的技术引进与购买强度用各行业技术引进及购买经费之和与研发经费的比值来测度，反映企业对技术引进和购买的偏好程度。设定回归方程（12-18）检验金融错配制度和国有经济比重对技术引进与购买强度的影响。

$$\text{tech}_{i,t} = \beta_0 + \beta_1 \text{Soe}_{i,t} + \beta_2 \text{Soe}_{i,t} \times \text{fin}_{i,t} + \sum \beta_i \text{control}_{i,t} + \varepsilon_{i,t} \qquad (12\text{-}18)$$

　　表 12-4 中的模型 1～模型 4 检验了技术引进与购买强度的影响因素，其中模型 1、模型 3 分别使用了不同的国有经济比重指标 Soe1 和 Soe2；模型 2 和模型 4 则加入了国有经济比重与资金成本 fin 的交互项，目的在于考察金融错配是否加剧了国有经济对技术引进与购买的偏好。所有模型均控制了行业固定效应。

表 12-4　技术引进及购买强度回归结果

变量	模型 1	模型 2	模型 3	模型 4
Soe1	0.0491 （0.4051）	0.5360** （2.8616）		
Soe1×fin		−0.3736** （−2.3576）		
Soe2			4.9617 （0.6249）	6.1418 （1.0363）
Soe2×fin				−4.6104*** （−2.7945）
open	0.0903 （0.5050）	0.1421 （0.8625）	−0.1210 （−0.5358）	−0.1332 （−0.6002）
ln(size)	−3.7285 （−1.1671）	−2.9723 （−0.8625）	−3.9971 （−0.6428）	−5.1031 （−0.7785）
rdstaff	−0.0819*** （−5.2279）	−0.0794*** （−5.8237）	−0.0707 （−1.4785）	−0.0915** （−2.3572）
调整 R^2	0.6663	0.6913	0.4657	0.5830

***、**分别表示在 1%、5%的水平上显著

表 12-4 的结果显示，国有经济比重和技术引进与购买强度成正比，也就是国有经济比重越高，技术引进与购买强度也越高。当加入资金成本交互项后，国有经济比重变量仍然与技术引进与购买强度成正比，同时交互项和技术引进与购买强度呈显著的负相关关系。交互项反映国有经济比重、资金成本变量的共同作用，在国有经济比重不变的情况下，资金成本变量将直接决定交互项变量。交互项和技术引进强度与购买变量显著负相关，实际上反映出较低的资金成本会提高国有经济的技术引进与购买强度。综合来看，国有经济比重与技术引进与购买强度成正比，且低廉的资金成本提高了国有经济的技术引进与购买强度。

12.2.4　研究结论及对策建议

本节从金融错配角度分析了国有企业偏好于技术引进的原因。研究结果表明，企业技术引进与购买强度和企业资金成本成反比，偏好于技术引进是拥有低资金成本优势的国有企业的理性选择。国有经济比重越高的行业，其技术引进水平越高，金融错配下的低资金成本则强化了国有企业的技术引进倾向。

中国要实现经济的赶超，需要逐渐减少对先进技术的依赖，自主研发新技术和新产品。国有企业需要减少技术引进依赖，走上依靠自主创新的可持续增长之路，并发挥示范引领作用。我们的对策建议如下。一是建立一套倒逼机制，进一步调整金融资源配置结构，减少金融资源的所有制歧视，尽可能减少国有企业对民营企业的挤占。二是继续探索国有企业改革的方向，减少政策倾斜和隐性补贴；建立国有企业的市场化的人事制度、劳动分配制度等机制。

12.3　信贷期限结构、政府补贴援助与企业技术升级

近年来，我国金融部门通过缩短信贷期限以控制风险的偏好不断增强，企业的债务偿还期限不断缩短。债务期限过短和企业技术投资之间的期限错配，已成为影响我国企业长期投资和融资的根源之一（李扬，2017）。在金融市场期限配置失灵条件下，政府补贴作为引导性财政支出，有助于降低信贷市场缺陷，对企业长期技术升级创新产生援助效应（戴静等，2021）。

政府补贴能否促进中国企业的关键技术创新，如何主动作为并提质增效，不仅关乎创新驱动发展战略的深入推进，更关乎我国经济高质量发展和产业结构优化升级。政府补贴能否促进企业创新，其研究结论未取得一致，争论焦点是"挤入"还是"挤出"（陆国庆等，2014；柳光强等，2015）。随着经济体从技术模仿到靠近技术前沿，创新的风险承担和激励机制已发生巨大变化，企业创新难度、

研发周期和不确定性不断加大，对资金供给稳定性要求越来越高（林毅夫和孙希芳，2008）。如果缺乏长期资金支持，企业将失去技术升级激励，可能转而投向短期套利活动。鉴于此，本部分基于"财政金融组合拳"视角，讨论信贷期限配置短期化条件下政府补贴对企业创新的影响。

12.3.1　债务短期化下企业长期投资决策与政府补贴的经济效果

在技术模仿阶段，企业主要开展短期技术投资，研发周期较短且回报快；当逐渐逼近技术前沿时，企业需开展技术升级创新，研发难度大且周期较长，遭遇外部冲击的概率更高且调整成本高昂（林毅夫和孙希芳，2008）。如果要激励企业开展长期技术投资，需要建立稳定的资金供给制度，否则，企业将偏好短期技术投资或其他套利模式（Aghion and Marinescu，2007）。

银行信贷仍是我国企业重要融资方式（李扬，2017），但近年来金融部门加大风险防范力度，采取缩短债务期限等方式降低企业道德风险。在债务短期化条件下，为避免长期投资面临的持续经营风险，企业投资决策需考虑期限配置（Acharya et al.，2007）。短期债务比例升高，企业就需要不断滚动债务，"借新还旧"，这减少了实际可用资金，加大了融资约束（钟凯等，2016；Kahl et al.，2015）。如果企业资产期限与负债期限不搭配，则无法形成相当于套期保值的措施来规避破产清算风险。综合上述理论可知，在债务期限偏短条件下，为避免投资期限错配，企业有动力调整投资结构，减少长周期的技术升级投资，偏向风险回避型投资（Malamud and Zucchi，2019）。要激励企业在债务短期化条件下增加长期技术投资，需要通过其他途径提供资金支持。政府补贴有助于弥补信贷"市场失灵"，通过直接补充资源以降低企业融资约束，对企业技术升级产生援助效应。

目前政府补贴对创新的经济效果研究主要集中于"挤入"和"挤出"两种效应（陆国庆等，2014；柳光强等，2015；黎文靖和郑曼妮，2016）。一方面，政府补贴扮演信号传递和媒介通道角色，有助于降低企业技术投资的信息不对称，从而引导资源流向创新企业，产生"挤入效应"。另一方面，大规模研发补贴带来资源配置扭曲，不可避免地会成为企业套利目标，反而会"挤出"创新（韩乾和洪永淼，2014）。实际上，上述两种观点争论的关键之处在于政府补贴是否能够按照效率原则进行分配。

结合企业技术创新的融资需求可知，当企业创新模式由短期模仿转变为长期技术升级时，需要减少外部冲击导致的融资约束。而现实中，近年来我国企业债务期限趋于短期化，不利于企业进行技术升级投资。因此，为激励企业开展长期技术创新，需要通过政府补贴补充资源（庄子银等，2020）。总结而言，债务短期化条件下，政府补贴有助于弥补借贷期限配置缺陷，对企业技术创新产生援助效应。基于上述分析，我们提出以下两点假设。

假设 12-1　给定其他条件，企业面临的债务期限越短，政府补贴对企业创新的促进作用越明显。

假设 12-2　给定其他条件，企业面临的债务期限越短，政府补贴对企业创新质量的提升作用越明显。

企业创新质量相关研究发现，对于技术水平较低的模仿创新，企业通常使用自身内部资源就能开展。如果再给予政府补贴，会造成资源配置过多，扭曲要素价格，诱发企业进行策略式创新（Ahuja and Lampert，2001）。相对而言，政府补贴对高水平技术创新具有关键作用。原因在于，长期技术创新具有显著的信息不对称性，外部资金通常供给不足，政府补贴不仅有助于降低创新成本和所面临的风险（毛其淋和许家云，2015），还释放了积极信号吸引其他资源进入，促进新技术和新要素资源集聚。总之，在债务期限偏短条件下，政府补贴对于高水平技术创新行为具有强烈的"挤入"效果，有助于提高企业创新质量；而对于技术的模仿创新，政府补贴对于企业创新质量的提升效果并不显著。

12.3.2　政府补贴对信贷期限短期化条件下企业创新的影响分析

本节利用 2009～2018 年 A 股上市公司数据进行实证分析检验，关注政府补贴对债务期限短期化条件下的企业创新质量的提升是否具有显著促进作用。我们在黎文靖和郑曼妮（2016）及张杰等（2017）等研究的基础上，将债务期限变量、政府补贴以及两者的交互项纳入企业创新模型，区分创新质量，以期发现政府补贴对企业创新的差异性影响。基本模型为

$$\text{Apply}_{ipjt} = \alpha_0 + \beta_1 \text{Debtm}_{ipjt} + \beta_2 \text{Gs}_{ipjt} + \beta_3 \text{Debtm}_{ipjt} \times \text{Gs}_{ipjt} + \beta_4 Z_{ipjt} + \mu_p + \gamma_j + \delta_t + \varepsilon_{ipjt}$$

$$(12\text{-}19)$$

其中，下标 i、p、j 和 t 分别为企业、地区、行业和年份；被解释变量 Apply 为企业技术创新质量系列变量；解释变量包括企业债务期限配置变量 Debtm、政府补贴变量 Gs，以及政府补贴 Gs 和债务期限配置变量 Debtm 的交互项。模型中参数 β_3 主要考虑不同期限配置条件下政府补贴对企业不同类型创新的影响。为控制企业层面的其他异质性特征，考虑一系列影响企业投融资决策的其他重要因素 Z，包括企业规模 Size、企业年龄 Age、杠杆率 Lev、成长机会 Growth、经营现金比率 Cfo、企业盈利情况 Roa、机构投资者占比 Tsp、股东集中度 Fsp、金融资产配置（用金融资产配置与总资产比重表示）Fin、流动资产比率 Ca、有形资产比例 Ta、债务成本 Dc、非农业人口占比 Ud、地区产业结构（以城市第二产业占比表示）Ind 等。此外，还控制了年份、地区和行业以消除相关影响。

　　考虑到企业创新数据可得性和准确性,我们采用中国 A 股非金融类上市公司作为研究样本,删去了被标记为 ST(special treatment,特殊处理)的公司。由于 2007 年开始执行新会计准则,以及 2008 年以后我国杠杆率开始进入攀升通道,因此选取 2009～2018 年中国 A 股非金融类上市公司作为研究样本。考虑到上市公司一般都有分公司,为更准确地进行实证检验,本节均采用国泰安数据库的母公司财务数据,对所有连续型变量进行 1%水平的缩尾处理,最终获得共计8039 个观测值。表 12-5 为主要变量的描述性统计结果。不难看出,企业债务期限配置变量 Debtm 均值为 0.8495,最大值为 1.9598,说明我国企业短期贷款占比确实较高,且企业之间差异较大。与此同时,观察反映企业技术创新质量变量——发明专利申请占比 Iapply 和非发明专利申请占比 Niapply 可发现,中国上市公司的专利申请中实用新型和外观设计类专利较多,而发明专利占比仍然较低,说明我国企业高技术创新产出偏低,而低技术创新成果较多。此外本节还对主要变量进行了皮尔逊相关系数检验,各解释变量之间相关系数较低,排除存在严重多重共线性问题的可能,确保了参数估计有效性。

表 12-5　变量描述性统计

变量	观测值	均值	中位数	最小值	最大值	标准差
Iapply	8039	0.2056	0.0000	0.0000	0.9952	0.2824
Niapply	8039	0.3363	0.2500	0.0000	1.0000	0.6589
Debtm	8039	0.8495	0.9354	0.1691	1.9598	0.1929
Gs	8039	0.0448	0.0117	0.0000	23.320	2.7360
Size	8039	21.667	21.609	19.007	24.465	1.0889
Age	8039	15.165	15.000	0.0000	38.000	5.7236
Lev	8039	0.3498	0.3280	0.0030	0.9634	0.2182
Growth	8039	0.1615	0.1151	−0.5515	1.8530	0.3400
Cfo	8039	0.0250	0.0228	−0.2343	0.2501	0.0765
Roa	8039	0.0418	0.0383	−0.2264	0.2335	0.0634
Tsp	8039	0.5755	0.5822	0.2213	0.9013	0.1537
Fsp	8039	0.2585	0.1830	0.0000	0.8384	0.2312
Fin	8039	0.1729	0.1261	0.0000	0.9979	0.1553
Ca	8039	0.4982	0.5005	0.1777	0.9198	0.1991
Ta	8039	0.9761	0.9845	0.5471	1.0000	0.0303
Dc	8039	0.0021	0.0000	0.0000	0.1979	0.0083
Ud	8039	0.4993	0.5009	0.1925	0.8796	0.0743
Ind	8039	0.9912	0.9939	0.6712	1.0000	0.0261

　　基准回归结果见表 12-6。第（1）列和第（2）列未考虑政府补贴与债务期限配置变量的交互影响，第（3）列加入交互项，第（4）列和第（5）列进一步区分创新类型。结论主要有以下几点。第一，政府补贴对短期债务偏高企业的创新具有促进作用。第二，债务期限配置越短，政府补贴的促进作用越大，支持假设 1。企业债务期限配置变量 Debtm 是与行业均值的偏离值，样本取值范围是 $0.1691 \leqslant Debtm \leqslant 1.9598$，估计结果显示当 Debtm>1 时，即债务期限短于行业均值的企业，交互项 Gs×Debtm 的正向作用更大；而当 Debtm<1 时，交互项 Gs×Debtm 的效应快速削弱。第三，政府补贴还具有纠正效应。观察政府补贴 Gs 加总效应（−0.0065Gs + 0.0057Gs×Debtm），当 Debtm>1.14 时，政府补贴加总效应将变为正向，也就是此条件下政府补贴会发挥积极的援助效应，可以完全抵消政府补贴的负面效应，在整体上表现为积极促进作用。

表 12-6　基准回归结果

变量	Apply	Apply	Apply	Iapply	Niapply
	（1）	（2）	（3）	（4）	（5）
Gs	−0.0001***		−0.0065***	−0.0721***	0.2696***
	（0.0000）		（0.0017）	（0.0271）	（0.0761）
Gs×Debtm			0.0057***	0.0634***	−0.2365***
			（0.0015）	（0.0240）	（0.0672）
Debtm		0.1346**	0.0954	−1.3514*	0.3517
		（0.0608）	（0.0640）	（1.0168）	（2.8017）
Size	0.3160***	0.3016***	0.3205***	1.8648***	−7.0675***
	（0.0197）	（0.0191）	（0.0202）	（0.3492）	（0.7902）
Age	−0.0292***	−0.0321***	−0.0290***	−0.4383***	1.4121***
	（0.0034）	（0.0033）	（0.0034）	（0.0651）	（0.1412）
Lev	0.0512	0.0816	0.0520	−1.0289	6.2377*
	（0.0826）	（0.0780）	（0.0826）	（1.6502）	（3.6226）
Roa	0.7494***	0.6748***	0.7713***	11.3239**	−12.7816
	（0.2710）	（0.2551）	（0.2707）	（5.7124）	（12.4857）
Growth	−0.0535	−0.0606	−0.0543	−0.1654	−0.1767
	（0.0429）	（0.0398）	（0.0428）	（0.8439）	（1.9084）
Ca	0.2732**	0.1575	0.2397**	−1.2043	−1.4422
	（0.1174）	（0.1162）	（0.1191）	（2.4229）	（5.2693）
Cfo	1.1107***	1.1467***	1.0927***	18.0991***	−52.2118***
	（0.1860）	（0.1789）	（0.1861）	（3.6737）	（8.2276）

续表

变量	Apply (1)	Apply (2)	Apply (3)	Iapply (4)	Niapply (5)
Ta	0.1058 (0.2789)	0.1645 (0.2765)	0.1195 (0.2774)	10.0745 (6.1699)	−24.6274* (13.2719)
Tsp	−0.3583*** (0.1056)	−0.4034*** (0.1013)	−0.3663*** (0.1056)	−7.3533*** (2.0717)	12.1631*** (4.5468)
Fsp	0.0822 (0.0791)	0.0779 (0.0768)	0.0839 (0.0792)	3.9179** (1.5890)	−3.2766 (3.3786)
Dc	−3.7516*** (0.9209)	−2.6883*** (0.7462)	−3.4787*** (0.9052)	−59.2051*** (14.7862)	183.8500*** (38.6027)
Fin	−0.9056*** (0.0999)	−1.0166*** (0.0967)	−0.9191*** (0.1004)	−15.1113*** (2.0834)	48.9873*** (4.5395)
Ud	−0.4063 (0.5469)	−0.3675 (0.5432)	−0.4123 (0.5457)	19.0523** (9.1690)	−16.8669 (21.8247)
Ind	0.0279 (0.2431)	0.0905 (0.2372)	0.0281 (0.2431)	−3.5990 (4.8713)	−2.0821 (10.4848)
常数项	−5.7794*** (0.7123)	−5.5203*** (0.7158)	−5.9662*** (0.7279)	−44.5809*** (12.7918)	233.0839*** (29.5939)
地区固定效应	控制	控制	控制	控制	控制
行业固定效应	控制	控制	控制	控制	控制
年份固定效应	控制	控制	控制	控制	控制
观测值	8039	8039	8039	8039	8039
调整 R^2	0.3983	0.4006	0.3987	0.2562	0.3802

注：回归系数下方括号内为聚类到企业层面的稳健标准误

*、**和***分别代表10%、5%和1%的显著性水平

第（4）列和第（5）列是企业技术创新异质性检验，其中第（4）列企业发明专利申请占比检验结果中交互项 Gs×Debtm 估计系数为0.0634且在1%水平上显著，显示政府补贴对债务短期化企业的长期技术升级创新（发明专利）具有正向影响，支持假设2。其中政府补贴 Gs 加总效应是−0.0721Gs ＋ 0.0634Gs×Debtm，也即当 Debtm＞1.13 时，政府补贴 Gs 的加总效应将为正。在第（5）列企业非发明专利申请占比模型检验中，交互项 Gs×Debtm 估计系数是−0.2365 且显著，说明政府补贴与企业创新套利动机负相关。需要注意第（4）列 Debtm 估计系数为−1.3514且显著，说明较短的债务期限确实不利于企业进行技术升级创新，导致创新结构偏向短期"低质量"创新，这不仅与当前我国企业创新产出的事

实吻合，也为研究假设提供了佐证。上述检验结果表明，较短债务期限不利于企业提高创新质量，政府补贴对债务期限偏短企业的技术升级创新具有援助效应，同时对企业短期创新套利行为具有纠正效应。

12.3.3　稳健性检验与机制检验

为对上述结论的稳健性进行确认，本节通过工具变量法、多维固定效应、改变样本城市和替换关键变量等方式进行多种稳健性测试。我们先进行工具变量估计。为有效地解决模型内生性问题，本节选取省内其他地级市企业债务期限配置均值作为工具变量（IV），并构建交互变量（IVcross）进行内生性处理（表 12-7）。选择这一工具变量的具体逻辑如下。第一，中国同一地区内各城市地理位置、经济发展阶段、历史文化等较为相近，企业借贷条件和创新研发基础具有相似性，满足相关性要求；第二，同一地区其他城市企业债务期限配置不会直接影响本地企业创新行为以及政府补贴使用决策，满足外生性要求；第三，本节取政府补贴滞后一期变量，弱化了政府补贴与创新时间的因果关系。第一阶段回归结果表明工具变量不是弱工具变量。第二阶段回归结果中，第（4）列中交互项 Gs×Debtm 估计系数为 0.0421 且显著，而第（5）列中交互项 Gs×Debtm 估计系数为−0.1887 且显著为负，与基准检验结果一致，表明模型内生性问题不会影响本节结论。此外，本节还通过引入地区和行业双重固定效应、改变样本城市、更换债务期限变量构建方式等方法进行了稳健性检验，结果均支持本节假设。

表 12-7　稳健性检验：工具变量法

变量	Debtm	Gs×Debtm	Apply	Iapply	Niapply
	第一阶段		第二阶段		
	（1）	（2）	（3）	（4）	（5）
IV	0.9197***	0.8596***			
	（0.0176）	（0.0326）			
IVcross	0.0003***	0.0002***			
	（0.0001）	（0.0000）			
Gs×Debtm			0.0053***	0.0421**	−0.1887***
			（0.0016）	（0.0219）	（0.0687）
Debtm			0.1782	3.4452	−10.7735
			（0.1758）	（3.4846）	（7.9312）
Gs			−0.0061***	−0.0480*	0.2157***
			（0.0018）	（0.0318）	（0.0778）

续表

变量	Debtm	Gs×Debtm	Apply	Iapply	Niapply
	第一阶段		第二阶段		
	（1）	（2）	（3）	（4）	（5）
控制变量	控制	控制	控制	控制	控制
地区固定效应	控制	控制	控制	控制	控制
行业固定效应	控制	控制	控制	控制	控制
年份固定效应	控制	控制	控制	控制	控制
观测值	6523	6520	8039	8039	8039
偏 F 检验	692.48	757.79			

注：回归系数下方的括号内为聚类到企业层面的稳健标准误

*、**和***分别代表 10%、5%和 1%的显著性水平

根据本节逻辑，债务短期化条件下，企业技术升级面临投资期限错配形成的融资约束（钟凯等，2016），政府补贴向企业直接补充流动资金，缓解融资约束，由此支持创新。为验证这一作用机制，本节采用 Fazzari 等（1988）提出的投资-现金流敏感性分析进行机制检验。与其他综合性融资约束指标相比，投资-现金流敏感性能准确地衡量公司在动态投资情形下的融资约束程度，还能较好地缓解模型中的互为因果，以及样本自选择带来的内生性问题。检验具体步骤如下。第一，借鉴屈文洲等（2011）的研究，以公司现金流量表中的"购建固定资产、无形资产和其他长期资产所支付的现金"除以期初固定资产净值来构建企业投资水平指标；以公司"经营现金流净额"除以公司期初固定资产净值来衡量现金流指标 cf。第二，进行投资-现金流敏感性分析。检验结果如表 12-8 所示，第（1）列检验结果中估计系数是 0.0079 且在 5%水平上显著，即企业投资决策与现金流指标显著正相关，显示采用本检验方法是合理的。第（2）列和第（3）列进一步检验 Debtm、Gs 与 cf 对企业投资决策的交叉效应。其中，第（3）列 Gs×cf 估计系数为-0.0183 且显著，显示政府补贴能削弱企业投资对现金流的依赖性，而第（2）列 Debtm×cf 估计系数为正，说明债务短期化不利于降低企业投资对现金流的依赖性。第三，考察债务短期化条件下政府补贴的企业投资决策的综合影响，将政府补贴 Gs、债务期限 Debtm 和现金流 cf 进行三重交叉进行检验，结果见第（4）列。其中 Gs×Debtm×cf 估计结果为-0.1347 且在 1%水平上显著，显示债务期限短期化条件下政府补贴有助于降低企业投资对现金流的依赖，缓解企业融资约束，有利于企业增加长期技术投资，再次支持本节逻辑。

表 12-8　机制检验

变量	投资-现金流敏感性分析（被解释变量为企业投资）			
	（1）	（2）	（3）	（4）
cf	0.0079**	0.0091*	0.0036*	−0.0047
	（0.0034）	（0.0051）	（0.0021）	（0.0099）
Debtm×cf		0.0499		0.0713
		（0.1205）		（0.1003）
Gs×cf			−0.0183***	0.1455*
			（0.0034）	（0.0719）
Gs×Debtm×cf				−0.1347***
				（0.0256）
Gs		−0.0001***	−0.0001**	0.0044***
		（0.0000）	（0.0000）	（0.0013）
Debtm		−0.0341***	−0.0339***	−0.0333***
		（0.0055）	（0.0055）	（0.0055）
Gs×Debtm				−0.0040***
				（0.0012）
控制变量	控制	控制	控制	控制
地区固定效应	控制	控制	控制	控制
行业固定效应	控制	控制	控制	控制
年份固定效应	控制	控制	控制	控制
观测值	8039	8039	8039	8039
调整 R^2	0.1390	0.2300	0.2300	0.2308

注：回归系数下方的括号内为聚类到企业层面的稳健标准误

*、**和***分别代表 10%、5%和 1%的显著性水平

12.3.4　异质性检验

前文基于整体层面的检验，为债务期限缩短条件下政府补贴对中国企业技术创新的影响提供了初步经验证据，但未考虑企业异质性。异质性检验需结合企业在技术创新中面对融资约束时的调整成本角度展开，本节尝试从企业、地区和行业等层面尝试寻找合适代理变量，并进行对比分析。此外，我们还从企业规模、地区银行业竞争状况、是否属于战略性新兴产业等角度进行了异质性分析，结论均支持本节假设。

1. 企业特征

由于微观企业自身制度逻辑等存在巨大差异，企业对融资约束的应对机制存在明显不同（林毅夫和孙希芳，2008），进而影响政府补贴对企业技术升级的作用效果。一般而言，国有企业内部治理存在多重代理和问责问题，在债务期限缩短条件下，国有企业进行高质量创新的调整成本较高，主动创新的激励下降。现实中，国有企业承担大型技术创新等战略任务，政府补贴本身就是国有企业降低调整成本的主要途径。相比之下，民营企业不具有资源获取优势，但也没有政策性负担等问题，因而在实施创新活动时拥有自主权和主动性，不完全依赖政府补贴来降低融资约束。鉴于此，本节根据企业控制人背景对企业进行区分，如果控制人为国有企业和部门，该企业为国有企业，否则就为非国有企业。表 12-9 检验结果显示：政府补贴增加，债务期限偏短的国有企业技术升级投资增大。而与国有企业相比，非国有企业样本估计结果不显著，显示非国有企业创新动机对政府补贴依赖程度较弱，再次支持本节逻辑。

表 12-9　基于企业控制人背景的异质性检验

变量	Apply		Iapply		Niapply	
	国有	非国有	国有	非国有	国有	非国有
	模型 1	模型 2	模型 3	模型 4	模型 5	模型 6
Gs×Debtm	0.0053***	0.0070	0.0795***	−0.0147	−0.2355***	−0.1226
	(0.0015)	(0.0067)	(0.0222)	(0.0918)	(0.0707)	(0.2656)
Debtm	0.1621*	0.0613	−1.4750	−0.7253	−0.4277	−1.5419
	(0.0834)	(0.0988)	(1.5708)	(1.8809)	(3.6827)	(4.2263)
Gs	−0.0060***	−0.0080	−0.0881***	0.0162	0.2689***	0.1411
	(0.0017)	(0.0076)	(0.0244)	(0.1040)	(0.0777)	(0.3008)
控制变量	控制	控制	控制	控制	控制	控制
地区固定效应	控制	控制	控制	控制	控制	控制
行业固定效应	控制	控制	控制	控制	控制	控制
年份固定效应	控制	控制	控制	控制	控制	控制
观测值	2952	5087	2952	5087	2952	5087
调整 R^2	0.5095	0.3739	0.3261	0.2566	0.4565	0.3559

注：括号内为聚类到企业层面的稳健标准误

*和***分别代表 10%和 1%的显著性水平

2. 地区市场环境

宏观经济环境是企业融资可得性的重要决定因素（Fan et al.，2012），在市场化水平较高的地区，政府补贴的配置效率较高，企业进行技术升级的融资约束程度较低；而在市场化程度较低的地区，政府对企业的行政干预较多，政府干预作为一种替代制度推进创新活动履行（张成思和郑宁，2019），此条件下企业套利动机更强。结合樊纲等（2011）构建的市场化指数可得，东部沿海地区市场化水平在整体上明显高于中西部地区。表 12-10 结果说明，地区市场化水平越高，政府补贴对技术升级创新的促进作用越强，再次支持本节研究假说。

表 12-10　基于地区市场化程度的异质性检验

变量	Apply		Iapply		Niapply	
	非东部	东部	非东部	东部	非东部	东部
	模型 1	模型 2	模型 3	模型 4	模型 5	模型 6
Gs×Debtm	0.0032***	0.0027	−0.0550**	0.1150***	0.1596***	−0.2182***
	(0.0009)	(0.0017)	(0.0222)	(0.0231)	(0.0465)	(0.0663)
Debtm	0.1119	0.1505*	−1.4786	−1.1256	0.3870	−2.0538
	(0.1174)	(0.0843)	(2.3283)	(1.8199)	(5.0303)	(3.7378)
Gs	0.0030***	−0.0036*	0.0515**	−0.1335***	−0.1469***	0.2667***
	(0.0009)	(0.0019)	(0.0216)	(0.0250)	(0.0444)	(0.0710)
控制变量	控制	控制	控制	控制	控制	控制
地区固定效应	控制	控制	控制	控制	控制	控制
行业固定效应	控制	控制	控制	控制	控制	控制
年份固定效应	控制	控制	控制	控制	控制	控制
观测值	2679	5359	2679	5359	2679	5359
调整 R^2	0.3556	0.3088	0.1918	0.1592	0.2130	0.1677

注：括号内为聚类到企业层面的稳健标准误

*、**和***分别代表 10%、5%和 1%的显著性水平

3. 行业技术特征

企业技术创新面临融资约束的根本原因在于专业性和不确定性导致的信息不对称（Allen and Gale，1999）。在不同技术特征条件下，政府补贴对于企业技术升级融资约束的作用理应存在异质性。相比于一般技术企业，高技术企业凭借高技术获取竞争力的意愿较高，创新管理效率较高，有助于应对融资约束；而一般技术企业由于技术储备较弱、创新网络不发达、技术生态系统动荡等，在创新过程

中应对冲击的调整能力相对较弱（庄子银等，2020）。因此，当债务期限缩短时，非高技术企业更倾向于减少高质量创新活动，政府补贴对这类企业的影响可能更为凸显。参照黎文靖和郑曼妮（2016）的研究，我们将制造业中的通用设备，专用设备，交通运输设备，电气机械和器材，计算机、通信和其他电子设备，通信设备，仪器仪表，文化、办公用机械制造划为高科技行业，以此构建高科技行业变量，如果企业属于上述行业，则为高技术行业。不难发现，表 12-11 的非高技术企业样本检验中，各列交互项估计系数均显著，显示政府补贴作用非常明显。政府补贴对高技术企业援助效果显著程度下降，即政府补贴对一般技术水平企业援助作用更为显著。

表 12-11　基于行业技术特征的异质性检验

变量	Apply		Iapply		Niapply	
	高技术	非高技术	高技术	非高技术	高技术	非高技术
	模型 1	模型 2	模型 3	模型 4	模型 5	模型 6
Gs×Debtm	0.2205***	0.0050***	2.4726*	0.0502**	−8.5478**	−0.2044***
	(0.0760)	(0.0013)	(1.3805)	(0.0225)	(3.3706)	(0.0606)
Debtm	−0.0134	0.0677	−2.4798**	−1.6732	0.3612	2.0529
	(0.1412)	(0.0719)	(1.1918)	(1.1721)	(7.2968)	(2.9008)
Gs	−0.2506***	−0.0057***	−2.8286**	−0.0573**	9.9106***	0.2334***
	(0.0773)	(0.0015)	(1.3490)	(0.0255)	(3.3367)	(0.0686)
控制变量	控制	控制	控制	控制	控制	控制
地区固定效应	控制	控制	控制	控制	控制	控制
行业固定效应	控制	控制	控制	控制	控制	控制
年份固定效应	控制	控制	控制	控制	控制	控制
观测值	2211	5828	2211	5828	2211	5828
调整 R^2	0.3250	0.4349	0.1622	0.2630	0.2106	0.4409

注：括号内为聚类到企业层面的稳健标准误
*、**和***分别代表 10%、5%和 1%的显著性水平

12.3.5　研究结论与政策建议

信贷期限短期化导致企业长期技术升级面临融资约束，企业技术升级动机下降而套利性动机增强。政府补贴有助于弥补金融市场期限配置失灵，从而缓解企业融资约束，对企业技术升级产生显著的援助效应，有助于提高企业创新质量。实证结果显示，对于债务期限配置较短企业，政府补贴对企业发明专利申请具有

显著促进作用。机制检验表明，政府补贴可以缓解债务期限短期化条件下企业技术升级面临的融资约束，该作用在高质量的技术升级活动中更加明显。异质性检验发现，上述效应集中体现于国有企业、非高技术行业以及市场化程度较高环境中。

为此，我们提出几点对策。第一，在市场波动增强、金融部门风险压力增加和货币政策空间有限情形下，需要加大企业创新的财政补贴政策力度。第二，在当前疫情导致财政收入增长大幅放缓情况下，提高政府补贴政策的效率更为关键。实证研究表明，对于债务期限严重偏离均值的企业，政府补贴的边际效用更高，因此需要结合企业债务期限制定针对性援助政策。第三，进一步拓宽企业创新资金来源渠道，降低债务资金对企业研发投入的约束程度，帮助企业优化创新投入配置，提高创新产出质量。第四，鼓励商业银行加快"投贷联动"，即银行金融机构以"信贷投放"与投资机构的"股权投资"相结合，用投资收益来抵补信贷风险，以弥补贷款可能出现的风险损失。

第 13 章　创新资源再配置与产业创新绩效

在第 12 章，我们分析了创新产出的行业和区域差异性，本章将聚焦于创新资源优化再配置问题。那么，什么是产业创新资源再配置效率？如何测度？有何产业分布特征？创新资源再配置如何影响产业创新绩效？我们将探讨创新资源再配置与产业发展之间的关系，以中国工业企业数据为基础，评估我国创新资源再配置现状，评估创新资源再配置对产业创新绩效的影响，并特别关注创新再配置与行政进入壁垒的交互效应，以及创新资源再配置、补贴力度与行政进入壁垒的联合效应。

13.1　创新资源再配置效率及其产业分布特征

为了弄清中国工业创新资源再配置的总体状况，本节先讨论创新资源再配置效率的测度方法，然后结合总体状况及其有关因素，分析不同产业的创新资源再配置特征。

13.1.1　创新资源再配置效率的测度

1. 测度方法

同样的创新资源，在不同行业、不同企业，其利用效率是不同的，创新绩效因此会不同。创新资源再配置效率是指创新资源在技术水平和技术效率具有异质性的企业之间的配置效率。当创新资源由技术效率较低的企业流向技术效率较高的企业时，创新绩效会明显提升。

通过总量生产率可以分解出资源跨企业再配置部分。我们借鉴 Olley 和 Pakes（1996）、Foster 等（2006）的做法，用如式（13-1）和式（13-2）所示的公式测度产业的创新资源再配置效率。

$$\mathrm{rdef}_{i,t} = \sum_{e \in i} \left[\left(\mathrm{srd}_{e,t} - 1/n_i \right) \left(\mathrm{tfp}_{e,t} - \mathrm{tfp}_{i,t} \right) \right] \tag{13-1}$$

$$\mathrm{srd}_{e,t} = \mathrm{rdexp}_{e,t} \Big/ \sum_{e \in i} \mathrm{rdexp}_{e,t}, \mathrm{tfp}_{i,t} = 1/n_i \times \sum_{e \in i} \mathrm{tfp}_{e,t} \tag{13-2}$$

其中，$\mathrm{rdef}_{i,t}$ 为第 t 年工业 i 的创新资源再配置效率；$\mathrm{tfp}_{i,t}$ 为第 t 年工业 i 的平均生产率；n_i 为全部工业企业数；$\mathrm{rdexp}_{e,t}$ 为第 t 年企业 e 的研发投入经费；$\mathrm{srd}_{e,t}$ 为

第 t 年企业 e 的研发投入经费在全部工业总研发投入经费中的占比；$(\mathrm{srd}_{e,t}-1/n_i)$ 为第 t 年企业 e 的研发投入经费所占比例与全部工业 i 平均分布比例之差，反映企业创新资源的分布状况，我们将其称为研发投入差距（drd）；$(\mathrm{tfp}_{e,t}-\mathrm{tfp}_{i,t})$ 为第 t 年企业 e 的 TFP 与工业 i 平均 TFP 之差，反映企业生产率的分布状况，我们将其称为技术差距（dtfp）；$(\mathrm{srd}_{e,t}-1/n_i)(\mathrm{tfp}_{e,t}-\mathrm{tfp}_{i,t})$ 为企业 e 的创新资源配置效率。一般而言，企业技术水平和效率越高，创新资源越多；企业技术水平和效率越低，创新资源越少。$(\mathrm{srd}_{e,t}-1/n_i)(\mathrm{tfp}_{e,t}-\mathrm{tfp}_{i,t})$ 大于 0，则 $\mathrm{rdef}_{i,t}$ 相对更大。因此 $\mathrm{rdef}_{i,t}$ 代表了创新资源在不同企业之间的配置效率，即创新资源再配置效率。如果对所包含的企业创新资源配置效率进行加总，则代表全部工业创新资源再配置状况的贡献。当有效率的企业配置了更多的创新资源时，$\mathrm{rdef}_{i,t}$ 更大。

2. 数据说明

类似于第 4 章，我们选用中国工业企业数据库，并从产业层面深入分析创新资源再配置效率特征，选择 2005～2007 年的企业数据进行研究。需要采用产业层面数据，四位数产业数据能够很好地满足研究需求，目前涵盖四位数产业的数据库很少，而中国工业企业数据库各企业均有四位数行业代码，能够析出四位数产业数据；此数据库企业信息完整，每年都提供几十万量级的企业数据，足以全面反映各产业创新资源再配置状况。因此本章采用 2005 年、2006 年、2007 年的研发数据，来分析产业的创新资源再配置效率变动。

经过基础处理以后，我们的企业样本情况为：2005 年有 261 908 个，2006 年有 254 514 个，2007 年有 327 854 个。通过地址信息识别和二位数产业代码识别、汇总及处理，共得到 2007 年 39 个二位数产业的样本。然后计算创新资源再配置系数，即估算全部工业、39 个二位数产业的创新资源配置效率。[①]

13.1.2 创新资源再配置的产业分布特征

1. 创新资源产业配置总体状况

按照二位数产业分类，将每一个企业的创新资源配置效率加总，然后除以总的创新资源再配置系数，得到不同产业的创新资源再配置贡献（表 13-1）。为了计算创新资源再配置效率，需要统计以下信息：各产业创新资源比率高于全国平均水平的企业数比例，即 drd＞0；企业生产率高于全国平均生产率的企业数在

---

① 这里所使用的企业 TFP 是运用 Lucas-Pigou 法（一种基于成本函数的方法）估计出的 1998～2007 年各企业 TFP，同样是取了对数之后的 TFP，后同。

各产业企业总数中的比例,即 dtfp>0;创新资源比率、企业生产率均高于全国平均水平的企业数在各产业企业总数中的比例,即 drd>0 & dtfp>0;创新资源比率、企业生产率均低于全国平均水平的企业数在各产业企业总数中的比例,即 drd<0 & dtfp<0;创新资源比率高于全国平均水平、企业生产率低于全国平均水平的企业数在各产业企业总数中的比例,即 drd>0 & dtfp<0;创新资源比率低于全国平均水平而企业生产率高于全国平均水平的企业数在各产业企业总数中的比例,即 drd<0 & dtfp>0。

表 13-1　二位数产业创新资源再配置状况

工业类别	企业数/家	企业数贡献	创新资源再配置贡献	drd>0	dtfp>0	drd>0 & dtfp>0	drd<0 & dtfp<0	drd>0 & dtfp<0	drd<0 & dtfp>0
煤炭开采和洗选业	7 264	2.2%	2.5%	1.3%	61.3%	1.2%	38.7%	0	60.1%
石油和天然气开采业	177	0.1%	6.8%	20.3%	76.3%	20.3%	23.7%	0	55.9%
黑色金属矿采选业	2 829	0.9%	−0.1%	0.7%	55.3%	0.7%	44.6%	0	54.6%
有色金属矿采选业	2 125	0.7%	−0.1%	2.3%	63.0%	2.3%	37.0%	0.1%	60.7%
非金属矿采选业	2 954	0.9%	0.1%	1.2%	43.8%	1.0%	56.0%	0.2%	42.8%
其他采矿业	23	0	0	8.7%	56.5%	8.7%	43.5%	0	47.8%
农副食品加工业	17 613	5.4%	0.3%	1.8%	51.0%	1.6%	48.8%	0.2%	49.4%
食品制造业	6 426	2.0%	0.3%	3.0%	45.8%	2.4%	53.6%	0.6%	43.4%
饮料制造业	4 290	1.3%	0.5%	3.2%	50.4%	3.0%	49.4%	0.2%	47.5%
烟草制品业	140	0	1.6%	30.0%	82.1%	29.3%	17.1%	0.7%	52.9%
纺织业	27 439	8.4%	1.8%	1.8%	37.3%	1.5%	62.5%	0.3%	35.7%
纺织服装、鞋、帽制造业	14 493	4.4%	0.6%	1.3%	37.1%	1.1%	62.8%	0.2%	36.0%
皮革、毛皮、羽毛(绒)及其制品业	7 355	2.2%	0.2%	1.8%	44.4%	1.7%	55.5%	0.2%	42.7%
木材加工及木、竹、藤、棕、草制品业	7 711	2.4%	0.4%	0.8%	35.1%	0.6%	64.8%	0.1%	34.4%
家具制造业	4 021	1.2%	0.2%	1.7%	39.0%	1.4%	60.7%	0.3%	37.6%
造纸及纸制品业	8 152	2.5%	0.4%	1.3%	36.9%	1.2%	63.0%	0.1%	35.7%
印刷和记录媒介的复制业	4 960	1.5%	0.3%	1.8%	29.8%	1.4%	69.9%	0.3%	28.3%

续表

工业类别	企业数/家	企业数贡献	创新资源再配置贡献	drd>0	dtfp>0	drd>0 & dtfp>0	drd<0 & dtfp<0	drd>0 & dtfp<0	drd<0 & dtfp>0
文教体育用品制造业	4 030	1.2%	0.2%	2.2%	33.9%	1.8%	65.8%	0.3%	32.0%
石油加工、炼焦及核燃料加工业	2 062	0.6%	0.7%	3.9%	64.9%	3.6%	34.8%	0.3%	61.3%
化学原料及化学制品制造业	22 332	6.8%	3.0%	5.4%	49.5%	4.5%	49.6%	0.9%	45.0%
医药制造业	5 537	1.7%	2.1%	17.6%	55.6%	13.9%	40.8%	3.7%	41.7%
化学纤维制造业	1 532	0.5%	0.3%	5.0%	54.8%	4.5%	44.7%	0.5%	50.3%
橡胶制品业	3 592	1.1%	0.7%	4.0%	39.6%	3.2%	59.6%	0.8%	36.4%
塑料制品业	15 038	4.6%	0.7%	2.0%	35.6%	1.5%	64.0%	0.5%	34.1%
非金属矿物制品业	23 650	7.2%	1.1%	2.1%	42.2%	1.7%	57.4%	0.4%	40.5%
黑色金属冶炼及压延加工业	6 896	2.1%	8.0%	2.3%	61.5%	2.2%	38.3%	0.2%	59.3%
有色金属冶炼及压延加工业	6 462	2.0%	2.3%	3.7%	60.9%	3.4%	38.8%	0.3%	57.5%
金属制品业	17 553	5.4%	1.2%	2.0%	37.7%	1.6%	62.0%	0.4%	36.0%
通用设备制造业	26 156	8.0%	4.1%	5.0%	37.3%	4.0%	61.7%	1.0%	33.3%
专用设备制造业	12 992	4.0%	4.2%	9.0%	42.6%	6.7%	55.0%	2.4%	36.0%
交通运输设备制造业	13 674	4.2%	14.1%	9.1%	44.2%	7.9%	54.6%	1.2%	36.3%
电气机械及器材制造业	18 882	5.8%	8.8%	7.9%	45.3%	6.6%	53.3%	1.4%	38.8%
计算机、通信和其他电子设备制造业	10 756	3.3%	27.7%	16.3%	53.6%	12.8%	42.9%	3.5%	40.8%
仪器仪表及文化、办公用机械制造业	4 353	1.3%	1.2%	17.1%	44.0%	11.5%	50.4%	5.6%	32.5%
工艺品及其他制造业	6 302	1.9%	0.4%	2.5%	35.4%	1.9%	64.0%	0.6%	33.5%
废弃资源和废旧材料回收加工业	628	0.2%	0	0.8%	58.9%	0.6%	40.9%	0.2%	58.3%
电力、热力的生产和供应业	5 209	1.6%	3.4%	3.5%	67.8%	3.4%	32.2%	0.1%	64.4%
燃气生产和供应业	554	0.2%	0	0.9%	56.5%	0.9%	43.5%	0	55.6%
水的生产和供应业	1 692	0.5%	0	0.8%	45.4%	0.7%	54.6%	0.1%	44.7%

　　从各产业分布看,不同产业的企业数差异较大。市场竞争状况较为激烈的行业是纺织业、通用设备制造业、非金属矿物制品业、化学原料及化学制品制造业,企业数均超过了两万家;企业数相对较少的行业有:废弃资源和废旧材料回收加工业、燃气生产和供应业、石油和天然气开采业、烟草制品业、其他采矿业,它们的企业数均不足一千家。其中,高度垄断的行业有燃气生产和供应业、石油和天然气开采业、烟草制品业等,企业数目更少。

　　从统计结果看,不同产业创新资源再配置的贡献差异较大。在 39 个工业中,计算机、通信和其他电子设备制造业的创新资源再配置贡献达到 27.7%,与其企业数贡献的对比凸显了其创新资源再配置效率在全国的较大贡献。创新资源再配置贡献相对较高的行业还有:交通运输设备制造业（14.1%）、电气机械及器材制造业（8.8%）、黑色金属冶炼及压延加工业（8.0%）、石油和天然气开采业（6.8%）。产业的创新资源再配置贡献低下的行业则是:黑色金属矿采选业、有色金属矿采选业、其他采矿业、燃气生产和供应业、废弃资源和废旧材料回收加工业。这些部门拖累了工业部门总的创新资源再配置效率。

　　总体上来看,生产率水平较高的企业没有配置到合理的创新资源。例如,烟草制品业,石油和天然气开采业,电力、热力的生产和供应业,石油加工、炼焦及核燃料加工业分别有 82.1%、76.3%、67.8%、64.9%的企业生产率水平高于全部工业企业平均水平,但其中大部分企业的研发投入却低于平均水平,分别为52.9%、55.9%、64.4%和61.3%。

　　产业创新资源投入高于全国平均水平的企业比例较小。有些产业比例甚至低于 1%,如黑色金属矿采选业,木材加工及木、竹、藤、棕、草制品业,废弃资源和废旧材料回收加工业,燃气生产和供应业,水的生产和供应业;部分高技术产业的创新资源投入水平高于平均水平的企业比例也未超过 10%,如化学纤维制造业、通用设备制造业、专用设备制造业、交通运输设备制造业、电气机械及器材制造业等。

　　对于创新资源投入较高的产业,却存在着一定程度的错配,即将创新资源投入了生产率水平不高的企业,反映了产业创新资源投入不足的总体现实。例如,医药制造业（3.7%）,专用设备制造业（2.4%）,计算机、通信和其他电子设备制造业（3.5%）,仪器仪表及文化、办公用机械制造业（5.6%）。

　　总体来看,产业的创新资源存在着错配。生产率水平较高、同时也拥有较多研发投入资源的企业比例总体偏低,大部分产业这一比例低于10%。

2. 基于创新特征的创新资源再配置特征

　　表 13-2 列出了研发投入强度和新产品产值率各排名前 5 位和后 5 位的产业。由此我们可以观察产业的创新特征。

表 13-2　研发投入强度、新产品产值率排名前 5 位及后 5 位产业

指标	排名前 5 位产业	排名后 5 位产业
研发投入强度（100%）	计算机、通信和其他电子设备制造业	水的生产和供应业
	医药制造业	有色金属矿采选业
	专用设备制造业	黑色金属矿采选业
	石油和天然气开采业	燃气生产和供应业
	仪器仪表及文化、办公用机械制造业	废弃资源和废旧材料回收加工业
新产品产值率（100%）	交通运输设备制造业	黑色金属矿采选业
	计算机、通信和其他电子设备制造业	电力、热力的生产和供应业
	电气机械及器材制造业	石油和天然气开采业
	专用设备制造业	水的生产和供应业
	通用设备制造业	燃气生产和供应业

经统计，2007 年全国工业企业研发投入强度平均为 0.4%，新产品产值率平均为 10.5%。在 39 个产业中，仅有 8 个产业研发投入强度超过了 0.5%[①]。其中大部分行业为高技术产业，如医药制造业与计算机、通信和其他电子设备制造业，其研发投入强度达到了 1%。而一些资源型产业和农副食品加工业、造纸及纸制品业的研发投入强度还不足 0.1%，其中资源型产业包括废弃资源和废旧材料回收加工业，燃气生产和供应业，黑色金属矿采选业，有色金属矿采选业，水的生产和供应业，石油加工、炼焦及核燃料加工业等。

总体来说，除了石油和天然气开采业研发投入强度与新产品产值率所表现出的创新特征具有较大的偏差[②]外，其他产业总体所反映出的创新特征是一致的。新产品产值率大于 10% 的产业有 10 个，除了表 13-2 的 5 个产业，仪器仪表及文化、办公用机械制造业和医药制造业的新产品产值率分别达到了 14.65% 和 13.75%；有 7 个产业的新产品产值率不足 1%。

结合产业创新特征，我们发现产业的创新资源再配置特点具有如下几个。

第一，产业创新性越强，市场竞争程度越强。产业创新性强的企业数偏多，产业创新性弱的企业数总体偏少。5 个研发投入强度最高的产业中，除了石油和天然气开采业，其余 4 个产业拥有企业数均在 4000 家以上，而 5 个研发投入强度最低的产业均未达到 3000 家。新产品产值率最高的 5 个产业企业数均超过了 1 万家，而最低的 5 个产业却都在 6000 家以下，更多的产业企业数是在 3000 家以下。石油和天然气开采业是一个例外，研发投入强度较大，但参与市场竞争的企业数目较少。

---

① 8 个产业分别为通用设备制造业，电气机械及器材制造业，交通运输设备制造业，仪器仪表及文化、办公用机械制造业，石油和天然气开采业，专用设备制造业，医药制造业，计算机、通信和其他电子设备制造业。

② 研发投入强度占据第 4 位，但其新产品产值率居于倒数第 3 位。

　　第二，产业创新性越强，企业投入研发经费越多。从研发投入经费占比看，研发投入强度高的前 5 位产业这一比例均在 9% 及以上，而后 5 位产业却都在 2.5% 以下；新产品产值率前 5 位产业均在 4% 以上，而后 5 位产业（除石油和天然气开采业）均在 4% 以下。石油和天然气开采业研发投入较高，其创新资源较为丰富的企业数的比例相对较高，达到 20% 以上。

　　第三，产业创新性越强，创新资源较多、生产率较高的企业比例越大，但错配也越明显。研发投入强度后 5 位的产业，创新资源较多、生产率也较高的企业比例均在 1% 以下，研发投入强度较高的前 5 位产业中，均在 6% 以上。在新产品产值率较高的前 5 位产业中，创新资源较多、生产率也较高的企业的比例均超 3.5%，而后 5 位的产业（除石油和天然气开采业）这一比例均在 3.5% 以下。在研发投入强度较高的前 5 位产业中，创新资源较多而生产率较低的企业比例均在 2% 以上（除石油和天然气开采业），而后 5 位的产业均在 0.2% 及以下。在新产品产值率较高的前 5 位产业中，创新资源较多而生产率较低的企业比例均在 1% 及以上，而后 5 位的产业这一比例均在 0.2% 以下。这意味着创新性强的产业，创新资源较多而生产率较低的错配现象更为严重。

　　第四，产业创新性越弱，错配现象越严重。生产率较高但创新资源却配置不足。在研发投入强度、新产品产值率较高的前 5 位产业中，除石油和天然气开采业外，创新资源较少、生产率却较高的企业比例均在 44% 以下，而后 5 位的产业这一比例却在 44% 以上。石油和天然气开采业错配也较为严重，其特点为创新资源较少、生产率却较高，这样的企业比例为 55.9%。

3. 基于国有经济比重的创新资源再配置特征

　　将国有经济占比作为行政进入壁垒的代理变量来考察产业的创新资源再配置状况。2007 年，国有资产在全国工业企业中的占比为 26%，国有资产比重超过平均水平的产业有 10 个，其中烟草制品业（94.44%），水的生产和供应业（65.55%），电力、热力的生产和供应业（65.07%）及煤炭开采和洗选业（58.51%）均超过 50%（表 13-3）。国有资产比重在 10%～25% 的有 13 个产业，其余 16 个低于 10%。国有资产比重低于 5% 的产业有：皮革、毛皮、羽毛（绒）及其制品业（2.53%），文教体育用品制造业（3.45%），农副食品加工业（4.29%），计算机、通信和其他电子设备制造业（4.61%）及塑料制品业（4.78%）。[①]

---

　　① 本节所使用的国有资产比重即"国有总资产在行业中的比重"的具体核算方法为：使用数据库中某个二位数产业内"登记注册类型"为国有企业、国有独资企业、国有联营企业、集体企业、集体联营企业、国有与集体联营企业的企业资产总额之和除以整个二位数产业资产总额（陈林和朱卫平，2011；国家统计局课题组，2001；徐国祥和苏月中，2003）。

表 13-3　国有资产比重排名前 5 位及后 5 位产业

排名前 5 位产业	排名前 5 位产业对应的国有资产比重	排名后 5 位产业	排名后 5 位产业对应的国有资产比重
烟草制品业	94.44%	塑料制品业	4.78%
水的生产和供应业	65.55%	计算机、通信和其他电子设备制造业	4.61%
电力、热力的生产和供应业	65.07%	农副食品加工业	4.29%
煤炭开采和洗选业	58.51%	文教体育用品制造业	3.45%
黑色金属冶炼及压延加工业	38.10%	皮革、毛皮、羽毛（绒）及其制品业	2.53%

　　总体来看，国有经济比重与创新资源再配置的关系是：国有经济比重较高的产业，生产率高于全国平均水平的企业所占比例较大；而国有经济比重较低的产业这一比例多在 50% 以下。因此，我们不能简单地将国有企业等同于低效率。其实，许多国有经济比重较高的产业中，创新效率高的企业也较多。不过，国有经济比重较高的产业中，错配问题也更为突出，研发投入低但生产率高。例如，电力、热力的生产和供应业的该比例高达 64.4%，可能与垄断有关。

　　4. 基于补贴收入的创新资源再配置特征

　　这里我们将基于补贴力度考察产业的创新资源再配置状况[1]。表 13-4 列出了补贴力度前 5 位和后 5 位产业的状况。通过对比，我们并未发现明显的分布差异。

表 13-4　补贴力度前 5 位和后 5 位产业

前 5 位产业	前 5 位产业对应的补贴力度	后 5 位产业	后 5 位产业对应的补贴力度
水的生产和供应业	1.7%	黑色金属冶炼及压延加工业	0.1%
燃气生产和供应业	1.0%	纺织服装、鞋、帽制造业	0.1%
废弃资源和废旧材料回收加工业	0.6%	家具制造业	0.1%
非金属矿物制品业	0.6%	石油和天然气开采业	0
木材加工及木、竹、藤、棕、草制品业	0.5%	其他采矿业	0

---

① 补贴力度为二位数产业总的补贴收入与总的主营业务收入（销售收入）的比值。

经计算，2007 年全国工业企业补贴力度平均为 0.2%。在所有 39 个产业中，仅有 4 个产业的补贴力度超过了 0.5%，其中，水的生产和供应业的补贴力度超过了 1%。而后 5 位产业的补贴力度均在 0.1%及以下，石油和天然气开采业与其他采矿业的补贴力度最低。

补贴力度强的产业既有创新活力较弱的，也有创新活力处于一般水平的。前者有：废弃资源和废旧材料回收加工业，燃气生产和供应业，水的生产和供应业，木材加工及木、竹、藤、棕、草制品业，其研发投入大于平均水平的企业比例均在 0.7%～1%之间。后者有非金属矿物制品业，其研发投入大于平均水平的企业比例为 2.1%。然而，补贴能否对创新资源再配置产生实质性影响，需要进一步分析。

13.2 创新资源再配置对产业创新绩效的影响机理与评估

我们将从影响机理以及实际效果层面，重点关注创新资源再配置如何影响产业创新绩效。

13.2.1 创新资源再配置对产业创新绩效的影响机理

创新资源再配置是指劳动力、资本、技术等创新资源在异质性企业之间的重新配置。在不同效率、不同行业属性的企业中，同样的创新资源，利用效率可能存在着差异。即使在同一个产业内，同质产品的企业，由于规模、所有制、组织模式等存在差异，运行效率往往也存在较大差异。

企业除了扮演生产者的角色，还具备创新者的身份。为了获得市场竞争优势，企业投入研发资源开发新的产品、改善产品的性能。企业研发投入差异，带来生产率差异，因此，即使投入等量的劳动和资本，企业效率越高，其产出会越高。生产率较高的企业，除了能够获得相对较高的投入产出效率，还能够利用技术优势，更好地运用和转化创新投入，以获得更好的创新绩效。基于此，我们可以假设高效率的企业对创新资源的利用效率更高，低效率的企业对创新资源的利用效率较低。

根据自身创新能力、资源条件以及政府支持等外部条件的改变，企业往往分别以生产利润最大化、研发利润最大化为导向进行生产决策和研发决策。企业研发决策的调整，意味着创新资源在不同效率的企业之间重新配置。企业一旦创新成功，推出新产品或进入新市场，创新产出将得到提高，从而引起产品、企业竞争格局发生变化；同时也可能通过竞争效应，淘汰一些低效率的旧产品和企业，于是，创新资源流向更有效率的企业。

当创新资源更多地由创新低效企业流向创新高效企业时，创新成功的概率会大幅提升。在优胜劣汰机制下，高效率的企业必然不断扩张，低效率的企业逐步退出市场，创新资源不断在不同企业间重新优化配置，最终提升产业总体创新绩效。

创新资源在不同类型在位者和新进入者之间的流动与再配置，在一定程度上决定了产业创新的绩效。低生产率、低创新能力企业退出，资源流向高生产率、高创新能力企业，在较大程度上将可能促进产业创新绩效提升。基于以上分析，我们可以得到研究假说：创新资源的再配置与产业创新绩效呈正相关关系。

13.2.2 创新资源再配置对产业创新绩效的影响评估

1. 创新资源再配置如何影响产业创新绩效

产业创新过程伴随着各种创新资源从投入到产出的转化。这是一个复杂的系统，包含从研究到开发、从技术到生产、从投入到产品等一系列复杂的经济活动。

创新产出是由创新资源投入以及决定创新投入向创新产出转化的因素共同决定的。我们把创新转化的成效，称为创新效率。如果创新投入给定，创新效率越高，创新产出就越大，意味着产业创新绩效越大。创新效率不仅包括由产业内企业生产率所决定的微观上的技术效率，还包括由创新资源在不同企业间的配置状况所决定的结构效率。可见，研发投入强度、产业平均生产率、创新资源跨企业的配置效率是影响创新产出的核心变量。

为考察创新资源再配置对创新产出的影响，在充分考虑影响产业创新绩效的核心变量和其他相关因素的基础上，建立模型如式（13-3）所示：

$$\text{inno}_{i,t} = \alpha + \beta \text{rdef}_{i,t} + \rho X'_{i,t} + \theta D\_\text{year} + \varepsilon_{i,t} \qquad (13\text{-}3)$$

其中，$\text{inno}_{i,t}$ 为产业 i 第 t 年的创新产出，是创新绩效的代理变量；$\text{rdef}_{i,t}$ 为创新资源在异质性企业之间的再配置效率；$X'_{i,t}$ 是一组控制变量。考虑到研发投入强度、产业平均生产率对创新绩效影响具有滞后性，我们将研发投入强度、研发投入强度一期滞后项、产业平均生产率、产业平均生产率滞后项、销售利润率、企业规模及其二次方项、流动比率作为控制变量，将年份作为虚拟变量，将式（13-3）扩展为式（13-4）。表 13-5 列示了主要变量的定义和符号。

$$\text{inno}_{i,t} = \alpha + \beta \text{rdef}_{i,t} + \rho_1 \text{rd}_{i,t} + \rho_2 \text{rd}_{i,t-1} + \rho_3 \text{tfp}_{i,t} + \rho_4 \text{tfp}_{i,t-1} + \rho_5 \text{prof}_{i,t} + \rho_6 \text{size}_{i,t}$$
$$+ \rho_7 \text{sqsize}_{i,t} + \rho_8 \text{liqu}_{i,t} + \theta D\_\text{year} + \varepsilon_{i,t}$$

$$(13\text{-}4)$$

表 13-5　主要变量的定义和符号

变量		定义	符号
被解释变量	创新绩效	新产品产值率 = 新产品产值/工业总产值	inno
解释变量	创新资源再配置效率	创新资源再配置系数	rdef
控制变量	研发投入强度	研发投入强度 = 研发投入经费/产品销售收入	rd
	产业平均生产率	企业 TFP 算术平均	tfp
	销售利润率	销售利润率 = 营业利润/产品销售收入	prof
	企业规模	产品销售收入	size
	流动比率	流动比率 = 流动资产/总资产	liqu
虚拟变量	年份	控制各个产业共同面临的外部宏观环境变化	D_year

　　被解释变量：创新绩效 inno。创新产出表现为专利产出或者新产品产值。一般来讲，专利具有异质性，不能简单累加或者比较，因此，我们选择新产品产值与工业总产值之比，即新产品产值率，作为产业创新绩效的代理变量。

　　解释变量：创新资源再配置效率 rdef。创新资源再配置效率的度量指标，即创新资源再配置系数，其计算公式见式（13-1）和式（13-2）。

　　2. 创新资源再配置对产业创新绩效影响的计量结果

　　本节运用四位数产业数据对创新资源再配置效率与创新绩效之间的关系进行实证检验。与之前类似，我们对 2005~2007 年中国工业企业数据库公布的四位数产业代码进行了汇总和处理，共得到 525 个四位数产业横跨三年的 1575 个样本。然后，测算 525 个四位数产业创新资源再配置系数。依次计算有关变量，如创新绩效、研发投入强度[①]、销售利润率、企业规模、流动比率[②]。按照表 13-5 定义的方法，对 2006 年、2007 年[③]1050 个产业样本的相关变量进行测算（表 13-6）。

表 13-6　主要变量的描述性统计

变量	观察值	均值	中位数	标准差	最小值	最大值
inno	1050	0.0884	0.0583	0.0990	0.0000	0.9792
rdef	1050	0.3330	0.3236	0.2381	−0.7341	1.6057

---

　　① 关于研发投入强度计算时所需要的研发投入经费数据，由于中国工业企业数据库中没有统计研发人力投入，而研发费用数据则包括了用于研发活动的仪器设备、无形资产、中间试验、劳务费等与创新活动相关的大部分费用，因此本节用研发投入经费表示各种研发资源的投入。

　　② 比如，计算某一产业的新产品产值率，则先计算该产业中所有企业的新产品产值之和，再计算工业总产值之和，最后两者相除得出该变量。

　　③ 接下来我们进行计量分析时主要是分析 2006 年、2007 年的样本，2005 年则是作为滞后项进入模型。

续表

变量	观察值	均值	中位数	标准差	最小值	最大值
rd	1050	0.0046	0.0022	0.0073	0.0000	0.0738
tfp	1050	2.0780	2.0498	0.1219	1.8255	3.2970
prof	1050	0.0686	0.0604	0.0460	−0.0807	0.5527
size	1050	1.6120	0.6055	4.8542	0.0945	66.0413
liqu	1050	0.0089	0.0008	0.0354	0.0000	0.5993

测算结果表明：四位数产业的新产品产值率均值为 0.0884，与中位数存在较大差异，说明各个产业的创新绩效差异较大，其中最小值为 0.0000，最大值为 0.9792。创新资源再配置系数的均值为 0.3330，与中位数之间的差异较小，但标准差较大，表明部分产业的创新资源再配置系数变化较大。同样的，产业平均生产率、销售利润率的均值与中位数差异较小，但后者标准差相对较大，表明产业的销售利润率差异较大。研发投入强度、企业规模、流动比率指标的均值和中位数、标准差之间的差异均较大，反映出四位数产业在研发投入强度、企业规模、流动比率等方面存在较大差异。

以下，我们再从行业的差异性角度，初步分析创新资源再配置效率与产业创新绩效之间的关系。将中国 2006 年、2007 年 1050 个产业样本的创新资源再配置效率与产业创新绩效的关系绘成散点图并拟合趋势线（图 13-1），我们发现拟合曲线斜率为正且倾斜向上，两者之间呈现出了正向的相关关系，即创新资源再配置效率更高的产业，其创新绩效也相对较高。

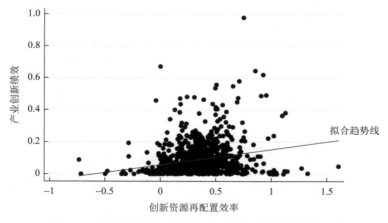

图 13-1 创新资源再配置效率与产业创新绩效的散点图

面板数据模型的选择通常有三种形式：混合估计模型、固定效应模型和随机效应模型。不宜采用固定效应模型，因为所使用的数据只有两年，且每一年的样本较多。在面板数据模型估计的选取方法上，采用 Breusch-Pagan LM 检验识别混合估计模型和随机效应模型。运用回归方程（13-4），对全部四位数工业样本的所有变量进行标准化处理，分别运用混合 OLS、随机效应模型，检验创新资源再配置效率与创新绩效的关系，得到如表 13-7 所示的回归结果。

表 13-7　产业创新绩效与创新资源再配置效率的回归结果

变量	混合 OLS 估计			随机效应模型估计	
	模型 1	模型 2	模型 3	模型 4	模型 5
rdef	0.0304***	0.0304**	0.0304**	0.0322*	0.0324*
	(0.0106)	(0.0151)	(0.0152)	(0.0166)	(0.0167)
rd	4.745***	4.745***	4.688***	5.085***	5.002***
	(0.592)	(1.639)	(1.656)	(1.080)	(1.088)
rd_1	3.235***	3.235***	3.300***	2.932***	3.044***
	(0.628)	(1.075)	(1.097)	(0.557)	(0.564)
tfp	0.127***	0.127*	0.136*	0.133	0.152*
	(0.0486)	(0.0734)	(0.0746)	(0.0823)	(0.0845)
tfp_1	−0.143***	−0.143*	−0.148*	−0.195**	−0.197**
	(0.0476)	(0.0784)	(0.0779)	(0.0928)	(0.0931)
prof	−0.241***	−0.241***	−0.237***	−0.137*	−0.124
	(0.0603)	(0.0703)	(0.0695)	(0.0806)	(0.0802)
size	0.0118***	0.0118**	0.0118**	0.0100**	0.0096**
	(0.0019)	(0.0055)	(0.0055)	(0.0045)	(0.0045)
sqsize	−0.0002***	−0.0002**	−0.0002**	−0.0001**	−0.0001**
	(0.0000)	(0.0001)	(0.0001)	(0.0001)	(0.0001)
liqu	−0.265***	−0.265	−0.269	−0.213*	−0.224*
	(0.0682)	(0.174)	(0.174)	(0.117)	(0.117)
2007_ year			−0.0048		−0.0049*
			(0.0031)		(0.0026)
α	0.0762	0.0762	0.0704	0.163	0.130
	(0.0675)	(0.126)	(0.128)	(0.100)	(0.108)
样本数	1050	1050	1050	1050	1050
R^2	0.431	0.431	0.432	0.4218	0.4224

　　注：括号内为标注差，除模型 1 括号内列示的是一般标准差外，其余括号内列示的均为回归系数估计量的稳健聚类标准差；rd_1 为滞后一期的 rd，tfp_1 为滞后一期的 tfp，sqsize 为 size 的二次方项

　　***、**、*分别表示 1%、5%和 10%的显著性水平

模型 1 和模型 2、模型 3 的主要差异在于标准差。模型 1 中设定扰动项是相互独立的，模型 2 和模型 3 则允许相同个体观测值存在相关性，不同个体观测值不相关。在不同时期同一个体的扰动项之间往往存在自相关，一般的 OLS（模型 1）估计的标准差被大大低估了。后续估计，我们均对变量的标准差进行了稳健聚类调整。

模型 3 考虑了时间变量，用来检验是否存在个体效应。结果显示，P 值为 0，强烈拒绝原假设"不存在个体效应"。

模型 5 与模型 4 的区别在于前者增加了时间变量，结果同样不受影响。从拟合度来看，加入了时间变量的随机效应模型（$R^2 = 0.4224$）优于未加入时间变量的模型（$R^2 = 0.4218$），因此选取加入时间的随机效应模型来分析。从模型 5 结果来看，在控制了研发投入强度及其一期滞后项、产业平均生产率及其一期滞后项、企业规模及其二次方项、销售利润率、流动比率等变量的影响后，创新资源再配置效率 rdef 对新产品产值率 inno 的影响系数为 0.0324，并通过显著性检验。也就是说，创新资源再配置效率对创新绩效具有显著的正向效应。

我们进一步对主要控制变量做简要说明。无论是混合 OLS 回归还是面板随机效应模型，研发投入强度及其一期滞后项变量均在 1% 的显著性水平下为正，这表明产业研发投入强度越大，创新产出越多。增加研发投入将显著提高创新产出。同样从模型 5 看，当期研发投入强度 rd 对新产品产值率的影响系数为 5.002，滞后一期的研发投入强度 rd_1 的影响程度相对较低，系数只有 3.044。

此外，产业平均生产率 tfp 对创新绩效的影响显著为正（除模型 4），而 tfp_1 对创新绩效的影响显著为负。生产率异质性表明：企业具有获取经济租的潜在可能性，为得到持续的竞争优势和超额利润，企业有动力不断进行技术创新，获取更高的创新产出，结果支持了"创新自选择"假说。

当期产业平均生产率积极影响了产业的创新绩效。但是滞后一期的产业平均生产率的影响为负，说明当平均生产率较高时，竞争压力降低，创新激励反而下降，对未来企业的创新具有一定的阻碍作用。

企业规模与创新绩效呈显著的倒"U"形曲线关系，即企业规模变量 size 与创新绩效呈现出显著正相关关系，企业规模的二次方项 sqsize 则与创新绩效呈现出显著负相关关系。起初企业规模的扩大有利于产业创新，但当规模大到一定程度反而会阻碍创新。此外，销售利润率、流动比率都与创新绩效呈现负相关关系，表明利润优势导致创新激励下降、创新产出减少。

综上，进行稳健性检验后发现如下结论同样成立：创新资源再配置效率对产业的创新绩效具有正面效应。

13.3　创新资源再配置与行政进入壁垒交互效应的讨论

行政保护会干预市场竞争。设置行政进入壁垒，是行政保护的基本做法，也是中国经济转轨过程中的特有现象。行政进入壁垒的保护是否有利于创新绩效的提升？创新资源再配置反过来是否也会影响行政进入壁垒政策效果？我们选取国有资本比重作为代理变量，进一步分析创新资源再配置与行政进入壁垒的交互效应，探讨行政进入壁垒对创新资源再配置效应的调节作用，并分析创新资源再配置对行政进入壁垒效应的影响。

13.3.1　创新资源再配置、行政进入壁垒的交互效应

图 13-2 展示了行政进入壁垒对创新资源再配置效应的调节作用。从行政进入壁垒程度看，随着创新资源再配置效率的改进，高行政进入壁垒[①]的产业创新绩效的增长相对较弱，低行政进入壁垒[②]的产业创新绩效得到更高提升。这意味着，在大多数情况下，对于相同的创新资源再配置效率，低行政进入壁垒的产业的创新绩效更高；而当创新资源在企业间错配程度较高时，低行政进入壁垒的产业的创新绩效反而更低，因此创新资源跨企业的错配也会在某种程度上干扰行政进入壁垒降低对创新的促进作用。这再次支持了 13.2 节的研究结论，创新资源再配置效率对创新绩效的正向激励效应进一步得到确认。

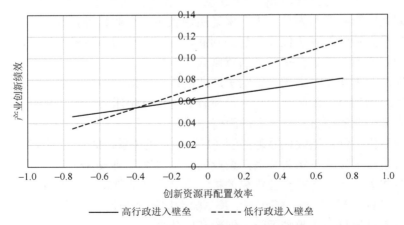

图 13-2　行政进入壁垒对创新资源再配置效应的调节作用

---

① 以行政进入壁垒的平均水平加上一个标准差的水平作为高行政进入壁垒。
② 假定产业中的企业可以自由进入退出，即不存在行政进入壁垒。

图 13-3 则展示了创新资源再配置效率对行政进入壁垒效应的调节作用。我们可以得到以下几点结论。①行政进入壁垒对产业创新绩效具有负向影响。行政进入壁垒低,产业创新绩效高;随着行政进入壁垒提高,产业创新绩效会不断降低。②随着行政进入壁垒的降低,产业创新资源再配置效率越高,其产业创新绩效提升越快;而创新资源再配置效率越低,其行政进入壁垒变化对产业创新绩效的影响相对较小。③行政进入壁垒具有门槛效应。低于某一临界值时,具有高效的创新资源再配置水平的产业的创新绩效较高;然而当行政进入壁垒高于某一临界水平时,创新资源再配置效率较高的产业的创新绩效,反而会低于创新资源再配置效率较低的产业。这就进一步表明创新资源再配置效率对行政进入壁垒效应具有负向调节作用。

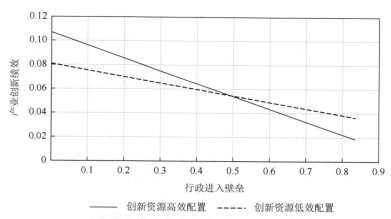

图 13-3 创新资源再配置效率对行政进入壁垒效应的调节作用

13.3.2 创新资源再配置、行政进入壁垒的交互效应大小

设定创新资源再配置效率为产业的平均水平,即 rdef = 0.3330。接下来进一步观测行政进入壁垒与创新资源再配置的交互效应,并进行定量分析。

如表 13-8 所示,如果我们完全消除行政进入壁垒,令国有资本比重 stcr 由平均水平 0.1338 降为 0,此时 stcr 和 rdef×stcr 均会增大产业创新绩效,从而使新产品产值率由 0.0971 提高至 0.1082,提高 1.11 个百分点。国有资本比重提升后,如果达到产业最高行政进入壁垒,此时 stcr 和 rdef×stcr 均会降低产业创新绩效,新产品产值率最终将由 0.0971 降至 0.0389,降低 5.82 个百分点。我们发现,只要创新资源再配置效率为正,降低国有资本比重就会引起新产品产值率增大;相反提高国有资本比重将会导致新产品产值率下降。如果不断提升创新资源再配置效率,随着国有资本比重变化,新产品产值率变动的幅度也会变大。比如,当创新资源再配置效率增至产业最高水平时，即 rdef 由 0.3330 增至 1.6057 时，国有资本比重由 0.1338 降至 0 时，新产品产值率将由 0.1434 提高至 0.1794，增加 3.6 个百分点；国有资本比重由 0.1338 增至 0.8348 时，新产品产值率将由 0.1434 降至 −0.0449，降低 18.83 个百分点。

表 13-8　创新资源再配置、行政进入壁垒对创新绩效变动的影响

指标	rdef = −0.25	rdef = −0.2	rdef = 0	rdef = 0.3330	rdef = 1.6057
stcr = 0.1338	0.0759	0.0777	0.0850	0.0971	0.1434
stcr = 0	0.0756	0.0784	0.0896	0.1082	0.1794
stcr = 0.8348	0.0773	0.0740	0.0608	0.0389	−0.0449

注：表中数据为不同创新资源再配置效率与国有资本比重组合下的新产品产值率

随着国有资本比重的降低，即使创新资源再配置效率为负，stcr 自身仍然会使产业创新绩效增加，但 stcr 与 rdef 的交互项却会降低产业创新绩效。当国有资本比重提高时，stcr 自身会使产业创新绩效下降，但交互项却会增加产业创新绩效。可见创新资源跨企业的错配将改变国有资本比重对产业创新绩效的影响。这表明，当国有资本比重下降时，行政进入壁垒下降本身增加了产业创新绩效。显然，行政进入壁垒与创新资源的错配的交互作用减弱了这一增加效应；同样当国有资本比重上升时，行政进入壁垒的提高本身降低了产业创新绩效，而行政进入壁垒与创新资源再配置效率的交叉效应却使产业创新绩效得以增加。

创新资源再配置与行政进入壁垒交互作用，在一定程度上抵消了行政进入壁垒对产业创新绩效的影响，总的效应要视创新资源错配程度而定。当 rdef > $-\beta_2/\beta_3$ 时[①]，降低国有资本比重可能会增加产业创新绩效，且增加值大于交互效应所引致的产业创新绩效减少值，因此产业创新绩效最终仍将增加；而当 rdef < $-\beta_2/\beta_3$ 时，交互效应抵消了国有资本比重下降带来的增加效应，总创新绩效最终反而会降低，即行政进入壁垒越低，产业创新绩效越低。

当创新资源配置出现严重扭曲时，提高行政进入壁垒能够促进创新绩效提升，一旦脱离政府行政进入壁垒的保护，产业创新绩效就会随之下降。如表 13-8 所示，当 rdef = −0.25 < −0.0345/0.149 时，stcr 由 0.1338 降为 0 时，新产品产值率反而降低了 0.0003，而由 0.1338 增至 0.8348 时，新产品产值率却提升了 0.0014。

---

① 设 stcr 由 stcr1 降低至 stcr2 时，创新产出由 inno1 变动至 inno2。既然其他变量都不变，只需看 stcr 和 rdef × stcr 对产业创新绩效的效应。由于 stcr 的降低本身使得产业创新绩效增加，研发资源错配时，stcr 的降低使 rdef × stcr 的作用为负，从而降低产业创新绩效。那么 inno2−inno1 = (β_3 + β_3 × rdef × stcr2) − (β_2 × stcr1 + β_3 × rdef × stcr1) = (β_2 + β_3 × rdef)(stcr2−stcr1)，当 rdef < $-\beta_2/\beta_3$ 时，创新绩效的变动与国有资本比重的变动方向一致，否则相反。

检验结果还表明，行政进入壁垒本身对产业创新绩效的影响显著为负，但若将创新资源再配置效率的因素分离出来，行政进入壁垒对产业创新绩效的影响将不再显著。这表明，行政进入壁垒对创新资源再配置效应具有重要影响。当然，创新资源再配置效率也会反过来影响行政进入壁垒对于产业创新绩效的效应。

13.4　创新资源再配置效率、补贴力度与行政进入壁垒的联合效应

补贴作为研发资助的重要形式，也是政府促进创新的一项重要政策。长期以来，我国投入了大量的补贴，以促进创新为目的的补贴政策与行政进入壁垒一起如何影响创新资源再配置效应？本节将补贴政策引入模型，考察补贴政策（主要考察补贴力度）、行政进入壁垒与创新资源再配置效率的交互效应，为产业政策的调整和优化提供启示。

13.4.1　创新资源再配置效率和产业创新绩效

在补贴和行政进入壁垒联合调节下，创新资源再配置效应见图 13-4。可以看出，低行政进入壁垒、低补贴的产业创新绩效的斜率最大，改善创新资源再配置效率对产业创新绩效有正向提升效应。相比之下，在高行政进入壁垒、高补贴情况下，创新资源再配置效率对产业创新绩效效应为负；其他两种组合情况下，正向激励也相对较弱。

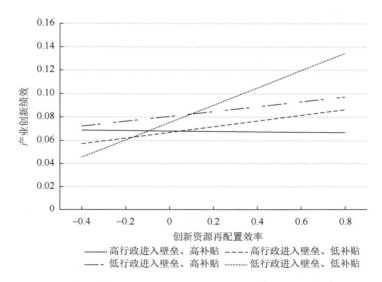

图 13-4　创新资源再配置效应：补贴和行政进入壁垒的联合调节

　　进一步分析来看，当补贴状况一定（高或者低），当创新资源再配置效率较低时，行政进入壁垒较高的产业创新绩效比行政进入壁垒较低的产业要高；但随着创新资源再配置效率的改善，高行政进入壁垒的产业创新绩效的提升幅度却相对较低。同样，当行政进入壁垒状况一定（高或者低），补贴力度较高的产业在创新资源再配置效率较低时，其创新绩效可能高于补贴力度较低的产业；但随着创新资源再配置效率的提升，高补贴行业创新绩效提升幅度低于低补贴行业。因此，当创新资源再配置效率较低时，在进入壁垒、补贴等行政保护下产业创新绩效具有相对短暂的良好表现，但长期效应却会放缓，甚至可能拖累创新绩效。

　　同时我们看到，行政进入壁垒的高低，并未改变补贴对创新资源再配置效应的负向调节作用。无论行政进入壁垒是高还是低，补贴力度越低的产业具有更高的创新资源再配置效应。同样，补贴力度的高低也不改变行政进入壁垒对创新再配置效应的负向调节作用。无论补贴力度是高还是低，行政进入壁垒较低的产业具有较高的创新资源再配置效应。这再次验证了补贴、行政进入壁垒对创新资源再配置效应的负向调节作用。

13.4.2　补贴力度和产业创新绩效

　　图 13-5 展示了在创新资源再配置效率和行政进入壁垒联合调节下的补贴的创新效应。总体来看，增加补贴力度对产业创新绩效具有负向影响，降低补贴力度却能够提升产业创新绩效。

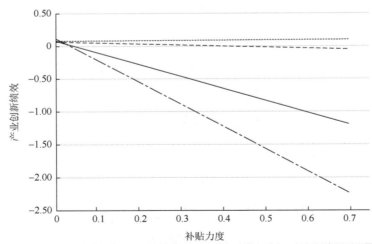

———— 高行政进入壁垒，高创新资源再配置效率　　— — — 高行政进入壁垒，低创新资源再配置效率
— — 低行政进入壁垒，高创新资源再配置效率　　·········· 低行政进入壁垒，低创新资源再配置效率

图 13-5　补贴的创新效应：创新资源再配置效率和行政进入壁垒的联合调节

情形一：当产业所处的行政进入壁垒较低时，创新资源跨企业高效率的配置能够使得产业创新绩效随补贴力度降低获得更大的提升。

低行政进入壁垒、低创新资源再配置效率的产业的斜率为正，但绝对值最小，随着补贴力度的增大，产业创新绩效会有少许提升。低行政进入壁垒、高创新资源再配置的产业的斜率为负且绝对值最大，随着补贴力度的降低，产业创新绩效提升幅度最大。

情形二：补贴的创新效应对创新资源再配置效率的敏感度较高，同时创新资源再配置效率对补贴创新效应的调节作用会受到行政进入壁垒的影响。

对低创新资源再配置效率的产业而言，补贴力度的降低对产业创新绩效呈现非常微弱的效应，而对高创新资源再配置效率的产业而言，补贴力度的降低对产业创新绩效的提升作用很明显。即不同的创新资源再配置效率状况下，补贴的创新效应差异较大。同时，与行政进入壁垒较高的情形相比，在行政进入壁垒较低的情形下，补贴对创新资源再配置效率较高和较低的产业创新绩效的影响差异明显更大。

情形三：不同的创新资源再配置效率也会影响行政进入壁垒对补贴效应的调节作用。

当创新资源再配置效率较高时，高行政进入壁垒的产业，对补贴变动的反应要相对平缓一些，低行政进入壁垒的产业补贴效应更为明显。当创新资源再配置效率较低时，低行政进入壁垒、高行政进入壁垒产业的补贴效应差异却很小。因此，创新资源再配置效率的差异使行政进入壁垒对补贴效应的影响呈现出差异性，较低的创新资源再配置效率对于二者调节作用差异较小，而较高的创新资源再配置效率拉大了高、低行政进入壁垒对补贴效应调节作用的差异。

13.4.3　行政进入壁垒和产业创新绩效

在创新资源再配置效率和补贴力度的联合调节下，行政进入壁垒的创新效应见图 13-6。我们可以发现：无论在何种组合下，行政进入壁垒和创新绩效之间均呈现明显的负向关系。

我们看到，创新资源再配置效率越高的产业，其行政进入壁垒降低对于产业创新绩效的提升效应更强。补贴力度会影响创新资源再配置效率对行政进入壁垒效应的调节作用。补贴力度不同，产业创新资源再配置效率不同，其行政进入壁垒的创新效应也会不同。可见，补贴力度不同对行政进入壁垒创新效应的影响是否存在显著差异性，与创新资源再配置效率有关。

在创新资源再配置效率较高的情况下，高补贴和低补贴对行政进入壁垒的创新效应的影响差异较大：对高补贴的产业而言，随着行政进入壁垒的减弱，产业创新绩效的提升相对较少；对低补贴的产业而言，随着行政进入壁垒的减弱，产业创新绩效能得到大幅提升。而在创新资源再配置效率较低的情况下，这种差异则明显缩小。

经过实证分析，我们得出以下总体结论。①创新资源再配置效率对产业创新绩效存在显著的正向激励。②补贴力度、国有资本比重变量本身并不是影响产业创新绩效的直接原因，而是通过与创新资源再配置效率之间的交互作用对产业创新绩效产生影响。补贴力度、国有资本比重变量的系数并不显著，但它们与创新资源再配置效率的交互项的系数显著为负。同时，补贴政策与行政进入壁垒对创新资源再配置效率和产业创新绩效的关系，存在着显著的负向调节作用。③补贴力度、国有资本比重、创新资源再配置效率的交互效应显著。

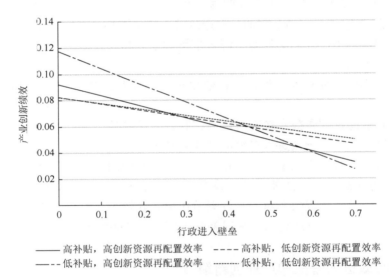

图 13-6　行政进入壁垒的创新效应：创新资源再配置效率和补贴力度的联合调节

13.5　本 章 小 结

优化创新资源配置是促进产业创新、加快产业转型升级的重要途径。以中国工业企业数据库数据为基础，本章评估了我国创新资源再配置现状，分析了我国工业创新资源再配置的总体特征；从中观层面探讨并实证分析了创新资源再配置效率与产业创新绩效之间的关系，揭示了创新资源再配置效率的改善对产业创新绩效提升的重要意义。为了弄清楚创新资源再配置效率与产业创新绩效之间的关系，本章还进一步讨论了补贴政策、行政进入壁垒与创新资源再配置效应的相互影响。这些结果为我国新常态下创新驱动发展战略的推进提供了政策启示。

　　总体来看，创新资源错配较为严重。生产率水平较高同时也拥有较多的创新资源的企业比例较低，大部分产业这一比例低于 10%。可以看出，各个产业生产率具有优势的企业相对较多，然而大部分企业却配置的是较少的创新资源。对于为数不多的创新资源较多的企业，却有一部分生产率水平相对低下。我国国有经济比重较高的产业中也存在大量高效率的企业，然而大部分配置的创新资源较少，创新资源错配严重，这也印证了国有企业研发动力不足的现实。具体来看，还有如下几点结论。

　　（1）创新性强的产业中，生产率较高，同时配置的创新资源较多的企业比例相对较高，生产率不高而创新资源却配置得较多的现象也较为严重。创新特征不明显的产业中创新资源配置不足、生产率却较高的企业比例相对较高，这意味着这类产业中存在生产率较高但创新资源却配置不足的错配现象。

　　（2）在异质性企业之间的创新资源再配置效率，对产业创新绩效具有显著的正向作用。创新资源再配置效率的提升能够显著提高产业创新绩效，创新资源再配置效率的差异在一定程度上能够解释产业创新绩效的差异。企业生产率的提升固然能够提升技术能力，但同时也可能由于创新激励下降，最终未必能够带来产业创新绩效的增加。增加研发经费来提升产业创新绩效是一个长期的工程。同时我们发现，创新特征越明显，创新资源再配置效率的改善对产业创新绩效的影响越大，这意味着在相同的生产率、创新资源投入条件下，创新性越强的产业，其创新资源在企业间优化再配置能够带来更多的创新产出。

　　（3）行政进入壁垒对创新资源再配置效应具有负向调节作用。行政进入壁垒因素对于创新资源再配置效应的影响较大，产业的行政进入壁垒越高，创新资源再配置效应越不明显；反之，产业的行政进入壁垒越低，创新资源再配置效应就越明显。我们通常认为，行政进入壁垒过高阻碍了产业创新，事实上，在企业进入退出环境下，创新资源再配置效应会存在差异。降低行政进入壁垒，可以使创新资源再配置效应更显著。反过来，创新资源再配置效率的高低也会影响行政进入壁垒对产业创新绩效的影响程度。若创新资源出现错配，将改变行政进入壁垒对产业创新绩效影响的方向，此时，提高行政进入壁垒会提高产业创新绩效。一旦政府保护程度降低，产业创新绩效也会随之出现较大程度的降低。

　　（4）补贴、行政进入壁垒对创新资源再配置效应的负向调节作用具有稳定性，受其他政策影响较小。通过补贴、行政进入壁垒的单一政策优化，往往并不一定能够缓解其他政策的负向作用。必须优化产业政策本身，才能弱化负向影响。因此要降低产业政策对创新资源再配置效应的负向调节作用，就不能容忍高补贴、高行政进入壁垒，不能抱有侥幸心理，要同时降低补贴、降低行政进入壁垒。

（5）创新资源再配置效率会影响产业政策之间的关系，即创新资源再配置效率的高低会影响行政进入壁垒对补贴效应的调节、补贴对行政进入壁垒效应的调节。当创新资源再配置效率较高时，可以拉大不同行政进入壁垒下补贴效应的差异，即拉大低补贴和高补贴下的行政进入壁垒效应差异，拉大高行政进入壁垒和低行政进入壁垒下的补贴效应差异。当创新绩效资源再配置效率较高时，能够使低补贴产业的行政进入壁垒效应增大，使高补贴产业的行政进入壁垒效应减弱。也就是说，提高创新资源再配置效率能够提升产业政策的联合调整效应，降低补贴、降低行政进入壁垒以及二者通过交互作用能够取得更好的创新绩效。这再次凸显了创新资源再配置效率的提升对于产业政策效应发挥的重要意义。

第 14 章　创新驱动产业结构优化升级的体制机制与政策

产业结构优化升级的关键所在，就是实现驱动转换，即由"要素驱动"尽快向"创新驱动"转换。而在该目标的实现过程中，政府的角色是怎样的？政府如何通过体制机制以及政策举措加快这一进程？本章先分析创新驱动产业结构优化升级过程中政府的作用，然后分析主要发达国家在工业化、再工业化、创新成果转化方面的经验做法，在此基础上提出中国创新驱动产业结构优化升级的政策体系框架，探讨中国产业政策调整方向与重点，并分析其制度保障和运行机制。

14.1　政府在创新驱动产业结构优化升级进程中的作用

14.1.1　创新驱动产业结构升级与政府作用的必要性

关于政府和市场在经济发展中的角色长期以来都是经济学最富争议的焦点话题，中国共产党十八届三中全会提出了"使市场在资源配置中起决定性作用"的重大改革方向，党的十九届五中全会通过的《中共中央关于制定国民经济和社会发展第十四个五年规划和二〇三五年远景目标的建议》提出，要全面深化改革，构建高水平社会主义市场经济体制。在坚持和完善社会主义基本经济制度的基础上，充分发挥市场在资源配置中的决定性作用，更好发挥政府作用，推动有效市场和有为政府更好结合。[①]那么创新驱动产业结构优化升级是否需要政府的作用？如何更好发挥政府作用？为此，本节主要从政府在世界经济发展中的角色演变以及产业结构升级中创新导向政策的必要性两个层面，分析创新驱动产业结构升级过程中政府作用的必要性。

1. 政府在世界经济发展中的角色演变

无论是 18 世纪英国发生的工业革命、二战后欧洲和日本的重建，还是美国在

[①]　《中共中央关于制定国民经济和社会发展第十四个五年规划和二〇三五年远景目标的建议》http://www.ce.cn/xwzx/gnsz/szyw/202011/03/t20201103_35969108.shtml[2022-11-03]。

2008 年金融危机之后的恢复，世界主要国家为了促进经济发展往往通过各种政策进行干预（Chang，2010）。

伴随着二战后日本和欧洲的重建以及非洲、亚洲和拉美殖民地的独立，对诸如协调失灵、规模经济和发展经济体需求不足等问题的关心引发了对政府作用的集中讨论（Gerschenkron，1962；Hirschman，1958）。政府广泛采纳如进口关税、配额等产业政策保护本国的幼稚产业。进入 20 世纪 80 年代，由于政府失灵以及潜在的腐败和寻租等问题（Hodler，2009），政府的角色一度受到质疑，华盛顿共识主张贸易自由化、私有化和政府最小干预，主导了当时的政策方向，政府的角色被局限在诸如教育和公共设施等狭小的领域（Deraniyagala，2001）。1997 年的亚洲金融危机也被部分认为是政府不合理干预所致（Pack and Saggi，2006）。

进入 21 世纪以来，一方面，华盛顿共识主张的结构政策在撒哈拉沙漠以南的非洲地区实施失败，引起了对贸易自由化以及华盛顿共识的反思（Fagerberg et al.，2007），另一方面 2008 年国际金融危机引发学者重新考虑政府推行政策的性质和类型。正如 Johnson（1982）所说，政府对于恢复、重建非常重要，因为全球经济增长需要远离金融部门并转向非金融部门（如制造业）来实现新的平衡。但政府如何更好地发挥作用则需要重新思考。

在这一背景下中国的相关政策也需要做出重大调整，如重新思考以限制市场、支持在位大企业为特征的产业政策（李晓萍和江飞涛，2012）。Acemoglu 等（2018）研究认为，对低效率的在位企业的研发资助，阻碍了潜在的高增长企业进入，因此，最优的政策应鼓励低效率公司退出，支持高效率在位者和进入者的研发。

在特殊的战略背景下，为了实现特定的经济目标，政府通过实行适宜的政策确实能够起到加快推进的作用。当前，中国发展正面临着新一轮产业革命冲击、劳动力成本优势逐渐消失、资源环境成本加大、外向型产业发展受阻等重大变化，迫切需要加快产业结构优化升级步伐，转变经济发展方式。在这一过程中，政府反思和调整过去的政策，在激发和释放经济主体的创新活力中发挥积极作用、因势利导，十分重要。

2. 产业结构升级中创新导向政策的必要性

加快推进产业结构优化升级步伐，其实质就是要尽快由"要素驱动"转换为"创新驱动"，实现产业结构现代化。为此，政府在产业结构优化升级中发挥作用必须体现创新导向，即实行创新导向的政策。"创新导向"这一概念最初是由 Manu（1992）基于企业创新的角度提出的。创新导向的政策是指政府旨在激励创新的政策，体现在促进创新的政府支出、税收优惠等政策体系中，目的是激励企业所有的活动在本质上以创新为导向。

创新活动为什么需要政府通过创新导向的政策进行引导？这是因为创新活动中存在着外部性，需要政府进行适度的干预，采取各种激励创新政策给予支持（Romer，1989；Grossman and Helpman，1991；Rodrik，2004）。Rodrik（2004）指出，在创新过程中市场存在"信息外部性"和"协调外部性"，"自我发现"的创新活动存在着成本收益不对称性，从而激励不足、配套投资和设施缺失，往往需要政府通过政策引导进行克服，即对建立新产业及其相关创新活动进行必要的支持。政府通过研发资助、税收优惠、公共研发等政策可以解决企业研发投入不足和研发成本过高的问题；除此之外，研发资助还能够对企业技术创新产生激励效应，从而提高企业从事技术研发活动的积极性（Hinloopen，1997）。政府还可以向生产知识和技术的厂商提供补贴，从而激励社会生产要素投资于研发部门，提高经济增长率和社会福利（Barro，1990）。一些经验研究也证实：政府研发资助能够解决研发活动中的"市场失灵"，进而激励企业增加研发投入（Spence，1984；Czarnitzki and Licht，2006；童光荣和高杰，2004）。

我们也注意到现实中如果政府采取一些不合理的选择性支持政策，结果可能适得其反，难以产生预期效果，甚至有可能带来负面效应。当研发成本提高，政府资助可能会替代自身研发投入，结果研发资助会对企业研发投入产生"挤出效应"（程华和赵祥，2009）。当政府选择研发资助而不是通过市场优胜劣汰，有可能扭曲研发领域的资源配置（李平和王春晖，2010）。Rodrik（2004）的研究表明，由于政府不可能拥有产业的完全信息，政府的研发补贴政策应该具有普遍性而非选择性。因此，在产业结构优化升级过程中，政府应以创新为导向，重新审视当前推行的各类相关政策是否有利于促进创新活动，是否能够加快创新驱动产业结构升级。

14.1.2　对中国产业结构优化升级进程中政府作用的反思

经过了四十多年持续快速发展，我国产业结构现代化水平不断提高。但是，我国产业结构高度化的目标，即从产业价值链低端向高端的跨越还没有实现。在设计创新导向的政策体系以及相应的运行机制之前，本节重点反思中国政府过去以及当前推行的相关政策存在的问题。总体来看，这些问题主要表现在以下几个方面。

1. 部分市场干预措施抑制了竞争机制作用的发挥

在经济转型过程中，中国各级政府试图通过对微观经济更为广泛和细致的管束以治理许多看似是"市场失灵"的现象，一些对市场的干预措施，可能会引起"市场失灵"，其实质是"制度局限"与"政府失灵"，导致资源配置扭曲。

这主要表现在两个方面。一方面，在政策惠及对象方面，效率并不具优势的国有大企业更易获得资源，而中小企业特别是民营中小企业受到诸多制约，难以得到支持。在这一导向下，企业为了获得更多政策支持，一般倾向于外延式扩张，快速做大规模，片面强调市场集中度、企业规模，也导致了大量低效率重组行为，相反它们不太关注研发投入和效率提升，创新动力弱化（项安波和张文魁，2013）。另一方面，直接行政干预抑制了市场竞争学习机制和筛选机制作用的发挥，会影响企业创新和转型升级等长期行为，产生集中度低或过度竞争导致的资源浪费，可能带来更大的效率损失（项安波和张文魁，2013）。总之，政府替代市场、干预市场必然会弱化政府有限财政资金的市场配置效率，破坏公平竞争机制，最终削弱产业创新扶持政策的实施效果。

2. 对创新能力提升重视不足

在过去一段时间内，部分地方政府出台政策，旨在短期内刺激 GDP 快速扩张，对公平的市场竞争环境的重视不足，部分地方政府按照上级产业发展规划目录指南，运用优惠政策、投入财政资金吸引企业入驻，为企业创造相对低成本的竞争优势，实现 GDP 增长。但问题是，在政策制定以及执行时，当地的资源和要素禀赋条件如何？地方政府是否具有甄别和筛选高度不确定性产业的能力？对这些问题的考虑不太充分。

3. 多部门的配合和协调度有待提升

要实现创新驱动产业结构优化升级，政策体系必然需要多部门配合和协调。尤其值得注意的是，如果政策体系难以相互支撑、相互补充，可能会使创新导向的政策体系难以形成，实际执行时诸多政策失效。现阶段，我国地方各行政机构间联系与协调仍有待加强，功能界限和职责范围须进一步界定清晰。相关部门在执行政策时需要进行全局性考量，兼顾部门内政策与其他部门推行政策的关系，避免诸如交叉重叠资助等情况的出现。

4. 需要进一步健全监管和问责机制

如果监管机制和问责机制不健全，容易滋生较为严重的寻租和腐败行为（张杰和宣璐，2016）。在各级政府制定和实施产业政策的过程中，政府难以完全代替市场有效甄别和筛选产业及具体的企业。在产业扶持目录的制定、投资项目的审批、具体企业的筛选和甄别，以及创新补贴奖励的分配等方面，监管和检查的难度较大,尤其是针对一些企业为了获得优惠政策,通过制造具有虚假性质的创新研发活动,或不具有真实产业运用价值的专利,套取或骗取国家创新补贴资金等问题的监管和问责机制亟待完善(张杰和宣璐,2016)。

各级政府往往运用财政资金来补贴和激励企业创新研发活动,而创新驱动产业结构升级中的关键问题,却少有财政资金的支持。这些关键问题包括原始创新和基础创新能力提升、弥补共性关键技术短板、创新人才培育、创新系统升级等。需要注意的是,大量的创新财政资金投入,多是用于生产活动,较少真正用于创新研发活动;多是用于购买机器设备硬件,较少用于创新人才培养以及创新专业技能培育;多是用于购买国外创新技术,较少用于自主创新能力提升;多是投向国有企业,较少用于民营企业。

14.1.3　政府在推进创新驱动产业结构升级进程中的定位

我们认为,在推进创新驱动产业结构优化升级进程中,政府重点应从以下几个方面进行定位。

1. 创造"促进公平竞争、鼓励创新"的市场环境

十八届三中全会强调市场在配置资源中起决定性作用。对于作为必要过程的市场竞争,应尽可能避免用政府的判断和选择来代替市场机制,发挥市场在产业结构调整中的决定作用。现阶段,中国需要基于经济发展的阶段特征和关键短板,定义好政府和市场在推动产业结构优化升级驱动转换中的功能边界,把握好二者之间的平衡关系。政府政策取向应从干预市场与限制竞争调整为增进和扩展市场,促使市场起决定性作用,努力创造"促进公平竞争、鼓励创新"的市场环境。具体来说:①强化市场竞争机制,放松并减少对经济主体的广泛干预;②维护市场秩序,加强市场监管,确保市场机制发挥决定性作用;③强化社会性规制,进一步完善市场制度功能,推动可持续发展和绿色增长(张建华,2019)。

2. 在基础研究、关键共性技术的开发及扩散方面发挥更大作用

无论是传统产业的转型升级,还是高新技术产业的发展壮大,都必须紧紧围绕全面提升企业的自主创新能力。当前,我国除了基础创新、原始创新能力不足,同时关键共性技术、关键零配件、关键材料研发生产能力以及关键领域核心技术方面也存在不足。政府应在具有外部性和技术溢出效应的公共产品属性的创新领域,积极运用财政资金以及其他创新激励,切实解决创新活动中的"市场失灵"问题。具体来看:①支持产业基础研究,鼓励节能减排、绿色产品研发;②打造共性技术平台,对于关键共性技术和关键领域核心技术给予激励与支持;③积极

发挥技术扩散在政府组织的重要工程和重大项目中的作用，促进产业技术水平的提高和产业竞争力的增强（张建华，2019）。

3. 科学设计政策，强化政策协调和监督作用

创新导向的政策体系涉及较多政策部门，需要政府从顶层设计上协调各类关系（如战略、规划、政策、标准制定和实施等），强化政策的科学制定、有力执行、约束监督、动态调整、自我纠错的良性循环机制（张建华，2019）。主要包括：①中央和地方政策从一致性、系统性方面加强全年协调统筹；②强化政策的执行力度，加强约束监督；③根据创新驱动发展进程以及产业结构优化升级的阶段，实时动态调整政策，加强政策事前、事中、事后评估，健全评估标准，及时纠正调整不合理的政策；④避免少数政策的过度叠加，避免政策上的"套利行为"和机会主义，增强政策制定的科学性、公平性。

4. 着力于建立健全创新相关法律制度及执行机制

创新驱动产业结构优化升级有许多问题亟待解决，如知识产权执行机制的缺位、专利制度的落后，这些极大抑制了中国创新动力提升。因此，政府应着力于健全和完善知识产权制度和专利制度，尤其是要完善知识产权执行机制，加强知识产权的保护，加强技术创新的激励机制，从而对中国创新驱动经济增长形成有效的支撑作用，也对中国产业结构转型升级形成有效的促进作用（张杰和宣璐，2016）。

14.2 创新驱动产业结构优化升级的国际经验研究

14.2.1 发达国家创新驱动工业化经验

世界主要发达国家在创新驱动工业化发展的过程中，不仅从战略高度明确发展目标，而且从鼓励政策、方向引导、制度保障等各方面采取了一系列措施，有力推进了创新驱动工业结构升级，这些经验做法值得我国学习借鉴。

1. 明确把科技创新作为国家战略

从世界主要发达国家的创新驱动发展历程来看，政府基于本国国情及产业发展阶段，从战略层面积极推动创新驱动发展，明确创新驱动发展的重要方向，把科技创新作为国家发展战略的核心，牢牢把握科技革命和产业革命的机遇，以抢占未来发展制高点，赢得发展的主动权（张立琴等，2015）。

美国是世界公认的创新型国家，是创新驱动发展的标杆国家。美国始终走在世界科技发展的前沿，始终将创新作为刺激经济增长、提升国家竞争力的核心（张立琴等，2015），从 2007 年的《美国竞争法》、2009 年的《美国复兴与再投资法》到 2009 年的《美国创新战略：推动可持续增长和高质量就业》，再到 2011 年的《美国创新战略：确保我们的经济增长与繁荣》，这些都是例证。2015 年 10 月，美国国家经济委员会和科技政策办公室联合发布了新版《美国创新战略》。该报告公布了维持创新生态系统的关键要素，特别强调创新的知识产权制度、保护创新的反垄断执法等，提出要将环境建设摆在极其重要的位置，构建创新友好环境，以此作为培育创新的土壤。

德国政府高度重视战略规划对科技创新的引领作用。20 世纪 80 年代以来，德国政府先后出台一系列法规以不断强化战略规划的宏观引领作用。"高技术战略"（high-tech strategy，HTS）是德国联邦政府发布的一项所有政府部门全面参与的综合性国家战略，是德国研究与创新政策最重要的发展方针。该战略最早发布于 2006 年，每四年更新一次，围绕德国在研究与创新领域面对的最新挑战和发展趋势，对目标和优先支持领域进行调整。2012 年，德国政府推出《高技术战略行动计划》，推动在《德国 2020 高技术战略》框架下 10 项未来研究项目的开展。2013 年 4 月，德国正式推出《德国工业 4.0 战略计划实施建议》，旨在支持德国工业领域新一代革命性技术的研发与创新。2014 年德国出台《新高技术战略》，提出要把德国建设为世界领先的创新国家。2018 年，德国通过了《高技术战略 2025》，再次对这一德国科研发展最重要的指导战略进行了更新，提出到 2025 年与产业界和各联邦州协同实现研发投入占 GDP 的比例达到 3.5%，还在战略和计划编制方式以及内容方面对"高技术战略"进行了调整：一是更加强调不同政府部门间的协同配合，尽可能多地从不同政策角度制定未来任务和发展主题；二是在内容上更加关注对数字化潜力的开发、研发成果向高质量产品和工艺的转化，以及开放创新和风险文化的建立。

日本实施科技创新立国战略，走出了一条有别于欧美国家的独特的创新驱动发展之路。日本的发展经历了贸易立国、技术立国到科技创新立国的不同阶段，形成了一个科技立国战略体系（张立琴等，2015）。2020 年 3 月，日本内阁会议通过《科学技术基本法》修正案，将其更名为《科学技术创新基本法》，把人文社会科学相关的科学技术追加为振兴对象，并引入"创新的创造"概念。2020 年 7 月，日本推出《综合创新战略 2020》，把新形势下日本的"社会 5.0"具体化路径总结为：加速数字化转型，以"创新的创造"推动社会变革，加强作为创新源泉的科研实力，融合人文社会科学才智，实现持续且具有韧性的"社会 5.0"。

2. 政府加大对研发活动的支持，综合运用各类政策鼓励和支持创新

主要发达国家都非常重视加大技术研究和产业化支持，推动关键领域率先突破，促进产业结构优化升级。政府通过直接增加研发与创新的投入力度，制定各类政策鼓励创新，为经济发展注入源源不断的动力，激发市场活力。

美国政府直接加强对基础研究的投入，大幅增加美国国家科学基金会、国家标准与技术研究院等基础研究机构的经费，强化对技术创新的支持（周建军，2017）。在关键产业领域，美国政府更是通过直接资助等形式进行支持，如美国政府直接资助了美国半导体企业研发支出的 25%，确保了企业在半导体产业的技术领先地位。日本、德国和韩国也通过专项经费支持措施鼓励企业进行技术创新。

鼓励企业创新的主要举措如下。①政府采购。美国也采取了包括军事采购、政府采购的市场支持政策。例如，美国政府通过军事采购项目对半导体企业进行额外支持，军方的高价支付承担了新技术开发的大部分风险和成本，对本国半导体产业的早期发展起到重要的保护作用。②研发补贴、税收优惠。美国、日本、韩国常常对本国企业进行研发补贴、税收减免，鼓励本国企业进行创新。③金融支持。美国企业可以通过信贷、风险投资等方式获得美国政府的支持。美国还成立了小企业管理局，对小企业投资公司进行贷款担保支持，以扶持有潜力的企业发展壮大。④产业组织政策。发达国家通过不断完善反垄断政策，在促进竞争的同时，提高生产率。例如，美国政府不断完善反垄断的法律法规，甚至直接介入美国经济中的并购重组。⑤关税保护。许多发达国家在不同历史发展阶段普遍使用过关税保护政策来保护或者促进国内产业发展（周建军，2017）。在鼓励本国企业创新的过程中，以保护本国产业发展的关税政策、进出口配额政策也被多数国家使用过。

3. 强调企业创新主体地位，建立完备的自主创新体系

主要发达国家以企业作为创新主体，重视创新型企业培育，不断完善激励企业创新的政策，构建完善的创新中介服务网络，拓宽中、小企业融资渠道（周建军，2017；张立琴等，2015）。

主要发达国家普遍重视产学研互动，促进产业技术创新联盟发展。要营造良好的创新生态，必须有产学研等多个主体的共同参与，才能发挥创新的合力。比如，美国的创新联盟涵盖了基础研究、应用研究，美国政府甚至倡议放松美国反垄断法来允许美国企业开展更大范围的合作研究（周建军，2017）。日本则鼓励技术研究组合、产业技术创新联盟等的发展，并对产业技术创新联盟给予 30%～50% 的经费补助。这些措施促进了产学研等各类创新主体的升级，形成了创新驱动的良好产业生态，大大促进了科技进步和产业发展（盛朝迅，2014）。

4. 完善基础设施、建立健全法律政策体系，提供良好的创新环境

发达国家十分重视营造良好的创新环境。一方面重视对基础设施的投资，以降低企业经营活动中的成本。另一方面，重视通过完善法律制度，保护知识产权，引导和促进创新发展。美国、法国等国通过法律形式保护知识产权，鼓励科技投入、技术创新和转化；强化对发明和专利的保护，鼓励企业和社会部门增加研发投入（盛朝迅，2014）；建立了较为完善的科技法律制度体系，力图通过健全的法律来严格规范创新主体的市场行为，做到有法可依，有法可循（张立琴等，2015）。

14.2.2　发达国家再工业化的启示

在创新驱动产业结构转型的过程中，需要重点关注发达国家工业化过程中的再工业化现象（孟祺，2012）。为重新提高制造业的国际竞争力，2008 年国际金融危机之后欧美主要发达国家开始推行再工业化政策。美国、日本、欧洲等国纷纷提出"再工业化"战略，重视制造业的发展。为了加速制造业升级步伐，美国在 2009 年推出了《重振美国制造业政策框架》，2010 年推出《美国制造业促进法案》，2011 年推出"先进制造伙伴计划"，2012 年发布《美国先进制造战略计划》，并启动"国家制造业创新网络计划"，2018 年以后实施美国优先的贸易政策，实质也是为了推动美国制造业发展，增强美国产业的国际竞争力。欧盟推出了"欧洲 2020 战略"，法国推出"新工业法国"计划，英国推出"英国工业 2050 计划"。历来重视制造业发展的德国，因为受危机影响较小，并未提出复兴制造业的战略和计划，但为了占据制造强国的主导地位，也提出了"工业 4.0"战略，实质也是推行再工业化。从主要发达国家再工业化战略及过程的总体分析中，可以得到以下几个方面的启示，需要我们在未来的结构优化升级过程中重点关注。

1. 重视制造业的发展，防止产业空心化和虚拟化

美国、日本以及欧盟大部分成员国，如西班牙、法国、比利时等国，或多或少存在去工业化现象，工业增加值所占比重下降，工业部门吸收的就业人员也在下降。这多是源于第三产业的崛起。其中，以房地产和金融业为代表的虚拟经济发展所带来的影响最为显著。相反，德国是一个制造业大国，其正是由于注重以制造业为代表的实体经济的发展，才能够成功抵御 2008 年的金融危机，并成为应对欧洲债务危机的"定海神针"（孟祺，2012）。因此，中国在未来的创新驱动产业结构升级的过程中，务必把防止产业空心化作为结构转型升级中的一个重要任务，采取有效措施，夯牢实体经济的坚实基础（孟祺，2012）。

2. 再工业化的实质是以创新驱动制造业重振，提升企业创新能力

再工业化的内在要求是持续不断的科技创新。从主要发达国家再工业化的过程来看，其实质是以创新驱动制造业重振，重视新兴产业创新，改造升级传统制造业。美国再工业化的实现主要依靠的是以创新驱动下一轮科技进步与经济增长，即以技术创新与制度创新的持续互动驱动创新。其强调的是以创新驱动国家先进制造业的再度振兴，实现"经济中心"回归，实质是以技术创新推动改造旧产业、催生新产业。德国"工业4.0"战略的指导思想也是致力于完善创新体系，持续提升企业的创新能力。

面对主要发达国家的再工业化战略，中国制造业面临着诸多挑战和冲击，如其削弱了中国制造业的成本竞争优势，加剧了中国制造业转型的紧迫性。鉴于未来在新兴产业上与发达国家的发展差距并不大，中国必须坚定创新驱动结构转型的发展方向，不断完善创新导向的政策，大力发展先进制造业，抢占价值链顶端位置，同样有机会与发达国家制造业竞争。主要发达国家在再工业化过程中以创新驱动制造业发展有以下几点举措可以重点关注。

（1）重视对新兴产业的投入，尤其是重视先进制造业的发展，加大对基础科研的投资。美国再工业化政策并不是简单地回归传统制造业，而是探索能再创美国制造业辉煌的新工业基础，重点领域包括新材料、新能源、生物医药、信息技术、航空航天等。为此，美国于2009年2月签署了《美国复苏与再投资法案》，这一项激励政策涉及对各行各业的投资，总额达7870亿美元，对新兴产业的投资超过了1000亿美元。可以看出，美国对于新兴产业非常重视，且给予了巨额的经费支持和完善的制度保障。德国政府重点支持生物技术、纳米技术、微电子和纳米电子等战略性新兴技术的突破发展，从而保持德国在这些领域的领先地位（黄阳华，2015）。

（2）支持产学研合作，强化技术创新平台建设，加速创新成果转化。比如，德国政府充分发掘创新的潜在经济价值，以创新促进本国产业升级和商业模式创新，包括支持科研机构和中小企业申请与应用专利，促进学术成果的商业化，升级校园资助项目，实施"领先集群竞争"和创新联盟等行之有效的政策（黄阳华，2015）。我们应该充分吸收和借鉴发达国家产学研用联合模式，一方面，对于不同类型的自发的产学研合作或产业研发联盟，政府要通过引导和支持的方式促进其发展；另一方面，可以选择几个重点行业和关键技术领域进行试点，以行业骨干企业为龙头，联合科研实力雄厚的大学和科研机构，组建多种形式的研发联盟，充分调动市场、政府、高校等各方资源和力量，共同推进技术研发和应用推广（罗文，2014）。

（3）重视中小企业的作用，转变中小企业政策思路。中小企业是德国经济的微观基础，大量隐形冠军企业是德国产业竞争的软实力。德国政府为解决中小企业融资需求问题，致力于发展与中小企业和创业企业金融需求相匹配的直接融资方式，优化经营环境，解决风险资本市场和直接投资发展滞后的问题，发展多层次的融资工具，激发风险资本的活力（黄阳华，2015）。中国中小企业众多，但规模较小，在资金、人才、技术等方面处于明显劣势地位。可以借鉴德国经验，转变中小企业政策思路，完善中小企业公共服务体系，提高创新资源对中小企业的开放程度，鼓励中小企业更多地进行中长期研发。比如，以新技术装备中小企业，支持面向中小企业的工业云服务平台建设，通过制度创新、结构重组、信息化改造、智能化升级、创新力增强等途径，大力发挥中小企业独有的竞争优势，形成大中小型企业协同发展的新型产业组织。

（4）加快推动人才培养，培养复合型实用创新人才。主要发达国家普遍重视高素质、高创新型人才的培养，以满足创新驱动发展的人才需求。德国政府重视发展职业教育、高等教育、继续教育和培训等多层次的人力资源开发体系，培育高素质产业工人，在政策上重点支持培养中小企业青年工程师（黄阳华，2015）。我们可以借鉴主要发达国家的经验，在注重普通教育的同时，也重视职业教育投入，培养实用型人才，使得教育和劳动力市场的需求紧密结合。同时，国家可以在加强产学研合作的基础上，最大程度提升科研效率和人才资源的利用率。

3. 信息化、智能化、数字化、个性化是未来工业转型的方向

在创新驱动转型升级过程中，需要时刻关注主要发达国家最新的制造业发展重点和方向：一是信息化与工业化的两化深度融合，二是智能化、数字化、个性化和信息化已成为全球制造业发展的新趋势。德国"工业4.0"战略通过完善的工业标准，避免了工业制造企业在跨系统、跨平台生产时的不兼容问题，有效提高了工业生产效率（图14-1）。而中国目前工业企业生产标准还较为混乱，需要加快制定中国制造综合标准化体系（黄阳华，2015），借鉴德国"工业4.0"战略，通过构建智能化、数字化的信息物理系统，加强制造业与服务业的有效融合，从而实现制造业的高端化发展。在国家层面，应加强技术攻关，启动实施智能制造专项工程，开展应用示范，推动制造业向智能化发展转型。

4. 政府在强化战略引导和制度保障中发挥重要作用

从主要发达国家再工业化战略的推行来看，各国政府普遍都很重视顶层设计层面的战略引导以及制度保障体系的建立。在推动再工业化过程中，主要发达国家纷纷出台了国家相关战略规划明确了再工业化的目标和发展导向，把重振制造业作为近年来最优先的战略议程，同时，高度重视制度保障体系的建立。比如，

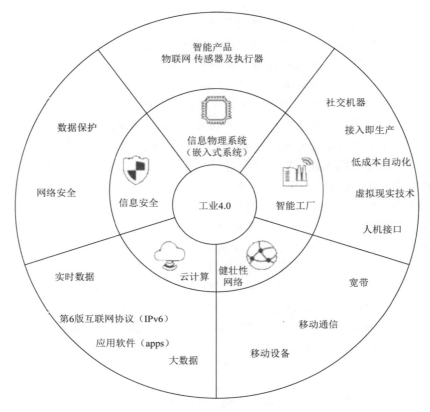

图 14-1　德国"工业 4.0"战略涉及的主要产业

设立处理各类问题的专职工作组，制定和实施安全性支撑行动，建立培训和再教育制度等。因此，非常有必要建立和完善有利于工业转型升级的长效机制，如知识产权保护制度，节能环保、质量安全等重点领域的法律法规，人才培养和激励机制等，从而形成推动工业转型升级的制度保障（罗文，2014）。

14.3　创新导向的政策体系设计

构建创新导向的政策体系，是当前有序推进产业结构优化升级的根本保障。在经济发展的新常态下，中国需要设计一套系统的以创新为导向的政策体系，支撑中国当下创新驱动发展和结构转型升级的迫切需求。以驱动产业结构优化升级的创新导向的政策体系，必须紧紧围绕着技术链-产业链的整个过程，促进技术链上技术创新的顺利进行，促进技术创新成果顺利向产业链转移，促进产业链上新兴产业发展壮大，促进成熟产业不断被新兴技术改造升级。

14.3.1　创新导向的政策目标

基于技术创新链，可将技术创新过程划分为三个阶段：研究开发、生产试验、商业化和产业化（图 14-2）。在研究开发阶段，从项目选择、基础研究、应用研究到试验开发，不仅具有科研优势的大学、科研院所会投入大量的研发人员和经费，而且政府以及部分风险基金也会给予一定的支持，提供技术链上的研发人员、经费、集成能力等综合资源。其所产生的科研成果则作为知识来源，为生产试验、商业化和产业化提供支撑。

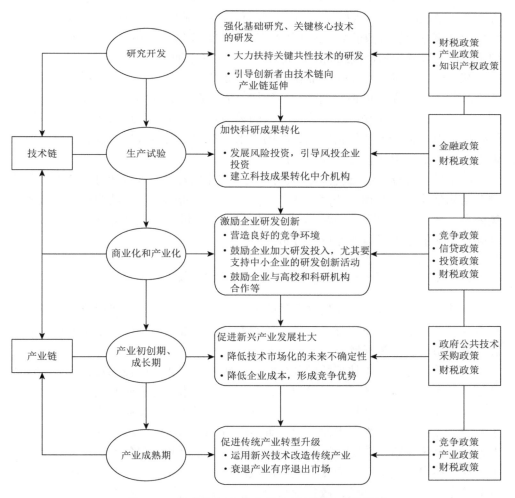

图 14-2　基于技术链-产业链的创新导向政策目标

在技术链与产业链中间的生产试验阶段，实验室、独立的研发型企业、高校、科研机构、咨询机构等将知识物化为专利、专用技术设计方案、试验原型等形式，为技术商业化和产业化做准备，实现对"死亡谷"的跨越。由于投入高，并且具有较大的风险和不确定性，以中小企业、高成长型企业、风险投资等为主要来源的资源供给往往较少，不能满足生产试验的资源需求，从而导致技术链上的科技成果无法顺利地实现产业化，即技术链与产业链之间产生了断层。这也是当前技术创新驱动产业转型发展过程中的重要障碍。在技术链上的不同阶段，各类创新主体发挥的作用不同，创新成功的关键在于，将研发成果成功转化为能带来利润的新产品或新工艺。

进入商业化和产业化阶段，表明已在创新价值链末端。基于可预期的经济收益，大企业以及社会资本投入研发、生产资源，保障在产业链上的市场开发、综合经营、批量生产等方面的资源供给，企业能够有效获取知识转移或知识产出成果，从事知识生产，实现从认知价值到经济价值的转化，实现预期的市场前景。

在实现了技术商业化和产业化之后，开始产生新兴产业，并不断发展壮大。基于产业生命周期，可将其划分为初创期、成长期和成熟期三个阶段。其中初创期、成长期往往是新兴产业形成、壮大的关键阶段。当产业进入成熟期后，则成为传统产业，根据产业结构优化升级的需求，需要运用新兴技术改造传统产业，使之转型升级，形成新的产业增长点。

基于技术链-产业链过程，结合主要发达国家的经验，本节针对我国创新驱动产业结构优化升级过程中的薄弱环节，设计如下创新驱动产业结构优化升级的政策内容，如图 14-2 所示。接下来将从技术链-产业链上的五个环节，主要从政策导向及相应的政策手段方面进行分析。

1. 研究开发阶段——强化基础研究、关键核心技术的研发

从前面的分析来看，在研究开发阶段，高校、科研院所，包括政府可能都会投入大量的资源进行研究开发，但总体来看还存在着关键共性技术研发不足和研发成果与市场脱节等问题。

（1）政府需要大力扶持关键共性技术的研发。产业共性技术对于产业升级的重要作用不言而喻，关乎产业发展存亡。但共性技术具有高研发投入和高市场不确定性的属性，产业共性技术开发具有外部性，因此会凸显瓶颈约束。这就决定了政府在支持产业共性技术发展中的重要作用。其一，政府必须重视财税政策（研发投入、科研补贴、税收减免等）、产业政策、知识产权政策等相关配套政策，加大对共性技术研究的支持力度；其二，政府需要主导或引导关键共性技术研发平台的建立，通过给予补贴、政策优惠等，加快关键共性技术研发平台的建设；其

三，政府应当介入共性技术的扩散及转化，保证技术信息流动和提高共性技术组织的信息沟通效率，使企业以低价获取共性技术。

（2）政府可以进一步引导创新者由技术链向产业链延伸。引导以高校和科研机构为主体的创新主体主动与市场对接，鼓励高校科研院所不仅直接参与研究开发工作，而且也应进入科技成果的生产试验、商业化和产业化阶段，成功实现其功能由技术链向产业链延伸。政府可以通过法规和政策优惠引导设立专门技术转移机构，为高校和科研院所的科技成果提供专门的技术转移服务；通过项目资助等方式引导高校、科研院所与企业合作研究，以市场为导向的研发能够提高科技成果转化的成功率；通过政策法规引导建立大学与企业的双向人才流动机制，鼓励师生创业，为科技成果转化提供相匹配的人才支撑和创新氛围，大学支持高校教师到企业兼职，学生到企业实习或毕业之后在企业就业，企业的员工可以到高校进行培训、深造；依托著名大学，设立科技园区，打造集聚创新优势，形成高效的科技成果转化平台。这些需要通过专门的法规、政策进行引导，甚至是政府直接主导得以实现。

2. 生产试验阶段——加快科研成果转化

从市场本身的运行机制来看，生产试验阶段是技术创新的一个薄弱环节，市场供给资源相对最少。在较多的科研成果和可直接进行产业化的技术之间却严重缺乏资金、人员等科研资源的支撑甚至缺乏执行主体，使得科技和产业脱节，大量的科研成果被闲置，科技优势无法顺利转化为生产力。这就需要政府加大政策力度，引导创新主体进行生产试验。

一方面，要发展风险投资，引导风投企业投资。当然这需要政府给予财政优惠和支持，包括完善风险投资机制，支持风险投资企业的发展。

另一方面，要建立科技成果转化中介机构，架起技术链和产业链的桥梁，通过中间组织有效连接科研机构和企业，进行生产试验，为科技成果转化提供部门和系统的服务支撑。在我国，科技中介是整个创新链条中最为薄弱的环节，这就直接影响到我国科技创新活动的有效开展。因此。政府要加强对科技中介服务机构的政策引导和扶持，加快立法速度。注重搭建不同类型的科技服务中介机构，满足科技成果转化过程中的专业服务需求，包括技术代理、技术交易、孵化平台等方式。以工研院为代表的综合性科技成果转化平台，能够满足科技成果转化的"一体化"需求。政府需要从顶层设计层面给予引导，包括财税的支持鼓励政策，包括政府直接投资参与支持等。

3. 商业化和产业化阶段——激励企业研发创新

企业是商业化和产业化阶段的创新主体，在该阶段的企业要么是创业企业，要么则是处于新技术新项目研发的在位企业。在这一阶段，激励企业进行有效的研发创新是关键。①政府需要为新项目、新企业营造良好的竞争环境，民营企业能够凭借技术优势进入市场，避免恶性仿制等不良竞争，为企业进行商业化和产业化排除后顾之忧，使得创新成功的企业能够在市场机制下获取应有的报酬，激发创新动力。②政府可通过信贷支持、研发补贴、税收优惠等鼓励企业加大研发投入，尤其要支持中小企业的研发创新活动。③为促进科研成果的转化，政府还可以鼓励企业与高校和科研机构合作。政府引导企业设立技术研发机构，通过开展直接面向市场的应用研究，提高科技成果转化率；引导企业主动与高校和科研院所的技术转移机构对接，引进国内外先进技术，加快科技成果转化步伐；引导建立企业技术联盟，通过企业间优势互补，实现科技成果转化的规模经济，降低科技成果转化风险。这些都需要政府提供相应的财政支持等进行配合。

4. 产业初创期、成长期——促进新兴产业发展壮大

这一阶段的重点是促进新兴产业发展壮大。刚刚进入市场的企业，由于规模小，尚不能实现规模经济，成本较高，很难形成市场优势。在这个过程中，政府通过公共技术采购可以大大地降低技术市场化的未来不确定性；同时政府可以继续通过财税政策支持新产品的生产和销售，降低企业成本，提高市场可接受程度，尽快形成竞争优势。

5. 产业成熟期——促进传统产业转型升级

在这一阶段，重点在于促进处于成熟期的产业尽快转型升级，进入新一轮的产业生命周期。一方面，需要运用新兴技术改造传统产业，实现传统产业的更新换代；另一方面，对于确实处于衰退期的产业，尤其是不具有竞争优势的企业，政府应促进衰退产业在优胜劣汰机制下有序退出市场。这就需要相应的竞争政策、产业政策、财税政策进行配合支持。

14.3.2 创新导向的政策体系框架及关系

在确立了创新驱动产业结构优化升级各个关键阶段的主要目标和涉及政策之后，应结合我国基本现状，改变过去长期以来重增长、轻结构的政策导向，创造有利于创新的制度环境，充分发挥市场机制在资源配置中的基础性作用；同时，设计出一套体现以市场调节为主、政府调节为辅的，包含竞争政策、科技政策、财税政策、金融政策、投资政策、对外经济政策以及其他

公共政策的新型政策组合体系与运行机制，为加快我国产业结构优化升级提供政策支持。创新导向的政策体系设计如图 14-3 所示。在创新导向的政策体系框架下，需要从以下几个方面认识政府、市场、产业结构优化升级、政策体系之间的关系。

1. 进一步明晰政府和市场在创新导向的政策体系中的关系

产业结构调整有着自身的客观规律，市场在创新驱动产业结构优化升级中发挥着基础性、决定性作用，这一点毋庸置疑。但是正如我们前面所讨论的，正是由于我国现行市场机制尚不健全，加上创新驱动发展过程中出现的一些失灵现象，如科技与市场脱节、关键核心技术研发不足，政府需要在产业结构转型升级中起到引导以及推动的作用。

政府一方面需要进一步减少政策性约束，为市场机制作用的发挥提供良好的制度安排和制度环境。另一方面，需要对技术链-产业链上的关键环节进行引导，通过创新导向的政策效应，促进产业结构优化升级。

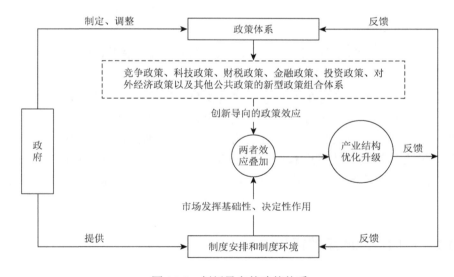

图 14-3　创新导向的政策体系

2. 不同的政策之间要防止冲突，需要通过顶层设计协调好政策关系

在产业结构调整升级的过程中，涉及的政策非常庞杂，不仅有各类资金支持政策，还有竞争政策、投资政策等，各类政策着力点不同，政策特点也不同。在

制定政策组合的时候，要尽量考虑政策之间可能存在的冲突，如财税政策的支持是否妨碍了市场竞争，影响了竞争政策效应的发挥？政府政策与市场机制之间是否有冲突？匠此在构建新型政策体系时，需要统筹考虑各行业发展，增强政策制定的科学性、公平性；同时适应形势变化，做好政策的动态调整，及时纠正不合理的政策。诸多政策之间的协调是一个庞大的工作，必须由政府专门机构建立多部门协调机制，使各政策部门有效沟通配合。

3. 创新导向的政策体系不是一成不变的，而是要形成一个政策调整长效机制

创新导向的政策组合不是一成不变的，而是动态调整的、不断优化的，需要构建政策的自我纠错的良性循环机制。在制定、实施中，需要及时捕捉产业发展的新趋势、新特点，根据创新导向的政策效应与市场机制对产业结构优化升级作用的叠加效应，及时评价政策体系实施的效果，分析可能存在的可以改进的方面，建立一个"分析诊断—调整政策—再分析诊断—再调整政策"的政策支持循环体系，为加快我国产业结构优化升级的政策体系的优化调整提供长效机制。

14.4　新时代中国产业政策导向、调整思路与框架

制定产业政策的目的在于促进经济增长和可持续发展、改进资源配置效率、优化经济结构以及提升国际竞争力。进入新时代，中国面临的发展形势、国际环境、战略目标、主要任务与以往已有很大不同，因此，重要的任务是让市场在资源配置中起决定性作用和更好发挥政府作用，合理调整产业政策，引导、鼓励、支持企业成长，协调产业发展，建设现代化经济体系，推动经济高质量发展，迈向产业强国。

14.4.1　中国产业政策的得与失

中国经济正处在一个大变革时代，产业政策在经济转型与升级等方面扮演着举足轻重的角色。黄益平认为好的产业政策应该具备五个要素：顺应市场、不限制竞争、谨慎干预、有退出机制和做事后评估。如果做不到这些，实行产业政策很可能会事倍功半甚至弊大于利。

回顾中国已经实施的产业政策，实际上有得有失。有的行业确实受益于产业政策而获得了巨大的发展，而有的行业并未实现政策目标，在不同的行业，成功

和失败的概率是不一样的。总体来说，中国的产业政策实践已产生了一些值得肯定的正面效应，当前和今后仍需要产业政策。2019 年 6 月有专家指出，中国做得最好的事情是改革开放，如加入世界贸易组织、引进竞争、改善投资环境等，这些都属于广义的产业政策，但一些针对具体行业的产业政策，也有失败的案例[①]。

产业政策具有多重属性，不仅可以消除"市场失灵"，也是形成竞争优势、保障产业安全、实现国家战略的重要手段。它需要市场力量与政府力量的有机结合，需要在不完美的市场和不完美的政府之间找到平衡。市场机制有利于形成有竞争力的价格体系，能够充分反映一国要素禀赋的丰裕与稀缺，企业自发进入具有比较优势的产业，能够实现经济效率的优化。制定维护市场公平竞争秩序的制度和培育维护参与产业转型升级行为自由公平的环境，这比投资于促进产业调整的行为更可取。

事实上，市场并非完美和万能的。由于不完全竞争、外部性、信息不完备和公共物品等的存在，单纯的市场机制难以防止一些领域过度扩张和产能过剩，而另一些领域则存在生产不足与严重短缺的问题，存在巨大的资源浪费。因此，当出现结构升级或调整的需求时，在纯市场环境下，产业往往难以自发地完成结构变动，而需外力推动，这时产业政策的重要作用就凸显出来了。对于发展中国家来说，产业政策往往是促进其经济较快发展并缩小与发达国家差距，甚至赶超发达国家的重要政策工具。即使是最发达的市场经济国家，产业政策也从未退出历史舞台。联合国贸易和发展会议发布的《世界投资报告 2018》指出，在过去十年中，发达国家和发展中国家至少有 101 个经济体（占全球生产总值的 90%以上）出台了正式的产业发展战略。然而，由于经济体制、社会结构、发展战略、发展阶段、产业重点等差异较大，各国产业政策的目标、范围、重点、政策工具和成效也很不相同。

从战略层面看，中国的产业政策总体上是成功的。新中国成立后，运用计划手段全方位配置要素资源，调动各种资源与要素向重点工业、重点企业倾斜，基本建立起了完整的工业体系。改革开放后，逐步建立和完善社会主义市场经济体制，市场在资源配置中的范围不断扩大，市场机制不断增强。与此同时，政府在结构调整、规模扩张、产业升级、国际化等方面，从直接干预转向间接干预，综合运用经济、法律和行政等多种手段，充分发挥产业政策的作用。我国的产业发展成就表明，产业政策的目标基本达到。但还存在政策体系不健全等问题，结构优化与升级成效还不尽如人意（项安波和张文魁，2013）。尽管如此，我们需要系统与辩证认识产业政策，不能因产业政策的成效而否定市场机制，也不能因实践

---

① 《专家思辨产业政策：当下的中国需要怎样的产业政策？》，https://m.bjnews.com.cn/detail/155965296514110.html[2021-03-07]。

中的问题而否定产业政策。产业政策不是有无的问题，而是如何合理制定政策的问题。应该说，这正是新时代改进和完善产业政策的逻辑起点。

14.4.2 新时代中国产业发展的机遇与挑战

中国发展已进入工业化中后期，产业结构处于全面调整和升级的阶段。20世纪80年代、90年代工业化初期，总体特征是生产力水平较低、产业规模小，21世纪头十年，我国处于工业化中期，以重化工业为主导，产业规模急剧扩张。现阶段，中国基本形成了以市场为基础的经济系统，形成了完备的产业部门，主导产业也从原先的重化工业向创新密集型部门转变，数以百计的特色产业集群初步形成，部分行业掌握了当今国际主流的成熟技术，拥有相当规模的中高端人才，总量可观、结构不断优化的市场需求业已形成，产业结构高级化发展所需各种条件已经基本具备。

当前，中国产业发展突出问题主要表现为工业和房地产等行业固定资产投资持续下行，钢铁、煤炭等部分重化工业和部分新兴产业产能过剩，行业利润下滑，工业出口持续大幅下降，行业和企业分化问题严重。从中国的技术进步特征看，目前大致已经处于技术追赶阶段末期，甚至已经进入"技术边界共享前阶段"。这一阶段的特征是企业难以通过模仿和吸收获得新技术，而必须致力于自主研发。

从中长期发展观点看，多年以来中国产业发展存在的一些深层次问题一直未能得到解决。一是结构总体不优。现代农业发展不足，基础薄弱；工业科技水平不高，高新技术产业发展不快；服务体系不完整，服务业供给结构有待优化；竞争性行业集中度偏低，平台性垄断问题呈现；产业地理布局问题也较突出。二是创新能力和核心竞争力不强。关键核心技术储备不足，尖端技术、核心零部件制造与发达经济体差距较大，创新能力提升缓慢；制造业劳动生产率水平低下，服务业缺少大企业集团和知名品牌，服务贸易逆差严重；企业治理现代化水平有待提高。三是发展不和谐不协调。三次产业联动不足，同一产业内、上下游产业、不同所有制企业、大中小企业之间缺乏协调。四是可持续发展动能不足。产业发展的能源资源消耗强度大，能源资源刚性需求持续上升，生态环境约束进一步加剧，产业结构转型迫在眉睫。五是营商环境有待改善。政务、商务、法律、舆论、信用等环境并不理想，物流、资金、信息和交易等成本较高，企业用工费用不断攀升，产业发展的传统比较优势大为削弱。六是包容性发展问题。工业交通安全事故、食品药品安全事件时有发生；一些企业执行《中华人民共和国劳动合同法》时存在矛盾冲突，产业、企业和员工之间和谐度不高；农民工转换为市民身份困难，城乡二元结构难以扭转；部分传统产业吸纳就业能力下降；不断加速的老龄化，难以提供产业发展所需的富有活力的劳动力大军。

从国际层面看，中国产业发展面临的挑战已经有了很大不同。一是贸易摩擦和壁垒增多。面对中国的和平崛起，某些国家心态发生了很大变化，不再将中国的发展看成机遇，而将中国当作有力的竞争者或巨大的威胁。中国与一些国家的双边经贸关系变得复杂，不稳定不确定因素增多。一些发达国家构筑技术壁垒，严格控制高端技术向中国出口。已有的多边贸易体系正遭遇前所未有的挑战，中国的市场经济地位也遇到各种压力。二是国际市场竞争激烈。欧美大力推进制造业复兴。美国大力扶持制造业出口，加大贸易保护，限制国外产品进口；德国英国等鼓励出口，将增加出口竞争力作为其国家优先战略，进军主要新兴市场；法国通过放松出口管制、扩大出口信贷、推动对外投资，增强工业品竞争力；日本也把制造业振兴作为战略重点，增加对新兴市场的出口。三是国际竞争呈现双重挤压。发达国家跨国公司主导全球供应链，掌控全球价值链高端，已在一些战略性产业占据了国际竞争制高点。与此同时，东南亚、南亚等发展中国家依靠廉价劳动力、土地、环境等优势，承接了大量劳动密集型产业。中国面临夹层困境。四是其他一些全球性问题挑战。全球流行性疾病、气候变化和环境保护、能源和粮食安全、水危机、资源和人才争夺、宏观经济和金融稳定、恐怖主义和地区冲突等，都在不同程度地影响着中国产业的持续发展。

14.4.3　中国产业政策的优化思路与重点

中国经济正在从要素投入型向创新驱动型发展模式转变，面向未来的产业政策也需要向发挥市场在资源配置中的决定性作用和促进创新的方向转变。在新时代背景下，我国逐渐从选择性产业政策向功能性产业政策转变，更加注重营商环境的改善和提升。产业政策变革背后的驱动力，不仅在于发展阶段的转换，也在于国家战略的转换。

随着全面建成小康社会这一目标的实现，我国已经开启全面建设社会主义现代化国家的新征程，因此，面向未来，产业政策应以建设现代化产业体系和现代化强国为目标，以改善营商环境为核心，结合对特定产业、领域、对象的结构性安排，消除产业发展中的制约因素，增强产业创新能力、可持续发展能力和国际竞争力，提升资源配置效率，增强社会福利水平。产业政策优化应遵循以下原则：符合国家战略发展导向、激发市场活力和弥补市场缺陷，强化功能性政策、优化选择性政策，注重政策组合协调效应，推进国内国际双循环良性运转。

产业政策要以建设现代化经济体系、推动产业由大变强、实现高质量发展等战略目标为指引。产业政策要弥补"市场失灵"，对冲市场机制运行的负面效应，培育与完善市场功能，弥补市场缺陷，实现与市场力量的有机结合。产业政策的核心内容是从战略、制度、要素（如技术、劳动力、资本、土地）等维度设计功能性政策和选择性政策。强化功能性产业政策，就是要营造产业发展的良好环境，激励创新创业，提升产业发展的要素与公共服务支撑，规范市场主体行为等。优化选择性产业政策，要义在于减少政府对特定产业的直接干预，将产业政策的作用严格限定在确实需要重点发展或解决问题的产业或领域。

在国内政策协调方面，产业政策需要兼顾相关政策协调，对不同政策统筹兼顾，促进产业政策与宏观政策、区域政策、社会政策、生态环境政策之间的协调。在国际政策协调方面，把握国际产业发展的趋势，在全球范围内配置资源，促进国际产业分工与合作；结合开放政策，将国内产业升级与全球产业格局调整结合起来；立足于提升在全球价值链中的地位，主动参与国际分工，广泛开展国际合作，积极参与全球治理。

随着改革开放不断深化，我国总体产业水平不断提升，各地的产业结构也不断升级转型，形成了区域间差异化、协同化的产业关系。各地区产业结构特色显著，在全国层面进行具体行业的发展指导，已经不再符合实情。因此，地方政府应理性客观认识自身的产业发展路径，逐渐向功能性产业政策转型，从而更好地处理政府和市场的关系，构建市场友好型政府，并因地制宜，提出具备可操作性的产业政策。

相对于选择性产业政策，功能性产业政策是指政府通过加强各种基础设施（包括产业发展所需的软硬环境）建设，推动和促进技术创新，维护公平竞争，降低社会交易成本，创造有效率的市场环境，使市场功能得到发挥的产业政策。功能性产业政策通过对自然垄断行业的规制，弥补市场在自然垄断行业的效率低下，从而提升资源配置效率；通过对公共产品、外部性、信息不对称的规制，克服"市场失灵"，实现公平有序的自由竞争秩序。而竞争政策是对市场中的限制竞争、滥用市场支配地位和企业不当合并等阻碍自由竞争的行为进行规制，从而恢复市场的活力，维护自由竞争的秩序。

产业政策从选择性转向功能性，意味着政府逐渐弱化对微观经济活动的直接干预，逐渐增强对产业发展的服务和基础设施的关注，除了保障国家安全等特殊战略性产业以外，产业政策更多的是提出发展原则，强调产业之间的相互融合，通过研究报告和规划等方式引导产业发展，发挥引导性作用。对于地方政府而言，将难以再依靠中央纵向的产业选择目录来决定自身的产业发展方向，各地的产业发展应在了解资源禀赋结构的基础上，结合自身发展条件，更加精准地识别当地潜力产业，强化本地特色和产业优势，谨慎、精准选择产业发展路径，因地制宜地制定可落地的实操性产业政策，为后续的招商、运营奠定基础，引导地方产业健康发展。

结合数字经济发展新趋势，我国产业政策还需重点加强如下几个方面的工作。

（1）着力提高基础设施的保障和支撑能力，优化升级产业链水平。为此，要先对构成产业链基础的基础设施进行优化升级，在此基础上，进一步优化和升级支撑产业链的上层应用。鉴于数字经济发展所需，应重点加快第五代移动通信、工业互联网、大数据中心等新型基础设施系统的布局和建设，从而为数字经济、智能制造等提供底层基础保障。这就包括：一是从顶层设计上对新型基础设施建设进行前瞻性指导，制定相应的专项细分规划，统筹协调重点领域和地区；二是在各地区逐步推动，以平台为核心推动工业互联网发展，拓展和深化细化行业应用，完善企业信息安全保障体系；三是借助示范基地和园区建设加强应用推广，充分发挥标杆企业的作用，引导企业根据行业需求进行商业模式创新和应用创新，从而提高新型基础设施的应用和转换效率。

（2）着力锻长板和补短板，夯实制造业基础。在现代化经济体系建设中，制造业发挥着重要的作用，是产业链的核心载体，因此，现阶段中国应从锻造产业链长板和补齐产业链短板两个主要方面进一步夯实制造业基础。

在锻造产业链长板方面，主要开展三方面工作。一是进一步巩固提升我国具有先发优势产业的国际领先地位，通过税收优惠、信贷等方式提供政策支持，形成一种正向激励机制，促进高铁、新能源、第五代移动通信技术等领域产业链发展。还要出台标准和政策加强相关行业的知识产权保护，形成良好的竞争秩序，锻造一批"撒手锏"技术，推动新材料、新能源、生物技术等新兴产业链的发展。二是大力开展具有产业规模优势的行业产品质量提升行动，如机械、轻工家电、纺织服装等领域，建立国际上具有影响力的行业质量标准体系，由政府科技部门牵头，鼓励研究院所和行业中的标杆企业参加，促进行业由大规模发展方式向高质量发展方式转变，将产品做精做细。三是促进产业链向中西部有序转移，进而发挥不同地区的区域优势，优化区域产业链布局，促进区域经济协调发展。在补齐产业链短板方面，主要针对产业链薄弱环节以及断供风险较大的"卡脖子"技术领域，加大规划指导；从人才配置上给予大力支持；政府可在产业投资基金引导、财税优惠和信贷支持、孵化园区等领域加大相关产业扶持。

（3）以数字化技术为抓手，拓展数字化转型在产业链优化过程中的应用。数字化已经成为未来全球经济转型的一个方向。通过数字化转型，很多企业获得了更多的发展赋能。因此，产业政策的重点在于：一是推动数字经济和实体经济的深度融合，打造具有国际影响力和竞争力的数字经济产业链；二是培育数字化生态，提高公共服务和社会治理的数字化与智能化水平；三是建立数据资源产权、交易流通、跨境传输和安全保护等方面的基础制度与标准规范，并根据数字经济和实体经济融合的程度进行动态调整，形成数字经济发展的良好秩序；四是积极参与制定数字领域国际标准，提高我国在全球数字化发展中的参与度和影响力。

14.5　创新驱动产业结构优化升级的制度保障和运行机制

从当前到 2035 年是我国改造提升传统产业和培育发展新兴产业,推动产业结构调整优化的关键时期。产业结构升级的关键所在,就是提高产业持续创新能力。要保障创新导向的政策体系发挥效应,其根本在于要破除"制度陷阱",提升"制度红利"。一方面要深化现有体制机制改革,消除现有体制机制中不利于产业结构优化升级的因素,为产业结构优化升级创造发展的空间;另一方面,要从创新要素、创新环境、创新制度等方面为创新驱动创造良好的基础和条件,以保障创新导向政策体系的形成和作用的发挥。要保障创新导向政策体系的形成,必须使市场在资源配置中起决定性作用,同时破除体制障碍,更好发挥政府作用(张建华,2019;赵昌文等,2014)。

14.5.1　深化经济体制和行政管理改革

从国外经验看,创新驱动发展在市场经济的环境下以市场为导向,市场和政府边界清晰,政府主要作用是支持基础研究、前瞻技术及共性技术研究,为企业尤其是中小企业营造良好环境,而不过多干预企业的具体事务和运营。要保障创新导向政策体系的形成,必须使市场在资源配置中起决定性作用,因此应深化经济体制改革,破除体制障碍,更好发挥政府作用。

转变政府职能,政府不直接干预产业的具体活动,加强战略、规划、政策、标准的制定和实施,加强市场监管,维护市场秩序,推动可持续发展和绿色增长,弥补"市场失灵"。高度重视社会中介组织的培育和发展,引导其在政策制定、共性技术平台打造、产业预警等方面发挥更好的作用。加快要素市场化改革,深化电力、石油、天然气、土地等领域价格改革。

使创新导向的政策体系发挥作用,促进产业结构优化升级。必须通过深化改革,消除现有行政体制机制和官员晋升体制中与经济发展方式转变以及产业结构升级不相适应的地方。中等收入陷阱的根本在于落入了路径依赖和体制僵化的"制度陷阱",结果导致工业化进程受阻和产业结构升级停滞。未来能否释放结构效应,实现发展方式的转变和产业结构的升级,关键要看能否认真贯彻落实二十大精神,消除"制度陷阱"。如果不突破现有的体制框架,优化资源配置,抑制盲目投资,消除产能过剩、促进产业结构优化升级的政策目标是难以实现的。

政府应致力于创造"促进公平竞争、鼓励创新"的市场环境。放松并逐渐减少对经济主体的广泛干预,给予微观经济主体更大的自由度,强化市场竞争机制;

进一步完善市场制度，加强市场监管，维护市场秩序，确保市场机制发挥作用；强化社会性规制，在控制产业发展对环境的影响、降低资源消耗和能源消耗、提高安全生产标准等方面发挥更大的作用，推动可持续发展和绿色增长。

政府在基础研究、前瞻技术、关键共性技术的开发及扩散方面，制度政策、强化政策协调方面必须发挥更大作用。创新导向的政策组合不是一成不变的，而是动态调整的、不断优化的，因此要强化政策的科学制定、有力执行、约束监督、动态调整、自我纠错的良性循环机制。当然，在政策调整过程中，也需要考虑政策过快调整可能带来的市场预期的不确定性，避免干扰市场主体的创新行为。因此必须建立科学、有效的政策评估方案和指标体系，确保政策调整的科学性和有效性。

14.5.2　注重创新环境营造

政府需要从国情出发，按照"有所为，有所不为"的方针，致力于营造良好的创新环境。明确科技创新的主攻方向和突破口，超前规划布局。注重营造创新环境，明确市场与政府边界，推动科技资源分配由行政导向向市场导向转化；由偏重供给向偏重市场转变；以企业为主体，制定落实财政、金融、税收等激励企业技术创新的政策；强化协同创新及科技资源开放共享，提升创新体系整体效率。

从要素转换上看，国际经验表明，一个国家要真正确立产业的竞争优势，应逐渐摒弃建立在低端劳动力、土地、一般性设备等初级要素禀赋上的比较优势，转而培育高素质的人力资源、现代化的基础设施等高级要素。依靠传统要素实现产业升级和经济增长已难以为继，必须实现要素转换战略，使产业结构升级更多地建立在人力资本、知识、技术等复杂和高级要素上。创新导向的政策体系要发挥作用，需要健全的创新要素市场作为基础。没有完善的技术市场、人力资本市场，就不能有效地产生和获取创新驱动所需的技术、知识、人力资本，必然会大大拖累政策的效果。拥有健全的创新要素市场，也会加快创新导向的政策体系的形成。

创新导向的政策体系，必须紧紧围绕着技术链-产业链-价值链-供应链的整个过程进行规划和构建。需要厘清政府、市场、政策组合之间的关系，推进技术创新，促进创新成果顺利转化、新兴产业发展壮大，加快推进现代化产业体系构建和价值提升。市场在创新驱动产业结构优化升级中发挥着基础性、决定性作用，在此过程中，政府的政策效应和市场机制的作用通过叠加效应最终影响产业结构优化升级。

当前产业结构优化升级的关键领域之一即战略性新兴产业。因此需要通过创新体制机制创造"制度红利"，为产业结构升级创造有利条件。可将战略性新兴产业和高端生产性服务业发展所需要的体制机制,作为创造"制度红利"的突破口,按照"非禁即准"的原则完善市场准入机制,扶持新兴企业和科技型中小企业发展。进一步完善税收激励政策,针对战略性新兴产业和高端生产性服务业智力投入高、进项税抵扣少的特点,在实行所得税优惠政策的基础上探索增值税减免的办法。将金融创新和技术创新结合起来,对中小企业研发阶段起到孵化器作用的风险投资、天使基金和私募股权投资,应在有效监管的前提下鼓励其发展。建立科技资源开放共享机制,使中小企业平等利用公共资源。

14.5.3 建立健全法律制度体系

形成创新导向的政策体系,需要健全的创新法律体系作为制度保障。我国鼓励技术创新的法律较少,政策多以规范性文件形式发布,虽然时效性较强,但强制力弱,且贯彻落实不够。鉴于此,应加强司法能力建设,依法保护各种所有制、各类规模企业以及公民的产权和其他合法权益,依法维护市场竞争秩序,惩罚市场失信行为;应更加注重运用法律手段规范和调整创新活动,着重围绕知识产权保护、鼓励科技成果转化和产业化,建立健全科技创新的法律制度体系,制定"中小企业科技创新法""科技创新合作法",将激励企业科技创新的税收优惠政策、政府补贴等上升为法律制度,予以规范和固化。

与此同时,政府要正视目前的专利制度设计已经严重滞后于创新驱动产业结构优化升级需求的现实,进一步完善专利制度,稳步提升专利的产业运用价值,助推产业结构优化升级,为中国实现创新驱动经济增长形成有效支撑。

第15章　总结与展望

分析至此,我们将简要总结一下本书的主要研究结论和创新点,与此同时,面向 2035 年基本实现社会主义现代化远景目标,概要探讨一下我国的产业发展方向与政策重点;最后,展望一下需要进一步研究的议题。

15.1　主要结论和创新点

本书将我国的产业结构优化升级放在"创新驱动"的框架下进行研究。从创新视角思索我国产业结构调整问题,分别从企业层面、区域层面及开放环境层面,探讨创新加快产业结构优化升级的新路径、新手段;将产业结构优化升级放在企业创新能力建设、区域创新系统建设、开放条件下国际国内价值链重构的新框架下进行研究,并探讨创新导向下产业结构优化升级的体制机制和政策体系。本书的主要结论和创新点包括如下五个方面。

第一,从创新驱动视角研究产业结构优化升级是认识我国经济转型升级规律的突破口。

我们结合中国转型发展特点(典型的二元经济结构转型和体制结构转型并存)和基本国情(人口多,历史文化悠久,区域差异大等),对中国产业结构优化升级的驱动机制和实现路径提出了新看法,并强调要准确把握产业结构优化升级的基本规律,以新型工业化战略为指导,以增强自主创新能力为中心环节,驱动产业有序发展和经济结构转型升级。

从长期经济增长来看,技术创新、制度创新影响着结构转型升级,技术进步具有结构效应和增长效应。多部门增长模型表明:部门间的研发投入强度差异和技术进步率差异均取决于技术机会参数和独占性参数,模型印证了现有结构转变的机理、条件和规律,并解释了就业结构与产值结构的差异,同时还发现总量经济增长率同时取决于技术进步率和生产性就业比重的变化率。数值仿真表明,模型能够融合"卡尔多事实"与"库兹涅茨事实",总量经济增长率呈单调下降趋势,完善创新制度环境和辅助措施有利于维持合理的产业结构、长期的技术进步和高速的经济增长。

长期以来,学术界大多关注资源错配与 TFP 和金融扭曲之间的关系,对产业间结构错配的研究却显不足。因此,本书一方面分析产业间结构错配对制造业生产率的影响，运用中国制造业企业数据，探讨了分地区分行业的结构错配效应及错配来源，由此提出合理改善地区间产业资源配置的新思路和方案。另一方面，也探讨了在结构转型发展中服务业的结构变动。如何通过服务业的供给侧结构性改革，优化服务业的资源配置、提升效率，正是中国未来跨越中等收入陷阱，晋级高收入国家的关键所在。

我国产业结构优化升级亟须实现从"要素驱动"向"创新驱动"转型，但现阶段这一转型过程面临诸多困难和挑战。本书从多领域、多维度，深层次地探寻我国难以实现创新驱动转型的根本性原因，为我国未来产业结构实现创新驱动转型提供了分析基础，更为寻找创新驱动转型的解决方案提供了重要线索。

第二，企业创新能力的培养是实现产业结构优化升级的微观基础。

支持企业真正成为技术创新的主体，对建设创新型国家、实现创新驱动至关重要。产业转型升级的基础在于微观主体具有创新能力。为此，企业必须建立和完善内生增长、创新驱动的发展机制，增强创新能力，使企业满足或创造市场需求，增强其市场竞争能力。从中国实际出发，我们发现：低技术产业、中低技术产业、中高技术产业和高技术产业背后创新的"需求拉动"与"技术推动"因素存在差异，因此，不同产业实现创新驱动的政策也应做出相应调整。中小企业是中国制造业的主体，专精特新是中小企业发展大势所趋。由于专精特新"小巨人"企业属于战略性新兴产业和未来产业，必须给予特殊或专项政策支持，夯实其成长根基，加速其成长为单项冠军和隐形冠军的步伐，为我国进行全球战略性、引领性、未来性产业布局奠定坚实基础。高新技术企业是发展高新技术产业的重要基础，是调整产业结构、提高国家竞争力的生力军。从实践来看，国家高新区成了地方政府推动产业发展、调整产业结构的重要政策手段。目前高新区政策对有效推动产业结构优化升级的效果不尽乐观，这对于高新区的转型升级和区域经济的高质量发展而言都是严峻的挑战。国家高新区是促进地区产业结构优化升级的发动机。因此，必须更好发挥国家高新区的作用，促进各类高新区提档升级，优化高新区主导产业政策，完善创新政策体系，加大金融支持，整合全球创新资源，促进地区产业转型升级。

第三，区域创新体系的培育是促进区域产业结构优化升级的关键。

地区之间经济发展的不平衡，产业基础和要素禀赋的差异导致各个地区在产业结构优化升级上会呈现多元化的特征。这就意味着不能采取"一刀切"的创新政策来达到促进产业结构优化升级的目标。区域创新系统是国家创新体系中的子系统，它包括两个子系统：一是知识应用与开发子系统，主要由具有垂直供应链网络的公司组成；二是知识生产与扩散子系统，主要由公共组织组成。它们通过两个机制来调节创新过程，一个是公共知识基础对创新投入的激励机制，另一个是制度创新降低交易费用的机制。不同地区的区域创新系统，对该区域企业创新能力、产业结构升级的影响是不同的。因此，在中国进入产业结构调整的关键时期，在区域层面，如何增强创新驱动力，区域创新系统的培育是重要的着力点。从区域层面看，共性技术对于区域创新体系的形成与运行至关重要。共性技术平台搭建的质量直接决定企业产品结构的合理性、行业和区域发展的水平与质量。从资源配置角度来看，科技成果转化的过程就是技术链、产业链和资金链结合并实现优化配置的过程。技术创新链（包括技术链和产业链）是创新的主线，在科技成果转化中发挥着关键的作用。工研院致力于科研成果的有效转化，对于本土创新成果的市场化应用、加快区域创新系统、促进产业转型升级起到了重要的推动作用。

第四，重构国际国内价值链是产业结构优化升级的重要手段。

全面攀升产业价值链，转变粗放的经济发展方式，这是我国产业结构调整的当务之急。在开放条件下，以充分利用国内国外两种资源和两个市场为出发点，以构建国内价值链和主动融入国际价值链为手段，以组织创新驱动产业结构优化升级，以产品内国际分工促进产业结构优化升级成为重要的实现路径。因此，我国当前的可行举措是：构建国内价值链，提升国际分工水平和国际价值链地位，处理好内需和外需、构建国内价值链和融入国际价值链之间的关系，提升产业国际竞争力，促进产业结构优化升级。

模块化作为一种新型的产业内分工技术，目前广泛应用于不同领域，已经成为新的产业结构特征。模块化组织创新，在促进价值链创新、加快产业结构优化升级方面具有特殊的意义。我国制造业大而不强、生产性服务业不发达，模块化发展存在着种种问题。在借鉴国际经验的基础上，我们的政策建议是：一是完善市场机制，着力改善模块技术发展的外部环境，促进分工体系建立；二是致力于调整产业组织、协调产业结构，促进模块化技术发展，促进先进制造业与现代服务业融合发展。企业网络组织创新能够帮助中小企业突破自身限制，因而可以大大促进中小企业的发展，并以此推动整个产业结构优化升级。从实践发展来看，企业网络组织应该是中小企业发展的新方向。集群化是产业发展的基本规律，是制造业向中高端迈进的必由之路，也是提升区域经济竞争力的内在要求。随着中国工业化加速推进，产业集群发展和分工深化要求发展先进制造业集群。通过发展先进制造业集群，可以进一步提升制造业技术水平、改进组织形态、形成先进的生产制造模式，实现规模效应和集聚效应，有效降低生产成本和交易成本，助推创新型经济发展，培育产业竞争新优势。

我国在参与全球价值链分工中，高技能劳动力和资本要素有助于提升其所处的价值链位置。同时，提升中间产品的 TFP 也会改善我国的价值链地位。在未来的产品内贸易中，我国需要大力支持发展产业集群、推进技术创新、调整加工贸易政策，制定提升产品内国际分工地位的相关政策，对高新技术企业实施优惠政策，从而拉动企业从产品价值链的低端向产品价值链的高端转移。增强企业创新能力，提升专业化和高级化程度，促进产业结构的逐步优化。面对全球化新变局对中国产业国际分工的影响与冲击，一方面要继续扩大国际交流与合作，促进中国在全球价值链上的跃升；另一方面应大力构建中国主导的全球价值链，培育自我主导的全球价值链领军企业，完善全球价值链的配套服务体系，推进国内价值链与全球价值链深度整合，积极参与全球贸易治理，开拓国际分工的新格局。

第五，构建创新导向的产业政策体系和体制机制是当前有序推进产业结构优化升级的根本保障。

产业结构调整虽然有着自身的客观规律，但政府在建立健全市场制度，营造有利于产业结构优化升级的市场环境、政策措施上大有可为。发达国家和新兴发展中国家在产业结构调整方面积累了丰富的经验教训。为创新能力建设创造良好的制度环境，减少政策性约束是关键。因此，对于我国而言，当务之急在于：正确认识政府在创新驱动产业结构优化升级中的作用，充分发挥市场作用、形成并合理使用创新导向的产业政策，提供一套可靠可行的政策措施和保障机制，顺利实施创新驱动发展战略以促进产业转型升级。

15.2　面向 2035 产业现代化的发展方向与政策重点

党的十九届五中全会提出，到 2035 年，我国基本实现社会主义现代化，经济实力、科技实力、综合国力将大幅跃升，经济总量和城乡居民人均收入将再迈上新的大台阶，关键核心技术实现重大突破，进入创新型国家前列，基本实现新型工业化、信息化、城镇化、农业现代化，建成现代化经济体系。可以预见，为了实现这一目标，创新驱动产业结构优化升级必将是我国的一项重要战略选择。

目前来看，我国大部分地区已经进入服务业占主导的发展阶段，外部环境对中国产业发展和结构调整的影响程度加深，信息化、市场机制和技术进步推动结构调整升级的作用不断增强，产业转移至中西部地区的趋势明显日益加快。与此同时，在较长时期的快速发展过程中，我国也积累了日益凸显的问题和矛盾，如落后产能引发的高能耗及高污染现象，过于依赖出口，产业组织结构体系不尽合理，自主创新能力薄弱，信息化成本过高以及部分行业产能过剩问题。我国正处于工业化进程的中后期和城市化加速发展时期，城市已经成为社会主要生产和消费的地区，城市化与工业化相互依存，相互促进。

我国经济正在从要素投入型向创新驱动型发展模式转变，面向未来的产业政策也需要向完善市场在资源配置中发挥决定性作用和促进创新的方向转变。在新时代背景下，我国逐渐从选择性产业政策向功能性产业政策转变，产业政策更加注重营商环境的改善。产业政策变革背后的驱动力，不仅在于发展阶段的转换，也在于国家战略的转换。面向未来，产业政策应以建设现代化产业体系和现代化强国为目标，以改善营商环境为核心，结合对特定产业、领域、对象的结构性安排，消除产业发展中的制约因素，增强产业创新能力、可持续发展能力和国际竞争力，提升资源配置效率，增强社会福利水平。产业政策优化应遵循：符合国家战略发展导向、激发市场活力和弥补市场缺陷，强化功能性政策、优化选择性政策，注重政策组合协调效应，推进国内国际双循环良性运转。结合数字经济发展新趋势，我国产业政策还需着力提高基础设施的保障和支撑能力，优化升级产业链水平；着力拉长板和补短板，夯实制造业基础；以数字化技术为抓手，拓展数字化转型在产业链优化过程中的应用。

产业结构升级的关键所在，就是提高产业持续创新能力。保障创新导向的政策体系发挥效应的根本在于要破除"制度陷阱"，促进"制度红利"。一方面要深化现有体制机制改革，消除现有体制机制中不利于产业结构优化升级的因素，为产业结构优化升级创造条件；另一方面，要不断完善创新制度，以保障创新导向政策体系的形成和作用的发挥。

我国未来产业结构优化升级的政策措施是：深化政府管理体制改革、优化产业结构调整的制度环境；加快国家创新体系建设、着力提升产业技术水平；加强分类指导、加快产能过剩行业调整；因地制宜引导产业集群发展、促进区域经济协调发展；强化对外经济政策与产业政策的协调、以创新为导向提高产业竞争力；发挥市场机制基础性调节作用、引导企业和产业发展壮大，加速推进现代化产业体系建设。

未来相当长一段时间内，尽管服务业比重不断提高，但制造业在我国国民经济中的支柱地位不会改变。因此，未来产业结构优化升级的方向制定，应该立足于目前的基本国情和我国所处的发展阶段，战略重点和关键领域有如下几个方面。①以创新推动"中国制造"升级为"中国创造"；②改造传统制造业，加快发展先进制造业；③引导和培育新的主导产业，积极发展战略性新兴产业；④大力发展生产性服务业，促进先进制造业与现代服务业的深度融合发展；⑤推动节能减排，发展低碳经济；⑥创立品牌，提升国际分工地位；⑦引导产业转移，推动东、中、西部协调发展。

15.3　未来研究展望

基于创新驱动的产业结构优化升级研究是一项复杂的系统工程，涉及的研究问题很多。面向未来，我们应立足新发展阶段，贯彻新发展理念，构建新发展格局，聚焦共同富裕、绿色发展、创新驱动等国家发展战略，实现高质量发展。这是引领中国经济结构转型升级的总指南。在这个总要求下，加快发展现代产业体系，推动经济体系优化升级，还需进一步关注如下一些研究议题。

（1）进一步加快体制机制改革，探索创新驱动的有效途径和政策保障。进一步深化"放管服"改革，进一步打造市场化法治化国际化的营商环境；深化科技、教育体系的改革，加强产权保护，释放创新活力；深化国资国企改革；深化金融体制改革，让金融更好地服务实体经济。此外还需要尽快构建有利于绿色转型的体制机制等。

（2）基于共同富裕目标，针对不同地区发展差异巨大问题，有针对性地细化探讨不同发展阶段现代化产业体系建构问题。特别是要进一步支持特殊类型地区的振兴发展，如欠发达地区和革命老区、边境地区、生态退化地区、资源型地区、老工业城市等，这些地区既存在发展不平衡不充分的突出问题，面临特殊困难，也是推进高质量发展的重点区域，承担着特殊功能。因此，应进一步关注如何推动巩固拓展脱贫攻坚成果同乡村振兴有效衔接、持续缩小城乡区域发展差距问题，让特殊类型地区与全国基本同步实现社会主义现代化。

（3）加快推进先进制造业与现代服务业深度融合研究。我国已经进入服务业主导发展的新阶段，因此，应进一步关注如何优化服务业结构，如何加快发展生产性服务业以促进整体经济结构转型升级的问题，避免"鲍莫尔成本病"问题的出现，尽快找到避免陷入中等收入陷阱的有效路径。

（4）重点关注新旧动能有效转换问题，坚持扩大内需战略。建构新发展格局，政策重点是适应人口数量红利向质量红利转换的进程，重视增强中国创新能力，实现技术自立自强，推动中国经济结构加速实现数字化转型和绿色转型。

（5）重点关注如何进一步在全球价值链中通过创新提升中国产业竞争力的问题。要进一步实施自贸区提升战略，构筑更高水平的自贸区网络，同时要推动共建"一带一路"高质量发展。在多边层面上，中国需要积极参与全球经济治理体系的改革，避免被边缘化，同时积极地推动开放型世界经济的发展。

此外，在产业现代化建设中要处理好改革、发展、稳定和安全的关系。防范经济发展和结构升级中的重大风险，从中长期来看，特别要防范金融风险，产业链稳定运行方面面临的风险，资源能源供给的安全风险，粮食安全风险和信息安全风险等，抓住重点，切实推进中国经济结构的转型升级。

以上这些问题有待今后进一步深入探讨。

参 考 文 献

阿吉翁 P，霍依特 P. 2004. 内生增长理论[M]. 陶然，倪彬华，汪柏林，等译. 北京：北京大学出版社.

包群，唐诗，刘碧. 2017. 地方竞争、主导产业雷同与国内产能过剩[J]. 世界经济，40（10）：144-169.

蔡昉，王德文，曲玥. 2009. 中国产业升级的大国雁阵模型分析[J]. 经济研究，44（9）：4-14.

蔡昉，王美艳. 2014. 中国面对的收入差距现实与中等收入陷阱风险[J].中国人民大学学报，28（3）：2-7.

曹灿明，段进军. 2017. 苏南国家自主创新示范区战略性新兴产业发展路径研究：以昆山高新区为例[J]. 特区经济，（1）：35-39.

曹虹剑，罗能生. 2010. 高新技术产业组织模块化及其对中国的启示[J]. 自然辩证法研究，26（4）：51-55.

曹玉书，楼东玮. 2012. 资源错配、结构变迁与中国经济转型[J]. 中国工业经济，（10）：5-18.

陈斌开，林毅夫. 2012. 金融抑制、产业结构与收入分配[J]. 世界经济，35：3-23.

陈栋. 2011. 自主创新与中国工业结构升级研究[D]. 武汉：华中科技大学.

陈刚，李树. 2009. 金融发展与增长源泉：要素积累、技术进步与效率改善[J]. 南方经济，（5）：24-35.

陈林，朱卫平. 2011. 创新、市场结构与行政进入壁垒：基于中国工业企业数据的熊彼特假说实证检验[J]. 经济学（季刊），10（2）：653-674.

陈柳钦. 2009. 关于全球价值链理论的研究综述[J]. 全球科技经济瞭望，24（12）：33-45.

陈鹏，李建强. 2010. 台湾工业技术研究院发展模式及其启示[J]. 工业工程与管理，15（4）：124-128.

陈体标. 2007. 经济结构变化和经济增长[J]. 经济学（季刊），（4）：1053-1074.

陈体标. 2008. 技术增长率的部门差异和经济增长率的"驼峰形"变化[J]. 经济研究，43（11）：102-111.

陈晓光，龚六堂. 2005. 经济结构变化与经济增长[J]. 经济学（季刊），（2）：583-604.

陈永伟，胡伟民. 2011. 价格扭曲、要素错配和效率损失：理论和应用[J]. 经济学（季刊），10（4）：1401-1422.

程大中. 2010. 中国服务业与经济增长：一般均衡模型及其经验研究[J]. 世界经济，33（10）：25-42.

程海波，于蕾，许治林. 2005. 资本结构、信贷约束和信贷歧视：上海非国有中小企业的案例[J]. 世界经济，（8）：67-72.

程华，赵祥. 2009. 政府科技资助的溢出效应研究：基于我国大中型工业企业的实证研究[J]. 科学学研究，27（6）：862-868.

程文. 2018. 中国企业创新与产业转型升级研究[M]. 武汉：华中科技大学出版社.

程文，张建华. 2018. 收入水平、收入差距与自主创新：兼论"中等收入陷阱"的形成与跨越[J]. 经济研究，53（4）：47-62.

程郁，陈雪. 2013. 创新驱动的经济增长：高新区全要素生产率增长的分解[J]. 中国软科学，（11）：26-39.

戴静，刘贯春，张建华. 2021.债务期限结构、政府补贴援助与企业技术升级[J]. 国际金融研究，（11）：33-42.

戴静，张建华. 2013a. 金融错配、所有制结构与技术进步：来自中国工业部门的证据[J]. 中国科技论坛，（3）：70-76.

戴静，张建华. 2013b. 金融所有制歧视、所有制结构与创新产出：来自中国地区工业部门的证据[J]. 金融研究，（5）：86-98.

代谦，别朝霞. 2006. 人力资本、动态比较优势与发展中国家产业结构升级[J]. 世界经济，（11）：70-84.

戴孝悌. 2015. 发展产业链：中国农业产业发展新思路[J]. 农业经济，（1）：39-41.

丁一兵，傅缨捷，曹野. 2014. 融资约束、技术创新与跨越"中等收入陷阱"：基于产业结构升级视角的分析[J]. 产业经济研究，（3）：101-110.

樊福卓. 2007. 地区专业化的度量[J]. 经济研究，（9）：71-83.

樊纲，王小鲁，马光荣. 2011. 中国市场化进程对经济增长的贡献[J]. 经济研究，（9）：4-16.

樊纲，张晓晶. 2008. "福利赶超"与"增长陷阱"：拉美的教训[J]. 管理世界，（9）：12-24，187.

范红忠. 2007. 有效需求规模假说、研发投入与国家自主创新能力[J]. 经济研究，（3）：33-44.

范剑勇. 2004. 市场一体化、地区专业化与产业集聚趋势：兼谈对地区差距的影响[J]. 中国社会科学，（6）：39-51.

方在农. 2007. 深化改革，突破束缚，加快我国高新区的发展[J]. 唯实，（Z1）：61-64.

符太增. 2006. 中国西部大开发的财税政策研究[D]. 大连：东北财经大学.

干春晖，郑若谷，余典范. 2011. 中国产业结构变迁对经济增长和波动的影响[J]. 经济研究，46（5）：4-16，31.

高传胜，汪德华，李善同. 2008. 经济服务化的世界趋势与中国悖论：基于 WDI 数据的现代实证研究[J]. 财贸经济，（3）：110-116，128.

高洁，糜仲春，魏久檗，等. 2007. 企业技术创新网络的形成模式、结构及交互关系研究[J]. 价值工程，（8）：30-33.

龚元凤. 2013. 促进中国产业结构优化升级的税收政策研究[D]. 武汉：华中科技大学.

辜胜阻，李文晶，曹冬梅. 2018. 新时代教育供给侧结构性改革的战略思考[J]. 河北学刊，（3）：148-154.

顾海. 2000. 高新技术产业化论[D]. 南京：南京农业大学.

顾乃华. 2011. 城市化与服务业发展：基于省市制度互动视角的研究[J]. 世界经济，（1）：126-142.

顾乃华，毕斗斗，任旺兵. 2006. 生产性服务业与制造业互动发展：文献综述[J]. 经济学家，（6）：35-41.

郭克莎. 1999. 我国产业结构变动趋势及政策研究[J]. 管理世界，（5）：73-83.

国家统计局课题组. 2001. 对国有经济控制力的量化分析[J]. 统计研究，（1）：3-10.

韩乾，洪永淼. 2014. 国家产业政策、资产价格与投资者行为[J]. 经济研究，（12）：143-158.

韩永辉，黄亮雄，王贤彬. 2017. 产业政策推动地方产业结构升级了吗？——基于发展型地方政府的理论解释与实证检验[J]. 经济研究，52（8）：33-48.

何德旭，姚战琪. 2008. 中国产业结构调整的效应、优化升级目标和政策措施[J]. 中国工业经济，（5）：46-56.

何立胜，鲍颖. 2005. 产业升级的要素依赖与路径拓展[J]. 河南师范大学学报（哲学社会科学版），（5）：53-57.

何宇，张建华，陈珍珍. 2020. 贸易冲突与合作：基于全球价值链的解释[J]. 中国工业经济，（3）：24-43.

何元庆. 2007. 对外开放与 TFP 增长：基于中国省际面板数据的经验研究[J]. 经济学（季刊），（4）：1127-1142.

洪银兴. 2001. WTO 条件下贸易结构调整和产业升级[J]. 管理世界，（2）：21-26.

洪银兴. 2010. 自主创新投入的动力和协调机制研究[J]. 中国工业经济，（8）：15-22.

黄茂兴，李军军. 2009. 技术选择、产业结构升级与经济增长[J]. 经济研究，44（7）：143-151.

黄群慧，黄阳华，贺俊，等. 2017. 面向中上等收入阶段的中国工业化战略研究[J]. 中国社会科学，（12）：94-116，207.

黄阳华. 2015. 德国"工业4.0"计划及其对我国产业创新的启示[J]. 经济社会体制比较，（2）：1-10.

吉亚辉，祝凤文. 2011. 技术差距、"干中学"的国别分离与发展中国家的技术进步[J]. 数量经济技术经济研究，28（4）：49-63.

贾品荣. 2021-11-05. 创新驱动高精尖产业发展[N]. 光明日报，（11）.

江小涓. 2005. 产业结构优化升级：新阶段和新任务[J]. 财贸经济，（4）：3-9.

金碚. 2005. 资源与环境约束下的中国工业发展[J]. 中国工业经济，（4）：5-14.

康志勇，张杰. 2008. 有效需求与自主创新能力影响机制研究：来自中国 1980—2004 年的经验证据[J]. 财贸研究，19（5）：1-8.

Kunz H. 2004. 增长促进创新还是创新促进增长？一个德国"市场秩序"和发展经济学的观点[J]. 科研管理，（S1）：112-119.

库兹涅茨 S. 1985. 各国的经济增长：总产值和生产结构[M]. 常勋，等译. 北京：商务印书馆.

黎文靖，郑曼妮. 2016. 实质性创新还是策略性创新？——宏观产业政策对微观企业创新的影响[J]. 经济研究，（4）：60-73.

里夫金 J. 2012. 第三次工业革命：新经济模式如何改变世界[M]. 张体伟，孙豫宁，译. 北京：中信出版社.

李钢，廖建辉，向奕霓. 2011. 中国产业升级的方向与路径：中国第二产业占 GDP 的比例过高了吗[J]. 中国工业经济，（10）：16-26

李凯，任晓艳，向涛. 2007. 产业集群效应对技术创新能力的贡献：基于国家高新区的实证研究[J]. 科学学研究，（3）：448-452.

李平，崔喜君，刘建. 2007. 中国自主创新中研发资本投入产出绩效分析：兼论人力资本和知识产权保护的影响[J]. 中国社会科学，（2）：32-42.

李平，简泽，江飞涛. 2012. 进入退出、竞争与中国工业部门的生产率：开放竞争作为一个效率增进过程[J]. 数量经济技术经济研究，29（9）：3-21.

李平，李淑云，许家云. 2012. 收入差距、有效需求与自主创新[J]. 财经研究，38（2）：16-26.

李平，王春晖. 2010. 政府科技资助对企业技术创新的非线性研究：基于中国 2001—2008 年省级面板数据的门槛回归分析[J]. 中国软科学，（8）：138-147.

李强. 2007. 国家高新区产业集聚实证研究：生产要素集中的规模收益分析[J]. 科学学研究，（6）：1112-1121.

李尚骜，陈继勇，李卓. 2011. 干中学、过度投资和 R&D 对人力资本积累的"侵蚀效应"[J]. 经济研究，46（6）：57-67.

李寿喜. 2007. 产权、代理成本和代理效率[J]. 经济研究，（1）：102-113.

李晓萍，江飞涛. 2012. 干预市场抑或增进与扩展市场：产业政策研究中的问题、争论及理论重构[J]. 比较，（3）：174-190.

李小平，卢现祥. 2007. 中国制造业的结构变动和生产率增长[J]. 世界经济，（5）：52-64.

李扬. 2017. "金融服务实体经济"辨[J]. 经济研究，（6）：4-16.

梁榜，张建华. 2018. 对外经济开放、金融市场发展与制造业结构优化[J]. 华中科技大学学报（社会科学版），32（4）：89-101.

林季红. 2009. 模块化生产方式的影响：以汽车业模块化生产网络发展为例[J]. 中国经济问题，（4）：37-42.

林毅夫. 2008. 中国经济专题[M]. 北京：北京大学出版社.

林毅夫. 2010. 新结构经济学：重构发展经济学的框架[J]. 经济学（季刊），10（1）：1-32.

林毅夫，蔡昉，李周. 1999. 中国的奇迹：发展战略与经济改革[M]. 增订版. 上海：上海三联书店，上海人民出版社.

林毅夫，孙希芳. 2008. 银行业结构与经济增长[J]. 经济研究，（9）：31-45.

林毅夫，徐立新，寇宏，等. 2012. 金融结构与经济发展相关性的最新研究进展[J]. 金融监管研究，（3）：4-20.

林毅夫，张军，王勇，等. 2018. 产业政策：总结、反思与展望[M]. 北京：北京大学出版社.

刘传江，吕力. 2005. 长江三角洲地区产业结构趋同、制造业空间扩散与区域经济发展[J]. 管理世界，（4）：35-39.

刘凤朝，沈能. 2007. 金融发展与技术进步的 Geweke 因果分解检验及协整分析[J]. 管理评论，（5）：3-8，20，63.

刘会武. 2018. 国家高新区 30 年：评价指标演变及新的指引方向[J]. 科技中国，（9）：78-82.

刘京，仲伟周. 2011. 我国高新区扩散功能不足的表征、原因及对策研究[J]. 科技进步与对策，28：39-42.

刘瑞明. 2011. 金融压抑、所有制歧视与增长拖累：国有企业效率损失再考察[J]. 经济学（季刊），10（2）：603-618.

刘瑞明，赵仁杰. 2015. 国家高新区推动了地区经济发展吗？——基于双重差分方法的验证[J]. 管理世界，（8）：30-38.

刘世锦. 2018. 中国经济增长十年展望（2018—2027）：中速平台与高质量发展[M]. 北京：中信出版社.

刘廷华. 2010. 需求视角下收入不平等与技术创新：中、美数据的实证分析[D]. 淄博：山东理工大学.

刘伟. 1995. 工业化进程中的产业结构研究[M]. 北京：中国人民大学出版社.

刘伟，张辉. 2008. 中国经济增长中的产业结构变迁和技术进步[J]. 经济研究，43（11）：4-15.

刘晓光，刘元春. 2019. 杠杆率、短债长用与企业表现[J]. 经济研究，（7）：127-141.

刘友金，黄鲁成. 2001. 产业群集的区域创新优势与我国高新区的发展[J]. 中国工业经济，（2）：33-37.

刘志彪. 2011. 重构国家价值链：转变中国制造业发展方式的思考[J]. 世界经济与政治论坛，（4）：1-14.

刘志彪. 2020-11-25. 产业链现代化：巩固壮大实体经济根基[N]. 学习时报，（5）.

刘志彪，张杰. 2007. 全球代工体系下发展中国家俘获型网络的形成、突破与对策：基于 GVC 与 NVC 的比较视角[J]. 中国工业经济，（5）：39-47.

柳光强. 2016. 税收优惠、财政补贴政策的激励效应分析：基于信息不对称理论视角的实证研究[J]. 管理世界，（10）：62-71.

柳光强，杨芷晴，曹普桥. 2015. 产业发展视角下税收优惠与财政补贴激励效果比较研究：基于信息技术、新能源产业上市公司经营业绩的面板数据分析[J]. 财贸经济，（8）：38-47.

龙海波. 2015. 国家高新区发展转型中面临的问题与挑战[J]. 中国高新区，（3）：44-46.

卢峰，姚洋. 2004. 金融压抑下的法治、金融发展和经济增长[J]. 中国社会科学，（1）：42-55，206.

路风，余永定. 2012. "双顺差"、能力缺口与自主创新：转变经济发展方式的宏观和微观视野[J]. 中国社会科学，（6）：91-114，207.

陆国庆，王舟，张春宇. 2014. 中国战略性新兴产业政府创新补贴的绩效研究[J]. 经济研究，（7）：44-55.

罗长远. 2007. FDI 与国内资本：挤出还是挤入[J]. 经济学（季刊），（2）：381-400.

罗德明，李晔，史晋川. 2012. 要素市场扭曲、资源错置与生产率[J]. 经济研究，47（3）：4-14，39.

罗文. 2014. 从战略上推动我国先进制造业发展[J]. 求是，（10）：22-24.

罗勇，曹丽莉. 2005. 中国制造业集聚程度变动趋势实证研究[J]. 经济研究，（8）：106-115.

罗仲伟. 2020-02-04. 如何理解产业基础高级化和产业链现代化[N]. 光明日报，（11）.

吕政，张克俊. 2006. 国家高新区阶段转换的界面障碍及破解思路[J]. 中国工业经济，（2）：5-12.

马永驰，季琳莉. 2005. 从"微笑曲线"看"中国制造"背后的陷阱[J]. 统计与决策，（10）：132-133.

毛其淋，许家云. 2015. 政府补贴对企业新产品创新的影响：基于补贴强度"适度区间"的视角[J]. 中国工业经济，（6）：94-107.

梅茜. 2008. FDI 对产业结构升级影响的实证分析：以苏中为例[D]. 扬州：扬州大学.

孟祺. 2012. 美国再工业化的政策措施及对中国的启示[J]. 经济体制改革，（6）：160-164.

聂辉华，贾瑞雪. 2011. 中国制造业企业生产率与资源误置[J]. 世界经济，34（7）：27-42.

潘士远，金戈. 2008. 发展战略、产业政策与产业结构变迁：中国的经验[J]. 世界经济文汇，（1）：64-76.

潘宇瑶. 2016. 自主创新对产业结构高级化的驱动作用研究[D]. 长春：吉林大学.

彭飞，范子英. 2016. 税收优惠、捐赠成本与企业捐赠[J]. 世界经济，（7）：144-167.

皮建才. 2008. 中国地方政府间竞争下的区域市场整合[J]. 经济研究，（3）：115-124.

平新乔，范瑛，郝朝艳. 2003. 中国国有企业代理成本的实证分析[J]. 经济研究，（11）：42-53.

钱纳里 H，赛尔昆 M. 1988. 发展的型式：1950—1970[M]. 李新华，徐公理，迟建平，译. 北京：经济科学出版社.

钱水土，周永涛. 2011. 金融发展、技术进步与产业升级[J]. 统计研究，28（1）：68-74.

乔晓楠，杨成林. 2013. 去工业化的发生机制与经济绩效：一个分类比较研究[J]. 中国工业经济，（6）：5-17.

屈文洲，谢雅璐，叶玉妹. 2011. 信息不对称、融资约束与投资—现金流敏感性：基于市场微观结构理论的实证研究[J]. 经济研究，（6）：105-117.

渠海雷，邓琪. 2000. 论技术创新与产业结构升级[J]. 科学学与科学技术管理，（2）：16-18.

邵挺. 2010. 金融错配、所有制结构与资本回报率：来自 1999～2007 年我国工业企业的研究[J]. 金融研究，（9）：51-68.

盛长文. 2020. 工业品-服务互补性、结构变迁与中国经济增长[D]. 武汉：华中科技大学.

盛朝迅. 2014. 发达国家创新驱动产业升级的经验与启示[J]. 中国经贸导刊，（6）：58-59.

盛誉. 2005. 贸易自由化与中国要素市场扭曲的测定[J]. 世界经济，（6）：29-36.

盛昭瀚，蒋德鹏. 2002. 演化经济学[M]. 上海：上海三联书店.

史丹，吴仲斌. 2017. 固定资产投资、产业结构升级、就业与经济增长：基于辽宁面板数据的实证研究[J]. 地方财政研究，（2）：11-20.

宋建，郑江淮. 2017. 产业结构、经济增长与服务业成本病：来自中国的经验证据[J]. 产业经济研究，（2）：1-13.

苏华. 2012. 中国城市产业结构的专业化与多样化特征分析[J]. 人文地理，27（1）：98-101.

孙文远. 2006. 产品内价值链分工视角下的产业升级[J]. 管理世界，（10）：156-157.

孙伍琴，朱顺林. 2008. 金融发展促进技术创新的效率研究：基于 Malmuquist 指数的分析[J]. 统计研究，（3）：46-50.

孙晓夏，魏亚平. 2010. 基于"钻石模型"的天津市高新技术产业竞争力分析[C]. 2010 年信息技术和科学管理国际研讨会. 天津.

唐海燕. 2021. 全球价值链分工、新发展格局与对外经济发展方式新转变[J]. 华东师范大学学报（哲学社会科学版），53（5）：212-225，242.

童光荣，高杰. 2004. 中国政府 R&D 支出对企业 R&D 支出诱导效应及其时滞分析[J]. 中国科技论坛，（4）：97-99.

万广华. 2009. 不平等的度量与分解[J]. 经济学（季刊），8（1）：347-368.

万广华，范蓓蕾，陆铭. 2010. 解析中国创新能力的不平等：基于回归的分解方法[J]. 世界经济，33（2）：3-14.

王崇锋. 2012. 基于全球价值链的中国国家高新区产业升级路径研究[J]. 理论学刊，（8）：46-50.

王丰阁. 2015. 区域创新系统对产业结构演进的影响：基于中国的实证分析[D]. 武汉：华中科技大学.

王吉霞. 2009. 产业结构优化升级与经济发展阶段的关系分析[J]. 经济纵横，（11）：71-73.

王俊，刘东. 2009. 中国居民收入差距与需求推动下的技术创新[J]. 中国人口科学，（5）：58-67，112.

王凯，邹晓东. 2016. 由国家创新系统到区域创新生态系统：产学协同创新研究的新视域[J]. 自然辩证法研究，32（9）：97-101.

王胜光，程郁. 2013. 国家高新区创新发展报告：二十年的评价与展望[M]. 北京：中国经济出版社.

王威，綦良群. 2013. 区域装备制造业产业结构优化模式设计[J]. 科技与管理，15（4）：77-82.

王元地，朱兆琛，于晴. 2007. 试论自主创新对产业结构升级的作用机理[J]. 科技管理研究，（12）：13-15.

王岳平，葛岳静. 2007. 我国产业结构的投入产出关联特征分析[J]. 管理世界，（2）：61-68.

王岳森. 2004. 技术发展与产业结构的互动关系[J]. 北京交通大学学报（社会科学版），（1）：42-46.

王祖祥. 2006. 中部六省基尼系数的估算研究[J]. 中国社会科学，（4）：77-87.

卫兴华. 2014. 科学把握生产力与生产关系研究中的唯物史观：兼评"生产关系决定生产力论"和"唯生产力标准论"[J]. 清华政治经济学报，2（1）：3-25.

吴福象，刘志彪. 2008. 城市化群落驱动经济增长的机制研究：来自长三角16个城市的经验证据[J]. 经济研究，43（11）：126-136.

吴延兵. 2011. 企业产权结构和隶属层级对生产率的影响[J]. 南方经济，（4）：16-29.

伍业君，王磊. 2012. 比较优势演化、产业升级与中等收入陷阱[J]. 广东商学院学报，27（4）：23-30.

西蒙H. 2015. 隐形冠军：未来全球化的先锋[M]. 张帆，吴君，刘惠宇，等译. 北京：机械工业出版社.

习近平. 2017. 决胜全面建成小康社会 夺取新时代中国特色社会主义伟大胜利：在中国共产党第十九次全国代表大会上的报告[M]. 北京：人民出版社.

习近平. 2022. 高举中国特色社会主义伟大旗帜 为全面建设社会主义现代化国家而团结奋斗：在中国共产党第二十次全国代表大会上的报告[M]. 北京：人民出版社.

夏杰长，张晓兵. 2013. 生产性服务业推动制造业升级战略意义、实现路径与政策措施[J]. 中国社会科学院研究生院学报，（2）：20-25.

夏立军，方轶强. 2005. 政府控制、治理环境与公司价值：来自中国证券市场的经验证据[J]. 经济研究，（5）：40-51.

项安波，张文魁. 2013. 中国产业政策的特点、评估与政策调整建议[J]. 中国发展观察，（12）：19-21.

解维敏，方红星. 2011. 金融发展、融资约束与企业研发投入[J]. 金融研究，（5）：171-183.

解维敏，唐清泉，陆姗姗. 2009. 政府R&D资助，企业R&D支出与自主创新：来自中国上市公司的经验证据[J]. 金融研究，（6）：86-99.

谢子远，鞠芳辉. 2011. 产业集群对我国区域创新效率的影响：来自国家高新区的证据[J]. 科学学与科学技术管理，（7）：69-73.

徐本双. 2006. 中国的产业结构变动对经济增长的贡献研究[D]. 大连：大连理工大学.

徐国祥，苏月中. 2003. 上海国有经济控制力定量评估与发展对策研究[J]. 财经研究，（8）：28-33.

徐康宁，陈丰龙. 2013. 经济增长的收入"门槛"效应及其阶段特征：兼评"中等收入陷阱"之说[J]. 东南大学学报（哲学社会科学版），15（1）：37-42.

徐维祥，方亮. 2015. 产业集聚、国家高新区创新与区域经济增长关系研究[J]. 浙江工业大学学报（社会科学版），14：249-253.

许和连，魏颖绮，赖明勇，等. 2007. 外商直接投资的后向链接溢出效应研究[J]. 管理世界，（4）：24-31.

闫星宇，高觉民. 2007. 模块化理论的再审视：局限及适用范围[J]. 中国工业经济，（4）：71-78.

杨成林，乔晓楠. 2012. 发达国家非工业化进程举证：一个文献述评[J]. 改革，（9）：105-113.

杨蕙馨，吴炜峰. 2010. 经济全球化条件下的产业结构转型及对策[J].经济学动态，（6）：43-46.

杨茜茜. 2017. 创业板高新技术企业价值影响因素及估值方法研究[D]. 武汉：华中科技大学.

杨汝岱. 2008. 中国工业制成品出口增长的影响因素研究：基于 1994～2005 年分行业面板数据的经验分析[J]. 世界经济，（8）：32-41.

杨书群. 2014. "再工业化"背景下中国制造业发展策略分析[J]. 区域经济评论，（4）：14-19.

杨小凯，黄有光. 1999. 专业化与经济组织[M]. 张玉纲，译. 北京：经济科学出版社.

杨洋，魏江，罗来军. 2015. 谁在利用政府补贴进行创新？——所有制和要素市场扭曲的联合调节效应[J]. 管理世界，（1）：75-86.

姚德文，张晖明. 2008. 上海产业结构优化升级的障碍和对策分析[J]. 上海经济研究，（3）：52-58.

姚洋. 1998. 非国有经济成分对我国工业企业技术效率的影响[J]. 经济研究，（12）：29-35.

姚洋，章奇. 2001. 中国工业企业技术效率分析[J]. 经济研究，（10）：13-19.

姚洋，郑东雅. 2008. 重工业与经济发展：计划经济时代再考察[J]. 经济研究，（4）：26-40.

姚耀军. 2010a. 金融中介发展与技术进步：来自中国省级面板数据的证据[J]. 财贸经济，（4）：26-31.

姚耀军. 2010b. 中国金融发展与全要素生产率：基于时间序列的经验证据[J]. 数量经济技术经济研究，27（3）：68-80.

姚战琪. 2009. 生产率增长与要素再配置效应：中国的经验研究[J]. 经济研究，44（11）：130-143.

易信，刘凤良. 2015. 金融发展、技术创新与产业结构转型：多部门内生增长理论分析框架[J]. 管理世界，（10）：24-39，90.

于力，胡燕京. 2011. 财政支出对我国产业结构升级的影响：基于 1978—2006 年省级面板数据的实证分析[J]. 青岛大学学报（自然科学版），（4）：95-100.

于良春，付强. 2008. 地区行政垄断与区域产业同构互动关系分析：基于省际的面板数据[J]. 中国工业经济，（6）：56-66.

余东华，芮明杰. 2005. 模块化、企业价值网络与企业边界变动[J].中国工业经济，（10）：88-95.

余东华，芮明杰. 2008. 基于模块化网络组织的价值流动与创新[J].中国工业经济，（12）：48-59.

余明桂，潘红波. 2008. 政治关系、制度环境与民营企业银行贷款[J]. 管理世界，（8）：9-21.

俞剑，方福前. 2015. 结构变迁与经济增长的传导机制演变[J]. 经济学动态，（7）：112-125.

袁富华，张平，刘霞辉，等. 2016. 增长跨越：经济结构服务化、知识过程和效率模式重塑[J]. 经济研究，51（10）：12-26.

袁堂军. 2009. 中国企业全要素生产率水平研究[J]. 经济研究，44（6）：52-64.

袁志刚，解栋栋. 2011. 中国劳动力错配对 TFP 的影响分析[J]. 经济研究，46（7）：4-17.

袁志刚，邵挺. 2010. 重构国际货币体系的内在力量来自何处？[J]. 世界经济研究，（5）：14-20，87.

查华超. 2016. 地方政府支出的产业结构升级效应研究：基于空间计量模型的分析[J]. 南京财经大学学报，（5）：25-32.

张成思，郑宁. 2019. 中国实业部门金融化的异质性[J]. 金融研究，（7）：1-18.

张海洋. 2005. R&D 两面性、外资活动与中国工业生产率增长[J]. 经济研究，（5）：107-117.

张豪，何宇，张建华. 2017. 中国地区经济增长的动力来源与特征：基于全要素生产率溢出的视角[J].中国科技论坛，（6）：115-122.

张豪，张建华，窦雯璐. 2015. 产品内国际分工与中国产业结构优化升级的相互影响分析[J]. 工业技术经济，34（1）：12-19.

张豪，张建华，何宇，等. 2018. 企业间存在全要素生产率的溢出吗？基于中国工业企业数据的考察[J]. 南开经济研究，（4）：102-119.

张豪，张一弛，张建华. 2017. 中国行业间全要素生产率的溢出效应与增长源泉：基于 10 大行业的经验研究[J]. 华东经济管理，31（4）：89-96.

张红伟，袁晓辉. 2011. 四川承接产业转移促进产业升级路径分析[J]. 商业研究，（1）：11-16.

张辉，闫强明，黄昊. 2019. 国际视野下中国结构转型的问题、影响与应对[J]. 中国工业经济，（6）：41-59.

张建华. 2012. 基于新型工业化道路的工业结构优化升级研究[M]. 北京：中国社会科学出版社.

张建华. 2018. 中国工业结构转型升级的原理、路径与政策[M]. 武汉：华中科技大学出版社.

张建华. 2019. 发展经济学：原理与政策[M]. 武汉：华中科技大学出版社.

张建华. 2020. 大力构建中国主导的全球价值链[J]. 瞭望，（38）：15-17.

张建华，程文. 2011. 中国经济转型与发展模式创新[J]. 决策探索（下半月），（3）：64.

张建华，程文. 2012. 中国地区产业专业化演变的 U 型规律[J]. 中国社会科学，（1）：76-97.

张建华，程文. 2013. 中国地区产业专业化发展差异及其影响因素研究：兼论区域产业政策[J]. 发展经济学研究，（1）：156-175.

张建华，程文. 2019. 服务业供给侧结构性改革与跨越中等收入陷阱[J]. 中国社会科学，（3）：39-61，205.

张建华，何宇，陈珍珍. 2018. 国际贸易冲击与产业结构变迁：基于经济稳定视角[J]. 经济评论，（4）：31-44，83.

张建华，刘仁军. 2005. 工业化进程中企业网络组织的创新与应用[M]. 北京：中国财政经济出版社.

张建华，盛长文. 2020. 产业结构变迁及其经济效应研究进展[J]. 经济学动态，（10）：127-144.

张建华，赵英. 2015. 全球价值链视角下的中国制造业产品内国际分工研究：基于世界投入产出数据的测度与分析[J]. 工业技术经济，（11）：3-11.

张建华，邹凤明. 2015. 资源错配对经济增长的影响及其机制研究进展[J]. 经济学动态，（1）：122-136.

张杰，宣璐. 2016. 中国的产业政策：站在何处？走向何方？[J]. 探索与争鸣，（11）：97-103.

张杰，郑文平，新夫. 2017. 中国的银行管制放松、结构性竞争和企业创新[J]. 中国工业经济，（10）：118-136.

张军，金煜. 2005. 中国的金融深化和生产率关系的再检测：1987—2001[J]. 经济研究，（11）：34-45.

张军，吴桂英，张吉鹏. 2004. 中国省际物质资本存量估算：1952—2000[J]. 经济研究，（10）：35-44.

张立琴，欧阳聪权，王前文. 2015. 发达国家创新驱动发展的主要经验及启示[J]. 云南科技管理，28（4）：26-27.

张培刚. 1984. 农业与工业化（上卷）：农业国工业化问题初探[M]. 武汉：华中工学院出版社.

张培刚. 2019. 农业与工业化[M]. 北京：商务印书馆.

张培刚，张建华. 2009. 发展经济学[M]. 北京：北京大学出版社.

张其仔. 2008. 比较优势的演化与中国产业升级路径的选择[J]. 中国工业经济，（9）：58-68.

张仁枫. 2012. 高房价背景下跨越"中等收入陷阱"面临的新挑战[J]. 当代经济管理，34（3）：

1-6.

张湘赣. 2011. 产业结构调整：中国经验与国际比较：中国工业经济学会 2010 年年会学术观点综述[J]. 中国工业经济，（1）：38-46.

张晓辉. 2022. 数字化赋能中小企业走"专精特新"发展之路："小巨人"、单项冠军和德国隐形冠军比较分析 [EB/OL]. http://www.xinhuanet.com/energy/20220330/4f3454ccd9be421ca79947c9a25b4bf6/c.html[2022-03-30].

张亚静. 2010. 河北省工业主导产业与能源消费关系研究[D]. 秦皇岛：燕山大学.

赵昌文，王晓明，王忠宏. 2014-06-23. 深化改革 促进产业结构升级[N]. 人民日报，（6）.

赵放，成丹. 2012. 东亚生产性服务业和制造业的产业关联分析[J]. 世界经济研究，（7）：73-79，89.

赵夫增. 2010. 后危机时代的战略性新兴产业发展与国家高新区的使命[J]. 中国科学院院刊，（5）：482-489.

赵志耘. 2016. 以科技创新引领供给侧结构性改革[J]. 中国软科学，（9）：1-6.

郑江淮，高彦彦，胡小文. 2008. 企业"扎堆"、技术升级与经济绩效：开发区集聚效应的实证分析[J]. 经济研究，（5）：33-46.

郑美芳. 2013. 唐山市工业结构优化升级研究[D]. 秦皇岛：燕山大学.

中共中央文献研究室. 2017. 习近平关于社会主义经济建设论述摘编[M]. 北京：中央文献出版社.

中国经济增长前沿课题组，张平，刘霞辉，等. 2015. 突破经济增长减速的新要素供给理论、体制与政策选择[J]. 经济研究，50（11）：4-19.

钟凯，程小可，张伟华. 2016. 货币政策适度水平与企业"短贷长投"之谜[J]. 管理世界，（3）：87-98.

周春山，刘毅. 2013. 发达国家的再工业化及对我国的影响[J]. 世界地理研究，22（1）：47-56.

周怀峰. 2008. 国内市场需求对技术创新的影响[J]. 自然辩证法研究，（8）：42-46.

周建军. 2017. 美国产业政策的政治经济学：从产业技术政策到产业组织政策[J]. 经济社会体制比较，（1）：80-94.

周黎安，赵鹰妍，李力雄. 2013. 资源错配与政治周期[J]. 金融研究，（3）：15-29.

周叔莲，王伟光. 2001. 科技创新与产业结构优化升级[J]. 管理世界，（5）：70-78.

周振华. 2003. 产业融合：产业发展及经济增长的新动力[J]. 中国工业经济，（4）：46-52.

周振华. 2013. 服务经济发展：中国经济大变局之趋势[M]. 上海：格致出版社，上海三联书店，上海人民出版社.

朱雯婷. 2014. 基于产业集群视角的中国（南京）软件谷发展问题研究[D]. 南京：南京大学.

朱喜，史清华，盖庆恩. 2011. 要素配置扭曲与农业全要素生产率[J]. 经济研究，46（5）：86-98.

庄佳强，徐长生. 2009. 结构变迁与经济增长关系研究新进展[J]. 经济学动态，（4）：102-107.

庄子银，贾红静，肖春唤. 2020. 突破性创新研究进展[J]. 经济学动态，（9）：145-160.

邹凤明. 2015. 资源错配对中国制造业行业全要素生产率的影响研究[D]. 武汉：华中科技大学.

左大鹏. 2006. 外商直接投资与我国产业结构升级[D]. 天津：天津大学.

Acemoglu D，Akcigit U，Alp H，et al. 2018. Innovation, reallocation, and growth[J]. American Economic Review，108（11）：3450-3491.

Acemoglu D，Guerrieri V. 2008. Capital deepening and nonbalanced economic growth[J]. Journal of

Political Economy，116（3）：467-498.

Acemoglu D，Zilibotti F. 2001. Productivity differences[J]. The Quarterly Journal of Economics，116（2）：563-606.

Acharya V V，Almeida H，Campello M. 2007. Is cash negative debt? A hedging perspective on corporate financial policies[J]. Journal of Financial Intermediation，16（4）：515-554.

Aghion P，Howitt P. 1992. A model of growth through creative destruction[J]. Econometrica，60(2)：323-351.

Aghion P，Howitt P. 1997. Endogenous Growth Theory[M]. Cambridge：The MIT Press.

Aghion P，Howitt P. 2008. The Economic of Growth[M]. Cambridge：The MIT Press.

Aghion P，Marinescu I. 2007. Productivity growth and countercyclical budgetary policy：what do we learn from OECD panel data?[J]. NBER Macroeconomic Annual，22：251-278.

Ahuja G，Lampert C M. 2001. Entrepreneurship in the large corporation：a longitudinal study of how established firms create breakthrough inventions[J]. Strategic Management Journal，22（6/7）：521-543.

Alcorta L，Peres W 1998. Innovation systems and technological specialization in Latin America and the Caribbean[J]. Research Policy，26（7/8）：857-881.

Allen F，Gale D. 1999. Diversity of opinion and financing of new technologies[J]. Journal of Financial Intermediation，8（1/2）：68-89.

Allen F，Qian J，Qian M J. 2005. Law，finance，and economic growth in China[J]. Journal of Financial Economics，77（1）：57-116.

Andersen T G，Bollerslev T，Diebold F X，et al. 2001. The distribution of realized stock return volatility[J]. Journal of Financial Economics，61（1）：43-76.

Aoki S. 2012. A simple accounting framework for the effect of resource misallocation on aggregate productivity[J]. Journal of the Japanese and International Economies，26（4）：473-494.

Arrow K J. 1962. The economic implications of learning by doing[J]. The Review of Economic Studies，29（3）：155-173.

Asian Development Bank. 2011. Asia 2050：realizing the Asian century[R]. Manila：Asian Development Bank.

Asker J，Collard-Wexler A，De Loecker J. 2011. Productivity volatility and the misallocation of resources in developing economies[R]. Boston：National Bureau of Economic Research.

Aziz J，Duenwald C. 2002. Growth-financial intermediation nexus in China[R]. Washington D. C.：International Monetary Fund.

Bain J S. 1959. Industrial Organization[M]. New York：Wiley.

Banerjee A V，Duflo E. 2005. Growth theory through the lens of development economics[C]//Aghion P，Durlauf S. Handbook of Economic Growth. Amsterdam: Elsevier: 473-552.

Banerjee A V，Moll B. 2010. Why does misallocation persist?[J]. American Economic Journal：Macroeconomics，2（1）：189-206.

Barro R J. 1990. Government spending in a simple model of endogeneous growth[J]. Journal of Political Economy，98：103-125.

Barro R，Lee J-W. 2013. A new data set of educational attainment in the world, 1950-2010[J]. Journal of Development Economics, 104: 184-198.

Barry F, Walsh F. 2008. Gains and losses from sectoral relocation: a review of theory and empirics[J]. Structural Change and Economic Dynamics, 19 (1): 4-16.

Bartelsman E, Haltiwanger J, Scarpetta S. 2013. Cross-country differences in productivity: the role of allocation and selection[J]. American Economic Review, 103 (1): 305-334.

Baumol W J, Blackman S A B, Wolff E N. 1985. Unbalanced growth revisited: asymptotic stagnancy and new evidence[J]. American Economic Review, 75(4): 806-817.

Baumol W J. 1967. Macroeconomics of unbalanced growth: the anatomy of urban crisis[J]. American Economic Review, 57(3): 415-426.

Beck T, Demirgüç-Kunt A, Levine R. 2000. A new database on financial development and structure[J]. The World Bank Economic Review, 14 (3): 597-605.

Bell M. 1984. 'Learning' and the accumulation of industrial technological capacity in developing countries[C]//Franceman M, King K. Technological Capability in the Third World. London: Palgrave Macmillan, 1984: 187-209.

Bloom N, Schankerman M, van Reenen J. 2013. Identifying technology spillovers and product market rivalry[J]. Econometrica, 81 (4): 1347-1393.

Boyreau-Debray G, Wei S J. 2005. Pitfalls of a state-dominated financial system: the case of China[R]. Boston: National Bureau of Economic Research.

Braczyk H, Cooke P, Heidenreich M. 1988. Regional Innovation Systems[M]. London: UCL Press.

Brandt L, Tombe T, Zhu X D. 2013. Factor market distortions across time, space and sectors in China[J]. Review of Economic Dynamics, 16 (1): 39-58.

Brandt L, Van Biesebroeck J, Zhang Y F. 2012. Creative accounting or creative destruction? Firm-level productivity growth in Chinese manufacturing[J]. Journal of Development Economics, 97 (2): 339-351.

Buera F J, Kaboski J P, Shin Y. 2011. Finance and development: a tale of two sectors[J]. American Economic Review, 101 (5): 1964-2002.

Caballero R J, Jaffe A B. 1993. How high are the giants' shoulders: an empirical assessment of knowledge spillovers and creative destruction in a model of economic growth[J]. NBER Macroeconomics Annual, 8: 15-74.

Cai F. 2012. Is there a "middle-income trap"? Theories, experiences and relevance to China[J]. China & World Economy, 20 (1): 49-61.

Calomiris C, Haber S. 2011. Fragile Banks, Durable Bargains: Why Banking is All About Politics and Always Has Been[M]. Princeton: Princeton University Press.

Cardoza G. 1997. Learning, innovation and growth: a comparative policy approach to East Asia and Latin America[J]. Science and Public Policy, 24 (6): 377-393.

Cassiolato J E, Lastres H M M. 2000. Local systems of innovation in mercosur countries[J]. Industry and Innovation, 7 (1): 33-53.

Chang H-J. 2010. Industrial policy: can we go beyond an unproductive confrontation?[R]. Cambridge: Faculty of Economics, University of Cambridge.

Chenery H, Robinson S, Syrquin M. 1986. Industrialization and Growth: A Comparative Study[M].

New York: Oxford University Press.

Cleveland W S. 1979. Robust locally weighted regression and smoothing scatterplots[J]. Journal of the American Statistical Association, 74 (368): 829-836.

Cohen W M, Levinthal D A. 1990. Absorptive capacity: a new perspective on learning and innovation[J]. Administrative Science Quarterly, 35: 128-152.

Comin D, Hobijn B. 2010. An exploration of technology diffusion[J]. American Economic Review, 100 (5): 2031-2059.

Crespi F, Pianta M. 2008. Demand and innovation in productivity growth[J]. International Review of Applied Economics, 22 (6): 655-672.

Cruz E. 2015. Structural change and non-constant biased technical change[C]. Barcelona: University of Barcelona School of Economics.

Cull R, Xu L C. 2000. Bureaucrats, state banks, and the efficiency of credit allocation: the experience of Chinese state-owned enterprises[J]. Journal of Comparative Economics, 28 (1): 1-31.

Cull R, Xu L C. 2005. Institutions, ownership, and finance: the determinants of profit reinvestment among Chinese firms[J]. Journal of Financial Economics, 77 (1): 117-146.

Czarnitzki D, Licht G. 2006. Additionality of public R&D grants in a transition economy[J]. Economics of Transition, 14 (1): 101-131.

Davies S W, Morris C. 1995. A new index of vertical integration: some estimates for UK manufacturing[J]. International Journal of Industrial Organization, 13 (2): 151-177.

de Brauw A, Huang J K, Rozelle S, et al. 2002. The evolution of China's rural labor markets during the reforms[J]. Journal of Comparative Economics, 30 (2): 329-353.

de la Fuente A, Marín J M. 1996. Innovation, bank monitoring, and endogenous financial development[J]. Journal of Monetary Economics, 38 (2): 269-301.

Dedrick J, Kraemer K L, Linden G. 2010. Who profits from innovation in global value chains?: a study of the iPod and notebook PCs[J]. Industrial and Corporate Change, 19 (1): 81-116.

Deraniyagala S. 2001. From Washington to post-washington[M]//Fine B, Lapavitsas C, Pincus J. Development Policy in the Twenty-First Century. London: Routledge.

Dollar D, Wei S J. 2007. Das (wasted) kapital: firm ownership and investment efficiency in China[R]. Boston: National Bureau of Economic Research.

Dosi G. 1988. Sources, procedures and microeconomic effects of innovation[J]. Journal of Economic Literature, 26 (3): 1120-1171.

Duranton G, Puga D. 2001. Nursery cities: urban diversity, process innovation, and the life cycle of products[J]. American Economic Review, 91 (5): 1454-1477.

Eichengreen B, Park D, Shin K. 2013. Growth slowdowns redux: new evidence on the middle-income trap[R]. Boston: National Bureau of Economic Research.

Erosa A, Koreshkova T, Restuccia D. 2010. How important is human capital? A quantitative theory assessment of world income inequality[J]. The Review of Economic Studies, 77 (4): 1421-1449.

Etzkowitz H, Brisolla S N. 1999. Failure and success: the fate of industrial policy in Latin America and South East Asia[J]. Research Policy, 28 (4): 337-350.

Fagerberg J, Srholec M, Knell M. 2007. The competitiveness of nations: why some countries prosper while others fall behind[J]. World Development，35（10）：1595-1620.

Falkinger J，Zweimüller J. 1996. The cross-country Engel curve for product diversification[J]. Structural Change and Economic Dynamics，7（1）：79-97.

Falkinger J，Zweimüller J. 1997. The impact of income inequality on product diversity and economic growth[J]. Metroeconomica，48（3）：211-237.

Fan J P H，Titman S，Twite G. 2012. An international comparison of capital structure and debt maturity choices[J]. Journal of Financial and Quantitative Analysis，47（1）：23-56.

Fazzari S M，Hubbard R G，Petersen B C，et al. 1988. Financing constraints and corporate investment[J]. Brookings Papers on Economic Activity，1988（1）：141.

Felipe J，Abdon A，Kumar U. 2012. Tracking the middle-income trap：what is it，who is in it，and why?[R]. Manila：Asian Development Bank.

Foellmi R，Zweimüller J. 2006. Income distribution and demand-induced innovations[J]. The Review of Economic Studies，73（4）：941-960.

Foellmi R，Zweimüller J. 2008. Structural change，Engel's consumption cycles and Kaldor's facts of economic growth[J]. Journal of Monetary Economics，55（7）：1317-1328.

Foster L，Haltiwanger J，Krizan C J. 2006. Market selection，reallocation，and restructuring in the U.S. retail trade sector in the 1990s[J]. Review of Economics and Statistics，88（4）：748-758.

Gancia G，Zilibotti F. 2009. Technological change and the wealth of nations[J]. Annual Review of Economics，1：93-120.

Garnaut R. 2001. Social Democracy in Australia's Asian Future[M]. Canberra，ACT：Asia Pacific Press.

Ge Y，Qiu J P. 2007. Financial development，bank discrimination and trade credit[J]. Journal of Banking & Finance，31（2）：513-530.

Gereffi G. 1999. International trade and industrial upgrading in the apparel commodity chain[J]. Journal of International Economics，48（1）：37-70.

Gerschenkron A. 1962. Economic Backwardness in Historical Perspective：A Book of Essays[M]. Cambridge：Belknap Press of Harvard University Press.

Gill I，Kharas H. 2007. An East Asian Renaissance：Ideas for Economic Growth[M]. Washington D.C.：The World Bank.

Glawe L，Wagner H. 2016. The middle-income trap：definitions，theories and countries concerned——a literature survey[J]. Comparative Economic Studies，58（4）：507-538.

Gorodnichenko Y，Schnitzer M. 2013. Financial constraints and innovation：why poor countries don't catch up[J]. Journal of the European Economic Association，11（5）：1115-1152.

Grant R M. 1996. Toward a knowledge-based theory of the firm[J]. Strategic Management Journal，17（S2）：109-122.

Greenwood J，Smith B D. 1997. Financial markets in development，and the development of financial markets[J]. Journal of Economic Dynamics and Control，21（1）：145-181.

Griffith B A. 2004. The structure and development of internal working models：an integrated framework for understanding clients and promoting wellness[J]. The Journal of Humanistic Counseling，Education and Development，43（2）：163-177.

Grossman G M, Helpman E. 1991. Quality ladders in the theory of growth[J]. The Review of Economic Studies, 58 (1): 43-61.

Guariglia A, Poncet S. 2008. Could financial distortions be no impediment to economic growth after all? Evidence from China[J]. Journal of Comparative Economics, 36 (4): 633-657.

Hansen B E. 1996. Inference when a nuisance parameter is not identified under the null hypothesis[J]. Econometrica, 64 (2): 413-430.

Harberger A C. 1998. A vision of the growth process[J]. American Economic Review, 88 (1): 1-32.

Harrison A, Rodríguez-Clare A. 2010. Trade, foreign investment, and industrial policy for developing countries[M]//Rodrik D, Rosenzweig M. Handbook of Development Economics.Amsterdam: Elsevier: 4039-4214.

Hashimoto A, Sugita T, Haneda S. 2009. Evaluating shifts in Japan's quality-of-life[J]. Socio-Economic Planning Sciences, 43 (4): 263-273.

Hermes N, Lensink R. 2003. Foreign direct investment, financial development and economic growth[J]. Journal of Development Studies, 40 (1): 142-163.

Herrendorf B, Rogerson R, Valentinyi Á. 2014. Growth and structural transformation[M]//Philippe A, Durlauf S N. Handbook of Economic Growth. Amsterdam: Elsevier: 855-941.

Hinloopen J. 1997. Subsidizing cooperative and noncooperative R&D in duopoly with spillovers[J]. Journal of Economics, 66 (2): 151-175.

Hirschman A O. 1958. The Strategy of Economic Development[M]. New Haven: Yale University Press.

Hodler R. 2009. Redistribution and inequality in a heterogeneous society[J]. Economica, 76 (304): 704-718.

Hoekman B, Kee H L, Olarreaga M. 2001. Markups, entry regulation, and trade: does country size matter?[R]. Washington D.C.: The World Bank.

Hölzl W, Reinstaller A. 2007. The impact of productivity and demand shocks on structural dynamics: evidence from Austrian manufacturing[J]. Structural Change and Economic Dynamics, 18 (2): 145-166.

Hopenhayn H A. 1992. Entry, exit, and firm dynamics in long run equilibrium[J]. Econometrica, 60 (5): 1127-1150.

Hsieh C T, Klenow P J. 2009. Misallocation and manufacturing TFP in China and India[J]. The Quarterly Journal of Economics, 124 (4): 1403-1448.

Hsieh C T, Klenow P J. 2010. Development accounting[J]. American Economic Journal: Macroeconomics, 2 (1): 207-223.

Hummels D, Ishii J, Yi K M. 2001. The nature and growth of vertical specialization in world trade[J]. Journal of International Economics, 54 (1): 75-96.

Humphrey J, Schmitz H. 2000. Governance and upgrading: linking industrial cluster and global value chain research[R]. Brighton: Institute of Development Studies.

Humphrey J, Schmitz H. 2002. How does insertion in global value chains affect upgrading in industrial clusters?[J]. Regional Studies, 36 (9): 1017-1027.

Imbs J, Wacziarg R. 2003. Stages of diversification[J]. American Economic Review, 93 (1): 63-86.

Jeanneney S G, Hua P, Liang Z C. 2006. Financial development, economic efficiency, and productivity growth: evidence from China[J]. The Developing Economies, 44 (1): 27-52.

Jensen M C, Meckling W H. 1976. Theory of the firm: managerial behavior, agency costs and ownership structure[J]. Journal of Financial Economics, 3 (4): 305-360.

Johnson C. 1982. MITI and the Japanese Miracle: The Growth of Industrial Policy, 1925-1975[M]. Redwood City: Stanford University Press.

Jones C I. 2011. Intermediate goods and weak links in the theory of economic development[J]. American Economic Journal: Macroeconomics, 3 (2): 1-28.

Jones C I, Romer P M. 2010. The new kaldor facts: ideas, institutions, population, and human capital[J]. American Economic Journal: Macroeconomics, 2 (1): 224-245.

Jovanovic B. 2014. Misallocation and growth[J]. American Economic Review, 104 (4): 1149-1171.

Kahl M, Shivdasani A, Wang Y H. 2015. Short-term debt as bridge financing: evidence from the commercial paper market[J]. The Journal of Finance, 70 (1): 211-255.

Kaldor N. 1961. Capital accumulation and economic growth[C]//Hague D C. The Theory of Capital. London: Palgrave Macmillan: 177-222.

Kaplinsky R, Chataway J, Clark N, et al. 2009. Below the radar: what does innovation in emerging economies have to offer other low-income economies?[J]. International Journal of Technology Management & Sustainable Development, 8 (3): 177-197.

Kim S. 1995. Expansion of markets and the geographic distribution of economic activities: the trends in U.S. regional manufacturing structure, 1860-1987[J]. The Quarterly Journal of Economics, 110 (4): 881-908.

King R G, Levine R. 1993. Finance and growth: schumpeter might be right[J]. The Quarterly Journal of Economics, 108 (3): 717-737.

Klenow P J. 1996. Industry innovation: where and why[J]. Carnegie-Rochester Conference Series on Public Policy, 44: 125-150.

Klenow P J, Rodríguez-Clare A. 1997. The neoclassical revival in growth economics: has it gone too far?[J]. NBER Macroeconomics Annual, 12: 73-103.

Klepper S. 2002. Firm survival and the evolution of oligopoly[J].The RAND Journal of Economics, 33 (1): 37-61.

Klevorick A K, Levin R C, Nelson R R, et al. 1995. On the sources and significance of interindustry differences in technological opportunities[J]. Research Policy, 24 (2): 185-205.

Koijen R S J, Yogo M. 2015. The cost of financial frictions for life insurers[J]. American Economic Review, 105 (1): 445-475.

Kongsamut P, Rebelo S, Xie D Y. 2001. Beyond balanced growth[J].The Review of Economic Studies, 68 (4): 869-882.

Kortum S. 1993. Equilibrium R&D and the patent—R&D ratio: U.S. evidence[J]. American Economic Review, 83 (2): 450-457.

Krusell P. 1998. Investment-specific R and D and the decline in the relative price of capital[J]. Journal of Economic Growth, 3 (2): 131-141.

Kuznets S. 1966. Modern Economic Growth: Rate, Structure, and Spread[M]. New Haven: Yale

University Press.

Levine R. 1997. Financial development and economic growth: views and agenda[J]. Journal of Economic Literature, 35(2): 688-726.

Lin J Y. 2009. Economic Development and Transition: Thought, Strategy, and Viability[M]. Cambridge: Cambridge University Press.

Lin J Y, Sun X F, Jiang Y. 2009. Toward a theory of optimal financial structure[R]. Washingtond D. C.: The World Bank.

Los B, Timmer M P, de Vries G J. 2015. How global are global value chains? A new approach to measure international fragmentation[J]. Journal of Regional Science, 55（1）: 66-92.

Malamud S, Zucchi F. 2019. Liquidity, innovation, and endogenous growth[J]. Journal of Financial Economics, 132（2）: 519-541.

Manu F A. 1992. Innovation orientation, environment and performance: a comparison of U.S. and European markets[J]. Journal of International Business Studies, 23（2）: 333-359.

Maroto-Sánchez A, Cuadrado-Roura J R. 2009. Is growth of services an obstacle to productivity growth? A comparative analysis[J]. Structural Change and Economic Dynamics, 20（4）: 254-265.

Melitz M J. 2003. The impact of trade on intra-industry reallocations and aggregate industry productivity[J]. Econometrica, 71（6）: 1695-1725.

Merton R C, Bodie Z. 1995. A conceptual framework for analyzing the financial environment[C]//Crane D B, Froot K A, Mason S P, et al. The Global Financial System: A Functional Perspective. Boston: Harvard Business School Press: 3-31.

Metcalfe J S, Foster J, Ramlogan R. 2006. Adaptive economic growth[J]. Cambridge Journal of Economics, 30（1）: 7-32.

Midrigan V, Xu D Y. 2014. Finance and misallocation: evidence from plant-level data[J]. American Economic Review, 104（2）: 422-458.

Moll B. 2014. Productivity losses from financial frictions: can self-financing undo capital misallocation?[J]. American Economic Review, 104（10）: 3186-3221.

Montobbio F. 2002. An evolutionary model of industrial growth and structural change[J]. Structural Change and Economic Dynamics, 13（4）: 387-414.

Myers S, Marquis D G. 1969. Successful industrial innovations: a study of factors underlying innovation in selected firms[R]. Washington D. C.: National Science Foundation.

Nelson R R, Winter S G. 1982. The Schumpeterian tradeoff revisited[J]. American Economic Review, 72(1): 114-132.

Nelson R R. 1988. Modelling the connections in the cross section between technical progress and R&D intensity[J]. The RAND Journal of Economics, 19（3）: 478-485.

Ngai L R, Pissarides C A. 2007. Structural change in a multisector model of growth[J]. American Economic Review, 97（1）: 429-443.

Ngai L R, Samaniego R M. 2011. Accounting for research and productivity growth across industries[J]. Review of Economic Dynamics, 14（3）: 475-495.

Nickell S. 1981. Biases in dynamic models with fixed effects[J]. Econometrica, 49（6）: 1417-1426.

Olley G S, Pakes A. 1996. The dynamics of productivity in the telecommunications equipment industry[J]. Econometrica, 64 (6): 1263-1297.

Oniki H, Uzawa H. 1965. Patterns of trade and investment in a dynamic model of international trade[J]. The Review of Economic Studies, 32 (1): 15-37.

Pack H, Saggi K. 2006. Is there a case for industrial policy? A critical survey[J]. The World Bank Research Observer, 21 (2): 267-297.

Parente S L, Prescott E C. 1994. Barriers to technology adoption and development[J]. Journal of Political Economy, 102 (2): 298-321.

Parente S L, Prescott E C. 1999. Monopoly rights: a barrier to riches[J]. American Economic Review, 89 (5): 1216-1233.

Park C. 2000. Monitoring and structure of debt contracts[J]. The Journal of Finance, 55 (5): 2157-2195.

Pasinetti L L. 1981. On the Ricardian theory of value: a note[J]. The Review of Economic Studies, 48 (4): 673-675.

Pavitt K. 1990. What we know about the strategic management of technology[J]. California Management Review, 32 (3): 17-26.

Peneder M. 2003. Industrial structure and aggregate growth[J]. Structural Change and Economic Dynamics, 14 (4): 427-448.

Peretto P F. 1999. Industrial development, technological change, and long-Run growth[J]. Journal of Development Economics, 59 (2): 389-417.

Pugno M. 2006. The service paradox and endogenous economic growth[J]. Structural Change and Economic Dynamics, 17 (1): 99-115.

Restuccia D, Rogerson R. 2013. Misallocation and productivity[J]. Review of Economic Dynamics, 16 (1): 1-10.

Rodrik D. 2004. Industrial policy for the twenty-first century[R]. Cambridge: Harvard University.

Romer P M. 1989. Human capital and growth: theory and evidence[R]. Boston: National Bureau of Economic Research.

Romer P M. 1990. Endogenous technological change[J]. Journal of Political Economy, 98: S71-S102.

Salmenkaita J P, Salo A. 2002. Rationales for government intervention in the commercialization of new technologies[J]. Technology Analysis & Strategic Management, 14 (2): 183-200.

Schmitz J Jr. 2005. What determines productivity? lessons from the dramatic recovery of the U.S. and Canadian iron ore industries following their early 1980s crisis[J]. Journal of Political Economy, 113 (3): 582-625.

Schmookler J. 1966. Inventions and Economic Growth[M]. Cambridge: Harvard University Press.

Schumpeter J A. 1962. Capitalism, Socialism and Democracy[M]. New York: Harper Perennial.

Sen A, Foster J E. 1997. On Economic Inequality[M]. Oxford: Oxford University Press.

Sharma S, Thomas V J. 2008. Inter-country R&D efficiency analysis: an application of data envelopment analysis[J]. Scientometrics, 76 (3): 483-501.

Solow R M. 1956. A contribution to the theory of economic growth[J]. The Quarterly Journal of Economics, 70(1): 65-94.

Song Z, Storesletten K, Zilibotti F. 2011. Growing like China[J]. American Economic Review, 101 (1): 196-233.

Spence M. 1984. Cost reduction, competition, and industry performance[J]. Econometrica, 52 (1): 101-122.

Syrquin M. 1988. Patterns of structural change[M]//Chenery H, Srinivasan T N. Handbook of Development Economics. Amsterdam: Elsevier: 203-273.

Syrquin M, Chenery H. 1989. Three decades of industrialization[J]. The World Bank Economic Review, 3: 145-181.

Timmer M P, Erumban A A, Los B, et al. 2014. Slicing up global value chains[J]. Journal of Economic Perspectives, 28 (2): 99-118.

Tirole J. 1988. The Theory of Industrial Organization[M]. Cambridge: MIT Press.

Vourvachaki E. 2009. Information and communication technologies in a multi-sector endogenous growth model[R]. London: Centre for Economic Performance, London School of Economics.

Wan G H. 2002. Regression-based inequality decomposition: pitfalls and a solution procedure[R]. Helsinki: World Institude for Development Economic Research.

Wei Y, Liu X. 2006. Productivity spillovers from R&D, exports and FDI in China's manufacturing sector[J]. Journal of International Business Studies, 37 (4): 544-557.

Winter S G. 1984. Schumpeterian competition in alternative technological regimes[J]. Journal of Economic Behavior & Organization, 5 (3/4): 287-320.

Zuleta H, Young A T. 2013. Labor shares in a model of induced innovation[J]. Structural Change and Economic Dynamics, 24: 112-122.

Zweimüller J, Brunner J K. 2005. Innovation and growth with rich and poor consumers[J]. Metroeconomica, 56 (2): 233-262.

Zweimüller J. 2000a. Inequality, redistribution, and economic growth[J]. Empirica, 27 (1): 1-20.

Zweimüller J. 2000b. Schumpeterian entrepreneurs meet Engel's law: the impact of inequality on innovation-driven growth[J]. Journal of Economic Growth, 5: 185-206.